欧亚古典学研究丛书

乌云毕力格 主编

五色四藩

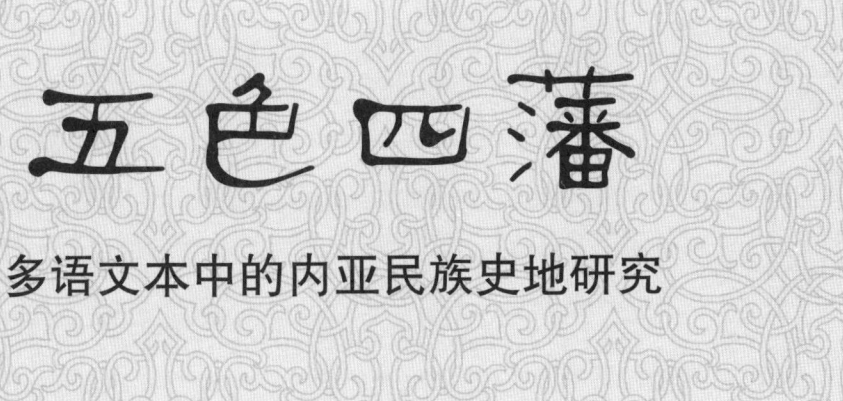

多语文本中的内亚民族史地研究

上海古籍出版社

本书内容的研究受到国家社科基金项目
"西藏档案馆藏蒙古文档案研究"
（批准号16BMZ018）的经费资助

目　　录

绪论　多语文本与内亚民族史地研究 …………………………… 1

上编　多语文本与内亚民族关系研究

第一章　明朝兵部档所见林丹汗与察哈尔蒙古 …………………… 13

第二章　绰克图台吉的历史和历史记忆 …………………………… 53

第三章　康熙二次亲征噶尔丹的满文文书 ………………………… 90

第四章　车臣汗汗位承袭的变化 …………………………………… 153

第五章　清太宗与扎萨克图汗素班第的文书往来 ………………… 167

第六章　康熙初年清朝对归降喀尔喀人的设旗编佐 ……………… 179

第七章　关于清代内扎萨克蒙古盟的雏形 ………………………… 193

第八章　1705 年西藏事变的真相 …………………………………… 207

第九章　六世达赖喇嘛仓央嘉措圆寂的真相 ……………………… 228

第十章　噶尔丹与藏传佛教上层 …………………………………… 241

第十一章　土尔扈特汗廷与西藏关系(1643—1732) ……………… 266

下编　蒙古历史地理研究

第十二章　清初的"察哈尔国"游牧所在 ………………………… 293

i

第十三章	东土默特原游牧地之变迁	309
第十四章	三世达赖喇嘛圆寂地之地望	317
第十五章	17世纪卫拉特各部游牧地之分布	330
第十六章	日本天理图书馆所藏手绘蒙古游牧图及其价值	367
第十七章	清代克什克腾旗的两幅游牧图	396

绪论　多语文本与内亚民族史地研究

本书以"五色四藩"命名,是因为其内容包括蒙、满、藏等内亚各民族关系和蒙古人文历史地理研究两项之故。16世纪时,随着蒙古人皈依藏传佛教格鲁派,佛教密宗金刚乘在蒙古地方盛行。以青色的不动佛——东方寂静尊为中心的五方佛坛城文化深刻影响了蒙古文化,在蒙古形成了以青色蒙古为中心,白色高丽、红色汉人、黄色回回、黑色西藏四民族环绕的独特的"五色四藩"之说。该说既是蒙古人的民族关系概念,又是民族地理分布概念。因此,"五色四藩"作本卷题目再合适不过了。

一

1984年春,我参加内蒙古大学蒙古史研究所的中国民族史专业研究生录取考试,有幸通过笔试,得到面试资格。面试令我颇感意外,我被叫到报考的导师亦邻真教授和他的同事余大均教授二位先生面前,地点居然是在导师的私宅客厅里。面试的内容让我更加意外:二位简单询问我本科阶段的学习和毕业论文情况后,给了一道题让我书面回答,内容居然是把《毛泽东选集》第一卷中《中国社会各阶级的分析》一文其中的一个段落译成蒙古文。作为母语为蒙古语的学生和历史系本科应届毕业生,当时我非但没有因为试题简单而感到庆幸,而是在心中萌生了一种莫名的委屈。

在研究生阶段,先生最为重视的一门课就是"民族语文学",包括音韵训诂、审音勘同、民族文字和汉文互译,甚至还包括民族语文文献的版本目录学、史料学知识,因为该课程的语文学研究文献大都涉及民族语言文字,故称之为民族语文学。读研期间,我到蒙古语言研究所旁听满文课,自学满文,受到先生难得的一次夸奖,而研究生毕业的第二年,我又被送到中央民族学院民语系学习藏文。跟先生学习后我才悟到,当初他出那样一道题考我,原来是第一次敲他的家门时就想告诉我,为了研读蒙古史,我必须掌握好民族语文,至于翻译的内容他大概随手拿了一本《毛选》而已。

1994年初,我有幸被派到德国波恩大学中央亚语言文化研究所任蒙古语讲师,同时师从魏弥贤(Michael Weiers)教授攻读博士学位。他是继亦邻真先生后对我学术生涯颇具影响的第二位恩师。亦邻真先生的学术路子,简单概括就是语言学和历史学的完美结合,是一位极具天才的语文学家。说来也巧,魏弥贤先生的学术路子和亦邻真先生如出一辙,两位学者的见解颇多相似,只是各自发力的领域有所不同而已。

我在德国读的博士学位是中央亚语言文化学(Sprach- und Kulturwissenschaft der Zentralasien),两个副专业分别为满学和汉学。学期伊始,魏弥贤先生给我推荐了3本书,让我开始专业学习以前必读。这3本书分别为Georg Fohrer等人编写的《旧约书注解》(Exegese des Alten Testaments)、Wilhelm Egger的《新约书方法论》(Methodenlehre zum Neuen Testament)以及Bernheim所著《史学方法教科书》(Lehrbuch der historischen Methode)。圣经研究方法论为什么会是研究内亚(德国所说的"中央亚"相当于学界普遍所指的"内亚")语言文化专业博士生入门时的必读书呢?我感到很困惑。原来,圣经研究方法早已被西方历史学界所借鉴。今日所见《旧约书》的希伯来语(还有阿拉美语,古代西亚通用语)原文在传世的过程中发生了诸多变化,而其转译进程又是一次又一次的变异过程。所以,从希伯来语或阿拉美语源头开始,对《旧约书》进行"流传史"视野下的文本研究,以语文学方法发现流传过程中所发生的变异因素,并对各种变化、变异的过程、轨迹和原因做出历史的、批判的解释,最后达到复原《旧约书》本来面貌、揭示变异文本真相之目的。这其实是一个极好的文本综合研究方法。

在导师的指导下,我完成了博士学位论文《康熙皇帝亲征噶尔丹(1696—1698)资料的流传史》[Zur Überlieferungsgeschichte des Berichts des persönlichen Feldzug des Kangxi Kaisers gegen Galdan

绪论　多语文本与内亚民族史地研究

(1696—1698)]。在本学位论文中,笔者将清朝宫中档所保留的康熙皇帝的亲笔信等满文档案资料,和官修《钦定平定朔漠方略》相比较,考查原档资料在传世文献中的流变,通过《朔漠方略》对原始史料的取舍、增减、改写、换语境编排和杜撰等手笔的分析,一方面通过原始文献发现、考订和纠正《朔漠方略》歪曲的事实,另一方面力图再现康熙亲征噶尔丹远征的原貌,以此评估《朔漠方略》的史料价值。论文还比较《朔漠方略》的清代满汉文文本,探索经过汉译发生变化的满文原文语境和意境,试图揭示清代满汉合璧历史文献的满汉文本内容之间的微妙关系,进而了解不同的文化传统和思维下形成的不同语种译本的不同之处。总之,这是一篇运用圣经研究方法撰写的文献学习作。

本次呈献给大家的这本书的写作,从理念和方法两方面都受益于亦邻真先生和魏弥贤先生二位恩师的语文学研究与文本研究的训练。但其中的错谬和不精当之处,完全是因为我自己生性愚钝,没有体会二位导师学问的精粹而导致的。

二

本书上编是内亚民族关系史相关的内容,涉及蒙古高原、青藏高原和天山北路卫拉特草原等区域的满蒙、蒙藏和满藏之间的政治关系,时间上主要集中在清代前期。

本书探讨内容所涉猎的地理范围和民族成分,首先要求笔者必须利用多语种的文本。因为研究内容的时间维度集中在清朝,满文文献对内亚各民族关系研究的重要性首屈一指。满文资料是清代内亚区域最主要的、最重要的官方史料。在清代,办理内亚民族和地区事务的基本上都是八旗出身的大臣,而清朝规定,满洲大臣办理满、蒙、藏、回等事件时,必须使用满文题奏。到乾隆十一年,这一规定终于制度化。结果,满文书写的题本、奏折、朱批奏折和谕旨成为研究内亚地区和民族的最重要的第一手资料。本书大部分章节,主要是依靠满文档案文献写成的。清朝早期的满文原档、内三院和内阁满文档案、宫中档满文朱批奏折、军机处满文录副档、各地将军

3

衙门档案等卷宗是满文档案的最主要部分。假设清代相关满文档案没有得以保留,在广袤的内亚地区发生的许多历史事件可能会永远模糊不清或根本不被了解。以《土尔扈特汗廷与西藏关系(1643—1732)》一章为例,1731—1732年,生活在伏尔加河流域东欧平原的土尔扈特人使团借道俄罗斯,路经蒙古高原和清朝内地前往西藏,谒见七世达赖喇嘛,为他们新立的汗王请汗号和印玺。这是土尔扈特和西藏关系史上鲜为人知的史实。通过满文档案不仅发现这一史实的许多内幕,并进而了解到17—18世纪土尔扈特和西藏关系的诸多问题,因而纠正了《钦定回部王公表传》等史书的一些错谬,也补充了《清实录》等官修史书的缺载。再以《六世达赖喇嘛仓央嘉措圆寂的真相》为例,满文档案充分显示了它的重要价值。关于六世达赖喇嘛仓央嘉措最终命运之归宿问题学界历来争吵不休,不少学者认为,1705年六世达赖喇嘛在被解送北京的途中,在青海成功逃脱,来到内蒙古西部的阿拉善地方,以达格布呼图克图名义传教。圆寂后,其转世就成为历代达格布呼图克图,一直转世到20世纪50年代。但是在中国第一历史档案馆所藏满文《宫中朱批人名包》中,保存着商南多尔济在康熙四十四年十二月二十九日(1706年2月12日)呈上的一份秘密奏折,内容专门涉及此事。商南多尔济是康熙四十一年起以"住西宁喇嘛"名分常住西宁,负责向清廷及时提供青藏地区蒙藏人等的各种动态信息,协助清廷办理青藏地区事务的重要人物。根据该密折,我们可以基本弄清六世达赖喇嘛的最终归宿。这样的信息只能在清朝宫中满文秘档中才能发现。

因为研究对象的地域不同、民族不同、问题不同,蒙古文、藏文和汉文文本对内亚民族史一些课题的研究都具有其不可替代的价值,而且这些文种的资料往往相辅相成,互相印证。比如,关于明代蒙古人的资料传世者甚少,而明朝兵部题行档中保留了部分相关资料,作为军事情报其可信度很高。通过《满文原档》(也曾命名为《旧满洲档》)、内秘书院满文档案和蒙古文史书,解读这些汉文文书,可以了解17世纪20—40年代南部蒙古集团的一些活动。《明朝兵部档所见林丹汗与察哈尔资料》就是利用满蒙文文献解读明朝汉文档案文书的一例。《噶尔丹与藏传佛教上层》一章是满、蒙、藏三种语言史料基础上写就的,而去掉其中任何一个文种的资料都会影响论述的全面性。噶尔丹是中亚卫拉特人的民族政权准噶尔汗国的缔造者,因为和康熙皇帝的较量,他的形象在清朝满汉官修史书中早已定格,而在中苏冷战中崛起的中国卫拉特史研究界给噶尔丹新添了民族分裂分子、破坏中国国家统一的罪人等标签。但噶尔丹到底是什么样的一个人呢？五世达赖喇嘛传记等藏文文献,噶尔丹致五世达赖喇嘛、拉穆和乃穷二护法神师等人的信函(满文),以及噶尔丹所写忏悔诗文(托忒文)等文本则反映出了噶尔丹人生中世人未曾了解的一面,充分显示出多语文献对内亚民族史研究的重要性。如后文所显示的,《1705年西藏事变的真相》、《车臣汗汗位承袭的变化》、《外藩蒙古内扎萨克盟的雏形》等内容,都是解读多语种文本的成果。在探讨具体问题时,不同语种史料的作用是不同的,如研究喀尔喀蒙古的车臣汗部时,蒙古文史料起到了主导作用,而探讨清朝在蒙古的盟旗制度时,满文档案显得更加重要,但无论哪一语种资料做"主文献",同时都需要借助其他语种文本对"主文献"进行阐释和补充。

本书下编为蒙古历史地理研究。历史地理学是一门综合学问,包括历史自然地理学和历史人文地理学以及其派生出的分支学科。本书所谓蒙古历史地理,纯属人文地理学范畴,探讨的是明清时期某些蒙古部或蒙古史相关人物的活动区域,虽然也涉及了历史地图,但并非专业的历史地图研究,而只限于其文字内容,因此这部分的研究仍以文本为基础。

在古代蒙古民族文献中没有像汉地地志类专门的"历史地理"文献,至今所见最早的蒙古文地图也不过是18世纪上半叶的实物。因此,蒙古历史人文地理的研究,历来主要依靠对叙事文献中零散记载的考证。

以文本为基础的历史地理研究,也离不开语文学研究方法。这方面的一个极佳的范文,是亦邻真先生的《起辇谷与古连勒古》(《内蒙古社会科学》1989年第3期)一文。作者从安葬蒙元帝王之地起辇谷入手,运用元代蒙汉文音韵学,考证与"起辇谷"对应的《元朝秘史》上的"古连勒古"和《圣武亲征录》上的"曲邻居",指出它们都是蒙古语山名 kürelgü 的不同转写,波斯文《史集》中则作 KWRL WW。作者证明古连勒古(曲邻居)即元代文献中的起辇谷后,根据《元朝秘史》的相关记载,给 kürelgü(起辇谷)的现在位置定位,指出其应该在蒙古国肯特省曾克尔满达县境内。这是将语文学方法在历史地理研究上用到极致的典范。

17世纪以降蒙古历史人文地理的研究,就其所需的语言学手段而言,比蒙元时期少了很多乐趣,因为此时蒙汉两种语言发展得都和当代蒙汉语接近,所以语音勘同除个别场合外几乎没有用武之地。但是,主要通过文本信息的基本路子仍然没有发生变化,只是文本信息相对前代增多,因而方法也有所不同了。

本书下编论及的历史地理内容主要有四个方面,第一是明末漠南蒙古喀喇沁、东土默特部的游牧地考证,第二是清初神秘的"察哈尔国"游牧地的考证,第三是17世纪上半叶中亚卫拉特人各部的游牧地考,第四是关于清代蒙古地图文献的点滴。

在蒙古历史地理研究中,北元时期蒙古各部分布的研究比较困难,因为这一时期相关的史料少之又少。对此,日本人和田清与我国学者达力扎布做过比较好的研究。自21世纪初以来,笔者在中国第一历史档案馆查阅明朝兵部题行档和满蒙文档案,结合明清时期各种传世文献,发现了明代沿长城一带的几个南蒙古集团——喀喇沁、兀良哈和东土默特人游牧地分布的新资料,这是学界此前所不了解的。《三世达赖喇嘛圆寂地之地望》一章,实际上是明代喀喇沁本部游牧地研究。本文以三世达赖喇嘛索南嘉措游历蒙古地方并在喀喇沁地方圆寂的事实为线索,以满、蒙、汉文献记载考订当时喀喇沁部的所在地。对东土默特游牧地的考证主要是在汉文档案、明人边政著作和满文档案的综合研究上完成的。清初所谓的"察哈尔国"是指蒙古末代大汗林丹汗之子额哲亲王所领察哈尔扎萨克旗,因为其地位特殊,清人文献里称之为"察哈尔国"。清初文献里很少提及该旗,其旗游牧所在位置亦不甚明了。本书"察哈尔国"游牧地相关的内容,利用康熙时期理藩院满文题本和雍正时期翁牛特旗蒙古文档案,以可靠的证据第一次弄清了这个神秘扎萨克旗游牧地的四至。

对17世纪上半叶中亚卫拉特各部游牧地分布的研究,主要利用了一位高僧传记。这位卫拉特高僧名叫南海嘉措(1599—1662),号咱雅班第达,在西藏学佛22年后,1639年回卫拉特弘扬佛法,游历卫拉特各部,东自喀尔喀蒙古西部,西到伏尔加河流域,北自额尔齐斯河中游,南到青海,受邀拜访卫拉特各部大小首领,走遍了卫拉特地区。咱雅班第达圆寂后,其一位亲信弟子为他撰写了传记,按年代顺序详细记录了其所访部名、贵族名和地名。这部佛教徒的传记因而成为研究当时卫拉特各部各首领游牧范围、冬夏营地的极佳资料。

关于蒙古地图文献的内容,主要和日本天理图书馆所藏蒙古游牧图相关。众所周知,到了清代,《大清会典》、《大清一统志》、《西域图志》、《蒙古游牧记》等官私史书相继问世,至少从乾隆年间开始,外藩蒙古各旗也陆续绘制游牧图(旗领地图)缴存理藩院,因而清代历史地理的研究比前代变得容易得多了。但是,在这些便利的背后,同时也隐藏着不少陷阱,稍不留意就会上当。笔者关于蒙古游牧图的文本探讨主要基于此。

清代地志文献中的最大问题莫过于地名的错谬。汉语地名是通过翻译蒙古语资料获得的,而因为译者的蒙古语水平有限,译文常常出错。嘉庆、光绪二朝《大清会典》中的蒙古地名,基本上以蒙古各旗游牧图为蓝本,现有游牧图文本和《会典》的对比研究,可以纠正汉文史料的错谬。汉文地志文献的另一个大问题是对蒙古个别旗分四至八达的误载。这是因为利用蒙古地图者未能分清地图方向,因而南北颠倒,东西错位。以往论者几乎无人以怀疑和批判的眼光审视汉文资料中的民族地理记载,不经考证地简单挪用,尤其是张穆所著《蒙古游牧记》一直是清代蒙古地方历史地理研究的手册,在那顺达来博士论文面世前,从未被质疑过。本书以日本天理大学图书馆所藏蒙古地图为例,比较系统和具体地论述了清代汉文地志文献中蒙古地名资料的问题。

三

以上主要说明了多语种文本对内亚民族史地研究的重要性。

但是，还必须要进一步强调指出，文本作为史料，其性质、层次和价值是不同的。那种对前人留下的所有文本不加批判的"拿来主义"和盲目利用所有到手的文本碎片拼凑历史地图的"拼凑主义"都应该被摈弃。

前文提及的伯恩海姆《史学方法教科书》(Bernheim：Lehrbuch der historischen Methode)是总结西方各种史料学理论，明确提出并系统阐述史料二分法的重要著作。伯恩海姆把史料分成两组，第一组叫Überreste(直译为"残余"、"残存物")，第二组叫Tradition(直译为"传统")。这个看似简单的分类对历史科学具有重要意义。

Überreste是指那些给人们无意中提供历史信息和知识的，原属当时历史事物的一部分而遗留至今的，从其最初形成就不以讲授历史为目的的史料，因此笔者称之为"遗留性史料"。该定义的第一层意思，是指出这类史料的属性和流传方式，即这类史料本身就是历史事件(事物)的组成部分，属于"历史"，而不属于"历史记述"。它们或有形(如实物的、文字的、实物与文字合二为一的)或无形(抽象形态的)地保留至今，但都是从当时的历史事件中直接遗留下来的，其流传没有经过第三者的"报道"、"描述"、"塑造"等中介行为。该定义的第二层意思，是强调这类史料形成的原因和目的。它的最大特点在于，这类史料的形成不是以记载历史、给世人传授历史知识为目的，它形成的原因与诉说历史、记载历史毫不相干。该定义的最后一个含义，是解释了它的史料本质。它的属性、流传方式和形成的目的都说明，作为史料它是被动的、无意识的，没有受到作者的历史思想和价值判断倾向的影响。它们是历史的残存和遗留，是可靠的史料。对这类史料首先需要进行的是鉴别真伪。

与它相对的是Tradition，它是专门以讲授历史为目的，由一个或若干个有明确目的的作者(编者)创造的文献。它们是对历史的记述，其中贯穿着作者的目的、立场、观点和感情以及编撰水平等诸多主观和客观因素，故笔者译为"记述性史料"。"记述性史料"的特点在于：第一，这些史料尽量解释历史事件的内在联系，说明因果关系和经过。因为它是讲"历史"的。如说"遗留性史料"提供的是历史事件(事物)的一个方面或历史过程的一个"点"，那么"记述性史料"提供的则是事情的方方面面和事件经过的"连接点";第二,它显得再完整、圆满,也不过是作者(编者)精神机器的产品,是历史的间接反映。因为这种史料是作者(编者)对史实的了解、理解和说明的产物,所以它往往受到作者对史实的认识程度和所采取的态度等诸多因素的影响。因此,对这类史料的评判,不仅需要鉴别真伪,还需要判断正误。

两种史料的性质不同,因而对历史研究的意义也大不相同。以"遗留性史料"验证"记述性史料",以前者评判后者的正误和史料价值,是一种科学的方法。多语种文本的发现和整理是一个重要的步骤,但对它们的利用更是关键的一步,此阶段绝不能采用"拿来主义"和"拼凑主义",而是一定要对各种文本先进行史料学批判。

以本书《康熙初年清朝对归降喀尔喀人的设旗编佐》为例:内蒙古各扎萨克旗的建旗年代,主要根据《钦定蒙古回部王公表传》的记载为准,而《表传》是以旗扎萨克王公被授予爵位的时间来推定的。本文利用康熙初年理藩院满文题本档案,弄清楚阿巴哈纳尔等若干旗的扎萨克受封爵位时间和建旗年代,明确了扎萨克受封爵位和设旗不是一回事。以往的研究著作因为根据《表传》记载叙述,所以各扎萨克旗的设立年代都显得"清清楚楚",其实大部分是错误的。目前,因为档案资料有限,还有相当多的扎萨克旗的建旗时间并不能确定,但正因为有了正确的认识,这个缺憾比那个完美更有意义。

本书每章内容都是作者以上提及的文本和史料认识的具体实践,在此不再赘述,如有不妥之处,敬请方家批评指正。

上 编
多语文本与内亚民族关系研究

第一章　明朝兵部档所见林丹汗与察哈尔蒙古

17世纪前半期蒙古史的研究,在科学研究的意义上讲,是一个相对年轻的领域。前人利用《旧满洲档》等满文档案,探讨过该时期满蒙关系的一些问题。近几年来,还利用17世纪前半期蒙古文文书档案,为本领域的研究注入了新的活力。然而,有关17世纪蒙古史的各种文字史料,还没有被完全挖掘和利用,汉文档案史料就是一例。

事实上,中国明清档案从20世纪20年代就已经开始被整理出版,到70年代,在台湾的明朝档案基本上全部出版发行。但是,至今还没有一个人注意到这些档案中大量珍贵的蒙古史史料。中国第一历史档案馆也藏有相当数量的明朝档案,其中兵部题行档与蒙古关系最直接。笔者和宝音德力根博士于2000年去该馆对有关蒙古和女真的史料进行整理,并请该档案馆制作8盒缩微胶卷。在此之前,也几乎没有一个蒙古史学家过问这些档案。其实,在明朝兵部题行档中,有不少关于17世纪前半期蒙古史的珍贵文书资料,是对蒙古文史料和满文史料的补充和佐证。

本文将通过明朝兵部题行档中有关林丹汗西征以后林丹汗与察哈尔历史活动的史料,为学术界具体介绍兵部题行档案的内容和性质。之所以选择察哈尔西征的题目,首先是因为这是17世纪前半期蒙古史上最重大的历史事件之一,其影响十分深远;其次是因为兵部题行档中有关蒙古史的资料,以涉及察哈尔的内容最为丰富、集中;再次,是因为其他文献资料很少记载察哈尔西征。众所周知,17世纪的蒙古编年史都回避记述"当代史",对林丹汗的事迹很少提及。因为明朝灭亡,末代皇帝崇祯没有正式的实录,虽有私修实录问世,然而未能利用明朝国家档案,其可信性存在很大问题。清朝开国时期的档案文献虽然对天聪朝征讨林丹汗的战事留下了丰富的记载,但主要是记述爱新国方面的军事活动,对林丹汗及蒙古方面仍然缺少记载。所以,当时明朝兵部搜集到的军事情报,对研究该时期林丹汗和察哈尔历史有重要价值。

一 明朝兵部题行档的内容、价值和印行

流传至今的明朝档案(以下简称"明档")数量不多,明清改朝换代之际,大部分档案毁于战火。清顺治、康熙年间,为了编纂《明史》,官方搜集到了部分"明档",保存在内阁大库。后来,历经清末农民战争、民国初年动乱和国民党迁往台湾等多次事件,档案损失严重。最后,中国大陆的"明档"大宗集中保存在中国第一历史档案馆(3 600余件),一小部分藏在辽宁省档案馆(580余件)。除此之外,国民党政府带到台湾的"明档",保存在中研院历史语言研究所(据称有6 000余件)。

"明档"中,兵部题行档案占多数,而其中天启(1621—1627)、崇祯(1628—1644)两朝档案占压倒性多数。兵部档案内容自然关系到全国各地,但有关东北边境的女真—满洲人的内容最为丰富,关于北部边境的蒙古人的文件也有一些。据笔者初步统计,在中国第一历史档案馆的"明档"中,直接与蒙古有关的文书有160余件,在台北有80余件。其中,最早的文书为天启四年八月十二日(1624年9月24日)兵部主事李祯宁的呈文,最晚的是崇祯十七年三月二日(1644年4月8日)钦差巡抚宣府右检都御史朱氏的塘报。在这些文书中出现的蒙古各部有:察哈尔、东土默特、喀喇沁、卜罗科尔沁、三阿巴嘎(指阿鲁蒙古)、内喀尔喀、西土默特、鄂尔多斯、苏尼特、乌珠穆沁、敖汉等。

文书种类有兵部题稿、题行稿、行稿和兵科抄出题稿、题行稿、行稿、塘报等。这些文书的原作者大体有三种人:一是钦差大臣,二是宣府、大同等地将军、地方大臣等,三是监视各地的太监。其中,宣大总督、宣大巡抚、宣大总兵、宣府总兵等人的题本和塘报占多数。

文书内容大体可分为四类:一,关于西征以后的林丹汗和察哈

尔的历史活动以及同明朝的关系;二,关于东土默特的详细记载;三,喀喇沁与明朝的贸易关系;四,有关西土默特等其他蒙古各部的各类记载。

作为史料,明朝兵部题行档有很强的可信性和很高的价值。从文书的结构讲,一个文书往往包括很多份多层次的文书。大体上讲,最底层的兵士、特务、翻译、下级官吏等人将所掌握的军事情报口报给自己的顶头上司,他们再将这些口报写成书面材料禀报给自己的上司,依次往上一级一级地呈报,最后报到皇帝面前。每一级官员在写报告时不得转述下级的报告内容,而必须逐字抄录。若需要发表自己的意见,在下级报告内容后面另加"据此看得"等字样,而后再发表议论。从文书内容的来源来看,有关蒙古人的情报信息,基本上来自蒙古贵族的使者、守边蒙古人、投降者、蒙古特务、买卖人以及明朝的巡逻兵、特务等人的报告、口供等。总之,情报出自蒙古人和亲自去过蒙古地方的明朝人口中。

到2001年,明朝兵部档案基本上全部出版发行。20世纪20年代,中央研究院历史语言研究所整理内阁大库明清档案,出版了《明清史料》第一辑。国民党政府迁到台湾以后,在50—70年代之间,历史语言研究所继续整理带到台湾的明清档案,同样以《明清史料》为书名,出版明清档案。以20年代的第一辑为甲编,陆续编了乙编至壬编,共十编,每编十本,每本百页,铅印。其中大多数是清朝初年的档案,但也夹杂着相当量的"明档"。中国大陆的"明档",于2001年由中国第一历史档案馆和辽宁省档案馆编辑,以《中国明朝档案总汇》为名,由广西师范大学出版社出版,共101册。《中国明朝档案总汇》是影印本,就文献价值来讲,比台湾铅印的《明清史料》高得多。比如,影印文书的外部特征,就足以提供研究明代文书和文书制度的丰富资料。

二 明朝兵部题行档中关于林丹汗与察哈尔的资料

下面,根据《中国明朝档案总汇》和《明清史料》,将有关林丹汗和察哈尔的史料,择其重要者,自 1627—1635 年,逐年进行介绍,并作必要的解释和考证。因为当时文书制度的关系,也是因为这些文书在当时均属军事情报,所以,内容十分繁琐、冗长。因篇幅有限,将省略题本和塘报中的一些与本文内容没有直接关系的部分,也省略文书从下级禀报到上级的详细过程。凡是文书中直接引用的原文内容,均放在引号里。凡是从《明清史料》中引用的部分,均交代其编号、册数和页码,而所用中国第一历史档案馆所藏明朝兵部题行档,则全部利用该档案馆 2000 年制作的缩微胶卷,所以未能标出其在《中国明朝档案总汇》中的对应页码。有需要者,可根据具奏人和上奏时间,在《中国明朝档案总汇》中查找。

(一) 天启七年(1627)

天启七年(1627)是林丹汗西征的第一年。在明朝兵部档案中,天启年间(1621—1627)的文书本来就不多,更令人遗憾的是,保留至今的天启七年的文书中,几乎不见有关于蒙古的报告。

下面是 1630 年的一份档案,事关天启七年。

原档:

1. 兵部尚书梁等崇祯三年十二月二十六日题稿,根据侦探通事郭进宝等进边报称:"探问得,哈喇慎[1]家先日原在独石口边守口夷人暖兔、根更等二十余名说称:原于天启七年十月内[2],被察酋[3]趁散,投奔东边奴儿哈痴[4],因无盘费,又无牲畜,到于东边半路归英地方,住过三年有余,饥饿无奈,思想原住巢穴从东步行前来,到于独石边北栅口外住牧。"

注释:

[1] 哈喇慎,即喀喇沁 Qaračin,漠南蒙古部落。

[2] 这个消息可以证明,林丹汗攻打喀喇沁部确实在天启七年年十月(1627 年 11 月 8 日—12 月 7 日)。林丹汗西征是从攻打喀喇沁部开始的,所以,西征开始的确切时间,应该是在十月内。这份报告虽系于 1630 年,但是消息出自亲自被林丹汗打败的喀喇沁人之口,应该非常可信。

过去,学界对林丹汗西征开始时间的说法各异。和田清认为在春夏之交,王雄表示赞同;萩原淳平认为在二月初;达力扎布则主张年底。① 根据以往的研究,天启七年的战事大致如下:十月二十七日(1627年12月4日)以前,林丹汗打败喀喇沁,进入明朝宣府边外;十一月一日(1627年12月8日)以前,战胜土默特部,占领了归化城(今呼和浩特)。大约十一月底十二月初(1628年1月上旬),在呼和浩特与喀喇沁万户再次会战,最终林丹汗取胜。②

[3] 插酋,指林丹汗(1604—1634年在位)。插,"插汉儿"(清译"察哈尔")的简称。察哈尔是蒙古大汗的直属万户。

[4] 奴儿哈痴,一般作奴酋。清译努尔哈赤,本来是清太祖(1616—1627年在位)的本名。"明档"里,"奴酋"指清太祖、太宗或泛指女真—满洲人以及他们的爱新国(Aisin gurun,1616—1636)。

(二) 崇祯元年(1628)

崇祯元年的兵部文书中,有关察哈尔的内容也非常少。另外,有一份宣大总督崇祯十一年的题稿,大致反映了林丹汗西征第二年的总体情况。

原档:

2. 兵科抄出钦差巡抚宣府等处地方赞理军务兵部右侍郎兼都察院右检都御史李养冲题稿,崇祯元年六月十三日奉旨,"虏情万分紧急,粮草一时难供"。"数月以来望眼欲穿而马价无消息也,解运中断而缺饷至五阅月也"。"阳和、大同之间虏遂乘虚入犯,万马奔驰,各堡惊惶。有报拉去墩军者,有报围定墩台者,有报以数十骑引诱而大兵伏在山沟者"。[1]

3. 兵部尚书王题本(残件),崇祯二年二月二十四日,"虏王吞

---

① 和田清:《东亚史研究(蒙古篇)》,(东京)东洋文库,1959年,第891页;王雄:《察哈尔西迁的有关问题》,《内蒙古大学学报》1989年第1期,第6—7页;萩原淳平:《明代蒙古史研究》,(东京)同朋舍,1980年,第329页;达力扎布:《明代漠南蒙古历史研究》,内蒙古文化出版社,1997年,第294页。

② 达力扎布:《明代漠南蒙古历史研究》,第295—302页;乌云毕力格:《从17世纪前半叶蒙古文和满文遗留性史料看内蒙古历史的若干问题——(1)昭之战》,《内蒙古大学学报》(蒙古文版)1999年第3期,第19页。

噬诸部,兹且纠结八大部二十四哨,蜂屯蚁聚于归化城丰洲滩,以为巢穴"。"但宣镇连年插酋作祟,警报傍午,近又吞并诸夷,直侵河套,所向随风而靡"。"但插酋聚结边外,势甚猖獗,自去秋与哈卜交兵得胜之后[2],侵杀河套诸虏,犹如拉朽"。

4. 兵部行兵科抄出宣大总督卢象升题稿,崇祯十一年九月十四日奉旨。"崇祯元年,插酋猖獗,掩袭诸夷,大战于大同,得胜边外,如哈喇慎几二三万人,永邵卜几五六万人,卜什兔[3]之东西哨几七八万人,俱为插酋所败,死亡相枕,籍其生者,鸟兽散去,插随并诸部之赏"。①

注释:

[1] 据此可知,1628年初以来,察哈尔完全控制了宣府、大同边外地方,不断骚扰明朝北边。在阳和、大同之间,警报傍午,宣大边上出现了"虏情万分紧急,粮草一时难供"的局面。

[2] 这里所说的"去秋与哈卜交兵得胜",指的是崇祯元年九月埃不哈战役。根据《崇祯实录》,八月,顺义王博什克图和永邵卜之众在埃不哈备兵,九月"插汉虎墩兔憨与卜石兔、永邵卜战,私卜五榜什妻败走,屯延、宁塞外,穷兵追卜石兔"。②《明史纪事本末》记载这件事说:"虎墩兔西击卜石兔、永邵卜,败之。都令、色令、宰生、合把气喇嘛追杀袄儿都司吉能兵马之半。又屯延、宁塞外,穷兵追卜石兔。"③王雄、达力扎布等据此认为,参加埃不哈战役的还有鄂尔多斯部,而且损失惨重。④ 根据该档案,林丹汗在埃不哈战役中打败了永邵卜、土默特(档案中的"哈卜",指的是哈喇慎和卜石兔,哈喇慎指喀喇沁的一支永邵卜,卜石兔指西土默特部顺义王博什克图汗)联军后,乘胜西进,攻打鄂尔多斯部,即所谓"得胜之后,侵杀河

---

① 《兵部行户外抄宣大总督梁题稿》,中研院历史语言研究所编:《明清史料》丁编第六本,(台北)维新书局,1972年,第11册,第575页。
② 《崇祯实录》卷一,崇祯元年九月,《明实录》附录之二,(台北)中研院历史语言研究所,1962年,第36页。
③ 《插汉寇边》,《明史纪事本末补遗》卷三,附载《明史纪事本末》第4册,中华书局,1977年,第1442页。
④ 王雄:《察哈尔西迁的有关问题》,第9页;达力扎布:《明代漠南蒙古历史研究》,第302页。

套诸房,犹如拉朽"。《国榷》把前后两大战事记在了一起。鄂尔多斯并没有参加埃不哈战役。

可见,林丹汗以呼和浩特、土默川为据点,打败喀喇沁、永邵卜、土默特十几万众,进而讨伐西窜的博什克图汗和河套的鄂尔多斯部,所向披靡,"犹如拉朽"。

［3］卜什兔,又作卜石兔,即顺义王博什克图,著名的俺答汗之曾孙,西土默特部首领。通过这份档案,可以大体了解当时鄂尔多斯以外西部蒙古各万户的势力。如喀喇沁二三万人,永邵卜五六万人,西土默特七八万人。《崇祯实录》说永邵卜有众三十余万,①肯定是误载。

（三）崇祯二年（1629）

原档:

5. 崇祯二年正月十八日,兵部尚书王题稿,据宣府巡抚李塘报,初四日有"贼夷数十名"从(张家口)永胜台进边,未得抢掠。初五,又"马步贼夷一百五六十名分为两股,一半在边外伏藏,一半进边"。明军杀死夷人三名。

6. 兵部尚书王题稿,崇祯二年正月十九日到,据宣府巡抚李塘报,正月十日,龙门金家庄堡"守口夷酋头目恰儿带领马步散夷一百五十余名,进入边里墙下潜藏躲藏,避插酋部夷"。据报,初九日,插酋下不知名达子二人到恰儿那里,叫他去见插酋。恰儿不敢去,第二天杀了二人。"插汉儿下达子马步约五六百骑,在于边外夹道沟住牧,离边约二十余里"。恰儿使者摆思户等说:"初九日晚间,边外从正北来插汉达子千余,因奴酋趁赶,躲离原巢,往西行走,寻杀我们,连帐房、锅、巢、羊畜,收敛不及,随带妻小,从墙空内进来躲避性命,并无别情。今我们亦差夷人数十名于林内探望,插夷离边远了,我们随即出边。"明边臣说:"你们俱是戴红婴达子[1],有何分别,若不是恰儿差你们来乞命,我即发兵剿灭你们。"

7. 兵部题,宣大督师王象乾塘报,崇祯二年七月十四日。"崇祯

---

① 《崇祯实录》卷一,崇祯元年九月辛未,第35页。

二年七月十一日据协守副总兵王家宾称,本月初七日,据插酋下田笔写气、达儿汉那言等禀称,王子上边筵宴等项,俱预备停当。卑职公同抚夷参游庞永禄……(等人)将夷酋宴赏桌席置办眼同验看,丰足齐整。于初九日早,差守备民安大、通官撒赖等三名运送口外。今于初十日早,各员役进口。随据民安大禀称,王子深感万岁皇爷天恩,甚是欢喜[2]"。又据抚夷参游守备庞永禄等禀称,"初十日申时有大赵、二赵、民安大、黄举因,送插酋宴赏回进口说称,见得王子营盘捉马,甚是慌惧。有守备甄祥问守口夷人,密说:东边有奴酋、跌儿半口肯、孛罗蒿儿沁、汪路、古儿半那不哈、老歹青、永邵卜各酋[3]聚兵同来,声言要犯抢插汉等情。王子着实慌张,随起帐上马,望来踪,迎堵去。讫仍留营尾头目解生一名,帐房俱各安扎在边,其逐日应有互市买卖,俱照旧规遵行,并无阻滞。上西路参将王慎德、张家口守备刘惠禀报相同节禀到。职案查插酋祭天开市日期已经塘报外,今又赴口领宴交易,俱遵照旧规举行。偶因东奴等酋举兵相加,率众迎堵,水火之势已见,胜负之分在即[4]"。①

注释:

[1]"戴红缨达子",似乎泛指蒙古人,至少是东蒙古人的泛称。同一时期,在阿苏特部贵族彻辰代青致爱新国天聪汗的书中曾经提到,他们阿苏特人未曾得罪过"戴红缨的蒙古人",但却被阿巴嘎部所截杀。② 可见,阿巴嘎等"阿鲁蒙古"也属于"戴红缨达子"。这里提到,守口夷人和察哈尔人"俱是戴红缨达子",没有分别。在后面将引用的"明档"里,据看到察哈尔军队的明朝士兵说,他们无论有无铠甲,但都带红缨。

[2]根据以上几份报告,1629年初,察哈尔在明朝近边一带,劫掠明朝守口夷人,并零星侵犯明边。但是,在察哈尔的压力下,明朝和林丹汗的关系有所改善。明朝和林丹汗已经制定开市日期,并进

---

① 《兵部题宣大督师王象乾塘报稿》,中研院历史语言研究所编:《明清史料》乙编第一本,第4册,第61页。
② 李保文整理:《十七世纪蒙古文文书档案(1600—1650)》,内蒙古少儿出版社,1997年,第70页。

第一章 明朝兵部档所见林丹汗与察哈尔蒙古

行祭天仪式。根据《崇祯实录》记载:"是月(三月),插汉虎墩兔憨纳款。"①因此,林丹汗与明朝改善关系,制定开市日期,大概是在三月(3月25日—4月23日)内。七月七日(8月25日),林丹汗亲自到张家口边外,明方派人送去迎风宴席,双方遵照旧规进行买卖。但是,据传,突然传来满洲—东蒙古联军讨伐察哈尔的消息,除留下部分宰生继续做买卖外,林丹汗自己带领军队,匆忙出发。

[3] 王象乾塘报中出现的"各酋"名字,分别指以下部落。奴酋,当然是指女真—满洲人,这里确切指天聪汗。跌儿半口肯,指蒙古四子部落。跌儿半,蒙古语 Dörben,意为"四"。口肯,蒙古语 Keüken,意为"孩儿"。四子部落属于兴安岭以北的"阿鲁蒙古",是成吉思汗胞弟合撒儿后裔部落,天聪年间年与爱新国建立同盟关系。孛罗蒿儿沁,蒙古语 Boru qorčin,即卜罗科尔沁。结合明代兵部档案的其他记载来看,它实际上就是嫩科尔沁的异名(详后)。汪路,蒙古语 Ongliγud,明代其他文献中又作汪流,清代译作翁牛特,该部也在天聪年间与爱新国订盟。古儿半那不哈,显然是蒙古语的 γurban abaγ-a,意为"三个叔父"。蒙古人称成吉思汗诸弟合撒儿、哈赤温和别力古台后裔部落为古儿半那不哈,因为合撒儿、哈赤温和别力古台三人是成吉思汗诸子的叔父。三叔父后裔包括阿鲁科尔沁、茂明安、乌喇特、四子部落、翁牛特、哈喇车哩克、阿巴哈、阿巴哈纳尔等部,实际上就是所谓的"阿鲁蒙古"。但是,已经迁到大兴安岭南部的合撒儿后裔部落嫩科尔沁(也叫卜罗科尔沁)不计在内。老歹青,不详。

[4] 据传,林丹汗带领军队,匆忙出发,迎击满洲—东蒙古联军。这条记载,没有得到《旧满洲档》和《清太宗实录》等满洲方面史料的证实。据后者记载,十月(1629年),满洲—蒙古联军攻打了明朝边境。根据蒙古文档案文书,九月十八日(1629年11月2日)送到沈阳的蒙古东土默特部主鄂木布楚虎尔的信里说:"我的兄弟们被察哈尔杀的杀,四处奔命的奔命。我自己也每月在遇见罪孽的察

---

① 《崇祯实录》卷二,崇祯二年三月,第49页。

哈尔人。"①这年十一月（1629年12月15日—1630年1月12日）内，东土默特归附爱新国，离开牧地东迁。所以，林丹汗在崇祯二年秋天主要是征讨东土默特部。也许，林丹汗这次征讨的不是满蒙联军，而是东土默特部。

顺便提一下，根据俄国档案文献，俄国哥萨克士兵1629年11月15日报道，外喀尔喀部扎萨克图汗所属和托辉特部主，俄国人所说"黄金汗"，正在和"都沁汗"打仗。若松宽和萩原淳平都认为，"都沁汗"就是察哈尔林丹汗，因为在蒙古文文献中"都沁"指东蒙古。②就当时的形势和时间上考虑，林丹汗不顾满洲人的威胁，在如此短的时间之内，突然挥戈北上，远征喀尔喀，几乎是不可能的。

（四）崇祯三年（1630）

原档：

8. 兵部崇祯三年四月初二日题，据宣府抚臣郭报告，插兵驻在大安口外，郭"一面遣抚夷加衔游击甄祥带领熟练通官武金、科蒲太二员前赴本部，听授帏略，驰向彼中，善加申谕；仍一面差通官尹来春经赴张家口外，再订前盟"。"看得，插酋自有奴患以来，即言为我助兵。天启四年之誓书俱在，而终是骑墙。今日之来，以防御为远图，以驾用为奇著"。

9. 兵部尚书梁崇祯三年四月十四日题，据宣大总督魏塘报，"本月六日侦探通事李应元进边报称，侦探间有插酋下必棒恰台吉、瓦四宰生等带领夷人五十余骑从东前来说称，要赴城讲话等情。据此随令引领到城。据必棒恰台吉、瓦四宰生等讲说，王子于三月内叫我们往东截剿奴尔哈赤，我们到彼探得，奴酋身子已回原巢，将辽东、宁远等城堡，俱留达子，每城堡一千有余住牧。其遵化、永平等处亦留许多达子，尚未出口。我们将奴酋下部夷割级三颗，赶夺马五六百匹"。"探问得，来夷东边留下瞭高接报达子五千余骑，我们带来达子四千有余，赶着夺来马匹从山后往王子营内去了等情"。

---

① 李保文整理：《十七世纪蒙古文文书档案（1600—1650）》，第60页。
② 萩原淳平：《明代蒙古史研究》，第341页。

"据蓟门报,插遣兵截奴于大安口,原欲分奴所有"。[1]

10. 兵部尚书梁崇祯三年六月二十四日题,据宣大总督魏塘报,六月十五日,插酋夷人五百余犯大白阳堡,抢夺牛羊骡驴几百头。"看得,插夷初款,部落穷夷住牧环边,乘见伺机,不无鼠窃狗偷,甚属可虑"。

11. 兵部尚书梁崇祯三年八月十一日题,据宣府巡抚杨塘报,"密问得,领赏好夷得得库说称,我王子初一日与各宰生吃宴会兵,我们不知何故,又将市口管领赏宰生达儿汉威正、刀儿计、吴刀儿计努去,每罚银一千两。摆户罚银五百两。各因在口不为穷夷方才罚他,今且不叫入市等语。又据色库儿说称,东夷来到蓟镇边外地名一马兔,联络往来不绝,相对密云东北,离边一百五十余里。三股西来。憨差哨马探见回说。又憨闻敖目、束不的[2]勾奴,不知犯抢你宣府,又不知犯抢我们。今我王子又拨许多人马哨去。也准备人马等着。若我杀得他杀他,若杀不得,也只避了。又有我王子小头目好汉不知何故,投奴去了。今我王子将好头脑俱随着他,将富贵轻重妇女,俱往山后移去,只留讨赏夷人在边等语。今讨赏各夷似有惊慌之意"。"插酋之计奴也,虽未必与我同心,而与我同患。盖奴来宣大,则插必不敢抗之而避之他处。即抚赏亦不可得,此插之大恐也"。

12. 兵部崇祯三年九月三日题行,据宣府巡抚杨塘报,"探问得,在边住牧夷人密说,插汉儿王子聚兵一处,传令各夷预备二十余日盘缠,要往西北征剿哈力哈、卜罗合儿气等酋[3]。本月二十六日,又据侦探通官李应元等进边报称,探得,察酋将本边住□□马及精壮真察酋部夷俱各调去。讫止各酋哈喇慎、卜石兔、威兀慎降夷在边住牧等情到路禀到卑职"。①

注释:

[1] 在崇祯二年十月至崇祯三年二月之间,爱新国征战明朝。二月,天聪汗留部分满蒙军队守永平、滦州、迁安、遵化等地,率大军

---

① 《兵部题行宣府巡抚杨塘报稿》,《明清史料》丁编第四本,第 11 册,第 318 页。

回国。根据上引必棒恰等人的报告,在爱新国大军班师后,林丹汗派一万人军队,攻打遵化、大安口等地爱新国守军,抢掠其战利品及马匹。这件事,在同时期蒙古文文书档案中也有所反映。①

［2］敖目,即东土默特首领鄂木布。束不的,指喀喇沁塔布囊苏不地。

［3］根据以上资料,在三、四月间,察哈尔一边和明朝进行贸易,一边攻打留在明朝边墙内的爱新国军队。六月,犯明朝大白阳堡。八月初一日(1630年9月7日),林丹汗召集诸宰生吃宴会兵,罚管领赏的宰生头目,似乎进行了一次内部整顿。当时谣传,东土默特首领鄂木布(敖目)、喀喇沁塔布囊苏不地(束不的)等和满洲军队将西犯。林丹汗将老小轻重移到山后,又传令预备二十天盘缠,据说是将要往西北征剿哈力哈、卜罗合儿气。哈力哈,就是 Qalq-a,即喀尔喀。卜罗合儿气,可能是卜罗科尔沁。根据明朝档案中的多处记载,卜罗科尔沁,又作"卜罗蒿儿趁"、"卜罗好儿慎"等,相当于清代文献中的"嫩科尔沁"。卜罗科尔沁的卜罗,蒙古语应该为 Boru,意为"褐色的"。这个名称,似乎与"白鞑靼"、"黑鞑靼"等部落名称同属一类。作者认为,"卜罗科尔沁"正是嫩科尔沁在南迁到兴安岭山阳以前的原名,"嫩科尔沁"之名是在他们迁到嫩江流域以后才有的。喀尔喀,当时有内五喀尔喀和漠北喀尔喀。与嫩科尔沁在一起的这个喀尔喀似乎应该是内喀尔喀。但是"往西北"征讨他们,又难以理解。在俄国档案文献中,也没有提到1630年林丹汗曾经北征喀尔喀。总之,这一年八月份以后有关林丹汗的情况,还很不清楚。

(五)崇祯四年(1631)

从1631年开始,有关察哈尔的档案逐渐多了起来。

原档:

13. 兵部尚书梁崇祯四年二月八日题,据宣府巡抚沈棨报,"崇

---

① 乌云毕力格:《从17世纪前半叶蒙古文和满文遗留性史料看内蒙古历史的若干问题——(5)东土默特部善巴塔布囊的书及其纵观研究》,《内蒙古大学学报》(蒙古文版)2002年第1期,第62—63页。

祯四年二月初五日据插酋下夷使武刀儿计等口禀,有宣镇、独石边外住牧白彦台吉下部夷哭刊颗少气从奴酋营内逃回,随带男妇千余名口来投王子,[1]密说,奴酋传令各部夷人急备吃食牛羊,不日还要入犯蓟镇一带。我王子说,两家既是一家,专差我们来预先报知。里边可多设枪炮,着实防他等语"。

14. 兵部尚书梁崇祯四年三月一日题,据宣府巡抚沈塘报,明朝因蒙古抢掠明边一事,派人到张家口,与圪炭色力倍宰生、七庆色力倍宰生、必留兔恰宰生[2]谈判。责问蒙古抢掠金家庄家畜,杀伤明朝官兵之事:"你家王子并部夷每年领我朝廷许多金帛,因何不守边约,暮夜掠畜,正要向你王子处讲罚。"圪炭色力倍宰生等回说,只知明军杀伤蒙古之事,不知蒙古犯边事。柴沟堡守口夷盗边,至此来认罪,"当面写立番字九九罚约存照,日后再犯,定照原立边约罚赎不饶"。在万全右卫爬墙盗边者,也认罪受罚。二月二十七日,当着王总镇杀死了多次盗边的肇事者。"据此看得,柴沟之窃掠,右卫之爬墙,插似不知。有此贼夷坏事,今据其一一献罚认罪,立约叩恳,而甘心输服,且杀其唆使作歹之夷人,亦足已见其弭耳"。[3]

15. 兵部署部事右侍郎宋等崇祯四年四月二十四日题,据宣府巡抚沈塘报,侦探通事罢言代报称,"插酋王子于本月十九等日从西北地名虎喇户[4]起身前来,系本边地名三间房[5]住牧娘子处下马,往龙门所热水塘炸病,借此索赏等情已经禀报外,今本月十九日又据独石城守备颇希牧禀称,本月十八日申时,有插酋下好人托落气恰等密说,插酋王子先差好人答速儿害把兔等带领夷骑三百有余,于四月十二、三日从边外山后去东边,探听奴酋,至今尚未回来,并无音信。本夷又说,后差答赖解生,叫他领三千人马,一百为一队,系犬拨儿,共三十队,一探哈喇哈,一探哈巴哈家[6],另有鞑骑联络东行。有王子传说,各备两月半盘缠,去征奴酋。又说,各备勾杆梯子,从蓟镇边过,准在二十四、五起身,先到独石边外住牧娘子并金妹解生处,调发人马等语"。

16. 兵部署部事右侍郎宋等崇祯四年五月九日题,据宣府巡抚沈塘报,"插酋夷使摆布解生等于本月初三日申时出口缘系已经具报外,复于初四日各夷进口讲赏求索无厌,本职再三力龙言,略许餐酒。来夷尚未随意，即于本日出口。今于初五日巳时，又据龙门所守备李怀新禀称，今有夷人摆布解生等一十七名复来进口到城，即据来夷说称，且不言迎风之赏，先要下北路沿边各堡先年夷酋敖目、毛乞炭、阿洪、锁那[7]等一十七台吉旧例赏物。见有收获各夷原遗旧日领赏夷人引领质对等语，且禀到职"。

17. 兵部署部事右侍郎宋等崇祯四年五月十七日题，据宣府巡抚沈塘报，"插酋夷使摆布解生等讲赏事毕，于五月初八日出口。……远哨夜役郭守选报称，探得插酋带领部夷于本日（十二日）辰时起帐往北去，讫等情到，道转报道职。据此看得，插酋初来，以蝶病为名，联结千骑，盘踞十余日，情形诡秘，往复讲誓，变态从横"。"插酋东来，名为炸病，实以迎好儿趁也。好儿趁一向附奴，忽然举部归插，帐房千余顶，而奴不争此，其意不欲树敌"。

18. 兵部署部事右侍郎宋等崇祯四年五二十七日题，据宣府巡抚沈塘报，"侦探通事李国臣等报称，探得插酋王子带领兵马在独石边外地名乱柳拔等处，即日四散打牲。于二十二日起，系独石、马营边外经过，陆续往张家口去"。二十三日在张家口边外土戏台住牧，离边十五里。

19. 兵部署部事右侍郎宋等崇祯四年六月一日题，据宣府巡抚沈塘报，"本月二十六日，据张家口堡守备刘惠差人伴送插酋差来宰生田笔写气等到镇见职。职即问夷使云，尔王子既已碟病，即当回巢，何故复来市口？夷使回云，王子此来非别，只为进贡一事，乃王子一点恭顺好意"。"看得插酋回翔龙门、独石、张家口之间，初言碟病，继言迎好儿趁，今又言进贡，语多支离"。

20. 兵部尚书熊崇祯四年十月十日题，据宣大总督张宗衡塘报，"上北路参将郭起柱手本会称，九月二十九日，有插酋王子先日调去本边守口夷人七庆恰、八岁等到城见本职说，跟随王子前去征剿卜罗好儿慎等酋，到彼探无踪迹，未曾见阵。今传令各边守口解生等照旧各回本边，有田禾的收割田禾，有赏的讨赏。我们今回到边，王子后边，陆续回来等语"。[8]"插酋数月以来，或曰迎奴，或曰征卜罗好儿慎，踪迹诡秘，消息恍惚。节据侦报，有谓九月初十头不来，必征哈喇哈、古儿半两家。若初十头来，必犯中国者。有谓先差哭列解生带领达子到地名朵颜卜舍大等处,安拨者,有谓从山后陆续往南搬移者。今原调守边夷人七庆恰、八岁等,果而进边云,插酋从候即到。此必见奴寇大凌,乘空南来"。

注释:

[1] 宣镇、独石边外住牧的白音台吉,应该是指喀喇沁的白音台吉(Buyan taiji)。哭刊颗少气,蒙古语 Keüken qošiγuči,白音台吉下蒙古首领,详细情况不明。据此,在当时,爱新国控制下的蒙古人也有西奔投靠林丹汗的。蒙古人如此大规模地逃离爱新国、转投察哈尔的记载,在清代满文文献里是见不到的。

[2] 圪炭色力倍宰生、七庆色力倍宰生和必留兔恰宰生,分别为 Kitad čerbi、Sečen čerbi 和 Biligtü jayisang。圪炭色力倍宰生,《清太祖实录》作祁他特车尔贝寨桑,于天聪八年十一月戊辰投降天聪汗。次年正月,天聪汗"以察哈尔掌高尔图门固山事福金赐祁他特车尔贝为妻",即将林丹汗主管高尔图门的夫人赐给了他。① 可见他是察哈尔的大首领。

[3] 根据第 13、14 文件,当时林丹汗积极、主动地改善同明朝的关系,一方面向明朝提供军事情报,另一方面惩治和约束侵扰明边的部民。林丹汗显然是希望缓和同明朝的矛盾,以全力对付爱新国和东蒙古联军。

[4] 这里提到的虎喇户,是一个很重要的地方。根据《旧满洲档》,虎喇户,满文作 Hūrahū,是蒙古语 Quraqu 的音写。1632 年天聪汗远征察哈尔,四月二十二日越过兴安岭,到 Dal omo 达来湖,二十三、二十四日在 Dure bira(杜勒)河畔住跸。二十五日到达 Urtu(乌尔图),次日即到 Hūrahū(虎喇户)。五月一日,在 Gogustai(高格斯台)河畔住跸,二日到该河口的 Hara aruk(喀拉阿鲁克),三日到 Hūrhan-i haya(虎喇汗)亦哈雅,四、五日住在 Gederku bulak(格德尔古布拉克),六日又到了虎喇户。② 可见,虎喇户这个地方离今克什

---

① 《清太宗实录》卷二二,天聪九年正月癸酉,《清实录》第 2 册,中华书局,1985 年,第 288 页。
② 台北故宫博物院编:《旧满洲档》,(台北)"国立"故宫博物院,1969 年,第 3762—3767 页。

克腾旗境内的达来湖和阿巴嘎旗境内的高格斯台河不远。查找清末阿巴哈纳尔右旗地图,在汇合高格斯台河的辉腾河北岸,有 Qara aruG aGula(喀拉阿鲁克山,即《旧满洲档》的 Hara aruk),山后有一大湖,名叫 Qurqan qay-a naγur(即《旧满洲档》的 Hūrhan-i haya)。在该湖以北有座山叫 Quraqu aGula(虎喇户山)。① 这与张穆《蒙古游牧记》的记载完全吻合。张穆记载阿巴哈纳尔右旗四至时指出,旗府南五十里有息雉淀,蒙古名哈雅诺尔。旗府东南七十里有察罕阿鲁克山,百一十里有喀喇阿鲁克山。旗府东南九十里有奎腾河,土名阴凉河,源出卓索图站,西北自阿巴噶界流入境,经察罕阿鲁克山西流,汇郭和苏台河,流入息雉淀。旗府西北八十里有方山,蒙古名胡尔和。② 按:哈雅诺尔(诺尔,意为湖),即虎喇汗亦哈雅;喀喇阿鲁克山,即喀拉阿鲁克山;郭和苏台河,即高格斯台河;胡尔和,即虎喇户。可见,虎喇户,在哈雅诺尔西北一百三十里处。据此,虎喇户汉名方山,在今天阿巴嘎旗巴彦德力格尔苏木境内高格斯台河与辉腾河汇合处以北,即查干淖尔苏木东部。

17 世纪蒙古文文书,说到林丹汗军队的行踪时,曾经两次提到 Hūrhan-i haya。一次是在喀喇沁台吉、塔布囊致满洲天聪汗的书里,说林丹汗在归化城战败后,察哈尔鄂托克向 Quraqan-i qai-a 移动。第二次是嫩科尔沁的奥巴洪台吉致天聪汗的书中写道,察哈尔军队已经过了 Quraqan-i qay-a 地方。③ 因为虎喇户离大兴安岭很近,过了虎喇户,就很快到东部蒙古的地方了。林丹汗西迁后,似乎没有长期住牧在归化城,而是游牧在从今天兴和一带的大青山以北以及正蓝旗、多伦县以北到阿巴嘎、锡林浩特一带草原。虎喇户可能是他在东部的一个根据地。

[5] 三间房,《蓟镇边防》记载:"在宣镇独石边外东北,有小山

---

① W. Heissig, *Mongolische Ortsnamen Teil II*, *Verzeichnis der orientalischen Handschriften in Deutschland Supplementband* 5,2, Franz Steiner Verlag, Wiesbaden,1978, pp. 112 - 113.
② 张穆:《蒙古游牧记》卷五,《中国边疆丛书》影印本,(台北)文海出版社,1965 年,第 212—214 页。
③ 李保文整理:《十七世纪蒙古文文书档案(1600—1650)》,第 27、64 页。

一座,三个山头,每山头盖庙一间,呼为白庙儿,宣镇呼为三间房,夷人呼为插汉根儿。"①在今多伦县境内。

〔6〕哈喇哈,即喀尔喀;哈巴哈,即阿巴哈,也就是阿巴嘎。这里的阿巴嘎(叔父)泛指阿鲁蒙古。

〔7〕这里提到的敖目等四人是东土默特台吉。敖目是土默特首领俺答汗长子僧格的孙子,又称完布(清译鄂木布),其父为安兔(清译噶尔图)。毛乞炭,又称圪他汗,敖目之兄。阿洪,又作瓦红;索那,也写作锁那,是安兔之弟朝兔的两个儿子。② 在《清实录》中,敖目作鄂木布,阿洪作阿浑,索那作琐诺木。③ 根据17世纪蒙古文文书,这三个人名字的蒙古语原文分别为:Ombu cökekür tayiji、Aqun 和 Sunum tayiji。④ 毛气炭,按明代蒙古人名汉译规则,应该是 Maγu kitad。

〔8〕根据以上报告,1631年春天,从科尔沁逃来一千余人,投靠了林丹汗。四月,林丹汗南下,到宣府边境一带住牧的他的夫人那里。当时,有说林丹汗去龙门看病,有说等待迎接来投靠的科尔沁人。但是,林丹汗派使者到明边,说明其来意仅仅是为了进贡。林丹汗在宣府边外只停留了十余日。他的这一行,显然是以挟赏为目的,是为了东征科尔沁筹措费用。据十月初的消息,林丹汗这次出征,无功而返。对此次东征,下面将要引用的鹅毛兔的口供(第24号文件)也提供了证据。鹅毛兔说:"崇祯四年,插汉儿王子率众夷前往好儿趁家厮杀,本年(崇祯五年)十月内方回。"

据《清太宗实录》记载,这年十一月,林丹汗东征阿鲁蒙古的阿鲁科尔沁部,掠夺了达赖楚库尔。⑤ 但是,俄国档案文献记载,本年

---

① 戚继光:《蓟镇边防》,陈仁锡:《皇明世法录》卷五八,《四库禁毁书丛刊·史部》第15册,北京出版社,2000年,第515页。
② 详见乌云毕力格《从17世纪前半叶蒙古文和满文遗留性史料看内蒙古历史的若干问题——(4)东土默特台吉塔布囊与爱新国》,《内蒙古大学学报》(蒙古文版)2001年第2期,第76页注2、3。
③ 《清太宗实录》卷五,天聪三年六月辛巳,《清实录》第2册,第72页。
④ 李保文整理:《十七世纪蒙古文文书档案(1600—1650)》,第138页。
⑤ 《清太宗实录》卷一〇,天聪五年十一月庚寅,《清实录》第2册。

漠北喀尔喀扎萨克图汗所属所谓的"阿勒坦汗"畏惧察哈尔汗的进攻,向俄国当局表示,愿意臣服。① 据"明档"和清朝文献记载,林丹汗1631年根本没有可能出征漠北喀尔喀。很有可能,"阿勒坦汗"因为某种需要,欺骗了俄国当局。

(六)崇祯五年(1632)

关于1632年察哈尔的历史活动,"明档"有较为详细的记载。

原档:

21. 兵部崇祯五年二月二十日行稿,据宣镇监视王坤题,据抚夷守备尹来春禀称:"插使田宰生等说称,王子要亲从独石边外沿边前来张家口讲讨赏物。……据中军武俊禀称,访得,夷人特哈特奈宰生说称,领得宣赏米粮,在插营喂养马匹练兵,只在二、三月间要犯抢各处。本年二月十五日又据武俊禀称,原差探听家丁赵奉等报称,访得,插酋将各处精壮夷人并好马连日俱调赴东行,早晚不知要抢何处。本月十六日据张家口堡守备黄忠禀报,本月十四日夷人讨卖密说,插酋差人每哨调去夷人二十名,要往南朝作歹。又说,各解生十六日俱不进口。"

22. 兵部崇祯五年二月二十八日行稿,据监视宣镇太监王坤题,"二月十六日达贼,原系十五日夜止有三百余骑,从大白阳堡边镇胡台东空拆墙二丈进境,扑抢小村堡、黄土坡堡、李家营堡民余施有宁等马瀛骡牛共一百四十五匹头只,杨士元羊二百八十一只。本堡操守阎天允辰刻闻烽教场号召,而小白阳堡操守宁致中身先士卒,飞骑来援间,该路参将庞永禄带领坐营马世荣、千总武魁、把总黄朝梁、军丁齐至,合营故行,前追贼夷,殿后劲兵相敌。阵亡把总管一员黄朝梁,军丁王申等八十名民余,杨振其等以十三名,重伤千总关一员武魁,军丁韩应登等六十八名,民余李万有等五十六名,射死操守宁致中下马一匹,军丁王其等下马七十三匹,铁炮数位。于本日午时出口去"。②[1]

---

① 萩原淳平:《明代蒙古史研究》,第341页。
② 《明清史料》甲编第八本,第72页。

第一章 明朝兵部档所见林丹汗与察哈尔蒙古

23. 兵部崇祯五年三月一日塘报,据监视宣镇太监题,据张家口堡守备黄忠于二月二十六日禀呈,"本日据直门长哨陈耀报称,插酋王子于本日巳时分从边外地名新修库房起身前往正北去。又将市圈内货卖夷人俱调出边外等因禀报到臣。……二十四日据张家口堡守备黄忠禀呈,二十三日据直门长哨耿学万报称,抚臣沈差通官徐万福等二名,跟伴二名到堡,骑马一匹,骡二头,驴二头,长哨三名,骡夫一名,雇推礼小车一十二把,本路送宴把总通事二名,骑右卫骡一头,长哨一名,跟随推小车六把,担鸡、鹅、鸭军一名到口。本日又据参将王滨禀,据张家口堡守备黄忠报称,直门耿学万禀报,抚夷总兵王世忠差抚夷陶守备等三名拨骑本堡官马二匹,骡一头、军夫推礼小车八把,俱于本日巳时出口前往插酋营内送礼去"……[2]又据中路参将庞永禄报,"据家人王宰探得,插酋差精兵达子随往中路入犯作歹,飞报途中瞭见山后火光不断,各等因到臣。据前因看得,插酋西来,志在挟赏。先以部夷内犯,旋而躬驻近边,声言索要六季之赏,而抚镇礼至前,信宿北去,更不知来往果何如也"。

24. 兵部崇祯五年三月二十日题,据宣镇太监王坤题,宣府总兵官董继舒报降夷事,"审得来夷名鹅毛兔,原系辽阳人,年方八岁,被哈喇汉家达子将役父母一家五口抢去。后母到草地又生下召力兔,今已四十余年。于天启六年,被插汉儿将役弟兄二人抢来,分与头目在打儿汉宰生,住在地名恰束太驻牧五年,自己过度。崇祯四年,插汉儿王子率众夷前往好儿趁家厮杀,本年十月内方回。今又闻说,好儿趁下夷人三四名来投插汉王子,报说,好儿趁、古尔班哑不哈家要往东与奴酋合兵一处,剿杀插酋。今插酋恐各家会合势众,于崇祯五年二月二十三四,将银米约有二三万,给赏各部夷人,有赏二三十两,有赏一二十两,有赏米面等物,俱赏完,带领夷人约有数万,星夜前往好儿趁、古尔班哑不哈"。①[3]

25. 兵部崇祯五年五月二十四日题行稿,宣府总兵董继舒报,据张家口守备黄忠禀称,"本月二十一日戌时据直门长哨魏仲礼报称,今有插酋王子带领部落到于边外地名新修库房驻下,里边十余里等

---

① 《兵部行宣镇监视王坤题》,《明清史料》丁编第四本,第11册,第323页。

情,转报到职"。①

注释:

[1] 二月十四日,林丹汗的使者告知宣镇边臣,他将亲自到独石口讨赏。据有关情报,林丹汗调动精装部队,将要犯明边。十五、十六日,察哈尔军队果然犯大小白阳堡,杀官军,抢人畜。

[2] 根据该档案和第 25 条文件,察哈尔军犯大小白阳堡以后,林丹汗于二十一日亲自到张家口边外新修库房,离明边只有十余里。明朝边臣仍然按照常例,派人送去"迎风宴"。"迎风宴"是林丹汗到明朝近边时,明朝方面要提供的宴会饮食,同时也给予"迎风赏"。该档案比较具体地提供了送所谓迎风宴的情况。二十六日,林丹汗突然离开明边,往北去。监视宣镇太监王坤说,林丹汗先是令部民犯边,然后亲自到明边,得到抚镇礼物之后,又突然往北去,"不知来往果何如也"。

[3] 根据投降的鹅毛兔供词,王坤的疑问就可以很容易解答了。原来,投诚林丹汗的科尔沁人带来了重要的军事情报:科尔沁(＝好儿趁)和阿鲁蒙古(＝古尔班哑不哈)将与满洲人联合,征战察哈尔。林丹汗"恐各家会合势众",在二十三、二十四日,将所得赏物分给部下,连忙离开明边,准备迎战敌人。可见,当满蒙联军在 1632 年夏天杀到宣府边外时,林丹汗早已到西边去了。

原档:

26. 兵部崇祯五年五月二十八日行稿,据监视宣镇太监王坤题本,五月二十六日,张家口守备黄成据其家丁报称,"阿不害下达子三人到境门外向内说,我替你们说,迟两三日才与你们动手哩。有东夷发令箭二支,安慰守口夷人。随据夜不收徐进成报称,有东夷射夷箭一支入境门内,长哨拾得交在武中军处。本日未时又据本官禀报,本日申时有守口夷人嘴儿瓦大在境门外报说,东夷分作四股,一股要犯新平,一股要犯杀胡,两股俱系敖汗督令[1]等,待大举到来,即犯抢张家口一带。虽言出自夷人,难容不听,除严谨惕防外,

---

① 《兵部题行宣府总兵董继舒报》,《明清史料》丁编第四本,第 11 册,第 324 页。

此再报。随据韩通官报称,东夷自北尘灰大起,渐进南来,未知数目,端的再报。又王总兵差人田九畴执令箭报称,无数夷人至新修库房,口称要赏,如无,犯抢。塘报间,本日戌时又据张家口堡守备黄成禀称,本日酉时据家丁常承恩报称,有守口黑郎中引领东夷一人到境门墙下讲说,八王子领二万兵马赶插汉儿王子,未赶得上,收兵在川口扎营。要前寄放南朝赏物。我知也不多,只是几个皮子、布缎有数的,予我便罢,不予,来与你讲话。东边地方,我已坏了。你西边好处,还未动你的哩。遂纵马而去"。[2]

27. 兵部尚书熊崇祯五年六月二日题,据宣府总兵董继舒塘报,据夜不收张于五月二十七日午时塘报,(张家口)"境外正北方烟尘极大,系东夷放火烧毁插汉儿家新造库房等情。又据本役报称,达子自放火后,沿沙河往西北去"。又据副总兵王滨于二十八日报称,"长哨赵玉哨探得有东达子二千有奇,从东渐顺往西北去。又据膳房堡守备张胤吉禀称,未时分据哨夜原来儿报称,张家口边大路从东往西骑马夷人随带帐房、盔甲,不知数目,顺路往西行走"……

28. 兵部尚书熊崇祯五年六月三日题,据宣府巡抚沈塘报,有骑马达子二人投降,"领进边口,问及名姓,一个叫把兔,一个叫把独赖。原系哈喇慎夷人,被插汉儿夷人赶散,往投东奴。卑职随问奴酋所犯消息,二夷言说,有奴酋七庆哈受降卜落蒿儿慎并哈喇亥等数家,共带领精兵十万余,于四月十一日自沈阳起马,从山后绕过,往赴大同边外归化城。插汉儿营不遇。今插酋已往北躲去。讫随有奴酋分兵八股,欲犯杀虎、得胜、新平、张家口等处。见今捕捉各守口夷人,以为向导,牛羊马匹,暂供食用。歇马三五日,各口犯边"。

29. 兵部崇祯五年六月八日题,据宣府巡抚沈塘报,张家口守备黄成于六月三日报称,"长哨李敖报称,有夷人二名根太、班定口称,奴酋大营往西去了。路上丢下死马三匹,骆驼一只,米面许多丢下。又有崔千总、把隆等四名,是他速儿害宰生从独石边上送进,未知真否"。又据守备黄成报称,"初四日,据长哨刘青探得,速还兔喇麻收的夷妇一口说,奴酋在地名海留兔。初二日起马往西急去,将米面物件丢下许多不顾去"。据留在营盘上的夷妇说,"原是哨马达子将穷夷尽砍,止遗老幼数口。迹其跟跄而去,或前途遇插,或急于寻插,俱不可知"。

30. 兵部崇祯五年六月九日行稿,据监视王坤题,西阳河守备王国臣禀称,正北方向来了一位回乡汉人,"供称,名唤陈朝宇,原系油匠。崇祯四年四月内有张家口插酋下夷目田宰生奉文讨要出口。与同节送出泥匠等匠共修庙宇。今于本年五月二十七日被东房将插酋下精壮夷人俱郁收去,其老弱不堪的尽行杀死。并将役等赶往西北行走。又云,东奴十股行兵,每股一万,其九股前往西北,查寻插王。止留一股,系十王子管领,在于沿边查杀散夷,随后亦往西北行走,后边接应夷人陆续行走,不知其数"。本日又来一位回乡汉人,"供名阎尚伦,原系泥匠。崇祯五年三月内有张家口插酋下夷目田宰生奉文讨去出口,修理庙宇"。又据中军武俊报称,"本月初六日巳时分,有被东奴虏去泥匠一名,尤福成,进口供称,本役原系山西人,于崇祯三年正月间,来张家口南门外泥匠营。左邻侯尚夏,右邻侯德位,于五月二十六日被东奴掳去。因被剔发左衽者入营五六日,已知奴自到口,已将西房货物吃食等项,尽行掠去。至今日用米食尚是不缺。前有赶去守口西夷壮丁俱杀无存,止剩下幼弱儿女。又闻奴营有王子十人,止见一王子,尚有大王子老营,在大北首住扎。今见在阳和后口扎营,延长约有十六七里,俱是齐整盔甲、鸟枪、火炮,其中辽东人甚多。声言,欲于六月二十头犯抢天朝。每头脑一人,好马二三匹不等,已将西房赶过黄河去了,今竟不知踪影。时有别哨。奴酋前往北首大营会话去"。

31. 兵部崇祯五年六月十一日题,据宣府总兵董继舒塘报,"有被东夷从插酋营内掳去泥匠一名,尤天成,进口供称,役系山西人,崇祯三年正月间来张家口南门外瓦匠营,左邻侯尚夏,右邻侯德惠,于本年三月十六日,有插目田宰生奉文讨出口外,修盖库房。今于五月二十六日被东奴掳去。因被剔发左衽者入营五六日,已知奴自到口,将西夷货物吃食等项尽行掠去,至今日用米食赏是不缺。前有赶去守口西夷庄丁俱杀无存,止剩下幼弱儿女。又闻,奴营有王子十人,有役止见一王子。尚有大王子老营在大北首住扎。见今在阳和后口扎营,沿长有十六七里,俱是齐整盔甲、鸟枪、大炮,其中辽东人甚多。每头脑一人,好马二三匹不等,已将西夷干过黄河,禁不知踪影。有别哨。奴酋已归大营会话去了。声言,欲于六月二十头犯抢天朝"。[3]

32. 兵部尚书熊崇祯五年六月十四日题,宣府巡抚沈启塘报,"崇祯五年六月十一日,据通官黄举禀称,本月初十日早,到于新开口,审夷妇口语说称,东夷四营敖卜黄台吉为头,又有哈喇庆下小官儿不知姓名,未入大营。其大营见入归化城"。

33. 兵部尚书熊崇祯五年六月十五日题,据宣府巡抚沈塘报,"有看边夷人五榜什从奴营内逃出说称,昂混台吉等原系插酋亲枝。那时,插酋要杀他,反投奴酋营内,将昂混台吉升土蛇兔憨,用他领兵。又有炒花,被插酋诱哄杀死。有炒花男囊奴,因插酋杀死他父,囊奴又逃走奴酋营内去了。今昂混台吉、囊奴因奴西犯,闻言领兵与插报仇。[4]右声言,灭插后要犯宣镇。又说,哈喇慎白言台吉男木腊石台吉[5]在奴营内,俱系夷人之口"。

34. 兵科抄出宣镇监视太监王坤九月十二日题本,九月初五日,据独石城守备陈上表禀称,"据北栅口夜不收任国臣报称,有一骑马达子随带弓箭到边,役随即前到栅口收获,到城审得,夷人名叫伯言物,原系哈喇哈下夷人。于天启七年正月内被插汉抢去,到营内。至今已经五年有余。今于本年七月内,有卜罗好儿慎、阿不亥夷人,撞遇插酋厮杀,抢去插汉阿纥合少与哈纳两营人马。插酋迎敌赶去,将好儿慎家人马也杀了许多。我跟打什客台吉共十人老小三十有余,赶马二百匹往南朝逃走,行了五日,被插酋家头脑(恼)将打什客台吉赶上,射死。有那八人藏如树林,将我的老婆并马匹老小孩儿尽赶回去。我用箭射死一个达子,得脱身来。原骑马二匹,因无盘缠,杀了一匹,沿路寻食山梨、山葱,吃了一个月,才到边上,今来降。问他插王子今在那里,他说要往地名克列垠呆的搬移,还要过海去哩等情"。[6]又据九月初五日来独石口投降的土绑什克等三人的口供,"原系插汉王子下人,因于本年七月初七日,与孛啰蒿儿慎、阿不亥两家在于地名扯汉孛脱郝见阵。我们是右哨人马,东方亮时候,他两家把我们左哨人马□了。牛羊人口都抢去。左哨传报,我们右哨才知,往前迎敌,与阿不亥大杀一阵,也杀了他许多。抵对他不过,把人马至未时分四下,都散了。至八月初三日,我们同老婆孩子二十一名,马一百二十四匹,打插汉营内逃出,欲投南朝,走道地名五鹿垠儿,不料有插汉儿下瞭梁达子二百余人看见我们,大杀一阵,将马匹人口夺去。止跑出我们四个来,刁出马十匹,沿路乏死二匹,我们剥的吃了,今牵骑来八匹,走了一个月零二日,才到这里来。我们来时,王子还在克列路驻扎。[7]听得,努尔哈赤、哈喇哈、阿不爱、孛啰嵩儿慎众家官儿,都上了马,要齐来仇杀插汉。我们部下达子各逃性命,人口头畜都顾不得,只是四下投生,不知王子如今到何处去等情"。①

注释:

[1] 敖汉督令:就是蒙古敖汉部首领索诺木杜棱。天聪二年(1627)归附爱新国,后来多次参加爱新国对明朝和察哈尔的战争。

[2] 以下,全是关于1632年爱新国征战察哈尔的资料。如前所说,当满蒙联军到达宣府边外时,林丹汗早已离开这些地区,迁到归化城以西。因此,爱新国军队当然就赶不上了,他们转而威胁明朝要赏。

[3] 根据第27—32号文件,五月底,爱新国军队赶到宣府边外,因为林丹汗早已转移,不得遇见。他们火烧察哈尔在张家口边外的新修库房,掠夺所留货物吃食等项,并对守口穷夷大打出手,杀死少壮,俘获老弱。

通过这些文件还可以了解到,在崇祯三、四年(1630、1631)间,林丹汗向明朝索取了不少泥匠、瓦匠等手艺人,在张家口边外修庙宇和库房。可见,当时林丹汗打算长期住牧在张家口边外。只是因为爱新国军队的大举西进,才退到归化城以西。

[4] 炒花是内五喀尔喀之一乌济耶特部首领,达延汗之孙。1626年被林丹汗攻杀。囊奴是炒花的季子。昂混台吉,可能是察哈尔八鄂托克之一兀鲁特部台吉昂坤,他于1627年投靠了爱新国。

[5] 哈喇慎白言台吉男木腊石台吉,指的应该是喀喇沁部白言洪台吉之子毕喇什台吉。白言洪台吉死后,他继任为喀喇沁洪

---

① 《兵科抄出宣镇监视王坤题本》,《明清史料》乙编第一本,第4册,第94页。

台吉。①

[6] 伯言物的口供,含有很多有用的信息。据他说,1632年七月,东蒙古的卜罗科尔沁和阿鲁蒙古军队找到察哈尔主力,夺取了察哈尔的阿纥合少与哈纳两营人马,即两个和硕(军事组织)人马。阿纥合少,是蒙古语的 Aq-a qošiɣu,意为"大和硕"或"为首的和硕"。哈纳,意思不明。既然包括大和硕在内的军营都被敌人俘获了,察哈尔遭到惨败是显而易见的事。伯言物还供说,林丹汗正在往克列垠呆地方搬移,而且还要过海去。克列垠呆在哪里,不得而知。但是,伯言物离开林丹汗以后,经过一个月时间才到明朝独石口边境。可见这个地方远在西北。作者认为这是甘肃边外的某一个地名。伯言物说,林丹汗从那里还要"过海去"。这个海,恐怕指的是青海湖。

[7] 土绑什克等三人的口供证明,伯言物的供词是可信的。这三人系林丹汗的部下,据他们说,察哈尔与科尔沁、阿鲁蒙古的战役发生在七月初七日,地点在扯汉孛脱郝(Čaɣan botoɣu,白色的子骆驼?)。他们于八月初三日从林丹汗营内逃出,走了一个月零二日,才到独石口。

当土绑什克等三人离开察哈尔大营时,林丹汗还在克列路。克列路与克列垠呆应该是同一个地方。

(七)崇祯六年(1633)

原档:

35. 兵部尚书张崇祯六年三月十六日题,据宣府总兵董继舒塘报,本月十一日,"(离洗马林堡七十里地方)见有马夷人二百余名,背黑缨大坐纛一杆,俱戴红缨帽,内穿柳叶明甲瓣子盔"。"又有步行夷人三百余名,只戴红缨帽,无盔甲,赶有牛羊四群,约有二百余只"。"看来夷却是西夷形状[1]"。

---

① 详见乌云毕力格《从17世纪前半叶蒙古文和满文遗留性史料看内蒙古历史的若干问题——(1)昭之战》,《内蒙古大学学报》(蒙古文版)1999年第3期,第10页。

36. 兵部崇祯六年四月十五日行稿,据大同太监刘文忠题,三月八日,杀胡堡市口有夷人二三百名往来货卖。"密问各夷说称,我的王子先在归化城住了几日,今移住大青山后屹汉哑波地方,离边骑马行走有四五日路程。[2]今王子一面差有马夷人,往东哨探奴酋消息,一面差夷人往黄河套练船防避东奴。[3]又密探得,二月初五日,从迎恩、灭胡二堡失事,抢掠临边村庄甚多。将男妇老弱俱杀死。内拣精壮者并马骡驴牛羊,至出九日,俱赶出口去。……又二月二十九日,有插酋下夷使摆忽宰生带领夷人四名,共五骑进口,到马市圈三贤庙内,见岳守备,番称:先日讲和,□刀说誓,立写合同,凡称人事不过三次,今停住赏银八万一千两,并王子迎风赏,讲要四次不与,有我王子言说,也不要此赏了。[4]岳守备回说,先日奴酋前来,你们逃往何处去,比时为何不来要赏?摆忽宰省回称,奴酋来时我们兵马往北去撒喇汉家,如今就叫奴酋来,我们正要与他厮杀"……

37. 兵部崇祯六年四月十七日行稿,"国家之边患,莫大于插、奴。插岁费金绢数十万,冀其为我外藩,与奴为难。乃奴来则去,奴去又来,稍不随其要求,轧抢掠迎恩堡以泄愤"……[5]

注释:

[1] 所谓的"西夷形状",就是察哈尔军队的军容。察哈尔骑兵举着黑缨大坐纛一杆,俱戴红缨帽,内穿柳叶明甲瓣子盔。步兵则只戴红缨帽,无盔甲。所谓"红缨达子",就是从这里来的。

[2] 据此,林丹汗于1632年夏天西走避开爱新国大军之后,1633年三月初又回到了归化城。林丹汗在归化城稍住几天,然后游牧到大青山后面。这个大青山无疑是靠近明朝边境的内蒙古兴和、商都二县交界一带的大青山。

[3] 林丹汗回到宣府边外之后,一面打听爱新国的消息,一面仍然差人往黄河河套练船,准备一旦遭到女真人的大举进攻,又要西走黄河躲避。可见,林丹汗采取游牧民族传统的迂回战术,企图拖垮爱新国远征军。

[4] 因为林丹汗西走,明朝停止了发给林丹汗的八万一千两的年赏和到近边后发给他的"迎风赏"。林丹汗虽然再三进行交涉,但是仍然遭到明朝的拒绝。在这种情况下,林丹汗派摆忽宰生等使者

到明朝边境,威胁说,不再要明朝的赏物。这等于是威胁明朝,与其断交。明朝一直奉行利用蒙古抵制女真的政策,所以当然不愿意与林丹汗断交。

[5] 兵部行稿中的这几句话,可以说高度概括了当时明朝对察哈尔政策的实质和林丹汗对付爱新国与明朝的策略。明朝每年不惜金绢数十万的代价,拉拢察哈尔,目的是使它成为明朝的"外藩",与爱新国为敌。林丹汗则奉行"奴来则去,奴去又来"的迂回战术,避开爱新国军队,但又以爱新国为筹码,向明朝索取大量金绢,如果不如意,则犯边以施加压力。

(八)崇祯七年(1634)

原档:

38. 兵部于崇祯七年四月九日题行残稿,"(上缺)夷人哈伴从东而来,供吐古酋[1]通奴及借兵图插等情甚悉,则其住居东夷地界无疑矣。三人同行,或系古酋密遣分布探插,乃哈伴偶为长哨所擒,遂借口投降,饰词以应。及再三研审,而来降果其非本意矣。总之,此辈素为东夷用,俾令遗种于内地也。夫奴酋向欲借兵灭插,无非为争抚赏耳。今插已远徙,彼东奴肯不联络古酋,为挟赏计乎。近闻奴巢终日喂马造炮,或俟草茂狂逞,在我之提备不可不倍严于往昔矣"。①

39. 兵部崇祯七年四月二十日行稿,据宣镇监视王坤题,四月十五日,万全右卫、新河口堡二处共斩夷人十四名,在新开口堡斩级三颗。又据四月十六日上西路副总兵王滨报称,有夷人男妇二名来投降,"审得,夷男老撒、妻桑圪共称,先系太松下部夷,因插酋抢去归化城,在打喇什代宰生下。有土八吉囊侄子打喇什代、打儿汉、把答什、哈八兔四头目带领众夷三千有余,马匹牛羊甚多。各夷商议,于十四日起营,投毛圪塔黄台吉去。[2] 被贼夷将我马一匹、牛四只抢去。因此于十五日早,暗从虏营走出,被夷赶来,将夷母杀死,我男

---

① 《兵部题行遵旨详审哈伴饰词投降等情残稿》,《明清史料》丁编第四本,第11册,第370页。

妇二夷脱走,投奔南朝。又闻,土卜只纳[3]投哈儿汉去,未知虚实等情,译审具报间,本日未时又据本镇原差出哨官丁刘嘉龙等飞驰禀报,于十五日申时,探至地名海流图河,离边一百五十余里,哨见插夷营路从大青山起,挽东北至海流图河,往正北去。讫各官丁跟踪远探,遇插夷后,拨十数名迎来扑砍一处,斩获强壮首级三颗,各夷慌遁北去"。①

40. 兵部崇祯七年四月二十六日题行稿,据宣府巡抚焦源清塘报,四月二十一日,夷人三名、夷妇六口、孩子一个到张家口市口墙下。"据麦力更姐姐说称,系插酋下夷人有口困把都儿宰生[4],先到独石边外大山以北,地名乌兰脑什气,马步夷人约二三千,欲投东夷。因路远,走了一日,复回至地名古儿伴住下。宰生与各夷议,要从独石边进口犯抢。我们走了三昼夜,前来投降等情。……据(抚夷都司)郝效忠禀称,职至市口细审麦力更姐姐,供称:他从口困把都儿营里逃出来。有口困把都儿是插酋下大宰生,前从大同边后往东来,要投降。闻得大同先收了两个宰生,名叫把独赖喇嘛、打儿汉板什,带有千余夷人来投降,收了。后又闻得,哈麻兔宰生被曹总兵杀了。有口困把都儿惧恨,从大同边后起身,要投顺东奴。行至马肺山,相遇先行东来的宰生名叫打喇什代,领马步夷人五六百,就水草住牧。有二宰生商议定,各差知地里夷人共二十名,要从张家口往东到独石口一带,看路径,行至膳房堡边后,撞遇着哨丁,杀了十七个,只留三个回营。有口困把都儿带他千余马步达子,有往东行至地名古儿伴合儿素,约在金家庄边后,要在独石边后挟赏货卖等语。本月二十一日,又据口困把都儿部下夷人野儿克什兔等又来投降,供称:夷前在大同,跟随宰生,曹总兵将哈麻兔宰生杀了,又寻杀我们宰生。是口困把都儿他知觉防备,将他家马夺了些。宰生收在营里,一匹也不予我们。因饿急了,愤恨专来投降。其他营中牛羊俱瘦了,赶不动,料不能前去,定就水草住牧等语。卑职又审问,各宰生内,除杀了并投降东来夷人分外,还有几个宰生,约有多少人

---

① 《兵部行御前发下宣镇监视王坤题》,《明清史料》丁编第四本,第11册,第369页。

第一章　明朝兵部档所见林丹汗与察哈尔蒙古

马？夷供说：还有个闵暗台吉下人马，不知多少，如今怕南朝暗杀，在大青山一带住牧"。①

41. 兵科抄出宣镇监视王坤崇祯七年五月七日题本，据抚夷都司郝效忠呈称，审问抓获奸细搜撒。搜撒供称，"系辽阳人，被虏抢至插汉营内，分与宰生叁克散名下做部落。有插汉惧奴西逃，叁克散不曾跟去，自己收拾千余人马，要犯南朝，不知里边地理，叫搜撒同他两个真夷黑赖、老榜前来密探，各与牛肉一块、羊腿一条。又许果得的实，抢获牛羊，准予平分"。②

42. 崇祯七年五月十一日题稿（残）："从独石边出口，直探至地名三间房，迤东北离边约远二百五六十里，并无夷人生息。回至途中，捉获夷人打喇太等二名。口供说，前有口困把都儿将打喇什代宰生杀了。夺其牛羊马匹。将穷夷尽数赶出。达子自相杀吃，俱各大散。口困把都儿止存五六百人内中，又有谋杀他的。[5]我系穷夷，被他赶出，今被捉住等情。又据该路副总兵马明英禀报，与前相同。据此看得，插夷陆续东奔，西北两路官兵屡出塞外截剿，咸斩多级。今据独石哨报，夷贼百余，被我官兵远出追剿杀伤太半，而尽夺其马驼牛羊皮帐等物，绝彼糇粮衣食。"

43. 兵部尚书熊崇祯七年六月十七日题，据宣大抚夷总兵王世忠塘报，"插酋带领部落来到张家口边外十余里驻扎。本职备礼照常迎风已经塘报外，该本职连日抵口，拟与据理严誓，无奈一夷不敢至口，实有惧怕之意。至二十六日，据守备黄忠据长哨陈耀报称，插酋已经移营往北去。据此本职意谓，此酋狡诈百出，忽去忽来，且无一宰生入里讲事，未可深信北往。密审易市贫夷云：虽已北去，止到周土庙，止二十余里"。派通官守备哈艾去插酋处。哈艾回来报："是日（二十七日）到于边外，过周土庙三十余里，见无插帐。接见二夷，问及，云：今早方往北行。无夷引路，不便前追。天色已暮，只得露处。二十八日早，往速只兔喇嘛帐房问，云：王子留下宰生田笔写

---

① 《兵部题宣府巡抚焦源清塘报行稿》，《明清史料》甲编第八本，第3册，第771—772页。
② 《兵科抄出宣镇监视王坤题本》，《明清史料》丁编第四本，第11册，第371页。

气等在此,可到新修库处便知。随驰马到彼,止见田夷一人,余俱未见。"哈艾叫田笔写气领他去见插酋。田说:"我王子已说下,不必着人前去。王子已吩咐了,有语我都知道。"交涉犯白阳堡事,田说:"也不是王子从容他,都是贫夷无食惠,不得已之事。若杀乡民,便有这几个穷夷送进里边,听凭摆布。就赶几只瘦羊瘦驴,也查送还你里边。我于二十一日正要来讲,不知里边那一个上司有牌到口,要拿我们宰生,在市夷人惊慌出口,禀我王子。我们宰生又不曾坏事。现年新平堡杀了我们许多宰生,都是知觉。每年虽有新赏八万一千两,尚是少欠。今我王子到边几日,因此都不令我们到里边讲一事,恐照新平事体。我王子心上便歇不下了。"又说:"你中国杀了一人只费几两银子,可知达子也是性命。王子说去年差人来里边讲,乃蛮色特儿河桥各边堡迭欠赏物。因哈喇慎有事,我王子征调兵马东去征他,亏了老天保佑,杀虏他右哨半边无数人畜。哈喇慎久顺奴酋,奴酋是你天朝仇敌,我王子去杀他,岂不是恭顺天朝。谁知你大同到(倒)出边杀我许多夷人。我王子虽差人讲说,何曾就犯抢大同。去年讲的赏事,至今你里边何曾了得一件。我王子说,我如今差人去讲,便说我夷人要作歹来挟赏了,反把我们一点恭顺心肠都不见得。不如不讲。我王子说,东也不抢,西也不抢,诸事也不来讲。就边上土也不动你一块,我今且往北去。……"再密问从夷,从夷说:"东边黄河沿上有房子千余间。王子差夷哨见。今要速速去杀虏他,故将精壮好人每赏银不等,都先随带去。又留宰生在此,再挑次等夷人也即时要打发北去,但不知那一家房子。"[6]

44. 兵部崇祯七年九月二十四日题行,据宣府巡抚焦源清塘报,"据张家口堡守备高进忠禀称,案照本月初八日,有插酋下他速儿海解生[7]等带领骑马骡夷人二十七名,从正北前来市口墙下,其余散夷三百余名,俱在边外地名土戏台住牧。已经塘报外,各夷未候明示,忽然又往东北而去"。后明军出边剿杀,斩获首级,得获牲口。①

---

① 《兵部题行革任宣府巡抚焦源清塘报稿》,《明清史料》丁编第四本,第11册,第399页。

第一章 明朝兵部档所见林丹汗与察哈尔蒙古

45. 兵部题行稿,据宣府总兵张全昌塘报,十月初九日,有八名夷人来到张家口市口。"据来夷七庆朗素喇麻等说称,系同五独骂解生等众,从西黄河土摆吉囊住处起身前来。先差到市口,叫守备转禀各上司讨示下,说要做买卖。其余夷人三百余名,他丢在后边地名答摆等语"。又据来投降之夷人肯吉供吐:"原系插酋部落羊羔儿宰生[8]夷人。于本年三月内有羊羔儿宰生约一千人马从得胜堡投降,到阳和食粮三个月。至七月间,有东夷西来,仍跟羊羔儿同五百夷人,反出边外到兴和城,等候见奴酋四王子投降。有王子不要羊羔儿,说:你既投过南朝,复来又投我。将散夷赏了,不曾赏羊羔儿。"①

注释:

[1] 古酋,指古儿半哑不哈,即阿鲁蒙古各部。

[2] 土八吉囊,是察哈尔有名的大首领。《清太宗实录》作土巴济农,于天聪八年六月向天聪汗投降。② 其侄子打喇什代,不见于其他记载。打喇什代等四头目带领三千有余众,准备投奔毛圪塔黄台吉去。据《清太宗实录》,林丹汗亲叔毛祁他特台吉先逃到科尔沁土谢图济农下,在天聪八年五月,转而归附了天聪汗。③ 根据蒙古编年史《沙拉图济》(Yeke Sir-a tuGuji),林丹汗有两个叔父。大叔父名叫 Rebker tayiji,二叔父名作 MaGu kitad qong tayiji,④可以译写为毛祁他特洪台吉,按明代译写法也可以作毛圪坦黄台吉或毛圪塔黄台吉。这个档案文件里所说毛圪塔黄台吉疑即毛祁他特洪台吉。因为在当时,无论在满洲还是在蒙古,除了这位毛圪塔黄台吉以外,没有其他的负有声望的、察哈尔人可以慕名投奔的、叫做毛圪塔黄台吉的人。

[3] 土卜只纳,就是土八吉囊,即土巴济农,Toba jinong。题本、

---

① 《兵部题行宣府总兵张全昌塘报》,《明清史料》丁编第五本,第 11 册,第 406 页。
② 《清太宗实录》卷一九,天聪八年六月壬午,《清实录》第 2 册,第 248 页。
③ 《清太宗实录》卷一八,天聪八年五月庚寅,《清实录》第 2 册,第 240 页。
④ 乌力吉图校注:《沙拉图济》(Yeke Sir-a tuGuji),民族出版社,1985 年,第 121 页。

塘堡之类记蒙古人名,只按照口译(通事)的音译,用字往往前后不一致。当时谣传土巴济农要去投靠哈儿汉,即喀尔喀。据蒙古文书,科尔沁首领奥巴洪台吉也风闻土巴济农要投靠喀尔喀。奥巴洪台吉致天聪汗的书称,"据说土巴济农率(整)旗出走,去了喀尔喀。在他出走后,(林丹汗)杀死了他的桑噶尔寨济农"。①

[4] 口困把都儿宰生,Keüken baGatur jayisang,《清太宗实录》作侯痕巴图鲁。1634年闰八月,天聪汗在征明途中经过河北尚方堡一带时,前来投降爱新国。②

[5] 根据以上信息,自1632年四月下旬开始,察哈尔的大宰生们纷纷逃离林丹汗,或投降明朝,或投降爱新国。比如独赖喇嘛、打儿汉板什等降明,哈麻兔宰生被明朝曹总兵所杀害。口困把都儿杀死土巴济农之侄打喇什代,兼并其部落,欲投爱新国。

[6] 这是一则很重要的消息。据清朝方面的记载,林丹汗于1632年西走甘肃边外之后,似乎直到死再也没有东返。前引史料已证明,其实1633年三月林丹汗又回到了宣府边外。根据该文书,1634年五月下旬,林丹汗又一次亲自到离开明朝边境只有十余里的地方。这证明,林丹汗在陕甘边外与宣大边外之间,曾经多次与爱新国军队迂回。这则史料还可以证明,汉文史书所载林丹汗死于1634年四月的说法,③是完全站不住脚的。

[7] 他速儿海解生,Tasurqai jaisang。在察哈尔大头目里,有两个叫Tasurqai的人,一个是多尔济塔苏尔海Dorji tasurqai,另一个叫古英塔苏尔海Güyeng tasurqai。前者在1634年闰八月归附天聪汗,后者在十一月里投降。④ 所以,九月初八日还在明朝边外的这位他速儿海解生,恐怕就是《实录》中出现的古英塔苏尔海。

[8] 羊羔儿宰生,Yanggir jaisang,可能是《清太宗实录》中的杨

---

① 李保文整理:《十七世纪蒙古文文书档案(1600—1650)》,第123页。
② 《清太宗实录》卷二〇,天聪八年闰八月庚寅,《清实录》第2册,第263页。
③ 谈迁:《国榷》,崇祯七年四月辛酉。
④ 《清太宗实录》卷二〇,天聪八年闰八月己亥,《清实录》第2册,第264页;同书卷二一,天聪八年十一月戊辰,第278页。

果尔和硕齐。①

原档：

46. 兵科抄出,监视宁锦太监高起潜崇祯七年十一月十三日题稿。"审得降夷兀榜什太,系前锋左营食粮夷丁,于崇祯四年内在凌困去,分与四酋下披甲,在沈阳住。又供,四酋往西抢去。有传宣大头目合卜太在大同上阵,小肚中箭射死。回至途中,众达子得病死了无数,马也得病死了许多。又说:虎墩憨兔(虎墩兔憨)下头目有八个宰生。内有四个宰生率领有万余达子投顺,东奴不容进沈阳,安在烧合儿地方住,其余四个宰生仍跟虎墩兔憨儿子名唤儿勒黄爱,[1]复往西去"。

47. 兵科抄出,监视宁锦太监高起潜崇祯七年十一月十六日题,十一月九日,有三名夷人来大福堡投降。"降夷字卜代、克卜兔,夷妇孙代儿供称:系插汗下夷人。向在顺葫芦哈地方住牧。因汗出痘死了,去年正月内,随离却插汗营,跟随大头目庄咯力骂庄□□□(此处原件破损,有三个字无法辨认)各三人下为部落,同部达子约有三万余。于本年八月内,奴犯宣大出口,俱投顺东奴。[2]讫东酋仍差耳气[3]七名,跟随般营东行,四个月至老河。小役受苦不过,闻得天朝日子好过,因此携妻拐马四匹脱身,投奔前来。在外行走十四昼夜,于本月初六日,方得进境"。

48. 兵部崇祯七年十一月二十三日题行,据宣府巡抚陈新甲塘报,十月二十七日,下西路渡口堡收获降夷打度、官住二名。"据二夷供称,是辽东锦州人亲弟兄。两人自小跟随父母,被插汉家达子抢去。跟着王子到大同边外大板升住牧。被后惧怕东夷大营,尽往西边起营躲避。卑职问:你姓?什么名字?从何年月日往西?二夷供说:记不的年份、姓名。约想,旧年到了西边。王子害痘死了。有他男子小王子带领娘子、大小头脑投顺东夷"。②

49. 兵科崇祯七年十二月三日抄出,据监视宣镇太监王坤题,十

---

① 《清太宗实录》卷二〇,天聪八年闰八月庚寅,《清实录》第 2 册,第 263 页。
② 《兵部题行宣府巡抚陈新甲塘报稿》,《明清史料》丁编第五本,第 11 册,第 413 页。

一月二十六日，有二夷来到西阳河堡，说有密语要禀脑言。"说，我们二夷一个名唤昂贡，一个名唤羊忽大，俱是插酋下夷人。先年曾在这边外守口，专来禀语。小的随问来夷，你家插汉王子见在何处，各夷番称：有我王子在大西边已死了。遗下部落有万余，无人管束。有东奴王子差头二名哑杀打儿汉、哑吉圪台吉[4]到西边传调，插夷俱愿归奴。我们一行把兔儿著囊带领马步达子二千有余从西陆续往东北行走。先差好达子二十名，要到张家口先讲货卖，后要讲赏，就要在各边口驻牧。西边还有达子甚多，我们先来密报"。

50. 兵部尚书张等崇祯七年十二月五日题，据宣府巡抚陈新甲根据抚夷都司郝效忠禀报称，十二月一日，在张家口市口墙外发现十六个夷人。"狡夷乃马大等奸谬不肯真吐顺从。卑职自辰审至申时，供吐：原系插酋下守口吃赏旧夷人。先年惧奴西奔，躲至甘州边后住牧。后因插王出痘疹死了，止丢下一个小王子，随带二十一个宰生，前后随带二三万马步夷人。其余夷人各处奔投。小王子因西边住扎不定，仍往东来，到归化城，[5]已知东奴进边犯抢出口，往东去的日期明知道，不敢跟投他去。差两个大宰生，会合哈喇哈、好儿慎两个王子，情愿与我们合兵，要与奴酋撕杀。小王子闻说合兵，先差我们到兔木河偷换些茶面等物，不敢做大买卖。又说，张家口是宣辽大市口，叫我们来求见上司禀安，讨做买卖。宣镇上司若肯依换，你快来，我差宰生去易买；若不依，那边山大水草也方便，你们就在东山住牧。料想奴酋且不来，待过年总他来，我们三家的兵马也不怕他。我们已讨将示下来了，若上司准不准，说一句实话，我们好回去。再无别的话说等语。卑职假以缓言抚谕，狡夷方凭准信，将夷人内摘三名，引同把总杜虎等三名出口，到营侦探虚实。其夷人大营俱在兴和城一带住牧。其墙下夷人已收进市圈，谕令守备安插羁候外，探有别项情由，另行禀报等因到职。据此看得，……大都插酋既死，部落无通，不能窃据于河套，势必返牧于故巢。然又惮奴之强，不能自立，其相率东投，亦势所必至耳。本职履任后，即会同监视，严行侦哨。今一月之内，如膳房堡、西阳和堡、西马林堡、新河口堡、新开口、渡口等堡俱陆续塘报，其中情形，非云东奴差头目来调，则云各头目率众投东奴；非云不愿投东欲讨旧赏，则云原系属夷，欲

第一章　明朝兵部档所见林丹汗与察哈尔蒙古

行货买。今果有十六夷径到市口,又云随后有二三万夷人。且云要与中国合兵,欲奴酋撕杀,夷情否测,驾驭实难"。

51. 兵科崇祯七年十二月十六日抄出,宣镇监视王坤题本。十二月九日,出口通官把总杜虎带领夷人张圪大、牛大二人到张家口堡墙下,说称有话密禀。"据杜虎回称,初六日,小的出口至字儿合大宰生营内,遇见七庆合受气宰生率领五六十名夷人也到字儿合大宰生营,打听口上开了市未曾。就问小的:你老爷差你哪里去?小的说:差打听你王子去。他说:老王子死了,小王子将近归化城[6]。你若去吊孝,也带些礼。你若见小王子,也带些礼。空手我们领你也不便等语"。①

52. 监视宣镇太监王坤崇祯七年十二月十六日题本。据中军武俊禀报,十二月十一日,"白儿合宰生带领骑马驼夷人约有二百余名到于市口外墙下。随有尹守备、高守备及小的公同上口,至市台外墙下。尹守备问来夷:到这边有何话说?白儿合宰生说:今有王子差人来问说,我们到这边与了我们买卖不曾?唯恐饿坏穷夷。我到这边问声,如许不许,好回王子的话。尹守备说,先日宰生差乃骂大、白什大到口上说,今有小王子从西边来,在归化城迆西住。著先叫宰生到这边安插夷人,有马驼牛羊讲做买卖,要在这边住。我们随即回知各上台,方差人出去看看,果有王子到来不曾,好上本开市。既差人出去,又说路远难走,既推托说,路远也罢,今与我们做买卖,有多少马驼?我们好回上司的话,与你们开市。白儿合宰生说,虽老王子殁了,还有太户并小王子在。我们谁敢擅卖马。太户曾分付,恐怕坏了老王子的规矩。有二万银子做买卖。尹守备说,你们内骂大、白什大来亲说,有马驼做买卖,又说小王子在归化城迆西木纳地方住著。[7]离这边约有六七日的路程。我们将此言已禀知各上司。今又说不卖马驼,又说小王子住的远,我怎能回上司的话"……②

---

① 《兵科抄出宣镇监视王坤残题本》,《明清史料》丁编第五本,第11册,第417页。
② 《监视宣镇太监王坤题本》,《明清史料》甲编第九本,第3册,第812页。

47

注释：

[1] 察哈尔的宰生之数，当然不止于八个人。但是，作为执政大臣，也许有过八大宰生。在《清太宗实录》里提到1634年闰八月来降的"察哈尔四大寨桑"（寨桑即宰生）。他们分别为：噶尔马济农、德参济农、多尔济达尔汉和多尼库鲁克。据此文件，另外四大宰生当时可能还跟随着林丹汗的儿子。这里所说的林丹汗儿子"儿勒黄爱"，就是额哲孔果儿（Ejei qongγor）的异译。

[2] 这是现有"明档"中关于林丹汗之死的第一次报道。死因很明确，"汗出痘死了"。但是时间不清楚，"因汗出痘死了，去年正月内，随离却插汗营"云云，似乎林丹汗在崇祯六年正月已经死了，这当然是不正确的。值得注意的是，林丹汗死去的消息到1634年十一月才传到明朝。从察哈尔来的人又说，八月内察哈尔的宰生等率领三万多人投靠了爱新国。这么大规模的人马，突然东奔投靠爱新国，是不是暗示着林丹汗正是在这个时候死去了呢？《清太宗实录》里有佐证：闰八月初七日（1634年9月28日），天聪汗接到了噶尔马济农等察哈尔四大宰生从"所逃之地"报来的消息，"察哈尔汗在打草滩地方病死，距西海有十日程"。① 天聪汗接到报告的日期为闰八月七日，那么考虑到四大宰生的使者在途中需要的时间，林丹汗的死期，必定在八月。

[3] 耳气，蒙古语 elci，意为"使者"。

[4] 哑杀打儿汉，即阿什达尔汉；哑吉圪台吉，就是阿济格台吉。

[5][6][7] 根据各种消息，当时林丹汗之子额哲孔果儿还领有二三万人马。他似乎离开了甘肃边外地方，向东来到归化城以西地方。有的确切说在木纳地方，木纳即今包头市和乌拉特旗边境一带的阴山。

---

① 《清太宗实录》卷二〇，天聪八年闰八月庚寅，《清实录》第2册，第263页。

第一章　明朝兵部档所见林丹汗与察哈尔蒙古

（九）崇祯八年（1635）

原档：

53. 兵部崇祯八年一月十日行稿，兵科抄出宣镇监视王坤题。根据宣镇总兵官手本内称，"据降夷苦敬等供称，夷等原系白音台吉部落。先年曾在张家口边外守口，后跟随插酋到西边陕西地面。有插酋王子因害痘子死了，彼时有小王子未动。夷等跟随插酋下宰生克探且儿被、把督骂宰生等大乱，[1]领夷等六七百名，走了三个月，到边外地名归化城驻牧。九月内，有把督骂宰生、克炭擎力背宰生、七庆宰生等行到独石边外旧开平。夷等男妇五名，因无盘费，偷回，昼夜奔张家口投降。有宰生带领散夷要投奴，未知虚实。……职等又问，小王子在不在？他说，闻得尚在西边，未知真假"。①

54. 兵部崇祯八年正月十二日行稿，兵科抄出宣镇监视王坤题。正月初六日，有夷人一名步行来降。"来降夷人名唤阿泥忒克。供称：原系大满五素下夷人。后归顺插酋，随王子往藏里去。至中途，王子死了。跟随白儿哈大宰生，被东夷调来，到这边买些茶面。不意不开市口，各宰生俱往东投奴酋去。我等走至独石西北夷地名唤孤山子逃回。我们原系这外生的，竟来投降等语"。又据巡捕官曹邦杰密禀："卑职同尹守备将门下趁开，密问夷人阿泥忒克班的，说称：有一夷人名唤圪力圪大，约有五十余岁，原系白什兔下夷人，后顺插酋，跟随吴刀儿计。于五年东夷来，将圪力圪大抢去。昨年闰八月间，奴酋差圪力圪大领东夷二百名到黄河沿上住下。圪力圪大领三十名东夷过黄河到白兔儿合、不拉独儿等众宰生营中，说称：今有奴酋王子差我来，一则调取众宰生，二则传与河套袄儿都司吉囊下的部落达子依旧在彼住著。再传与顺义王下的部落达子依旧在归化城板城住著。今只调插汉下的达子，并哈喇慎家的达子，俱调往奴酋处，仍归各家脑目营中。约于八年二三月间，先令插汉家达子并哈喇慎家达子，先来宣大、张家口、杀胡堡讲赏，然后奴酋王子

---

① 《兵部行兵科抄出宣镇监视王题稿》，《明清史料》丁编第五本，第 11 册，第 421 页。

亲领兵马,在宣大边外山后探候示下。再传与顺义王的小王子,作速将归化城修理齐整,以备奴酋往来住扎。如讲成了赏,还要修理兴和城住扎。白儿合差了杀计铁力哥色令倘不浪跟随圪力圪大回奴酋的话去。约就十二月回来,至今未回。必定随奴酋的大营同来,也未可知。阿泥忒克班的又说:袄儿都司吉囊见在陕西吃着赏,等候东夷。今顺义王的儿子,奴酋说还叫他称小顺义王,见留在归化城住著。阿泥忒克又说:圪力圪大将家小见留在归化城住著,等候圪力圪大随奴酋大营来。今来降夷人阿泥忒克能识夷字,亦识回回字,又会写"。①[2]

55. 兵部尚书张等崇祯八年八月十六日题,据大同巡抚叶廷桂塘报,杀胡堡通丁葛进宝等报称,他们"出边侦哨至虏归化城,探得,奴酋兵马并收服插汉妻男及陕西土霸吉囊等夷,男妇大约万余,营盘自铁令移,在新城西南地名半截塔以东,相离本口约远二百余里,趁草驻牧。各夷俱无食用。摘令马步精强一半,沿边抢掠盘费,一半随营。[3]有卜子习令台吉,仍在新城住牧"。[4]

56. 兵部崇祯十一年二月二十四日题行稿。"乙亥之役,奴以三月初一日发兵。是月,遵化边外四百里、宣镇边外套儿城皆有哨遇明盔明甲达子之报。至四月中,陆续到归化新城,十九、二十等日过黄河,西去抢插酋妻子。六月十一日,回进大同迎恩堡边。[5]此臣身经堵御之事,记忆历历不忘者也"。②

注释:

[1] 克探且儿被和下文中的克炭挈力背,是同一个人,详见前注。把督骂宰生,《清太宗实录》作巴特玛台吉。③ 这个记载证实了上引孛卜代、克卜兔等人的口供。果然,林丹汗一死,部内大乱,祁他特车尔贝、巴特玛等人率领部众,为投靠夷天聪汗而去。

[2] 降人阿泥忒克提供了许多有用而较可靠的情报。阿泥忒克,又作阿泥忒克班的。"班的",是藏传佛教僧人之称谓。此人识

---

① 《兵部行兵科抄出宣镇监视王题稿》,《明清史料》丁编第五本,第11册,第423页。
② 《兵部题行稿》,《明清史料》甲编第九本,第3册,第887页。
③ 《清太宗实录》卷二二,天聪九年正月癸酉,《清实录》第2册,第287页。

蒙古文,也会"回回字"(可能指藏文或梵文),显然是一位有学问的喇嘛。原系大满五素下夷人,也就是说喀喇沁人,后来归顺了林丹汗,随汗往西藏去。因为林丹汗死了,各宰生都去向爱新国投降,而阿泥忒克班的是喀喇沁人,生在宣府边外,所以来向明朝投降。

据阿泥忒克供词,天聪七年闰八月间,天聪汗差名叫圪力圪大的蒙古人带领二百名使节到黄河沿上,向察哈尔诸宰生传达了天聪汗的四项命令:第一,满洲人将察哈尔众宰生调到东面。他们约于崇祯八年(天聪九年)二、三月间,先到宣大、张家口、杀胡堡,向明朝讲赏,等候天聪汗亲自领兵前来;第二,传令河套鄂尔多斯(袄儿都司)吉囊下的部落依旧在旧地驻牧;第三,传令土默特部顺义王下的部落依旧在归化城板城驻牧;第四,传令顺义王的儿子,作速将归化城修理整齐,以备天聪汗往来住扎。如讲成了赏,还要修理兴和城住扎。

阿泥忒克班的又说:鄂尔多斯吉囊今在陕西吃赏,等候爱新国军队。天聪汗仍称顺义王的儿子为小顺义王,他还住在归化城。顺义王的儿子,就是土默特部首领鄂木布。

[3]据《清太宗实录》,爱新国收服林丹汗儿子及夫人,是在天聪九年四月二十八日(1635年6月12日)傍晚。土巴济农则早在天聪八年闰八月庚寅(1634年9月28日)已经向天聪汗投降。根据该文件,当时土巴济囊等可能没有立即被遣往东面,等额哲孔果儿等投降后,一起迁到归化城西南的半截塔地方。

[4]卜子习令台吉,指谁呢?在"明档"里,"卜"一般指卜石兔,即西土默特部的博什克图汗。根据明代诸文献,博什克图汗并没有叫做习令的儿子。当时较为有实力的西土默特部大台吉里,有一个叫做习令的人,是俺达汗第七子不他失里黄台吉的儿子。不他失里,又名素囊,或又称温布。不他失里黄台吉家与博什克图汗家不合,林丹汗占领归化城时,习令投靠了林丹汗。① 当时仍在新城住牧的这位习令,疑即温布子习令。"卜"或许指温布,如指博什克图汗,

---

① 详见乌云毕力格《从17世纪前半叶蒙古文和满文遗留性史料看内蒙古历史的若干问题——(1)昭之战》,《内蒙古大学学报》(蒙古文版)1999年第3期。

应属误载。

[5] 乙亥,1635年。据《旧满洲档》,爱新国军队于四月二十日过黄河,二十八日俘虏林丹汗夫人及儿子。① "明档"与《旧满洲档》的记载完全吻合。

结 束 语

通过"明档"资料,林丹汗西征以后的林丹汗与察哈尔历史活动的不少细节已经比较清楚了。因为篇幅关系,这里不准备再从头缕述。总之,林丹汗于天启元年十月开始西征,崇祯七年八月因患天花病死在甘肃边外的打草滩。其间,林丹汗多次征讨卜罗科尔沁、喀喇沁、土默特和阿鲁蒙古诸部。就是崇祯五年避开爱新国兵峰,到陕西、甘肃边外之后,1633年和1634年都曾经回到明朝宣府边外的根据地。他在那里曾经修盖库房和寺庙,意欲长期滞留。正如明朝兵部所分析,林丹汗采取了"奴来则去,奴去又来"的迂回战术。

林丹汗对明朝的策略,基本上是利用了明朝"冀其为外藩,与奴为难"的政策,以爱新国为筹码,向明朝索取银两和米绢。这成为察哈尔的重要经济来源。

林丹汗远征漠北喀尔喀扎萨克图汗部一说,在"明档"里并没有得到证实。相反,根据"明档",这个可能性微乎其微。

林丹汗为何去青海?目的地是青海还是西藏?他为什么不去当时还没有被满洲人所征服的外喀尔喀地方?在"明档"中仍然看不到回答这些问题的资料。

---

① 台北故宫博物院编:《旧满洲档》,第4278—4280页。

第二章　绰克图台吉的历史和历史记忆

前　　言

在蒙古国,如果问起"绰克图台吉是什么人?",几乎无人不知,而且大部分人都会回答说:"绰克图台吉是反抗满洲侵略的民族英雄。"绰克图台吉到底是一个什么样的人? 他是不是真的是一个民族英雄? 如果不是的话,他在蒙古国民心目中为何占据了如此崇高的地位?

本文在探讨绰克图台吉平事迹的同时,揭示绰克图台吉历史记忆的变迁,重点阐述绰克图台吉历史形象与当代蒙古国民公共记忆中的形象的区别以及这一区别产生的原因和过程。

一些今天被认为是历史事实的东西,或者今天已经成为某种"传统"的东西,往往是一种虚构,是在历史的影子下面再创造出来的"当代"神话。这种"传统"或神话的根据不是历史,而是它所产生的那个时代的具有统治地位的意识形态的需求,文化霸权则是它的助产婆。历史和对历史的记忆往往有很大的出入,但这绝不是因为人类的健忘。

绰克图台吉这个人物,在他身后300余年的历史上,在蒙古人的公共记忆中充当了"鬼"和"神"两个极端的角色。所谓的公共记忆,就是一个认同体(比如一个地域、一个组织、一个文化团体、一个阶层、一个民族或部落等)的集体记忆,是与个人记忆相对而言。对某种历史事件或某一个历史人物的公共记忆而言,它是按照共同体的要求来被创造的。因此,公共记忆的构建,不是把历史原原本本地表象化,而是把历史剪辑和拼凑成适合于该认同体的"当代"要求的行为。绰克图台吉的公共记忆,在封建时代的蒙古,在政教二道的话语体系里,成为了"鬼"的记忆;在蒙古人民共和国时期,在爱国主义价值观下，又变成了蒙古国民（不是全体蒙古族人！）对"神"的记忆。

一　从喀尔喀左翼洪台吉到青海的汗王

绰克图洪台吉（Čoγtu qung tayiji），生于1581年，死于1637年，是蒙古喀尔喀部贵族。关于绰克图洪台吉生平事迹的历史资料不多，因为他在历史上并不占据重要地位。主要有以下资料：有关他的家系，有17世纪成书的《大黄史》和《阿萨剌克齐史》的相关记载。前者成书于17世纪前半叶，以详细记载蒙古各部贵族系谱为主要特点。《阿萨剌克齐史》，成书于1677年，作者善巴（Šamba 或 Byamba）是喀尔喀贵族，与绰克图洪台吉同祖，而且几乎是同时代人。关于绰克图洪台吉的政教活动，有以下史料：其一，是被称作《白房子碑刻》（Čaγan ger-ün bičigesü）的蒙藏文碑铭。该碑立于1617年，是为了记述绰克图洪台吉与他的母亲在土拉河流域建造寺庙的功德。碑文的抄件一直由绰克图台吉后裔保存，1892—1893年间，俄国学者波兹德涅耶夫在赛音诺颜部的绰克图台吉直系后裔伊达木台吉家里发现了《白房子碑刻》的一份绝好的手抄件。[①] 其二，是呼和浩特固什绰尔济译成蒙古文的《米拉列巴传》的跋，[②] 提供了有关绰克图洪台吉宗教活动的有益信息。其三，是《桦树皮律令》（日本学者译为《白桦法典》，国内也有借用日译名者）。[③] 该《律令》

[①] 波兹德涅耶夫：《蒙古及蒙古人》（俄文）上卷，莫斯科，1896年，第468—469页。
[②] 达穆丁苏隆：《蒙古文学精粹一百篇》（蒙古文），内蒙古人民出版社，1979年，第949页。
[③] 1970年，当时的苏蒙考古学联合考察队在蒙古的布勒干省达西其林苏木（乡）哈剌布合遗址的一座佛塔中发现了经典、文书、文字表等文献资料，其中有两册在白桦树皮上书写的法律文书，这就是闻名遐迩的《白桦皮律令》。第一册包括16世纪末到17世纪前期的共17种律令，第二册是1639年大律令的残片。蒙古学者普尔列博士1974年以《有关蒙古及中央亚文化史的两种珍贵资料：喀尔喀新发现的法律文书》为题，发表了该律令的内容。日本学者二木博史称这些律令为"白桦法典"。二木氏对《白桦皮律令》的部分内容进行了日译和详细注释，并发表了研究专文。

第二章　绰克图台吉的历史和历史记忆

的几部律令前言中谈到了绰克图洪台吉,这对了解他在喀尔喀的政治地位有重大意义。其四,是五世达赖喇嘛的自传,不少地方涉及绰克图洪台吉的政治活动。其五,是喀尔喀王公于1687年呈上康熙皇帝的奏折,①其中一些奏折谈到了绰克图洪台吉。其六,是17—19世纪蒙古和西藏的教法史及编年史。比如五世达赖喇嘛的《西藏王臣记》、松巴堪布的《青海史》、贡楚克丹巴剌布杰的《朵麦教法史·史海》、津巴多尔济的《水晶鉴》、噶勒丹著《宝贝念珠》等。此外,还有反映绰克图洪台吉文学修养的诗文,比如1624年刻在土拉河畔绰克图洪台吉家乡的著名的《绰克图台吉摩崖》。

在蒙古国境外,关于绰克图洪台吉的研究论著不多。最早的研究论文为德国学者胡特对《白房子碑刻》蒙藏文碑铭的研究。他不仅对蒙藏文碑文进行了德文翻译和语言学诠释,而且还进行了部分史学考证,最早指出了碑文中的绰克图台吉就是青海的绰克图台吉。② 其次是苏联学者符拉基米尔佐夫的《绰克图台吉摩崖》,③最早提出了绰克图洪台吉曾经支持林丹汗反满斗争的说法。其后是日本学者冈田英弘的"关于绰克图洪台吉",④详尽地搜集整理了当时发表在世界各地的有关绰克图洪台吉的资料。此后,是拙作《关于绰克图台吉》对前苏联和蒙古人民共和国学者的观点提出了异议。该文的结论为:绰克图洪台吉"究竟是何等一个历史人物?是军事家吗?他先败于喀尔喀内讧,被逐出漠北,后亡于和硕特,率四万人马敌不住顾实汗的一万骑兵。除了打败过涣散不堪的青海土默特人之外,在所有战争中都是败将。是什么'民族英雄'吗?他从来没有采取保卫民族的行动。在喀尔喀,为争夺逃民打内战。在青

---

① 在清朝《内阁蒙古堂档》中,有一本喀尔喀王公和呼图克图、呼毕尔汗呈上康熙皇帝的奏折抄件,题目为"康熙二十七年档子"。内容反映了16世纪末到17世纪前半叶喀尔喀蒙古的政治、社会情况,具有很高的史料价值。
② 胡特(Georg Huth):《白房子碑刻:蒙藏文碑文及其翻译和语言学、历史学解释》(德文),莱比锡,1894年。
③ 符拉基米尔佐夫:《绰克图台吉摩崖》(俄文),载于《苏联社会科学通报》,1926年、1927年。
④ 冈田英弘:《关于绰克图台吉》(日文),载于《亚非语言文化研究》第一辑,1968年。

海,他打的是同一个蒙古族——青海土默特人。至于他支持红教,反对黄教,这与民族利益并不相干。如果说他是一个宗教狂,也许并不过分。绰克图台吉是这样一个偶然出现在历史舞台上的平庸人物。在生命的最后几年,他曾给自己戴上一顶汗王的冕冠,但这并不能给他留下多少光彩"。[1] 因为受到当时史料的限制,该文对绰克图洪台吉在喀尔喀的历史地位估计不足,但是基本结论是符合历史事实的。关于绰克图台吉的最近一篇论文是图雅的硕士学位论文。[2] 图雅充分吸收了近年来喀尔喀史研究的最新成果,引用了绰克图台吉生平事迹方面的不少新发现的蒙古文档案资料。但是,其基本观点值得商榷。在蒙古国,对绰克图洪台吉的评价自1940年代以来一直是非常肯定的,而且奉他为反对满洲征服的蒙古民族英雄。对此,后文将进行详细讨论。

(一)绰克图洪台吉的家族和系谱

前人对绰克图洪台吉的家族和系谱讲得已经非常清楚。他的祖父是格埒森扎扎剌亦儿洪台吉(Geresenje jalayir qung tayiji),即达延汗(Dayan qaɣan)的第十一子。

达延汗把喀尔喀万户分封给了第五子阿罗楚博罗特(Alču bolod)和第十一子格埒森扎。阿罗楚博罗特管辖的喀尔喀部落发展成为五鄂托克喀尔喀,南迁到辽河流域,被称为"内喀尔喀五鄂托克"(Öbür tabun qalq-a)。入清以后,五喀尔喀的巴林(Baɣarin)、扎鲁特(Jaruɣud)成为外藩扎萨克旗,其余并入蒙古八旗。格埒森扎后裔所领喀尔喀诸部被称为"七旗喀尔喀"(Doluɣan qosiɣu qalq-a),或"阿鲁(北)喀尔喀"(Aru qalq-a)。他们是清代的喀尔喀土谢图汗部(Tüsiyetü qaɣan ayimaɣ)、扎萨克图汗部(Jasaɣtu qaɣan ayimaɣ)、车臣汗部(Sečen qaɣan ayimaɣ)和赛因诺颜汗部(Sayin noyan qaɣan ayimaɣ)。

---

[1] 乌云毕力格:《关于绰克图台吉》,载于《内蒙古大学学报》1987年第3期,第76页。
[2] 图雅:《喀尔喀绰克图洪台吉生平研究》,内蒙古大学硕士学位论文,2004年。

第二章 绰克图台吉的历史和历史记忆

格埒森扎有子七人,其中第三子名诺诺和(Nonoqu),号卫征(Üyijeng)。格埒森扎死后,诺诺和继承了克勒古特(Kerigüd)、郭尔罗斯(Γorlos)两部分兀鲁思,封地在鄂尔浑(Orqon)、土拉(Tuula)河流域和杭爱山(Qangγai aγula)地区,地处喀尔喀的心脏。诺诺和的长子为阿巴岱(Abatai),是第一代土谢图汗,是喀尔喀土谢图汗部诸台吉的祖先;四子图蒙肯(Tümengken),号赛因诺颜(Sayin noyan),为喀尔喀赛因诺颜汗部的鼻祖。诺诺和的第五子为巴喀来(Baqarai),号和硕齐(Qosiγuči),就是绰克图洪台吉的父亲。可见,绰克图台吉出生的家庭属于喀尔喀有权势的大家族。

下面,对绰克图洪台吉的母亲及其娘家阿巴哈纳尔(Abaqanar)做一些探讨。巴喀来和硕齐的夫人为青必什列勒图三音玛迪太噶勒哈屯(Čing bisireltü sayin madi tayiγal qatun),或简称太后哈屯,父亲叫做伯尔克(Berke),是翁牛特(Ongniγud)人。这个翁牛特不是今天的内蒙古翁牛特旗。"翁牛特"是对成吉思汗诸弟后裔部落的总称,这里当指别力古台(Belgütei)后裔统治下的阿巴哈纳尔部。自格埒森扎时期开始,喀尔喀贵族与别力古台后裔之间有过密切的姻亲关系,诺诺和家族与阿巴噶(Abaγ-a)、阿巴哈纳尔的关系更是如此。据《内阁蒙古堂档》所收1687年喀尔喀的翁牛特的额尔克木公(Erkin güng)呈上康熙皇帝的奏折,1543年,格埒森扎前往土默特部拜见俺答汗(Altan qaγan),领养了俺答汗的一位九岁女儿,后嫁阿巴哈纳尔部始祖诺密土默克图汗(Nomi temgetü qaγan)。① 从此以后双方婚嫁不绝。根据该奏折可知,喀尔喀的所谓翁牛特,时指别力古台后裔部落阿巴噶和阿巴哈纳尔。据《大黄史》记载,诺诺和诸女中有二女嫁给了阿巴哈纳尔的诺密土默克图之子巴克图(Baγtu)和布里雅岱(Buriyadai)。诺诺和三子奇他特伊勒登(Kitad ildeng)之女嫁给了诺密土默克图之孙敦图(Dontu),诺诺和六子博迪松鄂托欢(Bodisung otqun)的两个女儿一个嫁给了诺密土默克图

---

① "喀尔喀的翁牛特的额尔克木公的奏折",《清朝内阁蒙古堂档》之《康熙二十七年档子》(蒙古文),见宝音德力根《从阿巴岱汗与俺答汗的关系看早期喀尔喀历史的几个问题》,《内蒙古大学学报》1999年第1期,第80页。

之孙索诺木（Sonum），一个嫁给了翁牛特的沙格德尔（Šaγdur，大概也是阿巴哈纳尔台吉）。巴喀来和硕齐娶翁牛特的伯尔克的女儿为妻。① 根据巴喀来和硕齐家与阿巴哈纳尔贵族的世婚，可以肯定伯尔克所属的"翁牛特"就是阿巴哈纳尔。

据此可知，绰克图台吉的舅父家是别力古台后裔，属阿巴哈纳尔部有势力的台吉家族。绰克图台吉就是出生在这样一个很有根基的大家庭。他是巴喀来和硕齐的独生子。

绰克图台吉有子五人，依次为阿尔斯兰洪台吉（Arslan qung tayiji）、剌达纳额尔德尼（Radna erdeni）、连花车臣岱青（Linqu-a sečen dayičing）、扎安洪台吉（Jaγan qung tayiji）和阿萨剌尔额尔克岱青（Asaral erke dayičing）。②

（二）绰克图洪台吉在喀尔喀的政教活动

关于绰克图台吉在喀尔喀的政治活动，17世纪前期形成的《白桦皮律令》留下了珍贵的记载。在1596—1616年之间，绰克图台吉前后共6次参加了喀尔喀王公贵族制定大小律令的活动。

第一次，是参加制定了1596年《申年大律令》。该律令的前言说："应上天和佛祖之命而降生的、天族、圆满智慧的传承者、黄金家族的汗阿海（Qaγan aqai），执政的哈坦巴图尔诺颜（Qadan baγatur noyan），执政的达尔汗土谢图诺颜（Darqan tüsiye-tü noyan），岱青巴图尔诺颜（Dayičing batur noyan），昆都伦楚琥尔诺颜（Köndelen čögökör noyan），卓尔古勒诺颜（Jorγol noyan），和硕齐诺颜（Qosiγuči noyan），卓哩克图诺颜（Joriγ-tu noyan），绰克图诺颜（Čoγtu noyan），呼朗阿拜诺颜（Qulang abai noyan），伊勒登诺颜（Yeldeng noyan），和硕齐诺颜（Qosiγuči noyan），丙图诺颜（Bing-tu noyan），乌班岱诺颜（Übandai noyan），俄勒哲依图诺颜（Öljeyitü noyan），莫尔根台吉（Mergen tayiji），车臣台吉（Sečen tayiji），洪台吉

---

① 佚名著，巴·巴根校注：《大黄史》（蒙古文），民族出版社，1983年，第162—166页。
② 善巴著，沙格达尔苏伦整理：《阿萨剌克齐史》（拉丁文转写、蒙古文原文以及单词索引），乌兰巴托，2002年，第85—86页。

第二章　绰克图台吉的历史和历史记忆

(Qung tayiji)、岱青台吉（Dayičing tayiji）、绰克图台吉（Čoγ-tu tayiji）、喇琥里台吉（Raquli tayiji）为首,制定了大律令。该律令制定于猴儿年春末月在塔喇尼河"。① 制定该律令的猴儿年,有1608年和1620年之说。有证据表明,该猴儿年是1596年。参加者包括第一代扎萨克图汗的喀尔喀七旗有势力的王公们。当时,绰克图台吉年仅15岁,他这么早就跻身于喀尔喀七旗上层贵族之列,完全是因为继承了巴喀来和硕齐的遗产,成为这一家族的唯一代表。

第二次,是参加制定了《癸卯年小律令》。据该律令的前文记载:"以昆都伦楚琥尔诺颜为首,鄂勒哲依图台吉（Öljeyitü tayiji）、岱青台吉（Dayičing tayiji）、绰克图台吉、车臣台吉、朝台吉（Čuu tayiji）、土谢图洪台吉（Tüsiyetü hung tayiji）、拉玛斯齐布阿拜（Lamskib abai）、鄂墨勒德尔（=喇嘛达尔 Lamdar）阿拜（Emelder abai）、多尔济阿拜（Dorji abai）等大小诺颜,于癸卯年（1603）五月十五日,在波尔和北泉（Berke-yin aru-yin bulaγ usun-a）[制定]记录了小律令。"②据二木博史考证,昆都伦楚琥尔诺颜为诺诺和卫征的第四子,又称图门肯赛因诺颜,是清代赛因诺颜部鼻祖;鄂勒哲依图台吉为诺诺和的长子阿巴岱汗的长子鄂勒哲依图洪台吉;岱青台吉为诺诺和次子阿布琥墨尔根的长子;车臣台吉为昆都伦楚琥尔诺颜的长子卓特巴车臣洪台吉;朝台吉为阿布琥墨尔根（Abuqu mergen）的次子剌呼哩朝台吉（Rquli čuu tayiji）;土谢图洪台吉为后来的土谢图汗衮布（Gümbü）;拉玛扎布阿拜、鄂墨勒德尔（=喇嘛达尔）阿拜和多尔济阿拜分别为土谢图汗衮布的二、三、四弟。③

这里,绰克图以台吉的身份出现,和鄂勒哲依图台吉与车臣台吉一样,显然还没有洪台吉称号。这次制定的是"小律令",该律令涉及诺诺和后裔王公的统治范围。根据各王公名次排列,绰克图台

---

① 呼·普尔来:《关于蒙古和中亚文化史的两份珍贵史料》《白桦皮律令》（基利尔蒙古文）,载于 *Monumenta Historica Tomus* VI, Fasciculus 1,乌兰巴托,1974年,第59—60页。
② 同上书,第27页。
③ 二木博史:《白桦法典译注（二）》（日文）,载于《蒙古研究》第12期,1981年,第56—57页。

吉的族叔昆都伦居于首位,绰克图台吉的大伯父和二伯父的儿子居于第二、三位,绰克图台吉居于其后。很明显,他在诺诺和家族中的地位,就是其父亲巴喀来和硕齐一支的代表。在喀尔喀左翼,阿巴岱汗和阿布琥墨尔根的后代具有比绰克图台吉更尊贵的地位。

第三次参加制定律令,是在1614年。《甲寅年赛汗寺律令》的第一条说:"车臣哈屯(Sečen qatun)、昆都伦楚琥尔诺颜、鄂勒哲依图洪台吉、岱青台吉、硕垒洪台吉(Šiolai qung tayiji)、绰克图台吉、朝台吉、车臣洪台吉、卓特巴车臣台吉(Bjodba sečen tayiji)、伊克奇塔特台吉(Yeke kitad tayiji)、巴噶奇塔特台吉(Baγa kitad tayiji)、车林台吉(Čering tayiji)、布蚌台吉(Bübün tayiji)、塔鲁巴达什台吉(Tarba dasi tayiji)、巴巴哩台吉(Babari tayiji)、土谢图洪台吉、拉玛扎布台吉、喇嘛达尔台吉、多尔济台吉、巴朗台吉(Barang tayiji)等王公台吉们……"①二木氏对以上王公进行了详细的考证:车臣哈屯,为阿巴岱汗的夫人,额列克墨尔根土谢图汗的生母。硕垒洪台吉,即第一代车臣汗。卓特巴车臣台吉为昆都伦楚琥尔诺颜的长子。伊克奇塔特台吉、巴噶奇塔特台吉、车林台吉、布蚌台吉、塔鲁巴达十台吉、巴巴哩台吉,均身份不明。②重要的是,绰克图在这里仍然以台吉身份出现,地位排在了硕垒之后。

第四次,是在1614年秋天。《甲寅年秋律令》前文载:"愿吉祥。甲寅年(1614)秋天最后一个月初一日,在阿勒塔噶德河(Altaγad-un γool),土谢图汗、昆都伦楚琥尔诺颜、岱青台吉、达赖车臣洪台吉(即硕垒洪台吉——引者)、绰克图洪台吉、车臣台吉、……(18个台吉的名字)等所有王公统一了法规"。③值得注意的是,此时的绰克图已有了洪台吉称号。可以断言,绰克图拥有洪台吉称号的时间,当在1614年。但是,即使成为洪台吉之后,他在喀尔喀左翼的地位

---

① 呼·普尔来:《关于蒙古和中亚文化史的两份珍贵史料》《白桦皮律令》(基利尔蒙古文),载于 Monumenta Historica Tomus VI, Fasciculus 1,第39页。
② 二木博史:《白桦法典译注(三)》(日文),载于《蒙古研究》第14期,1983年,第19—21页。
③ 呼·普尔来:《关于蒙古和中亚文化史的两份珍贵史料》《白桦皮律令》(基利尔蒙古文),载于 Monumenta Historica Tomus VI, Fasciculus 1,第42页。

第二章 绰克图台吉的历史和历史记忆

仍然排在岱青台吉和硕垒洪台吉之后。

第五次参加制定律令,仍是1614年。《甲寅年小律令》的前文记载:"愿吉祥。甲寅年[?(季节)]第一个月二十五日,浩塔噶尔哈屯(Qotaγur qatun)和达赖洪台吉的寺前,土谢图汗、岱青昆都伦楚琥尔诺颜、岱青洪台吉、达赖车臣洪台吉、绰克图洪台吉、剌哈台吉(Raqa tayiji)、车臣台吉、诺木齐台吉(Nom-či tayiji)、洪台吉、呼拉齐台吉(Qulači tayiji)、巴图尔台吉(Baγatur tayiji)、三阿巴噶(γurban abaγai-yin)的大小台吉们,制定了小律令。"①

第六次是在1616年。《丙辰年小律令》序文说:"愿吉祥。丙辰年(1616)夏天第二个月二十一日,昆都伦楚琥尔诺颜的寺前,四和硕大小王公协议了小律令。执政的台吉们(Jasaγ-un tayijinar),[即]岱青洪台吉、绰克图洪台吉、车臣台吉、额尔克台吉(Erke tayiji)、哈尔达齐塔布囊(Qardaγači tabunung)、必力克图寨桑塔布囊(Bilig-tü jayisang tabunung),违反上述人的命令者,无论是谁,都要按照大律令的规定进行处罚。"②岱青洪台吉是阿布琥墨尔根的长子,绰克图洪台吉是巴喀来和硕齐的独生子,车臣台吉是昆都伦楚琥尔诺颜的长子。可见,这个小律令是在这三家王公领地的范围内制定的。在这里,绰克图洪台吉排在第二位。

由此可见,绰克图洪台吉是喀尔喀左翼王公中颇有地位的人物。他至少从1596年15岁开始参加喀尔喀王公制定大小律令的重大政治活动。他是诺诺和卫征诸子后裔中五子巴喀来和硕齐一支的独一无二的代表。在左翼诸位王公中,绰克图洪台吉的地位排在土谢图汗(阿巴岱子孙)、昆都伦楚琥尔、岱青台吉(阿布琥子)、达赖车臣洪台吉(即车臣汗)等人之后。绰克图洪台吉是当时喀尔喀左翼三个洪台吉之一。《白桦皮律令》是真正的第一手资料,是地道的"遗留性史料"。该律令中王公的名次,不是后人的安排,而是当时历史情况的真实反映,毋庸置疑。

---

① 呼·普尔来:《关于蒙古和中亚文化史的两份珍贵史料》《白桦皮律令》(基利尔蒙古文),载于 *Monumenta Historica Tomus* VI, Fasciculus 1,第44页。
② 同上书,第46页。

关于绰克图洪台吉在喀尔喀的政治地位,土谢图汗察珲多尔济也曾谈及过。察珲多尔济在1687年上奏熙皇帝的折子中,列举历代土谢图汗的"丰功伟绩",其中讲道:"在这里,右翼有赖呼尔汗（Layiqur qaγan）、扎剌亦儿的乌巴锡洪台吉（Jalayir-un ubasi qung tayiji）、别速特的车臣济农（Besüd-ün sečen jinong）,左翼有瓦齐赖汗（Vačirai）、绰克图洪台吉（Čoγtu qung tayiji）、达赖济农（Dalai jinong）。[但是]在达赖济农那儿来了很多察哈尔和阿巴噶的逃民,奉他为汗。"①据此,左翼的三大头目似乎分别为土谢图汗、绰克图洪台吉和车臣汗,绰克图洪台吉在喀尔喀左翼的地位仅次于土谢图汗。但是这个说法是不正确的,察珲多尔济这样说必定另有原因。实际上,从1588年阿巴岱汗死到1614年衮布继土谢图汗之位,左翼的实力派人物一直是昆都伦楚琥尔诺颜(即图门肯赛因诺颜),而在1614年以后的很长一段时间内,仅次于土谢图汗的人物仍然还是昆都伦楚琥尔诺颜。1617年的《白房子碑刻》就写道:阿巴岱汗兄弟六个人,"在他们当中,像日月一样对教法和世俗大有恩惠的汗和楚琥尔二人使[众生]享用幸福之时"。② 可见,当时人们对昆都伦楚琥尔与阿巴岱汗是相提并论的。岱青(洪)台吉、达赖车臣洪台吉(车臣汗)和绰克图洪台吉等三洪台吉的地位排在楚琥尔之后。

对绰克图洪台吉在喀尔喀的宗教活动,《白房子碑刻》提供了重要信息。据此碑文,"和硕齐台吉之[夫人]青毕什列勒图三音玛迪太噶勒哈屯和绰克图台吉母子二人,念无数众生之福,在土拉河富饶草原之北、哈勒都屯的济鲁肯山（Qaltud-un jirüken neretü aγula）之阳的干地上,从铁牛年(1601)腊月十五日起,建造'不思议如意宝刹（setkisi ügei indamani süme）'等六座寺庙,历时十七年,至火蛇年

---

① "喀尔喀的翁牛特的额尔克木公的奏折",《清朝内阁蒙古堂档》之《康熙二十七年档子》(蒙古文),见宝音德力根《从阿巴岱汗与俺答汗的关系看早期喀尔喀历史的几个问题》,《内蒙古大学学报》1999年第1期,第82—83页。
② 胡特（Georg Huth）:《白房子碑刻:蒙藏文碑文及其翻译和语言学、历史学解释》(德文),第31页。

第二章　绰克图台吉的历史和历史记忆

(1617)夏初月竣工"。① 此外,绰克图台吉母子二人还请人翻译过不少佛教经典,②《米拉列巴传》的翻译即是一个例子。绰克图台吉和他的母亲,曾与呼和浩特的寺院有过密切的关系,这种关系也许与其舅父家和呼和浩特土默特的特殊关系有关。呼和浩特的顾实绰尔济喇嘛(Köke qota-yin güüsi čorji blam-a)1618年把《米拉列巴传》(Milaraiba-yin namtar)译成了蒙古文。据他的译后跋文,绰克图台吉的母亲青太后哈屯以热心传播佛教而著称,是一位抛弃一切恶业的集福之人,其子绰克图台吉是洞悉佛性,智慧过人而信奉法门正道的人。他们二人委托绰尔济喇嘛翻译了这本传记。③ 可见,绰克图洪台吉为在喀尔喀传播佛教花费了相当多的金钱和精力。

但是,绰克图台吉信奉的不是当时喀尔喀贵族们正在普遍接受的藏传佛教格鲁派(俗称黄教),而是藏传佛教的噶玛噶举派(俗称红教)。

绰克图洪台吉与西藏的一位红教领袖沙玛尔兰占巴有过密切关系。《水晶鉴》记载,"其后又因藏地沙玛尔兰占巴的唆使,[绰克图]发动了毁灭黄教之事"。后来绰克图洪台吉处死他的长子阿尔斯兰,也是因为这位沙玛尔兰占巴告发他背叛了父亲绰克图。④ 沙玛尔,是藏语"红帽"(Zhwa dmar)的音译,兰占巴是有学问的佛教僧人的头衔,所以,沙玛尔兰占巴当指红教的一位领袖人物无疑。绰克图洪台吉的信仰,在他委托翻译的经卷和他所作的诗文中也有体现。比如,绰克图台吉请呼和浩特的顾实绰尔济喇嘛翻译的《米拉日巴传》就是噶玛派高僧米拉列巴大师的传记,此人被该派奉为圣人,他的传记是噶玛派的经典著作。绰克图洪台吉作于1621年的被称作《绰克图台吉摩崖》(详后)的著名的诗,其哲理、风格、表现手段等等,实际上均来此噶玛派经典之一、米拉列巴编著的《十万颂》

---

① 波兹德涅耶夫:《蒙古及蒙古人》(俄文)上卷,第468—469页。
② D. 共果尔:《喀尔喀史纲》(基里尔蒙古文),乌兰巴托,1970年。此处引用了内蒙古教育出版社,1990年蒙古文版,第212页。
③ 达穆丁苏隆:《蒙古文学精粹一百篇》(蒙古文),第949页。
④ 津巴多尔济著,留金锁校注:《水晶鉴》(蒙古文),民族出版社,1984年,第486页。

中的诗歌,是一种模仿之作。① 足见其对噶玛派经典的熟悉程度。除此之外,如冈田英弘氏早已指出的那样,②《白房子碑刻》藏文部分的作者为噶玛丁津斋巴诺尔布(Karma Ting͗dzin grags pa nor bu,即噶玛派人丁津扎格巴诺尔布),绰克图洪台吉第五子被称为"噶玛派的扎安洪台吉"(rarm-a jüg-in jaγan qung tayiji),绰克图洪台吉与沙玛尔兰占巴有过密切交往。胡特也指出,绰克图台吉建立的寺庙名称为"不可思议如意宝刹",是藏文 bsam-yes 的蒙古语译名,而 bsam-yes 就是红教名刹桑耶寺。③ 这些都证明,绰克图洪台吉信奉的是噶玛教派。五世达赖喇嘛说,绰克图"汗伪称信奉噶举派,其实是信仰汉地的道教,是一个想把佛教改变为外道的狂徒",④这句话后来被蒙藏史家广泛引用。这显然缺乏根据,是诋毁政敌的曲笔。不过,这句话透露了绰克图信奉噶玛教的噶玛噶举派的真相。他的这一宗教信仰,对他后来的政治生涯产生了重大影响。

(三) 绰克图洪台吉的被驱逐与他在青海的所作所为

绰克图洪台吉的人生最后几年,硝烟弥漫,波澜万丈。

绰克图洪台吉念经吟诗的生涯,因为林丹汗发动的蒙古内战而发生了巨大变化。

---

① 拉·呼尔勒巴特尔:《经典的传统,蒙古韵文》(基里儿蒙古文,蒙古人民共和国国家出版局,乌兰巴托,1989 年,第 36 页)《十万颂》中收有一首诗,是米拉列巴的学生莱琼多尔济达格巴在离开老师赴西藏时写的。这首诗的大概意思是这样的:印度的河水和不丹的河水,虽然河床各异,但是因为水的性质相同,都将汇聚在大海;东方升起的太阳和西方升空的月亮,虽然时间各异,但是因为光的性质相同,都将存在于晴天;识一切的慧心和愚昧无知的心,虽然悟性各异,但是因为觉悟的性质相同,都将开化于教法;恩师留居故土和学生留学异域,虽然生身各处,但是因为弘法意志相同,都将相会在极乐净土。很明显,这实际上就是绰克图台吉摩崖所模仿的模式。
② 冈田英弘:《关于绰克图台吉》(日文),载于《亚非语言文化研究》第一辑,1968 年,第 122 页。
③ 胡特(Georg Huth):《白房子碑刻:蒙藏文碑文及其翻译和语言学、历史学解释》(德文),第 60 页。
④ 五世达赖喇嘛著,陈庆英、马连龙、马林汉译:《五世达赖喇嘛传》第一函(上),台湾全佛化实业有限公司,2003 年,第 230 页。

第二章 绰克图台吉的历史和历史记忆

林丹汗（Ligdan qaɣan，1604—1634 在位），是蒙古名义上的大汗。17 世纪初期，蒙古社会处于四分五裂的状态，蒙古诸万户各自为政，互不同属。这时，女真—满洲人兴起在蒙古以东，建立爱新国（Aisin gurun，1616—1636），并与科尔沁、内五喀尔喀等蒙古各部建立了反察哈尔、反明朝的政治军事同盟。林丹汗采取了先统一右翼蒙古诸万户，以此为基础，与满洲人对抗的策略。为此，1627 年，林丹汗率领大汗直属的察哈尔万户（Čaqar tümen）从今天内蒙古的东部向西迁移，仅仅一年时间，完全控制了东自兴安岭西至黄河的广大地区。就在这时，为了逃避战乱，从察哈尔和右翼蒙古有很多人逃到了喀尔喀。比如，此时从察哈尔和阿巴噶有大批难民逃到了喀尔喀东部的硕垒洪台吉领地，硕垒势力壮大，称"马哈萨马蒂车臣汗（Maq-a samadi sečen qaɣan）"，喀尔喀始有三汗。可见，察哈尔战争对喀尔喀蒙古影响之巨大。

然而，喀尔喀王公贵族对南来蒙古难民的去留和归属并不是听之任之。为了争夺那些没有领主的逃民，喀尔喀王公掀起了一场内战。绰克图作为有势力的洪台吉，也抛掉念珠，拿起屠刀，参加了这场战争，结果大吃败仗。随后，1634 年被逐出喀尔喀，来到了青海。关于这次内战的真实情况，诸书均未记载。但是，根据 1614 年秋天绰克图洪台吉亲自参加制定的《甲寅年秋律令》的第一条就规定，如果王公们相互残杀，要流放杀人的王公，并没收他的兀鲁思进行分配，一半判给被杀王公一家。① 绰克图被驱逐这件事说明，发动这次内战的罪魁祸首，无疑是绰克图洪台吉本人。《青海史》中说绰克图台吉"发动内战，破坏法规"，②指的就是此事。他触犯了法律，面临被科以流放并没收财产的刑罚。但是，绰克图洪台吉率领自己的领民去了青海，与其说是被流放，还不如说是逃跑。

绰克图洪台吉为什么跑到了青海？有人说，是因为他和林丹汗有约在先，要到青海会师，进行反满洲人斗争。但是，没有任何一种

---

① 呼·普尔来：《有关蒙古和中央亚文化史的两份珍贵史料》（基里儿蒙古文），载于 *Monumenta Historica Tomus* VI, fasciculus 1，第 42 页。
② 松巴堪布伊西巴勒珠尔：《青海史》（蒙古文），蒙古国家图书馆写本，第 11 页。

资料——蒙、满、汉、藏——可以证明这一点。这一点后面还要探讨。其实,绰克图洪台吉去青海,是和他的宗教信仰有密切关系。如前所说,他与西藏的噶玛派首脑人物沙玛尔兰占巴有过密切关系。当他走投无路的时候,逃往西藏,企图得到噶玛派的保护,是不难理解的。出于政治宗教上的需要,噶玛派也曾招徕绰克图洪台吉。这是其主要的一方面。另一个方面,这件事与当时喀尔喀蒙古贵族之间的宗教派系的区别也有一定的关联。喀尔喀贵族多尔济车臣济农在 1687 年上奏康熙皇帝的折子中,追忆了那次喀尔喀内战。他说:"绰克图台吉得罪于七和硕,攻击满珠习礼库伦(Manjusiri-yin küriyen),去了青海,再杀死了呼土克图,攻破多罗土默特人(Doluγan tümed),对我们做了坏事。"① 可见,绰克图台吉在喀尔喀攻击的不仅是世俗贵族,而且还有格鲁派寺院。他攻击了满珠习礼寺,并绑架和杀害了满珠习礼呼土克图。这件事说明,绰克图台吉在喀尔喀的时候就已仇视格鲁派,这可能造成了他在喀尔喀王公中的孤立。②

绰克图洪台吉率部到青海后,遇到了盘踞在那里的多罗土默特的火落赤(Qoloči)部。③ 这时青海的土默特势力已经四分五裂,没有任何战斗力,因此绰克图洪台吉轻而易举地得到了青海,就留居

---

① "多尔济车臣济农的奏折",《清朝内阁蒙古堂档》之《康熙二十七年档子》(蒙古文),见图雅《喀尔喀绰克图洪台吉生平研究》,第 19—20 页。
② 当时,喀尔喀绝大多数王公都信仰格鲁派。绰克图台吉的所作所为,不可能不引起他们的不满。再说,在西藏发生的噶玛派迫害格鲁派和达赖喇嘛的行为,也不可能不伤害喀尔喀信徒们的宗教感情。这样情况下,绰克图的孤立不是不可想象的。但是,把这次内战的原因完全归咎于宗教斗争是不可接受的。绰克图洪台吉在 17 年间建立六座寺庙、翻译大量噶玛派经卷等活动,并没有遭到非难。绰克图洪台吉被驱逐后,他的幼子扎安洪台吉留居故土,一直以"噶玛派的扎安洪台吉"著称,可见他的信仰并没有因为他的父亲受到歧视或改变。比如,第一世哲布尊丹巴胡土克图的前世是觉囊派大师答喇纳塔,胡土克图本人也对佛教各教派一视同仁。如果教派斗争果真十分激烈的话,这些事情是不可能发生的。
③ 火落赤,是达延汗之子阿尔斯博罗特的孙子。他 16 世纪末移居青海,1588 年迁到黄河以南,以蟒剌川、捏工川为根据地。17 世纪 20 年代,青海土默特人多次内讧,火落赤势力明显被削弱。

第二章 绰克图台吉的历史和历史记忆

在那里,被喀尔喀和土默特人奉为汗王。但是,青海土默特是格鲁派(黄教)的传统盟友和施主,绰克图洪台吉消灭了他们,无异于向西藏格鲁派宣了战。当时,在西藏本土,藏传佛教的红教与黄教的斗争空前激烈。红教依靠以丹忠旺布(Bstan-skyon bdan-po)为首的后藏世俗政权,黄教依靠拉萨河流域的部分贵族和蒙古外来武装。17世纪30年代,双方的斗争已至白热化程度。所以,红教势力极力招徕和争取绰克图台吉,他很自然地被卷进了西藏教派斗争的漩涡。当时,后藏的藏巴汗丹忠旺布汗和安多地区苯教首领白利土司(名栋月多尔济,Don-yod rdo-rje)建立了反格鲁巴联盟,绰克图台吉自然参加了这个联盟。

据五世达赖喇嘛说,绰克图台吉在青藏地区打击的首先是支持格鲁派的土默特和喀尔喀蒙古武装。先根据《五世达赖喇嘛传》的记载,看看事实的经过(括弧里是笔者注):1631年,"大批的蒙古人来到了达木地方(腾格里湖畔的草原),霍尔上下部(藏北三十九族)的人马在绒地方结集。对此藏巴第悉(藏巴汗)感到惶惶不安。不久陆续进藏的有:以喀尔喀阿克岱青为首的近千名喀尔喀人,墨日根诺颜率领的三百多名厄鲁特人(卫拉特人,即西蒙古人),……以拉尊穷瓦和古茹洪台吉弥桑(火落赤的儿子们)为首的三百多名土默特人。……第一批来到拉萨的僧俗人员中的高贵者,被安置在甘丹颇章的大厅里,那些平民被安排在德阳庭院中,按照蒙古人的风俗,举行了盛大的宴会。那位阿克岱青有许多厄鲁特人(疑是喀尔喀之误——原译者注)军兵拥簇着,如临阵迎战一样,显示军威。霍尔上、中、下三部的人们,都称他是格萨尔的化身"。喀尔喀和厄鲁特的首领都邀请五世达赖喇嘛到蒙古地方去。五世达赖喇嘛"给阿克岱青传授了十一面依怙随许法和珠杰派的长寿灌顶法"。1632年夏天,"喀尔喀蒙古人击败了霍尔上部和雅弥格如,藏巴第悉为了抵御外侮,准备召集十三万户(全藏)的军队与之对抗"。同年,在藏巴汗的请求下,经班禅大师调停,双方和解。八月份以后,移居藏北的永邵卜人头目到拉萨朝拜。1633年冬天,也有永邵卜人的首领到大昭寺朝拜。1634年七、八月间,"阿尔斯兰(绰克图台吉之子)诱骗阿克岱青,自相残杀,制造了事端。……从前,蒙古六大部落的所有首领都是同一血统,除了在战争中互有伤害外,从来没有互相残杀的行为。但是,察哈尔的林丹汗和却图(绰克图)汗二人,却开创了罪过的先例"。1635年秋,"喀尔喀蒙古却图汗之子阿尔斯兰,带领上万军队来到达木,一举击破了永邵卜四部"。"在此以前,大批蒙古人涌入西藏。阿尔斯兰根据他们父子与红帽然坚巴达成的协议,就同藏巴汗合为一气,决定由萨当巴占据拉萨、拔绒巴占据热振,彻底消灭格鲁派,做噶玛巴和主巴噶举派的施主,而对萨迦派等众多小教派则漠不关心。正如拉孜猴妃与松脂的故事一样,他对格鲁派的所有僧人进行迫害"。十月间,五世达赖喇嘛与阿尔斯兰之间"建立了较深的关系",沙玛尔兰占巴与阿尔斯兰的同盟发生裂痕。冬末,阿尔斯兰的军队左翼开往直贡,右翼抵达后藏的北部,矛头指向了藏巴汗。1636年初,阿尔斯兰进入拉萨,背叛父王的意志,去甘丹康萨宫,朝拜达赖喇嘛。是年,"伦布台吉(不详)和红帽系然坚巴(即沙玛尔兰占巴)二人,从西藏派去信使,询问却图汗:'你儿子阿尔斯兰不遵父命,应如何办理?'却图汗答道:'诱而杀之!'结果,正当阿尔斯兰被征讨白利土司时所截获的财务,弄得昏头昏脑之时,阿尔斯兰及其随侍三人同时被杀"。①

归纳起来可知:1631年,阿克岱青率领的近千名喀尔喀人、几百名土默特人和卫拉特人到了西藏拉萨,显然是受到了格鲁派的邀请,赴藏保护格鲁派的。此后,阿克岱青的喀尔喀人一直留居西藏,打击亲噶玛派的霍尔人,与藏巴汗对阵。1632年和1633年,蒙古永邵卜部落首领也陆续到拉萨,他们是格鲁派的传统盟友。1634年,绰克图台吉派他儿子杀死了喀尔喀护法势力首脑阿克岱青,次年又令阿尔斯兰率领万余部队入藏,消灭了永邵卜人。他与噶玛派首领沙玛尔兰占巴达成协议,决定和藏巴汗一起彻底消灭格鲁派。但是,因为阿尔斯兰的背叛,计划变成泡影,绰克图台吉气急败坏,处死了儿子。这些事情说明,绰克图台吉为了消灭格鲁派,不惜杀害同宗的阿克岱青、同族的永邵卜人,甚至不惜杀死亲生儿子。

---

① 五世达赖喇嘛著,陈庆英、马连龙、马林汉译:《五世达赖喇嘛传》第一函(上),第188—189、191—192、197、211—212、215、220—221、229页。

第二章　绰克图台吉的历史和历史记忆

《五世达赖喇嘛传》的可信性，得到了17世纪蒙古文档案资料的充分证实。1687年喀尔喀蒙古王公奏上奏康熙皇帝的折子，透露了这方面的重要消息。据兀良哈的额尔克卫征诺颜（Uriyangqan-uerke üyijeng noyan）的奏折，卫拉特和喀尔喀约定要征讨绰克图台吉，因为，绰克图台吉"对政教作了害。杀害了亲族的阿海岱青（Aqai dayičing）"。当卫拉特出兵时，喀尔喀没有出兵，只有喀尔喀西部的兀良哈鄂托克出兵参加了征战。① 莫尔根济农（Mergen jinong）的奏折里说："初，土伯特哈坦巴图尔（Töbed qadan baγatur）的长子洪辉车臣济农（Qongqui sečen jinong），［车臣］济农的长子车臣楚琥尔（Sečen čögökör）和楚琥尔阿海（Čögökör aqai）二人，前往西藏，欲谒见班禅、达赖喇嘛，［但是］楚琥尔在途中仙逝。［楚琥尔］阿海和［车臣］楚琥尔的孩子们一起叩拜［班禅、达赖］而返回时，绰克图引发战争，离七和硕而去，攻杀了［楚琥尔］阿海。这时，［楚琥尔阿海的］十位臣下在两个多尔济（qoyar dorji）中带小的回来。因为绰克图有错，所以，顾实汗（Güsi qaγan）、巴图尔洪台吉（Baγatur qung tayiji）为首的诸诺颜和蒙古的两个宾图（qoyar bingtü）出兵将他消灭。"②喀尔喀的别速特鄂托克首领多尔济车臣济农（Dorji sečen jinong）在他上奏康熙皇帝的折子中也提到："初，作为大济农八个儿子的长者们，车臣楚琥尔、阿海岱青二人，身先其他任何人，以教法善道护持三圣，因此得到上面（指达赖喇嘛）的大慈悲的印信。当［他们二人］返回时，绰克图台吉得罪于七和硕，攻击满珠习礼库伦，去了青海，再杀死了胡土克图，攻破多罗土默特人，对我们做了坏事。"③这里提到的阿海岱青，或叫楚琥尔阿海的人，是绰克图

---

① "喀尔喀的兀良哈的额尔克卫征诺颜的奏折"，《清朝内阁蒙古堂档》之《康熙二十七年档子》（蒙古文），见乌云毕力格《喀尔喀右翼额尔克卫征诺颜的奏折及相关事宜》（蒙古文），载于《内蒙古大学学报》2003年第1期，第67页。
② "莫尔根济农的奏折"，《清朝内阁蒙古堂档》之《康熙二十七年档子》（蒙古文），见乌云毕力格《喀尔喀右翼额尔克卫征诺颜的奏折及相关事宜》（蒙古文），载于《内蒙古大学学报》2003年第1期，第64页。
③ "多尔济车臣济农的奏折"，《清朝内阁蒙古堂档》之《康熙二十七年档子》（蒙古文），见《喀尔喀绰克图洪台吉生平研究》，第19页。

台吉的亲族侄儿。格埒森扎的二子诺颜泰哈坦巴图尔,其子土伯特哈坦巴图尔,其子车臣济农,其子即阿海岱青(楚琥尔阿海)。《五世达赖喇嘛传》记载中的阿克岱青,就是这位阿海岱青。

1636年,格鲁派高层决定向西蒙古人(卫拉特人)求援,派出了以三世温萨活佛(Dben-sa,蒙古人称之为尹咱胡土克图 Injan qutuγtu)罗卜藏丹津扎木措(Blo-bzang -bstan-sin rgiya-mtso)为首的使团。① 以顾实汗和巴图尔洪台吉为首的卫拉特联军和部分喀尔喀军队,于1637年远征青海,打败了绰克图台吉。据《五世达赖喇嘛传》说,联军以一万多兵力,一举歼灭了绰克图台吉的近三万军队。② 绰克图台吉被捕。史书没有记载他的下落,可能被卫拉特联军杀死了。

(四)小结

通过以上事实可以得出这样的结论:绰克图台吉是诺诺和卫征之子巴喀来和硕齐的独生子,在鄂尔浑、土拉河流域拥有大兀鲁思,是17世纪前期喀尔喀左翼的重要首领之一。他经常参加喀尔喀的制定律令等重大政治活动,1614年成为左翼三个洪台吉之一。绰克图台吉有学问,善于创作诗歌。绰克图台吉信奉藏传佛教噶玛噶举派,和他的母亲一起,出资建造了六座佛寺,并请人翻译了不少佛典。17世纪30年代,因为察哈尔的战乱,有很多漠南蒙古难民逃到喀尔喀。为了争夺他们,绰克图台吉在喀尔喀掀起了内战。据当时蒙古法律,绰克图台吉面临了被流放和被没收兀鲁思的刑罚。因此,绰克图台吉利用同西藏噶举派首领沙玛尔兰占巴的关系,逃出喀尔喀,奔西藏。在途中,打败了青海的土默特蒙古人,征服了青海,统治青海地面,被奉为"绰克图汗"。此后,和后藏的藏巴汗、安多的白利土司结为联盟,从事迫害格鲁派和打击格鲁派靠山的活动,派儿子阿尔斯兰入藏,先后消灭了入藏保护达赖喇嘛的喀尔喀

---

① 乌云毕力格:《关于尹咱呼图克图》(蒙古文),载于《蒙古史研究》第4辑,1993年。
② 五世达赖喇嘛著,陈庆英、马连龙、马林汉译:《五世达赖喇嘛传》第一函(上),第229页。

贵族阿海岱青、入藏支持格鲁派的永邵卜四王子,最后杀死了与格鲁派结盟的亲生儿子阿尔斯兰。1637年,顾实汗为首的卫拉特—喀尔喀联军为了支援格鲁派而来到青海,一举消灭了绰克图。这就是历史上的绰克图洪台吉。

二 从民族的敌人到民族英雄

以上论述了绰克图台吉一生的事迹,下面再考察一下在他死后300多年的历史上,蒙古人是怎样记载这个历史人物的,在蒙古人的公共记忆中绰克图台吉是什么样的一个形象以及这种形象形成的原因。

绰克图台吉在历史上具有完全相反的两个形象:一个是蒙古政教的敌人,一个是保卫蒙古独立的民族英雄和爱国主义者。对同样一个历史人物,如此水火不相容、黑白相对立的记忆是怎样形成的呢?

(一)关于绰克图台吉的传统记忆

从17世纪30年代到20世纪20年代,也就是说,从绰克图台吉死去的1637年到蒙古人民共和国成立的1924年,将近300年间,蒙古人对绰克图台吉的记忆是一成不变。这期间的绰克图台吉的形象,就是民族的敌人。

五世达赖喇嘛著《西藏王臣记》,成为了构建封建时期绰克图台吉公共记忆的纲领性文献。该书的最后一章记述了消灭绰克图台吉的顾实汗的事迹。顾实汗不仅消灭了迫害格鲁巴的绰克图台吉,而且还消灭了康区的苯教头目和后藏的藏巴汗等反格鲁巴势力,赋予格鲁巴以西藏第一教派的地位,使达赖喇嘛君临西藏。在五世达赖喇嘛的著作中,包括绰克图台吉在内的以上提到的反面人物以格鲁巴的教法敌人的身份出现。该书记载:察哈尔发生了内乱,一些人逃到了喀尔喀,"而[喀尔喀]首领内部,互相争夺,喀尔喀却图(绰克图)被驱逐,逃于青海。诚如谚语有云'罪恶地区降宝雨',却图暂时反增长权势,其心遂受魔使,滋生骄横,大肆破坏佛教,尤以对宗喀巴大师教法,更生邪念,图谋破坏"。① 这里,绰克图台吉记忆的基本模型已经出台。那就是,绰克图台吉既是喀尔喀的背叛者,又是宗喀巴教法的敌人。

据前文考证,五世达赖喇嘛的说法与绰克图台吉的事迹并不相矛盾。但是,问题在于,这也不是绰克图台吉一生事迹的全部。有关记忆理论认为,忘却是记忆的重要组成部分,为了构建一种记忆,必须忘却不利于对此记忆宗旨的一切因素。五世达赖喇嘛写顾实汗和其他西藏王臣传记,目的在于通过对他们事迹的叙述,统一信徒们对西藏和藏传佛教历史的认识,构建对西藏历史的公共记忆。绰克图台吉不过是这个叙述中的一个插曲、一个反面人物。因此,除了绰克图台吉对格鲁巴的迫害,五世达赖喇嘛不可能、不必要也不允许全面记载绰克图台吉的所有事迹。这样,绰克图台吉在西藏政教史的叙述中作为敌人出现,这也就决定了蒙古人心中对绰克图台吉记忆的基调。

众所周知,17世纪到20世纪初蒙古的国家与宗教,完全在藏传佛教格鲁派教法的影响下。该时期,藏传佛教在蒙古社会意识形态中的霸权地位是毋庸置疑的。在那时,蒙古人往往以是否符合"政教二道"的原则来衡量历史人物的得失。绰克图台吉在格鲁派的存亡关键时刻迫害它,又受到达赖喇嘛的亲笔讨伐。因此,他在封建时期蒙古人历史记忆中的形象和地位,就不言而喻了。

在构建那时候的绰克图台吉的公共记忆方面,蒙古史学扮演了相当重要的角色。这里首推青海蒙古出身的喇嘛学者松巴堪布·伊西巴勒珠尔。他在《青海史》中写道:"那时,在以内蒙古六盟著称的[地方的]主要法规里[规定],只在交战时期分发武器,而没有在部落和和硕里内讧以及把俘获的人像羊一样屠宰的恶习。[但是]在林丹汗和麻子绰克图两个坏诺颜的时候,传开了[这个恶习]。在第十一绕迥的土龙年(1628),林丹汗破坏成吉思汗的内六个盟的主要法规,察哈尔发生了内讧,杀害了许多人,为了成为迫害黄帽派

---

① 五世达赖喇嘛著,刘立千汉译:《西藏王臣记》,西藏人民出版社,1991年,第177页。

第二章 绰克图台吉的历史和历史记忆

者的朋友而向西方来的途中,毁掉遇到的土默特和鄂尔多斯的一些部落。木狗年(1634),坏诺颜麻子绰克图发动内战,破坏法规,[因此]诸喀尔喀流放了他。[他]来到青海,取了土默特的火落赤及其部属,住在那里,以青海麻子汗著称。""后藏的藏巴汗消灭黄帽派,安多的白利汗杀害了多数信奉佛教的喇嘛和官人,绰克图汗杀死和监禁了许多黄帽派喇嘛。因为他们切断了信徒众人去往天堂(指西藏)之路,所以宗喀巴教法衰微。"①

伊西巴勒丹在《宝贝念珠》中写道:"察哈尔汗所领蒙古六大和硕中,有的人逃跑了。这时,因为诺颜们内部不和睦的原因,喀尔喀的绰克图从自己的地方被驱逐,来到[青海]湖畔,征服安多属地,一时势力强盛,对所有的教法,尤其是对黄教尽其所能地进行了迫害。"②

布里亚特蒙古人托因固什传也写道:绰克图"在喀尔喀四部内掀起内讧,产生恶念,未能和平相处,因此被驱逐。因为和察哈尔林丹汗志同道合,迫害西藏黄教,进行战争,所以额鲁特的顾实汗征讨林丹汗和绰克图诺颜,使他们连同其军队彻底粉粹了"。③

内蒙古乌拉特人津巴多尔济的《水晶鉴》记载:"从前,因为林丹汗无道,林丹汗所属蒙古部落中许多部落避入喀尔喀。[为此]蒙古诺颜们发生内讧,麻子绰克图被喀尔喀驱逐,来到青海湖畔,征伐叫做和硕齐的诺颜,取而代之。后来,听从藏地方的沙马尔兰占巴的话,希望消灭黄教。""当时,喀尔喀的叫做麻子绰克图的一个武断的人占领青海额鲁特,拥有四万军队。林丹汗与之勾结。还有白利地方的敦月特汗不喜欢佛法,和他也沟通。所以,林丹汗、藏汗、白利汗和麻子绰克图这四个诺颜联合,将要消灭黄教的时候,天聪八年,因为持教法王的愤怒,林丹汗在叫做沙剌塔拉的地方去世。这迫害教法的四个恶诺颜中,林丹汗和藏汗不喜欢黄教,好红教。白利汗

---

① 松巴堪布伊西巴勒珠尔:《青海史》(蒙古文),蒙古国家图书馆写本,第11—12、13—14页。
② 转引自D.共果尔《喀尔喀史纲》(基里儿蒙古文),此处引用了内蒙古教育出版社1990年蒙古文版,第431页。
③ 同上书,第433页。

不信奉任何教法,喜欢苯教。麻子绰克图也不喜欢黄教,好汉地道教。"①

这些仅仅是较为代表性的历史著作对绰克图台吉的叙述,此外还有不少类似的记载。看来,绰克图台吉在内外蒙古、卫拉特和布里亚特等全体蒙古人的记忆中留下了同样的一个形象,即蒙古政教史上的罪人。他掀起了内战,破坏了法规;他迫害了黄教,威胁了圣教。他是蒙古政教二道的叛逆者。绰克图台吉建造寺庙、翻译佛经等的善事,早已被人们忘得一干二净。

在蒙古口传文学中,绰克图台吉同样留下了骂名。在绰克图台吉的家乡有不少有关他的传说。解释绰克图台吉居住的白房子为什么是白色的传说中讲到,是因为他用女人的乳汁搅拌了泥土。解释地名"七座丘陵"(Doloon dobon)的传说中讲到,因为洪台吉的七个夫人不和睦,互相攘沙子,形成了七座丘陵。还有一个传说,说绰克图台吉向达赖喇嘛磕了头,达赖喇嘛赐给了他一顶帽子,绰克图台吉不予理会,垫坐在屁股下面,因此洪台吉的便道就从此被堵了。直到现在,在民间称绰克图台吉为"没有直肠的洪台吉"之说。绰克图台吉处死他儿子的事,也在传说故事中得到了反映。有两种传说:第一种讲,绰克图台吉建造了一个宫殿,问一位喇嘛,应该用什么东西祭为好?喇嘛说,用大象好。因为蒙古地方没有大象,绰克图台吉杀死他的叫做大象(蒙古语叫扎安,绰克图台吉的一位儿子名叫扎安)的儿子祭了宫殿。第二种讲到,绰克图台吉听信一位巫师,说如果把狮子的尸体带到白房子来就可免灾,他便杀死了他自己的名叫狮子(蒙古语叫阿尔斯兰,绰克图台吉的一个儿子名叫阿尔斯兰)的儿子,把尸体带到了白房子。②

在这些传说中,绰克图台吉是一个惨无人道的、没有信仰的恶魔。他的这个大众文学里的形象,其实和前面叙述的史家著作中的形象,同出一辙。这说明,在传统的绰克图台吉叙述模式中,他就是

---

① 津巴多尔济著,留金锁校注:《水晶鉴》(蒙古文),第485页。
② J·达什敦多格:《喀尔喀的绰克图洪台吉》,乌兰巴托,1992年,第20—21页。

政教的敌人。这是在藏传佛教格鲁派(黄教)的意识形态下形成的对绰克图台吉的公共记忆。

(二)当今蒙古国民公共记忆中的绰克图台吉

然而,就是这位绰克图台吉,到了蒙古人民共和国时代,突然得到了新的生命,以崭新的形象重新登上了历史舞台:绰克图台吉变成了为保卫蒙古的独立而战斗的民族英雄和反满洲人入侵的"爱国主义者"。而且,绰克图台吉的这一创造出来的形象很快就代替了他的历史真面貌。一直到今天,绰克图台吉在蒙古国民的公共记忆中保持着这个被创造出来的伟大形象。

英国马克思主义历史学家艾利克·霍布斯鲍姆(Eric Hobsbawm)写了一本名叫《传统的发明》(Invention of Tradition)的书。他指出,被发明的"传统"是一种建构的、制度化的传统,是一种在相当短的时间内可以创造出来的东西。这种传统的产生,被显在的或者潜在的规则所制约。为了把特定的价值或者规范灌输到人们的思想里去,要创造传统,并以各种礼仪和象征来暗示该传统与历史之间的连续性,尽管这种连续性往往不会历史地存在。①

绰克图台吉的"新形象",本质上就是一种"创造的传统"。这个创造的目的,是为了给当时蒙古国民进行爱国教育,提高蒙古人民的民族意识。这件事情,只有拿到1940年代第二次世界大战时期的前苏联、蒙古和日本的历史大舞台上去分析,才能得到全面正确的解答。

1. 剧本《绰克图台吉》和同名电影

事情要从剧本《绰克图台吉》讲起。

1944年,蒙古人民共和国著名学者和著名作家宾巴金·仁钦(Bimbagiin Rinchin)和前苏联俄罗斯人塔里齐(Yu. Tarichi)两人编写了一部电影剧本——《绰克图台吉》。剧本一开始就写道:"为了弘扬为祖国的自由和独立而奋斗者、开化人民的智慧者、战斗英雄

---

① 霍布斯鲍姆(Eric Hobsbawm):《创造的传统》(英文),剑桥大学出版社,1983年,第1—3页。

和诗人的美名,我们将这部电影献给他的历史。"接着,银幕上要推出"绰克图台吉"两个蒙古文金色大字,这既是电影剧本的主人公,又是电影名。这个开场白,是作者对绰克图台吉一生的评价和定位。

下面,简单介绍一下这部剧本的故事梗概。

蒙古林丹汗和满洲俺巴海车臣汗(指天聪汗)进行战争,因为蒙古诺颜投敌,林丹汗兵败。林丹汗发誓为祖国的自由战斗到底,并派人将祖传宝剑送给绰克图台吉,请他率领军队前来援助。林丹汗说:"绰克图台吉成为我们祖国的惟一依托。"

达赖喇嘛的使者来到了俺巴海车臣汗那里。他说,林丹汗虽然大势已去,但是,在喀尔喀还有一个可怕的绰克图台吉。俺巴海车臣汗封达赖喇嘛为全蒙藏黄教领袖,黄教答应协助满洲人征服蒙古。

在喀尔喀进行着七和硕诺颜大会盟。会盟上,不仅有喀尔喀王公,而且还有和硕特顾实汗和已经投降满洲的漠南蒙古诺颜,甚至还有满洲贵族多尔衮。会盟宣布了弘扬黄教的律令,迈达礼活佛和王公贵族大加赞赏,绰克图台吉和人民群众愤怒反抗,随后发展成为一场械斗。

绰克图台吉和母亲青太后生活在书香飘溢的艺术品一般的白色楼房里,这里有图书馆,有秘书训练班,有琵琶,有佛经,还有精通中国文史的李先生。图门肯诺颜、迈达礼活佛和顾实汗得知绰克图台吉带领军队出去打猎,派顾实汗突袭白楼,杀死老小,焚烧了白楼。绰克图台吉为了不削弱兵力,不使蒙古陷入内战,决定不进行报复,宣布"我们要和主要的敌人满洲人作战",率领所部,离开故土,去和林丹汗会师。

林丹汗的军营里流行天花,士兵们患病而死。林丹汗把成吉思汗的黄金印玺藏在山岩缝里。绰克图台吉来见林丹汗,林丹汗对绰克图台吉说:"把蒙古国家的命运要托付给你了。我把成吉思汗的黄金印玺交给你。我把他藏在那里了。"想告诉绰克图台吉藏印玺的秘密地方,但是已经无力再说下去,不幸逝世。绰克图台吉发誓要征战支持满洲人的黄教首府拉萨,进军西藏。绰克图台吉命令儿

第二章　绰克图台吉的历史和历史记忆

子阿尔斯兰为先锋军统帅,攻打拉萨。阿海岱青等支持黄教的军队失利。此时,达赖喇嘛、班禅喇嘛、辅政第巴和满洲代表多尔衮密商对策。最后,决定使用"美人计",派人送美丽无比的松赞堪布第三十六代公主杜拉玛到阿尔斯兰军营。为了娶杜拉玛为夫人,阿尔斯兰到布达拉宫拜见达赖喇嘛,"背叛了祖国"。绰克图台吉下令处死了阿尔斯兰。

最后,绰克图台吉率领的军队与顾实汗和西藏联军进行激烈战斗,绰克图台吉被顾实汗射死。绰克图台吉的最后一句话:"绰克图台吉虽死,但他的蒙古国将永存"。绰克图台吉印有索永布图案的大旗逐渐被蒙古人民共和国的国旗所代替。①

诚如二木博史指出的那样,剧本中的绰克图台吉"和林丹汗的关系、绰克图台吉对西藏佛教的态度以及他的民族主义意识形态,与史实大相径庭"。② 严格地说,《绰克图台吉》不是历史剧,而是一部故事剧。17世纪时期的重要历史人物虽然大都登场了,但只不过是他们的名字和影子,至于他们的史实,则完全被偷换了。一生崇信和支持藏传佛教噶玛噶举派,因为政治需要疯狂迫害过藏传佛教格鲁派的绰克图台吉,被打扮成了反佛教"英雄"。为了争夺林丹汗的属民而引起内战,被逐出喀尔喀的绰克图台吉,变成了林丹汗准备将"国家的命运"和"成吉思汗的黄金印玺"托付给他的人物。绰克图台吉不是被逐出喀尔喀,而是应林丹汗的邀请,为了给林丹汗"助一臂之力"而离乡背井。别说抵抗满洲人,连满洲人是什么模样都未曾见过,倒是以喀尔喀、土默特、永邵卜、卫拉特等蒙古人集团为仇敌的绰克图台吉,被授予了"抵抗满洲入侵者、保卫祖国的自由与独立的英雄"称号。为此,杜撰和大力渲染西藏格鲁派上层与满洲爱新国之间的以牺牲蒙古独立为代价的勾当。

这部电影脚本于1944年在《朝克》(Čoγ/Tsog)杂志上连载发

---

① 蒙古人民共和国作者协会办:《朝克》(蒙古文文学季刊)1944年第3、4期(合刊),蒙古人民共和国国家出版局中央处,1944年,第19—43、32—51页。
② 二木博史:《银幕上活跃的骑马英雄们》(日文),载于《蒙古里卡》1987年第4期,第15页。

表。到了第二年,该剧本被拍成历史故事影片,搬上了银幕。如前所述,电影剧本的作者是宾巴金·仁钦(1905—1977),是著名的语言学家、民俗学家、小说家、诗人和翻译大师,和达穆丁苏隆(Damdinsurun)一起,被誉为20世纪蒙古两大学者。他也是知名的民族主义者。电影作曲是达木鼎苏伦(Damdinsurun)和木鲁道尔济(Murdorj),美术制作是噶瓦(Gawa),三人都是代表蒙古国家水准的大艺术家,尤其是前两个人是为蒙古国歌谱曲而闻名。扮演绰克图台吉的演员为擦噶尼·策格米德(Tsagani Tsegmid),是蒙古首屈一指的男演员。担任导演的是苏联俄罗斯人塔里齐和蒙古导演罗卜桑扎木苏(Luvsanjams)与宝勒道(Bold)三人。摄影为济格济德(Jigjid)等三位。济格济德后来成为蒙古首屈一指的大导演。[①] 可见,为了制作这部电影,蒙古艺术界投入了最精炼的队伍,做出了最大的努力。效果确实非常不错,成为了蒙古电影史上的精品,直到今天仍有很大的感染力和欣赏价值。

但是,令人感兴趣和迷惑不解的是,在民族主义成为禁忌,连成吉思汗的名字都不能随便提及的蒙古人民共和国,在20世纪40年代,为什么像《绰克图台吉》这样充满民族主义的文艺作品突然登场,并且蒙古国家方面尽倾本国电影艺术力量,大力支持和渲染这部作品呢?

关于这个问题,二木博史在十多年以前就一针见血地指出:"绰克图台吉[这部电影],实质上是以对抗军国主义日本,提高民族意识为目的被创作的。"[②]果真如此。这部电影作品的出现,与当时的国际形势,尤其是和当时的日本帝国主义对前苏联的觊觎有关。

众所周知,1932年,日本在中国东北建立了所谓的"满洲国"。"满洲国"直接与苏联和蒙古人民共和国为邻。1936年,日本陆军参谋本部制定了《对苏战争指导计划大纲》,企图迫使苏联承认"大蒙古国之建设",要陆军"强化平时进行的内蒙古工作,唆使外蒙古背

---

① 二木博史:《银幕上活跃的骑马英雄们》(日文),载于《蒙古里卡》1987年第4期,第15页。
② 同上书,第17页。

第二章　绰克图台吉的历史和历史记忆

叛苏联,以此威胁敌人之侧面,同时确立大蒙古国之基础"。① 1939年,在前苏联和日本之间发生了著名的诺门罕战役。鉴于上述形势,前苏联政府认识到,为了对抗日本军国主义,有必要提高蒙古的民族意识,加强蒙古的爱国主义教育。《绰克图台吉》就是在这样的政治、历史背景下被创造出来的。从根本上讲,民族主义这个对前苏联控制蒙古的不利因素,因为战时政治的特殊需要,一时变成了保卫苏联的具有价值的东西。

1943年4月8日,蒙古人民革命党中央委员会主席团第29次会议通过决议,批评了中央文艺部的工作,认为文艺部没有组织好作家们进行歌颂无限热爱祖国和建设祖国的文艺创造工作。决议提出:"党中央主席团就以上提到的不足之处向作家们提出主意,号召他们精心创作符合我们的时代和我们的人民的文学,创造出可以成为培养人民产生爱国觉悟的有力武器的、战斗的、爱国主义的、美好的文艺模范作品。"②为了响应党中央的决议,1944年,蒙古作家协会创办了新的文艺季刊——《朝克》。新诞生的《朝克》杂志有什么目的和任务呢? 该杂志刊登了"'朝克'杂志的目的"一文,向蒙古作家们明确提出了四大创造任务:"第一,更加发扬人民的爱国之情。其中包括描写地方的美丽情景,写作与祖国有关的历史事件;第二,更加弘扬蒙古的英雄天赋,培养人民更加大无畏;第三,增多作为蒙古人民主要生活[来源]的牲畜;第四,为亲爱的大哥苏联能够战胜敌人作出贡献。"③特别清楚,《朝克》最重要的目的,就是要宣传爱国主义。仁钦的《绰克图台吉》就是此时创作,并连载在该季刊的第2号和第3—4连号上的。

就这样,为了满足特定的意识形态的需求,在国家级的文化霸

---

① 二木博史著,呼斯勒译:《日军的对蒙工作——诺门罕战争的真相》,载于《蒙古的历史与文化——蒙古学论集》,内蒙古人民出版社,2003年,第360页。
② 蒙古人民共和国科学院语言文学所编:《蒙古人民革命党关于文学艺术工作的规定和决议(1921—1966)》(基里儿蒙古文),蒙古人民共和国科学院出版社,乌兰巴托,1967年,第77—79页。
③ 蒙古人民共和国作者协会办:《朝克》(蒙古文文学季刊)1944年第2期,第7页。

权的操作下,凭借仁钦的文学权威和策格米德的艺术天才,绰克图台吉在他死后的300年以后,得到了他生前从未得到过的荣誉。一个神话,一个"传统",由此突然诞生。在强大的和大众化的文学、艺术渲染下,绰克图台吉的"历史"被蒙古国民记了下来,并一代又一代地"记忆下去"。

需要指出的是,作者仁钦的初衷倒并不一定是要人为地"创造"出一个民族英雄,让大家去崇拜。对仁钦这位民族主义者来说,更重要的恐怕是借机告白自己对蒙古国家传统和独立地位的历史思考。他借绰克图台吉的口说到,漠南蒙古的贵族们以自由交换了帽子顶上的石头块(指清代王公顶戴),成为了满洲人的奴婢。因为他们的变节,林丹汗兵败身亡。仁钦又借林丹汗的口说,在这个国家兴亡的关键时刻,绰克图台吉成为了蒙古的唯一依托,因此准备把成吉思汗的黄金印玺交给他。仁钦还特别安排了一个情节,满洲天聪汗因为未能得到成吉思汗的印玺,处死了他的将军。这无非是想说,满洲虽然征服了蒙古,但是蒙古国家的正统却一直留在蒙古,这个正统的唯一依托就是喀尔喀。满洲人和西藏佛教黄帽派(格鲁派)串通一气,破坏蒙古国家的独立和自由,是蒙古人的最大的敌人。

2.《国史》和教科书中的绰克图台吉

绰克图台吉的复生,当然不光归功于仁钦一个人。因为国家要创造蒙古民族主义者形象的目的,是为了针对日本帝国主义者所倡导的所谓"满蒙政策"和"大蒙古国建设",所以,仁钦首先要寻找一个被说成是抵抗满洲侵略的爱国英雄的形象是合情合理的。

问题在于,蒙古的历史学界居然充当了创造绰克图台吉伟大形象的最热心的和最有力的推动者。如果说,仁钦讲的是故事,那么,蒙古历史学界把故事说成了真实的历史,指认绰克图台吉就是爱国主义者,是同情和支持林丹汗的反满斗争的斗士。他们力图证明新创造的绰克图台吉形象就是过去真实历史的反映。但是值得注意的是,历史学界这样做的目的,与仁钦的创作有所不同。

1955年由蒙古人民共和国科学院历史研究所和前苏联科学院东方研究所合编的《蒙古人民共和国史》,是蒙古独立以后的第一部

第二章 绰克图台吉的历史和历史记忆

通史,也算是共和国时代的第一部国史。这部史书里写道:"在喀尔喀封建主中,历史上以绰克图台吉著称的唯一的一个人,和林丹汗建立联盟,对他助一臂之力,向征服者们(指满洲人——笔者)进行了积极斗争。在所有的文献里,有关反映绰克图台吉反满斗争的作用、过程和目的的记载甚少。"①可见,当时虽然指出绰克图与林丹汗建立了联盟,但是措辞还是相当谨慎的。后来,1965—1969年间,蒙古人民共和国科学院编纂了三卷本《蒙古人民共和国史》。在第二卷(1604—1917)涉及绰克图台吉的部分里写道:"喀尔喀的另外一部分封建主们认识到,林丹汗的斗争是全蒙古的独立斗争,因此彻底贯彻了支持林丹汗的政策。发生在这两部分持有针锋相对的政见的诺颜们之间的分裂,越来越尖锐化,最后发展成为武装斗争。站在林丹汗一边的绰克图台吉为首的诺颜们被逐出喀尔喀,为了和林丹汗会合,来到了青海。""绰克图台吉首先是一位爱国者,是一位为反抗满洲征服者、保卫蒙古独立而斗争的林丹汗的忠实盟友。"②

那么,这个结论的根据是什么呢?史学家们是怎样论证的呢?

为了回答这个问题,我们必须先读一读1926—1927年苏联著名学者符拉基米尔佐夫撰写的一篇论文。题为《绰克图台吉摩崖》的这篇论文,根据在蒙古人民共和国发现的刻在岩石上的绰克图台吉的一首诗及其前言后跋,在考证绰克图台吉的家世、生平的同时,提出了绰克图台吉与林丹汗是政治盟友的说法。作者认为,绰克图台吉支持了林丹汗进行的统一蒙古的斗争,与之建立了政治联盟,因此被驱逐出喀尔喀,1930年左右去了青海。③ 符氏提出这个猜想,并没有什么政治背景,是一种纯粹的学术观点,是有关《绰克图台吉摩崖》的一家之说。

---

① 蒙古人民共和国科学院历史所、前苏联社会科学院合编:《蒙古人民共和国史》(基里儿蒙古文),乌兰巴托,1955年,第178页。
② 蒙古人民共和国科学院历史所编:《蒙古人民共和国史》第二卷(基里儿蒙古文),蒙古人民共和国国家出版局办事处,乌兰巴托,1968年,第58页。
③ 符拉基米尔佐夫:《绰克图台吉摩崖》(俄文),载于《苏联社会科学通报》,1926年,第253—280页;1927年,第215—240页。

然而,蒙古文艺界与历史学界与其说抄袭,莫如说利用了符拉基米尔佐夫的这个观点。那么,符拉基米尔佐夫研究的所谓的"绰克图台吉摩崖"的内容到底是什么呢?为了论述方便,我们不厌其烦地把它的全部内容汉译如下("前言""诗文""跋"等字样和公元年月日是译者所加):

(前言:)白鸡年(辛酉年)秋天首月(七月)二十一日(1621.9.6),绰克图台吉在杭爱山齐齐尔里克后山打猎时,骑上皮甲的粉嘴枣溜马,登高遥望,面向东方,心感非常悲伤,想念热爱的姑母,如此说完后流下了眼泪:

(诗文:)

天上的上帝所在/地上的汗王所居/上下虽然有区别/幸福与慈爱其性相同。

极乐净土的菩萨/金色世界的善人/处所虽然有区别/保佑与慈悲其性相同。

人间英主的贤臣/阴间阎王的鬼判/礼数虽然有区别/明断是非其性相同。

觅食不得的人/山林中的走兽/生身虽然有区别/杀生捕食其性相同。

远偷近盗的贼人/觊觎牲圈的豺狼/虽然外相有区别/贪婪之心其性相同。

我住在鄂嫩河边的亲爱的姑母/住在鄂尔浑、土拉河的我带病之身/

虽然喀尔喀和翁牛特相距遥远/相爱思念其性相同。

此生若不能再相见/来世也要再相会/

就像慈母爱独生子/让我们以各种因缘相助相佑。

(跋一:)将如此这般流着眼泪朗诵的话语,[和绰克图台吉]在一起的额尔克恰背了下来,并记录在案。后来过了四年,在鼠年(甲子年)一月十八日(1624.3.7),岱青恰与贵英巴图尔二人刻在岩石上。

向普贤、无量光和释迦牟尼佛膜拜。向空智金刚和亥母以及金

第二章 绰克图台吉的历史和历史记忆

刚手膜拜。向上天和汗、哈屯以及所有的有恩之人膜拜。唵嘛呢叭咪吽。唵嘛呢叭咪吽。唵嘛呢叭咪吽。唵嘛呢叭咪吽。唵嘛呢叭咪吽。唵嘛呢叭咪吽。

（跋二：）奉成吉思汗之裔、瓦齐赖汗（Včir qaɣan）之孙喀尔喀绰克图台吉之命，岱青恰（Dayičing kii-a）、贵英巴图尔（Güyeng baɣatur）二人，因蒙古呼图克图汗之故（mongol-un qutuɣtu qaɣan-u učira），在成吉思汗诞辰水马年以来四百六十四年，年初木鼠年（甲子年），月初火虎月（正月），十五望日（1624.3.4），刻于玉宝一般的岩石上。①

原来，这首诗是绰克图台吉在1621年外出打猎时所作的即兴诗。该诗借噶玛巴大师怀念恩师大德的韵文体裁，表达了他对生活在鄂嫩河流域的姑母（肯定指前文指出的嫁给阿巴哈纳尔贵族诺密土默克图之子巴克图和布里雅岱的两个姑母之一）的怀念之情。该诗的作者、写作年代、写作缘由、目的、表达的意思，一目了然。跋文似乎有一些问题：跋文一，很符合当时文章或碑刻的结束语特点，交待了撰写（刻写）时间和作者（铭刻匠人）名，然后向诸佛陀和天地帝王膜拜，最后是六字真言。然而，跋文二显得有些奇怪，内容重复了跋文一，刻写时间的说法不仅与跋文一稍有出入（1624.3.7和1624.3.4），而且计算成吉思汗诞生以后的第几个年头，并加了一句"因蒙古呼图克图汗之故"。因为没有见过原碑文，所以断然不敢妄言跋文二是后人手笔，但感觉多少有些疑问。

让我们回到讨论的主题上。就是这句"因蒙古呼图克图汗之故"的话，成为苏蒙学者们断言绰克图台吉为林丹汗（称呼图克图汗）的忠实盟友、爱国主义英雄的根据，它无只言片语的依据。

在蒙古史学界，迎合和进一步论述符拉基米尔佐夫观点的代表人物是著名的历史学家那楚克道尔济（Sh. Natsagdorj）和共果尔（D. Gongor）。前者在他的名著《喀尔喀史》中，首先接受了符拉基米尔佐夫的观点，并说绰克图台吉在1624年为纪念林丹汗即位20周年立了碑。绰克图台吉被逐出喀尔喀，是因为在对待林丹汗的属

---

① 冈田英弘：《关于绰克图台吉》（日文），载于《亚非语言文化研究》第一辑，1968年，第122—123页。

民问题上与喀尔喀其他贵族意见不一致。这暗示着,绰克图台吉不是因为抢夺林丹汗的属民,而是为了保护他们,才和其他贵族发生了矛盾。那楚克道尔济还认为,绰克图台吉去青海不是偶然的,而是为了和林丹汗会合,以青海为根据地,完成他们的使命。① 共果尔几乎全盘接受了那楚克道尔济的观点,说绰克图台吉摩崖上的"因蒙古呼图克图汗之故"表明,该碑是绰克图台吉为了纪念林丹汗即位20周年而建立的。② 那楚克多尔济是1955年和1968年两部《蒙古人民共和国史》中17世纪历史部分的执笔,因此,他的观点也就变成了蒙古官方的观点。

蒙古"民主改革"以后,奉蒙古国总统之命编写了一部《蒙古国史》并于2003年出版。其中有关绰克图台吉的部分,没有任何新史料,简单重复了20世纪五六十年代的老一套。但是,对绰克图台吉的评价倒是升了一级:"绰克图台吉是17世纪蒙古的较大的文化人士、诗人、哲学家,是那个时代的具有政治、军事、宗教修养的人物"。作者直截了当地说:"绰克图台吉在林丹汗即位20周年之际刻写在岩石上的七段诗及其附文,成为他的政治、哲学、宗教思想的表现。这首诗,通过想念姑母哈鲁图的心情,表达了支持林丹汗的意思。"③

很清楚,蒙古史学家论述绰克图台吉的关键性史料,就是"因蒙古呼图克图汗之故"这一句话。因为这一句话,"证明"了绰克图台吉是同情和支持林丹汗的。因为这句话,"证明"了绰克图台吉去青海是为了和林丹汗会合,与之并肩战斗。因为这句话,"证明"了绰克图台吉不是争夺林丹汗的属民,而是同情他们而受到了喀尔喀其他贵族的排斥。因为这些"证据","证明"了绰克图台吉是反满洲侵略的林丹汗的忠实朋友,所以绰克图台吉本人也自然而然地成为了反满洲人侵略的英雄。

---

① Sh·那楚克多尔济:《喀尔喀史》(基里儿蒙古文),蒙古人民共和国国家出版局办事处,乌兰巴托,1963年。此处引用了1997年内蒙古教育出版社蒙古文版,第69—70页。
② D·共果尔:《喀尔喀史纲》(基里儿蒙古文),此处引用了内蒙古教育出版社1990年蒙古文版,第430页。
③ 蒙古国科学院历史所编:《蒙古国史》,乌兰巴托,2003年,第68页。

第二章 绰克图台吉的历史和历史记忆

这纯粹是牵强附会。人们并不掌握解释"因蒙古呼土克图汗之故"这句话的任何资料。首先,1624年确实系林丹汗即位的20周年。但是,在古代蒙古,并没有纪念大汗即位周年的习俗。碑文提到了成吉思汗出生年,但没有提到林丹汗即位年。其次,在林丹汗即位20周年的1624年,林丹汗没有做什么值得纪念的大事情,也没有发生过令绰克图台吉痛心的悲哀事情。1619年,满洲和内喀尔喀五部订立了盟约;1621年,满洲爱新国夺取了林丹汗与明朝的通商口——广宁。除此之外没有发生其他什么事情。满洲和林丹汗之间还没有发生正面冲突,林丹汗仍然非常自信,对努尔哈赤自称为"四十万蒙古之主巴图鲁成吉思汗"。形势变得对林丹汗不利,他被迫离开故土西迁,是绰克图台吉立碑以后三年(1627)的事。再次,没有任何史料可以证明,绰克图台吉与林丹汗有过什么联系。林丹汗于1627年底开始西征,直到1632年,一直活动在今天的呼和浩特、包头、乌兰察布和锡林郭勒一带。1632—1634年间,主要活动在甘肃境内,1634年在赴青海的途中病逝。如果绰克图台吉果真是林丹汗的忠实盟友,如果他早在1624年就立志助林丹汗一臂之力的话,他有足足10年时间可以和林丹汗会师,或者往来。最后,特别值得注意的是,林丹汗与喀尔喀左翼实力人物车臣汗硕垒有过密切关系。这也是到目前为止为人知晓的林丹汗与外喀尔喀贵族之间的亲密关系。林丹汗的一位太后是满洲人,她的姊妹是硕垒的夫人,也就是说林丹汗与硕垒是连襟关系。在林丹汗战乱时期,有大批难民逃入硕垒领内,并奉他为"车臣汗",这绝对不是偶然的。在林丹汗死后,硕垒车臣汗派使节到林丹汗遗孀和儿子处,劝他们到他的领地。硕垒是一位具有政治远见和抱负的人,他在蒙古大汗政权临危时,考虑使之接续,设法不要落入满洲朝廷。可是,绰克图台吉并没有做出类似举动,恰恰相反,他在1634年为了争夺林丹汗的属民发动战争,失败后逃走。就当时林丹汗难民大批流入车臣汗领地的情况推测,绰克图台吉去争夺的或许就是车臣汗的部属。很有讽刺意义的是,1634年正值林丹汗即位的30周年!

顺便说一下,林丹汗赴青海,并不是为了在那里和绰克图台吉会合,而是被满洲军队打败后,通过同西藏藏巴汗的关系,准备撤退到西藏。《水晶鉴》有一段这样的记载:"土伯特地区藏地方的一位可汗(指藏巴汗——笔者),不信黄教,对它有所迫害。林丹汗和他志同道合,以书信商妥。时满洲天聪皇帝率大军征察哈尔汗,林丹汗惧,弃故土属民,为破坏黄教,走西陲。"①据此,藏巴汗与林丹汗之间早已有过联系,他准备去西藏,和绰克图台吉没有任何关系。②

"因蒙古呼土克图汗之故",到底意味着什么,不得而知。在没有其他史料根据和史实背景的情况下,像过去前苏联学者和蒙古国史学家那样,仅靠想象力去解释是非科学的。③

其实,蒙古学者未必对符拉基米尔佐夫的论证丝毫不怀疑。如前所述,他们与其说是抄袭他,莫如说是利用了他。对独立的蒙古人民共和国历史学界来说,怎样表述蒙古国家传统,怎样看待蒙古与清朝的关系,怎样阐述清朝对蒙古的征服,都是极其重要的问题。他们在编写国史的时候,需要一个历史人物,一个在满洲征服初期为蒙古(对蒙古国的国史来说,"蒙古"只能是"喀尔喀")的独立而斗争的人物,以此说明蒙古国的反满抗清的传统。前苏联的东方学学术权威符拉基米尔佐夫认为绰克图台吉是支持林丹汗、反对满洲侵略的观点,可谓正中下怀。在当时来说,吸收前苏联学者的观点,即安全又可行。如果说电影《绰克图台吉》是二战时期前苏联-蒙古的意识形态和政治需要的直接产物,那么,《蒙古国史》中的绰克图台吉记忆的构建,主要是为了表述独立的蒙古国家的历史传统。但是,无论出于什么样的目的,把绰克图台吉作为蒙古国历史上的爱国英雄的典范来叙述,都是极其拙劣的。因为,就此历史使命来讲,他恰好是一个反面人物的典型。

以上谈到的剧本(电影)《绰克图台吉》中绰克图台吉形象的塑

---

① 津巴多尔济著,留金锁校注:《水晶鉴》(蒙古文),第484页。
② 札奇斯钦曾经认为,为林丹汗授秘密戒的沙尔巴达哈禅呼图克图就是《水晶鉴》中提到的与绰克图台吉有密切联系的沙马尔兰占巴(札奇斯钦:《蒙古与西藏历史关系之研究》,台北,1978年,第582页)。作者也曾认同这个观点(乌云毕力格《关于绰克图台吉》,载于《内蒙古大学学报》1987年第3期,第54—55页)。但是今天看来,这种说法缺乏确凿的证据。
③ 按照他们的逻辑和推理,我们从这句话里完全可以得出绰克图台吉反对林丹汗而立碑的结论。

第二章　绰克图台吉的历史和历史记忆

造和《国史》中对绰克图台吉历史地位的确定,看起来似乎是蒙古文学艺术界和历史学界的行为,实际上都是国家行为。只不过,在这里国家权力的体现是间接的,是通过它的文化霸权实现的。但是,广大群众和学术界接受了绰克图台吉以后,绰克图台吉记忆也就被构建了,或者说,新传统就成立了。这时候,国家权力直接参与其事,把这个记忆、这个传统进一步合法化和普及,把新创造的绰克图台吉的历史写入蒙古义务教育的中学教科书,就是最典型的例子。

蒙古国中学《历史教科书》中写道:

> 林丹汗的儿子额哲在他父亲去世后为反抗满洲征服而一直进行斗争,被捕后被杀。① 喀尔喀的绰克图洪台吉(1580—1637)支持了林丹汗的反抗满洲征服的斗争。绰克图台吉是当时的具有高文化的著名诗人和爱国主义者。绰克图台吉是事先看到蒙古国的独立已经遭到了威胁,并为了国家的统一而进行斗争的人物之一。当时,喀尔喀的一些汗和诺颜不接受林丹汗的政令,不支持他的斗争。因此,绰克图台吉号召全体蒙古人团结一致支持林丹汗的斗争。在林丹汗即位20周年之际的1624年,绰克图台吉立了[题为]因胡土克图汗之故的碑。因为,绰克图台吉一方面彻底支持了林丹汗的事业,另一方面已经和喀尔喀的诺颜们在思想上发生了分歧,所以,为了和林丹汗合力作战,于木狗年即1634年去了青海。绰克图台吉到青海时,林丹汗已经去世。绰克图台吉为了巩固在青海的地位,对西藏黄帽派进行了斗争,最终败于卫拉特顾实汗的优势军队,于1637年去世。②

蒙古国中学《文学教科书》写得更具文学性:

> 《绰克图台吉摩崖》是17世纪上半叶蒙古文学的重要文献。这首诗证明,在当时蒙古韵文中,思考的哲学思想正在流传。该诗的作者喀尔喀的绰克图洪台吉1581年生在阿巴岱赛因汗的侄儿巴喀来和硕齐家。绰克图从青少年开始学好蒙古语文,有相当的修养。

---

① 错误。本来,额哲被捕后,被封为和硕亲王,成为清廷额驸,率土领民,其领地被称作"察哈尔国",后病故。
② T·占布拉道尔济、C·草勒门等编:《历史》(基里儿蒙古文,蒙古国中学七年级教科书),乌兰巴托,1998年,第131—132页。

绰克图信仰佛教的红教派,不信黄教,随后反抗利用黄教的满洲侵略者,①为了蒙古的独立,一贯支持察哈尔的林丹汗(1592—1634)。但是,蒙古王公们屈服于满洲人,明显采取压制和迫害绰克图等具有爱国主义思想的进步人士,散布各种诬陷的谣言。但是,绰克图对黄教和满洲侵略者进行不懈的斗争,到1637年牺牲。绰克图不仅是一位为祖国的独立而战斗者,而且还是一位欣赏家乡、歌唱家乡的天才的诗人。……这首诗(即《绰克图台吉摩崖》——笔者)运用思考和对比的手段,更多地体现蒙古生活,利用了书面文学和民歌的两种形式。②

教科书的内容,在蒙古的"民主改革"前后完全一致。③ 这些教材里的绰克图台吉与历史事实有很大出入,倒是和仁钦的电影剧本完全一致。

这样,蒙古人从少年时代就开始接触绰克图台吉的"历史事迹",把20世纪编造的故事作为17世纪的历史知识去接受。绰克图台吉的"历史"成为常识,深入了人心。

记忆的构建和维持,不仅需要口述和文字表现等"场所",而且

---

① 绰克图台吉为了反满而反黄教的说法,本来是仁钦电影剧本里的虚构,后来居然被蒙古文学界和历史学界的不少人误以为真实的历史,以至于写入教科书。实际上,西藏格鲁巴和满洲爱新国最初进行接触,是迟在1642年的事情。《五世达赖喇嘛传》记载,1640年,达赖喇嘛派色钦曲杰前往女真地方,给清太宗捎去了书信和礼品(第一函上,第251页)。据《清太宗实录》记载,这些使者于崇德七年十月二日(1642年10月25日)到达了盛京。次年五月五日(1643年6月20日),清朝向西藏派使节,给达赖喇嘛、班禅大师、红帽喇嘛噶尔玛、昂帮萨斯下等各派喇嘛上层和藏巴汗、顾实汗等均致书一函(《清太宗实录》崇德七年十月己亥、八年五月丁酉)。那时,别说达赖喇嘛和清太宗之间有什么牺牲蒙古独立的密谋,清朝还没有把握,到底谁在西藏最终掌权。把一台戏当作真历史,为绰克图台吉反满斗争找根据。
② A·沙拉呼编著:《文学》(基里儿蒙古文,蒙古国中学八年级教科书),乌兰巴托,2003年,第11—12页。
③ H·三匹勒登德布、S·巴特马格奈、A·沙拉呼编:《文学》(基里儿蒙古文,蒙古国中学八年级教科书),乌兰巴托,1984年,第11—12页;A·沙拉呼编著:《文学》(基里儿蒙古文,蒙古国中学八年级教科书),第11—12页。

还需要更为具体和直接的记忆"场所",比如纪念堂(馆)、遗物展示厅、博物馆、档案馆、墓葬建筑、功德碑、雕像(肖像)等多种多样的物化了的东西。人们在这些"场所"可以进行丰富多彩的纪念仪式,以唤起人们对纪念对象的记忆,从而达到加强记忆和传送记忆的目的。在蒙古国目前为止还没有建立绰克图台吉的纪念碑和雕像,但并不是没有采取类似的措施。比如,1961 年,蒙古人民共和国建国 40 周年之际,国家印发了印有绰克图台吉剧照的纪念邮票。还有,2003 年出版的蒙古中学教科书插图采用了绰克图台吉的图像(电影《绰克图台吉》的剧照),该年编写的《蒙古国史》也采用了绰克图台吉白房子遗址的大幅彩色照片。

结 束 语

绰克图本来是喀尔喀蒙古历史上的一位有权势、有文化、笃信藏传佛教噶玛噶举派的一位洪台吉。他曾挑起了一场内战,失败后出走。在青海稍有发迹,但不久被杀。因此,在整个蒙古封建割据时期的历史舞台上去看,绰克图台吉不过是一个平庸人物。绰克图台吉的敌人,始终是蒙古人:先是喀尔喀人,后来先后为土默特人、永邵卜人、喀尔喀人和卫拉特人。他一生的事迹与抵抗蒙古的外侮毫无关系。

然而,在第二次世界大战的特殊历史环境中,为了满足特定的意识形态,在国家级别的文化霸权的保护下,绰克图台吉死而复生,摇身变成了蒙古反抗外侮的民族英雄。后来,他又成为了建构蒙古国家记忆的重要材料。因为国家权力的参与,绰克图台吉的再创造的形象很快被定型并合法化,通过史书、教科书等各种渠道迅速普及,被蒙古国民众铭记在心,受到崇高的尊敬和爱戴。

总之,绰克图台吉的故事是 20 世纪蒙古编造出来的一个崭新的神话,是贴着国家颁发的历史标签的故事。它所讲述的当然不是绰克图台吉的真实故事,而仅仅是借用他的名字讲述了一位国家历史所需要的、想象出来的英雄人物的事迹。因此,绰克图台吉的故事所讲述的并不是 17 世纪的蒙古史,而是讲述了 20 世纪蒙古的意识形态的历史以及在此之下构建对国家历史的公共记忆过程的一个段落。

第三章　康熙二次亲征噶尔丹的满文文书

一　导　言

如果没有历史的、批判的史料学研究,就没有真正的历史科学。这是因为,史料一方面是历史和历史学家之间唯一的桥梁;另一方面,它又具有不同的层次和价值,在反映历史事实的真实程度上有着天壤之别。如果不严格区分不同的史料,不去仔细地辨别真伪正误,就很容易把历史研究引向歧途,甚至变成一场可笑的游戏。那些给人们无意中提供历史信息和知识的、原属当时历史事物的一部分而遗留至今的,从其最初形成就不以讲授历史为目的的史料,我们称之为"遗留性史料"。与它相对的是"记述性史料",它是专门以讲授历史为目的,其中贯穿着作者的目的、立场、观点和感情,等等。这两种史料对历史研究的意义是不能相提并论的。[①] 以前者证后者,以前者评判后者,是一种科学的方法。在中央亚历史研究中,尤其在蒙古学研究领域,普遍存在着不区分或不会区分两种不同史料的现象,这是蒙古史研究不能得以深入的主要原因。

在这篇文章里,笔者通过考察有关康熙皇帝第二次亲征噶尔丹(1696年10月14日至1697年1月12日)的满文原文文档在满文《亲征平定西北地区方略》(即清译《钦定平定朔漠方略》)一书中被利用和流传的情况,以展示清代御用史官选择、编排和加工原始史料,歪曲和篡改历史事实及其所用的种种手段、"技巧"。最终目的就是要揭示清代官修史书的本质,尽可能地再现所谓康熙"第二次亲征"噶尔丹的历史本貌。

---

① 关于史料的如上二分法及其意义,笔者正在撰写专文,此处不再赘述。

先谈谈康熙三征噶尔丹的始末和《亲征平定西北地区方略》的有关情况。

（一）康熙三次亲征噶尔丹

噶尔丹（1644—1697）是卫拉特蒙古（西蒙古）准噶尔部首领巴图尔洪台吉的第六子。他刚一出生，就被认定为后藏温萨活佛四世，[①]12 岁时赴西藏，在四世班禅和五世达赖喇嘛处学佛十年，后还俗称汗，统一了天山以北的卫拉特蒙古诸部，建立了强大的准噶尔汗国。1688 年东犯漠北喀尔喀蒙古，1690 年南下漠南，直接威胁清朝。当时清朝已推翻农民政权和南明小朝廷，平定吴三桂等"三藩之乱"，其在内地的统治基本巩固。所以，清圣祖康熙皇帝有能力和精力全心全意经营北方。康熙帝曾经三次亲征噶尔丹，本文指其中的第二次。

第一次亲征是 1696 年 4 月 1 日至 7 月 7 日，清军分三路指向今蒙古国中部的土拉河和克鲁伦河，康熙帝亲率中路军挺进克鲁伦。1696 年 6 月 12 日，噶尔丹遇西路军于昭莫多，大败，退向塔密尔河，从此一蹶不振。清军也精疲力竭，弹尽粮绝，遂班师。第二次亲征是 1696 年 10 月 14 日至 1697 年 1 月 12 日，时至秋末，康熙帝不断得到噶尔丹处境艰难，难于过冬，必来归服的消息，判断噶尔丹一定来投降，故亲到呼和浩特，一边在土默特和鄂尔多斯等地打猎，一边等待噶尔丹来降。噶尔丹得知康熙帝亲临呼和浩特后，为了在清军进攻前争取时间，派使者到康熙处谎称来降。康熙轻信谎报，与噶尔丹约定 70 天后立即回京。所以，康熙皇帝这次出巡算不上什么军事远征，如后文所述，其实是一次以打猎为主要内容的"休假"。把皇帝的这次出巡要写成"亲征"史，史官们当然会遇到种种困难。因此，《西北方略》对康熙帝第二次亲征噶尔丹的记载问题特别多。本文特意选这次"亲征"作为研究对象，原因即在此。

---

① 详见拙文《关于尹咱呼图克图》，《蒙古史研究》第四辑，内蒙古大学出版社，1993 年。

第三次亲征当在 1697 年 2 月 26 日至 7 月 4 日之间,清军计划两路进军,康熙帝从宁夏处理军务。但是,康熙帝尚未到达宁夏,噶尔丹在 4 月 4 日已病故。到了 1697 年 6 月 3 日康熙帝才得知噶尔丹已死,不久踏上回京之路。这次的亲征,实际上"亲征"了一位死人,而且死者不是像康熙帝早已预料的那样因走投无路而自杀,所以《西北方略》不仅改掉了噶尔丹的死期,而且杜撰出噶尔丹"仰药自尽"的说法。这全是为了给康熙帝挽回面子。①

(二)《亲征平定西北地区方略》

始修于 1696 年,成书于 1710 年,最早用满文写成,满文原名为 Beye dailame wargi amargi babe necihiyeme toktobuha bodogon-i bithe,直译《亲征平定西北地区方略》,清代汉译《钦定平定朔漠方略》,是一部以编年体形式记载康熙帝三次亲征噶尔丹的史书,内容涉及 1677—1698 年的事。

有清一代,以满、汉、蒙古文字纂修过 10 余部《方略》。《方略》是史书的一种文本种类,产生于康熙年间。《方略》由方略馆纂修,专门以编年体的形式记述清朝对边疆地区或异族用兵的始末。因为《方略》的成书时间比《实录》要早,而且其史料往往是当时征战中形成的文书档案,所以一直被认为具有相当大的真实性、可靠性。以《西北方略》为例,康熙皇帝第一次亲征噶尔丹后仅仅过了 23 天,即 1696 年 8 月 1 日就下令开始编纂此书,所以在时间上来看,它和它所记述的事件几乎是同时的。但是,时间的迟早并非是决定一部史籍史料价值的决定性因素,相反,因为"今上"和"本朝"的关系,历史在那里往往得不到真实的反映。

《西北方略》的总裁是吏部尚书、文化殿大学士温达,户部尚书、文化殿大学士张玉书,吏部尚书、文渊阁大学士陈廷敬和吏部尚书、

---

① 关于康熙帝三次亲征噶尔丹的史实过程,详见 Cimeddorji, *Die Berichte des K'ang-Hsi-Kaisers aus den Jahren 1696–97 an den Kronprinzen Yin-Ch'eng aus mandschurischen Geheimdokumenten*, Bonn, 1989.

第三章 康熙二次亲征噶尔丹的满文文书

文渊阁大学士李光地,纂修时间为1696—1710年。据康熙朝满文本,1710年满、汉文《西北方略》共102卷缮写进呈,也就是说,满汉各51卷。《四库全书》本汉文《朔漠方略》的"进方略表"称"满汉文各一百零二卷缮写进呈",误,这是因为把满文的uheri(总,共)错译成"各"的缘故。这51卷包括48卷正文内容和卷首3卷(皇帝的序、皇帝的概述和目录)。1710年成书时,加了"进方略表"1卷,共52卷。《四库全书》本汉文《朔漠方略》经过了乾隆朝的修改,与满文本《西北方略》有了区别,故本文不用汉文《朔漠方略》而用满文《西北方略》。

本文以满文《西北方略》对康熙皇帝第二次亲征噶尔丹的几卷记载为例,展示原始文件的本来面貌和它在史书中经过改造和加工后的面貌,以此从一个方面剖析《方略》这个文本种类的实质和史料价值。

本文所用的有关康熙皇帝第二次亲征噶尔丹的满文原文文档,是台湾故宫博物院1976年影印发表的《宫中档康熙朝奏折》第八卷,第287—593页,共306页;文件号60—120,共61件。《西北方略》是1710年版满文本,藏于德国柏林国家图书馆。此书用4卷记述了这次亲征,即在第30—33卷中。

二 满文原文文档在《西北方略》中的引用范围

(一) 统计一览表

《西北方略》所用最基本和最重要的史料,就是当时的宫中档案文件。这些档案文件经台湾故宫博物院1976年影印发表,早已公布于众。所以,我们有条件统计有关第二次亲征的61份文件在《西北方略》中所引用的数据,说明《西北方略》对原始史料的取舍之一斑。

* 符号说明: Nr. = 文档号; P/GKZ =《宫中档康熙朝奏折》的页码; V.P/WB =《西北方略》的卷数和页码; S = 圣旨; ZZ = 奏折;

TZZ = 皇太子奏折;TZZ + S = 皇太子奏折加朱批;ZP = 奏折行间的朱批;⇨ =《西北方略》完全未采用的文件;➡ =《西北方略》部分采用的文件。

Nr.	P/GKZ	引用情况	V.P/WB
60	287—288	➡	29/13r—14v
61	289—291	➡	30/6r—7v
62	291—29	➡	30/13r—14r
63	293—297	➡	30/48r—50r
64	298—300	⇨	
65	300	⇨	
66	301—302	➡	30/30r—v
67	303—306	➡	30/40r—41r
68	308	⇨	
69	309—311	⇨	
70	311—313	⇨	
71	315—316	⇨	
72	316—321	TZZ⇨S➡	31/10v—11v
73	322—325	⇨	
74	325—328	⇨	
75	328—333	⇨	
76	334	⇨	
77	335—341	⇨	
78	341	⇨	
79	341	⇨	
80	342—343	⇨	

续 表

Nr.	P/GKZ	引用情况	V.P/WB
81	344—353	ZTT + ZP⇨S➡	32/13r—14r
82	354—358	TZZ + ZP⇨S	32/14v
83	359	⇨	
84	360—362	➡	33/29v—31v
85	362—363	⇨	
86	364—370	⇨	
87	371	⇨	
88	372—373	➡	33/70—72
89	384—387	➡	33/3v—8v
90	387	⇨	
91	388—393	⇨	
92	393	⇨	
93	394—397	➡	33/16v—17v
94	398—402	TZZ⇨S➡	33/48r—49r
95	403—410	➡	66/43v—46v
96	411—414	➡	33/27r—28v
97	415—425	➡	33/23v—27r
98	426	⇨	
99	427—428	⇨	
100	428—433	⇨	
101	433—436	ZZ➡	33/39v—41v
102	437—447	➡	33/46v—48r

续　表

Nr.	P/GKZ	引用情况	V.P/WB
103	447—448	➡	33/50v—51r
104	449—453	⇨	
105	453—457	⇨	
106	457—460	➡	33/60r—61v
107	460—463	TZZ + ZP➡	33/73v—74r
108	464—468	⇨	
109	468—483	ZZ➡噶尔丹⇨	33/73v—74r
110	483—490	⇨	
111	490—491	⇨	
112	492—497	⇨	
113	498	⇨	
114	498—507	⇨	
115	507—509	➡	36/?
116	509—516	⇨	
117	516—519	⇨	
118	519—527	⇨	
119	527—532	⇨	
120	532—593	⇨	

（二）统计总结

1. 在严格意义上讲,这61份文书当中没有一份是在《西北方略》中被完整地引用的。其中有17份文书被不完全引用,占总数的

第三章　康熙二次亲征噶尔丹的满文文书

27.8%左右；有7份文书在不同程度上被引用，一般来说，皇帝的朱批被摘抄出来而奏折则删去，这些占总数的11.5%；剩下的占60.7%左右的37份文书就完全没被引用。

2. 从这里得出结论，在《西北方略》中只有40%左右的有关第二次亲征的文书不同程度地被引用。未加利用的大部分文书上写着"不译"或者"拟不译"等字样，可见史官对原始史料进行过精心的选择。当然，《西北方略》不是一部文书汇编的抄本，它是一部史书，所以有所取舍是必要的。但是，取舍的出发点即是问题的所在。比如第71号文书是康熙皇帝对皇太后的请安折，它对第二次亲征的叙述意义不大，省略它是可以的。然而不是所有被省略的文件都是这种情况。关系到康熙皇帝在第二次亲征期间重大、重要活动的，以及一些在史官们看来有必要隐瞒或改写的事情的文书，统统地被遗弃了。关于这个部分，本文还要详细讨论，故此处不再赘述。

三　《西北方略》引文与满文原文文件的对照

这里把《西北方略》所引用的24份文件和它们在《宫中档康熙朝奏折》中的满文原件做一比较。这样做的结果，原件和引用文之间的异同及引用者对原文的修正就一目了然了。通过这样的对照，人们不难看出"遗留性史料"在"记述性史料"中的流传方式和后者的史料价值。

（一）对照

＊说明：括弧中的数字表示《宫中档康熙朝奏折》原文的行数，符号⚮表示《宫中档康熙朝奏折》的原文在《西北方略》引文中已被删掉，带下划线的部分表示引文和原文有出入。左边是《宫中档康熙朝奏折》的文件号和页码，右边是《西北方略》的卷数和页数。

97

五色四藩——多语文本中的内亚民族史地研究

宫中档康熙朝奏折		西　北　方　略	
文件号60，第287—288页	(1) hese. dorgi amban be fiyanggū-de wasimbuha.	✂	卷二九，叶23r—14v
	(4) musede	muse-de	
	(4) ufarabuci	ufaraci	
	(25) elhe taifin-i gūsin sunjaci aniya uyun biyai ice ilan	✂	
文件号61，第289—291页	(1) hese. amba jiyanggiyūn fiyanggū-de isinjiha	✂	卷三〇，叶6r—7v
	(2) bonsi. uyun biyai juwan juwe-de isinjiha:	bonsi. isinjiha:	
	(13) suwe uthai amasi genefi ……	suwe uthai amasi bederefi ……	
	(16) seremešrede	Seremešre -de	
	(17)—(18) musei coohai baturu-be umai gisurebure ba akū	musei coohai baturu-be gisurebure ba akū	
	(19) umesi duyen	umesi heolen	
	(25)—(27) ereci jalin cohome wasimbuha elhe taifin-i gūsin sunjaci aniya uyun biyai juwe ninggun.	cohome wasimbuha	
文件号62，第291—292页	(1) hese amba jiyanggiyūn be fiyanggū-de wasimbuha.	✂	卷三〇，叶13r—14v
	(2) meiren janggin dzu liyang bi sei baita-i jalin	meiren janggin dzu liyang bi sei baita-i jalin	
	(16) utkakū（？）korsombi:	mujakū korsombi:	

98

第三章　康熙二次亲征噶尔丹的满文文书

续表

	宫中档康熙朝奏折	西　北　方　略	
文件号62，第291—292页	（19）ere bosoko uksin……	ere bošokū uksin……	卷三〇，叶13r—14v
	（21）ba dubebe geduken-i arahade sain.	ba dube-be geduken araha-de sain.	
	（22）—（23）erei jalin cohome wasimbuha；elhe taifin gūsinsunjaci aniya uyun biyai juwan ujun；	cohome wasimbuha	
文件号63，第293—297页	（11）ajir budune-ci	jiir budune-ci	卷三〇，叶48r—50r
	（31）elhe taifi-i gūsin sunjaci aniya	✂	
	（32）uyun biyai orin.	✂	
	（47）boo duingeri sindeme	boo duin geri sindeme …	
	（48）—（49）ūled-i bucehebe sabuha	ūled-i bucehe-be sabuha	
	（57）morin-i yali wajifi ……	morin-i yali wajifi ……	
文件号66，第301—302页	（1）—（3）hese amba jiyanggiyūn be fiyanggū-de wasimbuha, sini meiren janggin dzu liyang bi-i ūled-be gidaha seme wesimbuha bithe orin duin erde sa ceng-de isinjiha, bi tuwafi. Alimbaharakū urgunjehe.	sini meiren janggin dzu liyang bi-i ūled-be gidaha seme wesimbuha bithe-be bi tuwafi. Alimbaharakū urgunjehe.	卷三〇，叶30r-v
	（10）erei jalin cohome wasimbuha	cohome wasimbuha	
	（11）—（12）mini beye ambula elhe sain-i urgun-i yabumbi. si saiyūn. elhe taifi-i gūsin sunjaci aniya uyun biyai orin duin.	✂	

99

续表

宫中档康熙朝奏折	西 北 方 略	
文件号67，第303—307页	(1)—(40) 皇太子的奏折	✂	
	圣旨：(5) jugūn -i unduri muke ongko sain.	jugūn unduri muke ongko sain.	卷三〇，叶40r—41r
	(9) hūwang taiheo-de jafara jakabe.	hūwang taiheo-de jafara jaka-be.	
	(11) bigan-i jaka emu udu	bigan-i jaka-be emu udu	
	(13) ere bithebe arame wajime	ere bithe-be arame wajime	
	(1)—(64) 皇太子的奏折	✂	
	圣旨：(1)—(3) saha. kin tiyan giyan yamun ningge.	kin tiyan giyan yamun ningge.	卷三〇，叶6r—7v
	yafagan coogai pai ciyang tuktan sindarade:	yafahan coohai pai ciyang tuktan sindara-de:	
文件号72，第316—321页	(10)—(13) bi gurun gubaci gemu sarakū adarame emu niyalma sarakū sere jakade ce mohofr. meni tai teile ašaha seme	bi na ašaci gurun-i gubaci adarame emu niyalma sarakū suweni teile sahani sere jakade ce mohofr. meni tai teile ašaha seme	
	wesimbuhebe bi dulembuhe:	wesimbuhe-be bi dulembuhe:	
	(16)—(17) boljoci ojirakū:	boljoci ojirakū:	
	(19) kimcirakū oci ojirakū:	kimcirakū oci ojirakū:	
	(20) ging dere taigiyansa buye urse	ging dere taigiyan-sa buye urse	

第三章　康熙二次亲征噶尔丹的满文文书

续表

	宫中档康熙朝奏折	西　北　方　略	
文件号81，第344—353页	(1)—(124) 皇太子的奏折	✂	卷三一，叶13r—14r
	(1)—(28) 奏折行间的朱批	✂	
	圣旨：(1)—(2) ere beita orin-i yamji isinjiha. orin emu-i erde. galdan-i baci	orin-i erde. galdan-i baci	
	(7)—(8) tebeliyafi songgocorode	tebeliyefi songgocoro-de	
	(12)—(13) amba cooga ba bade tosoro jakade	amba cooha babade tosoro jakade	
	(16) ubade bici ojorakū	ubade bici ojorakū	
	(21) tere ergi-de tosohongge akūmbuhabi.	tere ergide bodome akūmbuhabi.	
	(22)—(23) jiterengge ainci labdu ombi.	dahame jiterengge ainci labdu ombi.	
	(24) orin juwe-de indembi orin orin juwe-de indehe. orin ilan-de hūwang ho cikin-i baru	jurambi ilan-de indembi orin orin duin-de hūwang ho cikin-i baru jurambi	
文件号82，第354—358页	(1)—(58) 皇太子的奏折	✂	卷三一，叶14rv
	(1)—(7) 奏折行间的朱批	✂	
	圣旨：(1) mini beye elhe si sainyūn		
	(6) ubai urse sakdasa ambula werguwembi	ubai urse sakdasa ambula werguweme	
	(12) gūlmahūn niyammiyarade halhūn nei tucimbi:	niyamnara-de halhūn nei tucimbi:	

101

续表

	宫中档康熙朝奏折	西　北　方　略	
文件号84，第360—362页	（1）io wei cooha	ici ergi wei-i cooha	卷三三，叶29v—31v
	（9）io wei cooha	ici ergi wei-i cooha	
	（18）—（19）hami ba dya ioi guwan-ci juwan juwe inenggi on.	hami-i ba giya ioi guwan-ci juwan inenggi on.	
	（20）ning hiya-i baru urgubufi bi ning hiya -be dosime geneki.	ning hiya-i baru urhubufi bi ning hiya -de dosime geneki.	
	（24）io wei cooha	ici ergi wei-i cooha	
	（25）bi hūtan-i hoso-de ……	bi hūtan hošo-de ……	
	（26）erei jalin cohome wasimbuha	✂	
	（27）elhe taifin-i gūsin sunjaci aniya juwan biyai orin ninggun:	✂	
文件号88，第372—373页	（1）—（2）hese amba jiyanggiyūn be fiyanggū-de wasimbuha. Sini orin uyun-de hese-i bithei karu wesimbuhe bithe ice juwe-i yamji isinjiha. tuwaci	sini orin uyun-de wesimbuhe bithe-be tuwaci	卷三三，叶35r—36v
	（3）—（4）cooga …… cooga …… cooga	cooha …… cooha …… cooha ……	
	（5）tai yuwan-i cooga	bi gūnici tai yuwan fu-i cooha	

102

第三章　康熙二次亲征噶尔丹的满文文书

续表

	宫中档康熙朝奏折	西　北　方　略	
文件号88，第372—373页	（6）niowanggiyan tu	niowanggiyan tui cooha	卷三三，叶35r—36v
	（12）—（13）cooge …… cooge ……	cooha …… cooha ……	
	（15）te niyalma dahama jici ……	te dahama jici ……	
	（21）—（22）erei jalin cohome-wasimbuha	✂	
	（23）elhe taifin-i gūsin sunjaci aniya omšon biyai ice duin;	✂	
文件号89，第374—387页	（1）—（5）hese hūwang teidzi-de wasimbuha. orin nadan-de lisu baising-de tataha [e] re inenggi gūlmahūn bihe. elgiyen akū. orin jakūn-de hūdan-i hūšo-de tataha. gūlmahūn bihe. elgiyen akū. Nikasa erebe todo ceng sembi.	orin nadan-de lisu cun gašan-de tataha. orin jakūn-de hūdan hūšo-de tataha. nikasa erebe todo ceng sembi.	卷三三，叶3v—8v
	（14）bira dome jifi	bira doome jifi	
	（20）cuwan ahūra ehe ofi.	cuwan -i agūra ehe ofi.	
	（22）katun -i gol	katun gol	
	（24）amasi julesi dome tuwaci.	amasi julesi doome tuwaci.	
	（26）doci ojorakū ofi.	dooci ojorakū ofi.	

103

续 表

宫中档康熙朝奏折	西 北 方 略	
		卷三三，叶3v—8v
文件号89，第374—387页	(39)—(48) ?-de dahame jihe ūled-i duwa. enggemu. weilere. miyoocan-i homhon weilere mangga bime ioleme inu bahanambi. gala faksi. šamba wang-ni benjihe ūled-i asu ugsin dure tabki. asu ugsin-i hacin-i werguwecuke mangga: huhu hoton-de baifi beha ūled-i sele faksi usei. durengge hūdun baha bolho; be ubade cendeme ūled-i durun-i enggemu emke weilehe: damu aisin akū ofi dosimbuhakū.	✂
	(50)—(51) morin-be g'eo ioi king gamame genehe morin ambula sain.	morin umesi sain.
	(53)—(62) soforo sishe. sukū soforo. tohoma. hadala. kūdargan gemu ūled-i hehesi. emu dobori emu inenggi weileme wajiha baha ūled-i juse-de, musei doron-i etuku jibca weilebume tuwaci. Sukū acabure. burgin faitara weilere-de. emu inenggi emu etuku bahambi. ambula feksi. damu, majiga, muwa. ere enggemu-be hūwang taiheo-de urunakū tuwabu.	✂
	(70)—(71) jai oilorgi bithei songkoi gu taigiyan-de afabu:	✂

104

第三章 康熙二次亲征噶尔丹的满文文书

续 表

宫中档康熙朝奏折	西 北 方 略	
(77) doci	doci	
文件号89，第374—387页	(79)—(93) jai meni tataha baci. dergi julergi baru tofohon bai tubade borolji sere yongkan-i ajige, mangkan-i bade. gūlmahūn elgiyen seme donjifi. yafahalaci ojoro urse-be sonjofi. meni, emki jibe niowanggiyen tu-be gemu yafahan abalaha bihe. bi. hūwang taizi-i unggihe garma jafafi dehi isime waha. uheri geren ilan tanggū isime waha; geli ordos-i urse alarangge. bira duha manggi. bira dade dehi susai gūlmahūn tucimbi. umesi elgiyen seme gisurembi; ne mein sain morin fihefi ilgame jabdurakū; ordos-i sain morisa-be bira dobume gajihak[ū]	✂	卷二三，叶 3v—8v
	(103) be ubade ning hiya-ci gajifi	be ubaci ning hiya-ci gajifi
	(107) uheken	uhuken
	(114)—(115) gu taigiyan-i boo guwe zi-de udaha sain šulhe ubade tucimbi;	✂
	(116) bira. dome	bira. doome
	(122) bira-be doha. dorede tuwaci	bira-be dooha. Doore-de tuwaci ……
	(126) dore;doha	doore;dooha

105

续表

宫中档康熙朝奏折	西 北 方 略	
(135)—(137) bi susai hamime waha. agese gemu. orin waha sain morin labdu dada. ini taciha ba ofi ambula icangga:	✂	
(137)—(138) ba udu yonggan mangkan bicibe. necin mangga.	ba udu yunggan mangka bicibe. necin mangka.	
(139) fegsirede ulhocuka akū:	fegsire-de ulhocuka akū	卷三三, 叶 3v— 8v
(140) ajigen-ci ordos-i gūlmahūn same donjiha bihe.	ajigen-ci ordos gūlmahūn same donjiha bihe.	
(145) dome tuwafi	doome tuwafi	
(148)—(149) nugte ujen aciha doci oci uthai dombi	nkte ujen aciha dooci oci uthai doombi	
(152)—(155) enculeme arki seci. emdubei jursulebumbi. sinde uherileme wasimbuci eici eici donjirengge kai. tulergi urse-de ume alara. erei jalin cohome wasimbuha:	✂	
(11)—(14) ba-be, cicikna konggoro	babe, cicik konggoro	
(16) ……ojorakū ohobi.	ojorakū ohobi.	卷三三, 叶 16v— 17v
(23)—(25) ucuri ūled-I jihe urse juwan inenggi giyalabuha bihe tere dade ere budari	ere budari……	
(41)—(42) erei jalin wesimbuha:	✂	

文件号 89, 第 374— 387 页

文件号 93, 第 394— 397 页

第三章 康熙二次亲征噶尔丹的满文文书

续 表

	宫中档康熙朝奏折	西 北 方 略	
文件号94，第398—402页	（1）—（32）皇太子奏折	✂	
	圣旨：（10）—（11）taišan-i adali akdun tefi	taišan-i adali akdun-i tefi	卷二二，叶48r—49r
	（29）—（34）hūwang taidzi-i emu eden ba ere gese elgiyen gūlmahūn-be sabuhakū jalin dolo. wajimbi; gūlmahūn ambula elgiyen. ūlhūma umesi labdu. ne ambula necin:	✂	
	（1）—（4）uju jergi hiya. meiren-i janggin. amban ananda-i gingguleme wesimburengge. Donjibume wesimbure jalin.	✂	
文件号95，第403—410页	（5）—（7）tal nacin-i jergi jugūn-i cagan obotu-de sindaha karun-i niyalma jifi buraku doron sabumbi seme alanjire jakade.	karun-i niyalma jifi buraku doron bi seme alanjire jakade ……	卷二二，叶43v—46v
	（11）—（24）sur birai bade amcanaha manggi. uthai okdome jifi. be dalai lama. huhu noor-i bošoktu jinong. puncuk taiji-i elcin sembi udu. dalai lama. huhu noor-i taijisai elcin bicibe. farhūn dobori-be dahame. gisureci ojorakū seme bargiyafi. coohai gaifi wiyanjilame hūwaran-de isibufi. coohai agūra-be bargiyame gaifi. dalai	sur birai jakade amcanaha manggi. gemu bargiyafi gajiha fonjici dalai lama-i elcin darhan ombu. huhu noor-i bošokto jinong-ni elcin aldar jaisang. poncok taziji-i elcin jaisang hosooci sembi swe aibide genembi seme fonjici	

107

续表

宫中档康熙朝奏折	西 北 方 略	
lama elcin darhan ombu. huhu noor-i bošokto jinong-ni elcin aldar jaisang. poncok taiji-i elcin jaisang hošooci sede. suwe ai baita-de yabumbi. aibade genehe bihe. elcin sembime hehe juse bisirengge adarame. seme fonjici ……	funceme bi. fonjici alarangge	卷三三，叶 43v—46v
（36）—（41）…… funceme bi. galdan-i elcin sa-de suwembe ai baita-de …… takūraha. te aibide genembi. galdan. danjila. arabtan. danjin wangbu se. ne aibade bi. banjiregge. suwe atanggi tucike. galdan encu bade genere majige bio. cooha udu bi sme fonjici alarangge.	✂	
（44）—（45）baitai turgun-be mende anggai henduhe ba akū. bithede bi.	……-i baru nuktehe	
（48）……-i baru nugtehe	danjin ombu	
（51）danjin wangbu	nukteci nuktere dabala.	
（57）—（58）nugteci nugtere dabala.	geli guyeng-be	
（63）geli guyeng. dural-be	mohoho jociha arbun dursun-be safi	
（66）galdan-i mohoho jociha arbun dursun-be safi		
文件号 95，第 403—410 页		

108

续表

	宫中档康熙朝奏折	西 北 方 略	
文件号95，第403—410页	（72）—（74）encu umeinaci ojorakū. tosoro heturere baita tucire-be inu boljoci ojorakū seme.	encu baita tucire-be inu boljoci ojorakū seme.	卷三三，叶43v—46v
	（79）—（80）darhan ombu-i mutere-be tuwame gamabume unggireci tulgiyen	darhan ombu-be gamabume unggireci tulgiyen	
	（84）—（85）bayara kapiteli. gabsihiyan laicung-de tukiyeme jafabufi. erei jalin gingguleme	✂	
	（87）elhe taifin-i gūsin sunjaci aniya. omšon biyai juwan.	✂	
	（1）hese hūwang taidzi-de wasimbuha.	✂	
文件号96，第411—414页	（2）—（3）boo-be jurambuha namašan	boo-be jurambuha amala	卷三三，叶27r—28v
	（11）jing fonjime wajire undede.	jing fonjime wajire unde-de.	
	（19）nenehe niyalma-ia songko:	nenehe songko:	
	（21）meiren-i janggin ananda cooga gaifi	ananda cooha gaifi	
	（22）generebe	genere-be	
	（23）saksai tuhuruk	saksai tehurik	
	（26）dahame jiderede gajihangge jakūnju anggala.	gajihangge jakūnju anggala.	

第三章 康熙二次亲征噶尔丹的满文文书

109

续表

宫中档康熙朝奏折	西北方略	
文件号96, 第411—414页	(30)—(34) te donjici galdan-de banjire jugūn akū dade. amba šahūrun ohobi. sembi. yafahan niyalma ambula-de absi genembi	amba šahūrun ohobi. yafahan niyalma ambula te absi genembi	卷三三, 叶27r—28v
	(37)—(38) erei, jalin cohome wasimbuha;	✂	
	(43)—(48) ilgūksan hūtuktu casi ukambi seme gisurembi sembi; ebsi jiderede urjanjab-i eniye se casi generebe acaha. te isinafi duin sunja inenggi oho sembi;	✂	
	(1)—(4) hese. hūwang taidzi-de wasimbuha. neneme hese wasimbuhangge ice sunja-de jurafi susai ba funcere sirga-i gecehe dohon-de doombi sehe bihe.	neneme hese wasimbuhangge sirga-i gecehe dogon-de doombi sehe bihe.	
	(10) nugte	nugte	
文件号97, 第415—425页	(12)—(14) wargi ilan ba ci wusihūn gecekūbi: uheri monggoso-i ferguwerengge.	wargi ilan baci wusihūn gecehekūbi: geren monggoso ferguwerengge.	卷三三, 叶23v—27r
	(17) dulimbaci	dulimba-ci	
	(19)—(25) utbai aba sindaha. gūlmahūn ulhūma ambula elgiyen bihe. ulhūma gabtaki seci gūlmahūn sartabumbi. gūlmahūn niyammaki seci ulhūma sartabumbi. juwe sidende ofi oyombume wahakū. gūlmahūn ehi isime. ulhūma juwan Funceme waha. ulhūma tarhūn	bihe: ✂	

110

第三章　康熙二次亲征噶尔丹的满文文书

续表

宫中档康熙朝奏折	西　北　方　略	
(25)—(26) yamji tatan-de ebuhe manggi	yamji tatan-de ebuhe.	
(28) banjirede	banjire-de	
(37)—(39) wang-ni eniye inu banjiha eniye waka. beile-i eniye inu banjiha eniye waka.	wang-ni eniye beile-i eniye gemu banjiha eniye waka bime.	
(47)—(49) ne mini yalura sain morin juwan funceme bahabi. iigara nde morin tanggū foncembi:	✂	
(51) giyasei dorgic	jasei dorgici	
(55) tuttu ba ulhirakū.	✂	
(63)—(64) sara tungšahai sre giyamun-i bade tataha:	sara ice ninggun-de tungšahai sre giyamun-i bade tataha:	卷三三,叶23v—27r
文件号97,第415—425页 (67)—(81) wergi julergi mangkan-be belaha gūlmahūn ulhūma ambula lgiyen bihe. bininju isime waha be morin hairame. morinelgiyen amban iya ahūra uheri ninju isime niyalma genehe bihe. uheri ilan tanggū funceme waha: ereci amasi ele elgiyen sembi. be umesi sain udu mankan majige majige bicibe ajige na mangga meni yabure-de amtangga babe ambula gocime araha. jalu araki seci. huwang taizi. agese boode bisire urse. dolo wajime buyerahū seme gūnimbi; indeme tehede gūlmahūn fegsime boso hoton-de gemu dosinjimbi. nugte ebuhe-de tehei bahara urse inu ambula	✂	

续表

宫中档康熙朝奏折	西 北 方 略	
		卷三三，叶 23v—27r
文件号 97，第 415—425 页	(82) nugtefi	nuktefi
	(83)—(90) ere inenggi gūlmahūn ulhūma ambula elgiyen bihe seme alara jakade. ice manju. asihata baitangga. niowanggiyan cihangga yafahalaci ojoro urse-be tucibufi. mergen aba-i doroni ordos-i moringga aba-i amargi-be jursuleme sindaha. yala gūlmahūn ulhūma elgiyen bi uyunju isime waha aba-i urse ninggun tanggū funceme waha	※
	(91)—(94) ordos-i morin-be gemuni ilga[m]e wajihakū. dergi ton-de dosiha morin dehi uncembi. gemu lakcaha sain morin. agese ne gemu nadata jakūta yaluhabi morisa ambula sain bime nomhon.	ordos-i morin-be ilgame tuwaci. morisa ambula sain bime nomhon.
	(99)—(105) ...... ba nugtefi hūsutai-de tataha [te]-re inenggi inu jursuaba sindaha gūlmahūn ambula elgiyen aba-i urse ninggun tanggū funceme waha. niyalma tome gemu gabtame sadahabi. uttu ofi juwan emu-de teyeme indehe:	nuktefi hūsutai-de tataha juwan emu-de teyeme indehe：
	(107)—(108) ba bade	babade
	(110)—(116) erebe saha bihe bici gemu gajime jifi ere morin elgiyen bade gūlmahūn ambula elgiyen sembi; wesimbume unggihe bithe. juwan emu-i erde gerere onggolo isinjiha. ben-be tuwame wajihai. nunggire jaka-be icihiyame wajif amasi unggihe：	※

第三章　康熙二次亲征噶尔丹的满文文书

续 表

宫中档康熙朝奏折		西　北　方　略	
文件号 97, 第 415— 425 页	(119) bithei songkoi	bithei songkoi	卷三三, 叶 23v— 27r
	(122)—(123) ere jergi babe nenehe songkoi donjibu. hiya erei jalin cohome wasimbuha:	✂	
	(1)—(4) goroki-be dahabure amba jiyanggiyū. hiya kadalara dorgi amban. be. amban fiyanggū sei gingguleme wesimbuurengge. elhe taifin-i gūsin sunjaci aniya. omšon biyai juwan nadan-i ulgiyen erende. kalkai	✂	
	(4)—(5) wang šamba-i takūraha faidan-i hafan ibegel isinjifi alarangge	wang šamba faidan-i hafan ibegen-be takūrafi alanjihangge	
文件号 101, 第 433— 436 页	(5)—(6) gelei guying dural jaisang-ni jergi	gelei guying-ni jergi	卷三三, 叶 23v— 27r
	(8)—(9) kub sere bade	gub sere bade	
	(12)—(13) juwe oci. emke-ba amasi unggefi. erin eikuwen. geren-be gajime jikini emke-be	juwe oci. emke-ba amasi unggefi. emke-be	
	(15) galdani jihe elcin-be gajifi	galdani elcin-be gajifi	
	(32)—(35) erei jalin gingguleme wesimbuhe. hese-be baimbi. elhe taifin-i gūšin sunjaci aniya omšon biyai juwan nadan:	✂	

113

续表

宫中档康熙朝奏折	西 北 方 略	
(1) hese hūwang taidzi-de wesimbuhe：	✂	
(2) kūwa tolohoi	hūwa tolohoi	
文件号102，第437—447页 (2)—(31) ineku jursu. aba abalaha gūlmahūn ulhūma elgiyen seme gisureci ojorakū. bi ere dehi se funcefi aibide yabuhakū. ere gese gūlmahūn elgiyen-be sahakū. aba sindahai ejen tanggūha akū demu gabtara dabala umai šolo akū. bi emu gūsin jakūn waha. amba age susai uyun waha. ilaci age susai sunja waha. jakūci age susai waha. elgiyen wang orin isime waha. ere aba-de sunja waha niyalma uthai umesi komsongge；ton-be gaici uheri aba-de wahangge emu minggansunja tanggū susai ninggun. Nukte-de inu jalufi wahangge umesi labdu sembi. ton-be gaihakū；meni bele jederengge elgiyen ofi uttu. aikabade jeku lakcaha bihe bici ainaha seme omiholoro-de isinarakū： ordos-i urse gūlmahūn-be ceni buda sembi yaya bade gūlmahūn akūba akū geli abalafi duleke ba-be tuwaci. gemuni an-i elgiyen；seibeni ordos-i gūlmahūn-be giyase-i nikasa-de uncambihede juwe teisun-i jiha-de emu gūlmahūn salimbi. te ninggun nadan teisun-i jiha-de mu gūlmahūn salimbi. nenehe-ci ilan ubu haji ohobi seme gisurembi. maka-de elgiyen-i fonde adarame biheni. bi ere jergi babe arafi suwembe dolo wajibume unggire doro bio umai arga akū gocime holtome banjinarakū araha[？]：	✂	卷三三，叶46v—48r

114

第三章　康熙二次亲征噶尔丹的满文文书

续　表

宫中档康熙朝奏折	西　北　方　略	
（31）—（41）ineku jursu aba abalaha. ulhūma komso. gūlmahūn juwan juwe-i adali mini beye ci wusihūn abai niyalma-de isitala. onggolo inenggi gūlmahūn waūme mohofi gala ferge gemu abifi gabtame metarakū. bi jakūnju ilan waha. amba age ferge gemu abifi gabtame metarakū. bi jakūnju ilan waha. jakūnci age gūsin uyun waha. uheri abai niyalma emu minggan duin tanggū dehi juwe waha；ordos-i abai ursei waha ton-be gaihakū	✂	
	（42）ere inenggi tuktan hoihan wajime. adun-i hiya	juwan ilan-de indefi. ere inenggi adun-i hiya	卷二三，叶46v—48r
	（43）—（47）wase. asana isinjiha ce ferguweme ere gese elgiyen gūlmahūn geli bini sehe；tereci tesebe abai amala gabta seme. juwe niyalma kejine waha. yamji aba wajiha manggi morise-be tuwaha.	wase. asana isinjiha. yamji morise-be tuwaha.	
文件号102，第437—447页	（53）—（54）juwan duin-de abalame muterakū ergeme indehe：	juwan duin-de indehe：	
	（53）—（58）ging hecen-ci tucikei dergi ton-de dosika morin jakūnju emu. erei dorgi ambula sain ningge gūsin bi dolo ujire morin dehi juwe. tarhūkamanggi hūwašara-be eremu；agese-de buhe morin gūsin uyun.	✂	

115

续表

宫中档康熙朝奏折	西北方略	
(61)—(74) ubade gūlmahūn elgiyen ofi morin tome juwan tofohon gūlmahūn wahahūngge akū. gemu narhšame kimcime ilgaha. amala gūwaliyara-be ainambahafi sara. ordos-i [n] a ambula sain. cohome buye juse tacime niyamniyara-de acara ba; deduhe gūlmahūn elgiyen. aba utturi acara manggi. deduhe gūlmahūn umesi jalumbi. we-de ucaraci we gabtambi; emgeri beri daraka manggi ya gūlmahūn-be jorire-be saraku juwe ilan duin sunja sasa jimbi. morin fegsici inu ojoraku. ilahai worhošohoi ememu morin uthaišadambi juwe duin-de aba gubaci gala hamiraku ofi indehe;	tofohon-de indehe.	卷三三, 叶 46v—48r
(78) ūed-i yakši hendurengge.	ūed-i yakši-i hendurengge.	
(86) beyebe	beye-be	
(87) salhabuha	salgabuha	
(88)—(113) …… seci geli yobodome ereaba-de tuwaci. na-de fegsire gūlmahūn sere anggala. deyere ulhūma-be ba bade tosofi. ubaci giyahūn sindame tubade jafambi tubaci giyahūn sindefi ubade jafambi. ere tosoro jafarara-be tuwaci umai tucime muteraku; suweni galdan-be cihalahangge ereci geli cira kai. adarame ticime mutembi; mini gūnin oci.	sehe. juwan ninggun-de jigustai-de tataha. juwan nadan-de indehe. ere inenggi boo isinjire jakade amasi unggihe. be	

文件号 102, 第 437—447 页

116

第三章　康熙二次亲征噶尔丹的满文文书

续　表

	宫中档康熙朝奏折	西　北　方　略	
文件号102，第437—447页	yaya emu wai-de ergin bikini seme gūnirengge. ere sakda niyalmai fe-be onggorakū majige gūnin sehe manggi. geren gemu injecehe. Bi mujakū urušehe. ere meni sula tehede eficehengge erebe bai araha juwan ninggun-de jigesutai-de tataha. jursu aba abalaha. ulhūma bai bihe. gūlmahūn nenehe sonko. Bi emu tanggū orin juwe waha. amba age susai ujun waha ilaci age susai sunja waha. jakūci age susai duin waha. abai urse emu minggan juwe tanggū tofohon waha monggoi abai ton-be gaihakū. juwan nadan-de muterakū indehe. ere inenggi boo isinjire jakade amasi unggihe meni yabure bag emu wajiha:ordos-i abai morin inu wasikabi. Baji yabuci. tuweri heture-de monggoso-i morin-de mangga ojorakū seme nakaha. be ……		
	(117) gung-i	gung-ni	卷三三，叶46v—48r
	(119) tule ume alara:	✂	
文件号103，第447—448页	(12) acanambidere	acanambi dere	卷三三，叶50v—51r
	(14) elhe taifin-i gūsin sunjaci aniya omšon biyai juwan uyun	✂	

117

续表

宫中档康熙朝奏折		西　北　方　略	
文件号106，第457—460页	(3)—(4) huhu nor	huhu noor	卷三三，叶60v—61r
	(9)—(10) temen morin turga	temen morin turha	
	(19) huhu nor-i bade afini	huhu noor-i bade aifini	
	(24)—(25) [juw]an duin bithe-be dolo tuwabure ba akū	✄	
	(31) erei da dubai turgun-be ……	erei da duba turgun-be ……	
	(1)—(24) 皇太子的奏折	✄	
	(1)—(8) 奏折行间的朱批	✄	
文件号107，第460—463页	圣旨: (2)—(3) gelei guying durai jaisang isinjiha.	gelei guying isinjiha.	卷三三，叶73v—74r
	(9) urse jasihangge inu ambula.	urse-i jasihangge inu ambula.	
	(21)—(25) jai boihon jurgan-i jergi yamun huhu hoton-i toksu-i baita-be gisurengge umasi fere jakade ubade bibufi dasame gisurebufi unggimbi:	✄	
文件号109，第468—483页	圣旨:费扬古的奏折:	✄	卷三三，叶73v—74r
	(1)—(5) goroki-be dahabure amba jiyanggiyūn. hiya kadalara dorgi amban be fiyanggū sei gingguleme wesimburengge. ajige amban meni majige saha babe gingguleme tucibufi genggiyen-i bulekušere-be baira jalin: ūled-i	✄	

118

第三章 康熙二次亲征噶尔丹的满文文书

续表

	宫中档康熙朝奏折	西北方略	
文件号109，第468—483页	(5)—(6) ūed-i galdan dergi ejen-i abkai koron-de ……	ūed-i galdan abkai koron-de ……	卷三三，叶73v—74r
	(8) lakcahakū	lakcarakū	
	(10) ududu mukūn. hehe juse-be ududu urse mukūn. hehe	juse-be	
	(13) mutehekū	muterekū	
	(14) umesi fakcashūn ofi.	umesi fakcashūn ohobi.	
	(14)—(16) galdan ini fejergi waraci guwefi funcehe emu udu tongga niyalma-be. karmame ilibume muterakū-de isinahabi: galdan te ehe jalufi.	galdan ini fejergi waraci guwehe funcehe emu udu tongga niyalma emki ehe jalufi.	
	(19) umesi akdare mangga	umesi akdare-de mangga	
	(21) gelei guyeng dural-i jergi ……	gelei guying -ni jergi ……	
	(24) gelei guyeng dural-se	gelei guyeng -se	
	(25) koimasitame	koimasidame	
	(27) goro ukame burulare	goro ukame genere	
	(29) gelei guyeng dural	gelei guyeng	

119

续表

宫中档康熙朝奏折	西北方略
（30）enduringge ejen beye	enduringge ejen-i beye
（41）gelei guyeng dural	gelei guyeng
（43）—（44）cooha yabure nashūn	coohai yabure nashūn
（50）gelei guyeng dural	gelei guyeng
（51）gelei guyeng dural	gelei guyeng
（56）ejen-de dahame jihe	ejen-i dahame jihe
（57）gelei guyeng dural	gelei guying
（63）baita tucire-be inu boljoci ojorakū	baita tucire-be boljoci ojorakū
文件号109,第468—483页 （63）—（66）bairengge. gengiyen-i bulekušereo. erei jalin wesimbure bithe arafi gingguleme dorgidere wesimbuhe：elhe taifin-i gūsin sunjaci aniya. omšon biyai orin emu；	卷三三,叶73v—74r ✂
满丕奏折	
噶尔丹致康熙帝的信	
（4）dergi hese-be gingguleme dahara jalin	✂
文件号115,第507—509页 （20）—（22）uttu ofi erei jalin gingguleme wesimbuhe：elhe taifin-i gūsin sunjaci aniya. jorgon biyai juwan；	卷三六,叶30v—31v ✂

120

第三章　康熙二次亲征噶尔丹的满文文书

(二) 几点结论

据上文比较,《西北方略》中所有的满文原文文件都无一例外地经过修改后才被引用。修改的范围包括语法、正字法、修辞学和事实内容等方方面面。

1. 语法方面的修改(例证的顺序：宫中档＜西北方略)

① 对名词属格的修改：一种：将名词属格的零形式改成属格格助词 i，其公式为 ∅＜i，诸如：meiren janggin ＜ meiren-i janggin；hami ba ＜ hami-i ba；bithe songkoi ＜ bithei songkoi；yaksi ＜ yaksi-i；urse ＜ ursei；enduringge ejen beye ＜ enduringge ejen-i beye；ordos banjirengge ＜ ordos-i banjirengge；另外一种：将名词属格的格助词 i 改成零形式，其公式为 i＜∅，诸如：jugūn-i unduri ＜ jugūn unduri；hūsun-i ＜ hūsun；hūtan-i hoso ＜ hūtan hošo；katun-i gol ＜ katun gol；dubai turgun ＜ duba turgun；morin-i ＜ morin。

② 对名词工具格的修改：将名词工具格的零形式改成格助词 i，其公式为 ∅＜i，诸如：cuwan ahūra ehe ＜ cuwan-i ahūra ehe；akdun tefi ＜ akdun-i tefi。

③ 对名词给予格的修改：一种，将名词给予格的零形式改成格助词 de，其公式为 ∅＜de，如：aktara mangga ＜ aktara-de mangga。另外一种，将名词给予格的零形式改成名词从格格助词 ci，其公式为 ∅＜ci，如：ubade ＜ ubaci。

④ 对名词宾语格的修改：一种：将名词宾语格的零形式改成格助词 be，其公式为 ∅＜be，如：jaka ＜ jaka-be。另外一种：将名词宾语格改成名词给予格，其公式为 be＜de，如：ning hiya-be dosime ＜ ning hiya-de dosime。

2. 正字法方面的修改

① 宾语格和予格格助词在《西北方略》中和原来的名词及形容动词分开写。比如：dubede ＜ dube-de；arahade ＜ araha-de；bucehebe ＜ bucehe-be；jakabe ＜ jaka-be；bithebbe ＜ bithe-be；sindarade ＜ sindara-de；songgocorode ＜ songgocoro-de；baharabe ＜ bahara-be；dorede ＜ doore-de；undede ＜ unde-de；generede ＜ genere-de；banjirede ＜ banjirede；beyebe＜beye-be。

② 所属格格助词-i 在《西北方略》中写成 ni,如果这些名词或形容动词以-ng 或-l 结尾的话。譬如：gung-i ＜ gung-ni；dural-i ＜ dural-ni。

③ 从格格助词-ci 和复数词尾-sa 在《西北方略》中有时候连写,有时候分开写,没有明显的规律。

④ 在《西北方略》中以-k 代替-g 或以-g 代替-k,以-g 代替-h 或以-h 代替-g,以-š 代替-s 或以-d 代替-t,比如：mangga ＜ mangka；nugtehe ＜ unktehe；kub ＜ gub；salhabuha ＜ salgabuha；bosoko ＜ bošoko；turga ＜ turha；koimasitame ＜ koimasidame；cooga ＜ cooha。

⑤ 有些词在《西北方略》中被"改正",例如：dome ＜ doome；ojrakū ＜ ojorakū；huhu nor ＜ huhu noor。

3. 修辞方面的修改

在一个段落里重复使用的词被一些近义词代替,比如：ambula(很)＜ umesi(非常)。为了达到以文字修改内容的目的,在一些地方用了新词,如 duyen(冷淡)＜ heolen(怠慢),等等。

4. 事实内容的修改

《西北方略》对满文原文档案文书进行过大量的修放,目的是为了改写历史。这是所有修改中修改内容最多也是最关键的部分。关于这个问题,下面在另外一节里再做详细讨论。

满文原文档案和《西北方略》引用文之间存在的语文学方面的差别很大,限于研究范围,本文不再探讨这个问题。但是必须指出,这些差别使满文原文档和《西北方略》有了很大的不同,以致于内容上也有了特别大的出入。如果把《西北方略》中的原档引用文简单地当作满文档案原文本身利用的话,无论从语文学角度还是从史料学角度都是极其荒谬的。

四　满文原文档案的删除和修正(一)：康熙帝打猎

所谓的康熙第二次亲征噶尔丹,指的是康熙皇帝在呼和浩特和鄂尔多斯地区的活动。这次行动的目的是康熙皇帝亲自接受噶尔丹的归附投诚。前已指出,当时康熙帝坚信不疑,昭莫多之战以后,噶尔丹已走投无路,除了投降别无选择,所以他要亲自来到蒙古地方接受噶尔丹的投诚,证明不是他的将军们而是他亲自结束和赢得了这场战争。1696年秋末,康熙帝离开北京,赴呼和浩特。他不必远征到漠北喀尔喀地方,因为噶尔丹会自己前来投降。所以,此间康熙帝在土默特和鄂尔多斯地区尽情地打猎、游玩,实际上做了一次长时间的度假。

最后,康熙帝轻信了噶尔丹的口信,突然中断了"远征",回到了北京。噶尔丹未来投降,"远征"实际上毫无结果。但是,方略馆的官员们必须把这次活动描写成一次成功的远征,于是采取了删除、修正、润色、杜撰等措施。

这次亲征前后经历了91天(康熙三十五年九月十九至十二月二十),在蒙古地区逗留了68天。这期间,康熙帝至少把三分之二的时间花在打猎和休养上。然而,方略馆的史官们在《西北方略》中给人们留下了完全不同于历史本来面貌的画面。

(一) 从张家口到呼和浩特

康熙三十五年九月十九日(1696年10月14日),康熙帝离开北京,向呼和浩特进发。《西北方略》以这样的标题开始记载这次远征:"dele coohai nashūn-i baita-be icihiyame, amargi jase babe giyarime ging hecen-ci juraha(上为办理军机事宜,巡查北部边境,从京城起行)."①这个标题清楚地反映出,《西北方略》将描写一个地道的军事远征。

为了把皇帝在塞外的所作所为写成地道的军事远征,史官们用了五花八门的招数,比如删除整个的文件或删除文件的一部分、替换个别具有决定意义的词以及把一个文件与它原来的相关环节断开而安排在编者所需要的另外地方,等等。下面,我们对这些问题进行详细的考察。

---

① 《亲征平定西北地区方略》卷三〇,德国柏林国家图书馆藏本,叶11r—v。

1696年10月19日,康熙帝还在下花园(长城之内)的时候,就给皇太子写了这样一封信:

306:(1)mini beye elhe:ere mudan-de nenehe gese(2)akū,eiten jaka elgiyen bime, eri sain(3)ofi, inenggideri, urgunjeme yabumbi:donjici(4)jasei tula ere aniya halukan sembi masi(5)de fonjici jugūn-i unduri muke ongko(6)sain, gūlmahūn elgiyen:alin-de gurgu inu(7)bi sembi:ainciališara ba akū:……①

"我安康。这次不像过去。万物丰登,季节好,每天高兴而行。听说今年边外[气候]热。据马喜讲,路上水草好,兔子多,山里还有野兽。无论如何没有感到无聊之处。"

信中流露出皇帝兴致很高,因为他在蒙古地方将遇到好天气,捕猎到很多野生动物。如果把这封信和不久以后的大规模的打猎联系起来看,就很容易发现,康熙帝对塞外天气的关心主要是考虑到打猎。但是,这封信在《西北方略》中被引用得非常微妙,②打猎的事只字未提。通过这封信编辑们给人们一个印象,皇帝还没有出边就开始搜集有关远征途中的各种信息(诸如天气、水草、物产等)。就这样,所谓"第二次亲征"的描写以修正的手法开始了。

九月二十八日(10月23日)康熙帝越过长城,到张家口附近的察罕拖洛海宿营。从这里他写信给皇太子,又谈到打猎的事。

312:(15)mini beye elhe, si sainyūn:bi(2)orin jakūn-de glyase tucike, tuwaci(3)giyase-i dorgi adali, asuru beikuwan(4)sere ba akū:ulhūma elgiyen bime(5)tarhūn, geli donjici; huhu hoton-i(6)ebergi jerde modon sere baci ulhūma(7)ambula elgiyen sembi, mini ubade giyahūn 313:(1)majige hibacan[hibcan]:ging hecen-i hukšembuhe(2)giyahūn haicing tukiyehengge bici(3)duin sunja ice giyahūn duin sunja uheri juwan-be giyahūn haicing-i(4)hiyasa jime muterangge oci

---

① 台北故宫博物院编:《宫中档康熙朝奏折》,台北故宫博物院,1976年,第8册,第67号。
② 《亲征平定西北地区方略》卷三〇,叶40r—v。

beyei morin, (5) muterahūngge oci geren-i morin ilan (6) yalubufi benjibu: isinjiha manggi bi morin (7) yalubure: ……①

"我安康,你好吗?我二十八日出边。看起来和边内一样,[天气]不很冷。野鸡多且肥。又听说,呼和浩特这边的者尔得毛顿地方野鸡特别多。我这里猎鹰略少。如有献上的京城笼鹰和海青,叫养鹰侍卫送来四五个,加上新鹰四五个,共[送来]十个!如果可能,叫侍卫骑自己的马,不能则给他们三匹马骑。到来之后,我给他们马骑。"

由此看出,康熙帝从一开始就把这次出行当作是一次消遣玩乐。他还在京城的时候,就为打猎做好了准备,只因为他对南蒙古西部地区了解不足,相应的准备也显得不够。然而这一切在《西北方略》中一个字未提。

十月一日(10月26日)在鄂罗音布拉克写的一封信中,康熙帝给皇太子讲述了如下事情:

322:(1) hese hūwang taizi-de (2) wasimbuha: bi ere mudan (3) de tucikei urgunjeme (4) yabuha: umai joboho ba (5) akū: ba na inu du (6) ši ergici fesihun, 323:(1) giyasei tula ambula. sain (2) sembi: gūlmahūn ｛gūlmhahūn｝ elgiyen, (3) giyase-i jakarame gurgu (4) ambula ofi ice manju (5) be sonjofi buuhašabume (6) unggihe: si morise-be (7) angga deme gingguleme ulabu, (8) geren-i morin-be bi faksalafi (9) daitung-de ulabume unggihe 324:(1) gūlmahūn elgiyen-be dahame (2) mini yalure morin isirakū (3) be boljoci ojorakū ｛ojirakū｝, tere (4) erinde bi boo-de jasifi (5) ganabumbi: isici wajiha: (6) gendun daicing beile-i (7) sunja biya-i onggolo baha (8) daci cikiri tobihi emke, (9) seke emke, silun emke-be 325:(1) sinde unggihe: juwe tanggū (2) šanggiyan ulhu-be-(3) + hūwang taiheo-de jafaha: (4) — (5) erei jalin wasimbuha: ……②

---

① 《宫中档康熙朝奏折》,第 8 册,第 70 号。
② 同上书,第 73 号。

"圣旨。谕皇太子。我这次出来一直高兴而行,并无操心事。据说从独石口以北的边外,地方甚好,兔子多,沿着边境的地方野生动物非常多,我挑选新满洲去围猎了。你尽心谨喂马匹。我分开大家的马儿之后,派到大同喂去了。因为兔子多,恐怕我骑的马不够用,那时我寄信给家里取,如果够了就算了。送给你根顿戴青贝勒在五月份以前得到的一张白毛梢黑狐皮①以及一个貂和一个猞猁孙。那二百张白色的灰鼠皮献上皇太后。为此事下谕。"

康熙帝说得很清楚,他并无操心事,所以每天都很轻松而快乐。他刚一到蒙古地方,便开始打猎,并把第一批猎物送到宫中来。但是《西北方略》根本不提及这些事情,而作为这一天(十月一日)发生的事,记载了以下两件事情:一,康熙帝恩赐费扬古将军的士兵们以银两;二,与喀尔喀和卫拉特贵族一起射箭,并晓谕他们征战噶尔丹之原因。这样,在《西北方略》中读到的只有他的仁德与智勇了。

康熙帝离开鄂罗音布拉克,向呼和浩特缓慢行进。被《西北方略》弃而不用的康熙帝的一份手谕中,留下了有关这段行程的真实记载。

332:(12)mini beye elhe: si sainyūn, bi 333:(1)ubade akaha nimanggi, etun šahūrun (2)be sarakū, huhu hoton-de isinjiha, (3)yabuhangge elhei orin gūsin dehi(4)ba nukteme, morin-be ujime, emu(5)morin waliyaha bucehe ba akū:……②

"我安康,你好吗?这个地方我未曾见到烦人的雪、风和寒冷,就来到了呼和浩特。③ 行进缓慢,[每走]二三十或四十里则驻跸,喂养马儿。[所以连]一匹马[也]没有损失。"

---

① 此处译文依据《五体清文鉴》。中国第一历史档案馆编译:《康熙朝满文朱批奏折全译》(以下简称《全译》,中国社会科学出版社,1996 年)第 108 页作"出色白珍珠毛元狐皮",不确。
② 《宫中档康熙朝奏折》,第 8 册,第 75 号。
③ 《全译》作"归化城"(第 109 页),不妥。归化城为明朝皇帝所赐名,满文和蒙古文文献中一直称之为呼和浩特。清代汉文文献虽然称作归化城,但它却反映了满蒙和汉人史官的一些不同。

第三章　康熙二次亲征噶尔丹的满文文书

《西北方略》没有采用这份文件，是因为它完全暴露了这次行军的难以想见的缓慢速度。《西北方略》却记载了皇帝驻跸过的每一个地名，但没有交代它们相距多远，所以读者是无法推算出清军行进速度的。这也不能不认为是《西北方略》记事的诀窍之一。

那么，清军行军速度何以如此迟缓？为什么《西北方略》对此避而不谈？答案仍在下面两份《西北方略》弃而不用的档案中。

在十月九日（11月3日）的一份奏折里，皇太子曾经提到十月八日到达北京的康熙帝的谕旨。谕旨是十月六日发自巴伦郭尔的。奏折中有以下内容值得注意：

329：（15）+ hesei bithe-be gingguleme doolame arafi, 330：（1）+ hūwang taiheo-de wesimbuhe, oroma-be inu suwaliyame benehe,（2）+ hese,……（5）……jai yabure-de efiyeme sebjeleme, dahame（6）genehe urse, elgiyen tumin-i jeme wajirakū, inenggideri（7）urgunjembi serebe safi, ele urgunjehe sehe, amban bi inu（8）+ han ama-i yabure, sebjelere abalara-be donjifl alimbaharakū（9）urgunjembi……331：（6）……jai-（7）+ dergici unggi sehe gūlmahūn niyamniyara beri-be hiong ceng（8）gung-de jafabufi unggihe.①

"我把圣旨谨抄后奏上了皇太后，把奶皮子也一起送去了。[皇太后的]谕旨：'……得知你途中玩耍喜乐、跟你去的人吃不完各种丰盛的美味且每天高兴等情，我更加高兴。'臣听说皇父行进、喜乐和打猎等情，也不胜喜悦……再者，上所需猎兔子的弓，臣已叫熊成功带去了。"

可见康熙帝曾经写过一封有关他途中玩耍、喜乐、打猎等情形的信，这封信今天也许不复存在了。从这份奏折中可以推定，在十月二日至六日（10月27—31日）期间，康熙帝在他驻扎过的胡虎额尔奇、昭哈和巴伦郭尔等地玩耍、打猎。所以，他的部队当然不可能快速挺进。

---

① 《宫中档康熙朝奏折》，第8册，第75号。

127

从十月七日至十二日（11月1—6日）康熙帝天天在打猎。但是，《西北方略》对这样持续一周的行猎保持沉默，记载了其他一些和打猎同时或者顺便完成的事情。比如十月七日，当一些商人欲渡巴伦郭尔河时，因为水凉，康熙帝命令他的侍卫们用自己的马匹帮他们渡河。① 这些消息虽然和这次远征仍然没有任何关系，但是编辑们把它记载了下来，因为这些消息能够帮助他们给皇帝树立光辉形象。下面是康熙帝关于这一周行猎的自述：

335：（1）ice nadan-de hūlusutai bira-de（2）tataha, gūlmahūn bithe bi gūsin waha：（3）ice jakūn-de mohaitu-de tataha,（4）gūlmahūn komso, dobi sunja baha：（6）ice uyun-de kara usu-de tataha,（7）giyo kejime bihe, ilan waha, gūlmahūn（8）komso, dobibihe,｛nulhūma｝ulhūma emu udu（9）bihe：juwan-de cagan bulak-de tataha,336：（1）daiha-i miyoo jugūn-ci julesi gūsin（2）ba-i tubade bisire jakade, dutte（3）dabagan-be dabame tuwanaha bihe, milyoo（4）umesi juken：daiha omo-i amargi（5）cikin-de halhūn muke emke bi, bulukan：（6）kalkai sereng agai wang-ni｛nutu｝udu（7）ubade tehebi, ere aniya jeku ambula（8）bargiyara jakade, banjirengge nenehe-ci（9）labdu yebe sembi, tuwaci kemuni（10）yadambi：niyalma yebken ojoro jakade（11）ulga sunja tanggū｛sangnaha｝šngnaha：amasi（12）urtu dabagan-be dabame tatan-de jihe：337：（1）ubaci moo elgiyen, bujan ša inu bi,（2）alin sain, ulan ehe：juwan emu-de（3）jerde modon dabagan-be dolefi kara（4）hošo-de tataha, ulhūme ambula（5）elgiyen, holo isheliyen bime juwe ergi（6）alin hanasan ofi oyombume bahakū：（7）tuwaci muran-i ba-i adali, hacingga（8）gurgu gemu bi, elgiyen sere ba akū（9）juwan juwe-de huhu hoton-i ebele dehi（10）ba-i dubei šanggiyan subarhan-i（12）juleri tataha, gūlmahūn komsokon（13）bihe, ulhūma elgiyen, dobi emu udu 338：（1）bihe, ba ehe muktun-i sangga elgiyen,（2）na necin akū：juwan ilan-de abalahakū（3）huhu hoton-de

---

① 《亲征平定西北地区方略》卷三一，叶16r。

128

第三章 康熙二次亲征噶尔丹的满文文书

isinjiha……①

"七日(1696年11月1日)在胡鲁苏台河驻跸。有兔子,我打了三十只。初八,在磨海图驻跸。兔子少,得五只狐狸。初九,在喀喇乌苏驻跸。有小鹿,打了三只。兔子少,有狐狸,有些野鸡。初十,在察罕布喇克驻跸。代哈(此即岱海,今内蒙古乌兰察布市凉城县境内——译者)庙在路南三十里处,我们过杜特岭去探望,庙非常平凡。代哈湖北岸有一处温泉,水温热。喀尔喀色凌阿盖王的牧地在此。②据称,因为今年庄稼丰收,生活比往昔好些。但看起来还是穷。因其人英俊,赏了五百头牲畜。向北过乌尔土岭,来到了驻跸地。从此处开始树木多,有树林和山后密林。山好,但是大沟不好。十一日,越过者尔得毛顿岭,在喀喇河朔驻跸。野鸡特别多。因山沟狭窄,两边的山陡,不能急行。看起来像木兰地方。各种野生动物都有,但不多。十二日,在呼和浩特这边四十里的白塔前驻跸。兔子不多,野鸡甚多,狐狸有一些。地方不好,有许多鼢鼠洞,地不平。十三日没打猎,到达了呼和浩特。"

据康熙帝自述,他从察罕拖洛海(张家口附近)到呼和浩特,一路打猎、玩耍和参观,所以他的军队一天只能前进一二十公里。为了说明康熙帝时刻为他的远征着想,《西北方略》对皇帝长时间的行猎只字未提。

(二)在土默特和鄂尔多斯

康熙帝在呼和浩特逗留了11天(康熙三十五年十月十三至二十三日,即1696年11月7—17日)。在这期间,他主要处理了如下几件事情:命令于成龙、王国成等大臣,给费扬古军队运送粮草;派500名察哈尔军到费扬古处,作为援军;抚赏右卫军;探视噶尔丹军情;命孙思克等在肃州严加防守,与阿难达一起堵截噶尔丹逃往西

---

① 《宫中档康熙朝奏折》,第8册,第77号。
② 《全译》作"色凌阿济米王之努图"(第109页),误。阿济米应做阿盖,努图者,牧地也。

藏之路;派使者到噶尔丹处,要求早日投降,等等。① 这些事情,康熙帝如在京城处理,似乎用不着动用那么多的人马,浪费那么多的粮草。可见,康熙帝来到南蒙古西部,主要是为了打猎、消遣,因为他出京城前就已断定,噶尔丹必会来投诚,所以军事上没有更多的事情可做。但是,朝廷的史官们无论如何也要把这次行动描写成一次军事远征,所以在《西北方略》里,"打猎"这个词几乎成了忌讳。

康熙帝于十月二十四日(11月18日)离开呼和浩特,经过土默特草原前往鄂尔多斯。路上,皇帝不断写信给在京的皇太后和皇太子,报道十月二十七日到十一月二十一日(11月21日—12月15日)的旅行和打猎情况。这些在《西北方略》中完全被掩盖了。

第一封信是从丽苏板升写给皇太后的。信中讲到:

363:(1)……orin jaknū-de,hūwang ho-de isinambi,(2)ere uthai ordos-i ba,ulhūma gūlmahūn fihekebig ambula elgiyen:(3)ordos-i urse belhehe jihengge ambula sain sembi:isinaha manggi jai (4) wesimbuki:huhu hoton-i siden emu tanggū ba funcembi futalame (5) wajire unde:meni ere inenggideri abalame urgunjeme yaburede (6)++hūwang taiheo gūnijara-be nakareo:erei jalin-(7)+wesimbuhe:-(8) elhe taifin-i gūsin sunjaci aniya,juwan biyai orin nadan.②

"二十八日到黄河,然后就是鄂尔多斯地方。野鸡和兔子拥挤看,特别得多。据说,鄂尔多斯之众准备充足,[关于这一点]到达后再上奏。呼和浩特[到这里的]距离一百余里,但还没有丈量完毕。我每天打猎、喜悦而行,因此请皇太后勿念。为此上奏。康熙三十五年十月二十七。"

可见,康熙帝刚一离开呼和浩特,就在二十四日至二十六日间在呼和浩特郊区行猎。这在《西北方略》中未被提及。

但是,《西北方略》的编纂者们不能抛弃所有的档案原件不用,

---

① 《亲征平定西北地区方略》卷三二。
② 《宫中档康熙朝奏折》,第8册,第85号。

第三章　康熙二次亲征噶尔丹的满文文书

因为其中有他们所需要的信息。康熙帝的信,他旅途中的所见所闻和所作所为,有的符合史官们写史的要求,因而能够成为史料,有的则不然。所以,他们对档案原件有时完全删除,有时引用原文的一部分,即他们必须或愿意用的部分。下面就是一个例子。

十一月三日康熙帝致信皇太子,谈到他在十月二十七日到十一月三日(11月21—27日)之间的行动。① 这封信的前半部分在《西北方略》中被省略了,因为那里谈到了"打猎"这个话题。

374(1)……orin nadan-de (2)lisu baising-de tataha [e] re inenggi gūlmahūn (3)bihe, elgiyen akū: orin jakūn-de hūtan-i (4) hūšo-de tataha, nikasa erebe toto ceng (5) sembi, [g]ūlmahūn bihe, elgiyen akū: ……

"二十七日在丽苏板升②驻跸。那天有兔子,但不多。二十八日在湖滩河朔驻跸。汉人称这个地方叫做托托城。有兔子,不多。"

这段文字在《西北方略》中是如此被改变的:

3r(2)……orin nadan-de lisu zun gašan-de tataha, orin (3)jakūn-de hūtan hošo-de tataha, nikasa erebe toto ceng (4) sembi.③

"二十七日在丽苏村驻跸。二十八日在湖滩河朔驻跸。汉人称这个地方叫做托托城。"

被删掉的正是"那天有兔子,但不多"、"有兔子,不多"等文字。很明显,任何有关"打猎"的内容在《西北方略》中全然消失了。④

---

① 《宫中档康熙朝奏折》,第8册,第89号,第374—387页。
② 《全译》作"黎苏柏姓",不确。《亲征平定朔漠方略》作"丽苏",《清圣祖实录》作"丽苏地方"。所谓bais加g,最初指居住房屋的汉人(来自汉语"百姓"一词),后指汉人所居住的房屋,经蒙古语入满语。习惯上译作"板升",清代也有译作"百尚"者。
③ 《亲征平定西北地区方略》卷三三。
④ 十一月三日康熙帝渡过黄河,在鄂尔多斯地方打了两个时辰的猎,康熙帝写道:"385:(3)tereci uthai esei morin-be yalufi juwe(4)erin, ajige hoihan i1an sindaha(然后我们立刻骑着他们的马打了两个时辰的小型围猎)。"(《宫中档康熙朝奏折》,第8册,第89号,第374—387页)这是《亲征平定西北地区方略》所记载的唯一一次打猎。

131

十一月二日，皇帝仍然在打猎。康熙帝描写如下：

380：（11）……jai meni tataha baci. dergi julergi baru tofohon 381（1）bai dubade borolji sere yongkan-i ajige（2）mangkan-i bade. gūlmahūn elgiyen seme（3）donjici. yafahalaci ojoro urse-be sonjofi.（4）meni, emgi jihe niowanggiyan tu-be gemu（5）yafahan abalaha bihe.（6）bi. hūwang taizi-i unggihe garma jafafi（7）dehi isime waha. uheri geren ilan tanggū（8）isime waha：geli ordos-i urse alarangge.（9）bira duha manggi. emu dersu-i dade dehi（10）susai gūlmahūn tucimbi. umesi elgiyen（11）seme gisurembi：ne mein sain morin fihefi（12）ilgame jabdurakū：ordos-i sain morisa-be 382：（1）bira dobume gajihakū.

"听说在我们营地的东南十五里叫做薄罗尔基沙丘里兔子非常多，选出能够步行的人，并令跟我来的绿旗兵全部步行，去打猎。我拿着皇太子给我的兔儿义箭打了近四十只兔子。大家共打了将近三百只。又听鄂尔多斯人讲，过河后，从一株玉革（芨芨草）下面跑出四五十只兔子，实在是多。现在，我的良马多得来不及分出来。我没让鄂尔多斯的好马过河拿到这边来。"

为了不提及"打猎"一事，《西北方略》的编纂者们采取了另外一个措施，即删除原档中与打猎有关的个别词。比如康熙帝在一封信中提到土默特地方的气候时写到：

358：（14）bi nekeliyen honci jibca（15）kubun-i Kurume etufi（a）gūlmahūn niyamniyarade（b）halhūn nei tucimbi ……①

"当我穿着薄羊皮袄和棉褂子射兔子时，出热汗。"

这在《西北方略》卷三二里被改写成了：

14v：（3）bi nekeliyen honci jibca kubun-i（4）kurume etufi niyamniyara-de, halhūn nei tucimbi sehe：……

"当我穿着薄羊皮袄和棉褂子射击时，出热汗。"

---

① 《宫中档康熙朝奏折》，第8册，第82号。

第三章　康熙二次亲征噶尔丹的满文文书

"射兔子时出热汗"变成了"射击时出热汗",出汗的场合不一样了。人们可以想象,皇帝或许是由于路途艰难、天气闷热而出汗吧。总之,断章取义之后难以想见皇帝打猎出汗了!

康熙帝于十一月十一日写给皇太子的信,记录了他在十一月五日到十一日(1696年11月29日—12月5日)之间的活动。这封信共123行,①但是《西北方略》删除了其中8处49行。在这里面,7处47行是因为内容涉及皇帝行猎而被删除的。具体内容如下:

Ⅰ.

416:(11) utbai aba sindaha. (12) gūlmahūn ulhūma ambula elgiyen bihe. ulhūma 417:(1) gabtaki seci gūlmahūn sartabumbi. gūlmahūn (2) niyamnaki seci ulhūma sartabumbi. juwe (3) sidende ofi oyombume wahakū. gūlmahūn (4) dehi isime. ulhūma juwan funceme waha. (5) ulhūma tarhūn bihe.

"即刻打了围猎。兔子和野鸡非常多。想要射野鸡时,兔子挡住了[视线];想要射兔子时,野鸡又挡住了[视线]。两者之间无法多打。兔子打了将近四十只,野鸡打了十余只。野鸡肥。"

Ⅱ.

419:(3) ne (4) mini yalure sain morin juwan funceme bahabi. (5) ilgara unde morin tangū funcembi.

"现在我得到自己骑的良马十余匹,还没有分等(原文意为"分开",指的是根据马匹的优劣分等分开)的马有一百余匹。"

Ⅲ.

420:(11) wergi (12) julergi mangkan-be belaha gūlmahūn ulhūma 424:(1) ambula elgiyen bihe. bi ninju isime waha (2) be morin hairame. morin elgiyen amban hiya (3) ahūra uheri ninju isime niyalma genehe bihe. (4) uheri ilan tanggū funceme waha; ereci (5) amasi ele elgiyen sembi. be umesi sain (6) udu mankan majige majige

---

① 《宫中档康熙朝奏折》,第8册,第97号,第415—425页。

bicibe ajige (7) na mangga meni yabure-de amtangga babe (8) ambula gocime araha. jalu araki seci. (9) hūwang taizi. agese boode bisire urse. (10) dolo wajime buyerahū seme gūnimbi: indeme (11) tehede gūlmahūn fegsime boso hoton-de (12) gemu dosinjimbi. nugte ebuhe-de tehei bahara 422：(1) urse inu ambula.

"在西南方向的沙地打了猎。兔子和野鸡非常多,我打了近六十只。我们心痛马儿,所以去了马匹多的侍卫和吓伏卧兽之人将近六十个人。① 共打了三百余只。据说今后[猎物]更多。地方特别好,虽然有沙窝子,但不大。地面坚硬。路途上有趣的事,我写得很简要。我想,皇太子、皇子们和在京众人[羡慕得]心里受不了。② 在驻跸时,兔子跑着,甚至进行宫(原文称"布城")里。在卸行装时,有坐着抓住兔子的人们。③"

Ⅳ.

422：(3) ere inenggi gūlmahūn ulhūma ambula elgiyen (4) bihe seme alara jakade. ice manju. asihata (5) baitangga. niowanggiyan cihangga yafahalaci (6) ojoro urse-be tucibufi. mergen aba-i (7) doron-i ordos-i moringga aba-i amargi-be (8) jursuleme sindaha. yala gūlmahūn ulhūma (9) elgiyen. bi uyunju isime waha aba-i urse (10) ninggun tanggū funceme waha.

"这天(12月3日)人们说,野鸡和兔子特别多,所以选择新满洲、少年执事人④和绿旗兵中情愿步行之众,按照双围猎之例,在鄂尔多斯马围后面重列了围。野鸡和兔子真的非常多。我打了将近

---

① 《全译》译为:"朕等爱惜马,马牲兴旺,臣、侍卫、执械共六十人前往。"(第118页)不知所云。
② 《全译》误译为:"如欲全写,恐皇太子、阿哥等所有在宫中人等喜之不尽。"(第118页)
③ 《全译》误译为:"牧场之人得获甚多。"(第118页)可见译者根本没有理解原文本意。
④ 《全译》音译成"柏唐阿"(第118页),清代没有这样的译法。这段译文里也有其他错误。从以上几条例子,可见《全译》汉译水平之一斑。因篇幅关系,本文不再指出《全译》汉译文的不妥和错误之处,特此说明。

第三章　康熙二次亲征噶尔丹的满文文书

九十只,大家共打了六百余只。"

V.

422:(11) ordos-i morin-be gemuni ilga[m]e wajihakū. (12) dergi ton-de dosiha morin dehi funcembi. 423(1) gemu lakcaha sain morin. agese ne gemu nadata (2) jakūta yaluhabi.

"(今天)鄂尔多斯的马群没有分开完,入上等马的四十余匹,全是绝好的马儿。现在,皇子们各骑七八匹马。马儿好而且老实。[这一段话在《西北方略》里没有完全被省略,但是隐瞒了康熙帝在鄂尔多斯为自己和皇子们选取良马的事。《西北方略》中的引文为:'ordos-i morin-be ilgame tuwaci, morisa ambula sain bime nomhon(把鄂尔多斯的马群分开以后看,马儿好而且老实).'"]

VI.

423:(8) {-re} ere inenggi inu jursu aba sindaha (9) gūlmahūn ambula elgiyen hlhūma bai bihe(10) bi emu tanggū juwan funceme waha aba-i (11) urse ninggun tanggū funceme waha. niyalma tome (12) gemu gabtame šadahabi. uttu ofi juwan 424:(1) emu-de teyeme indehe.

"这天(12月4日)放了双围场(第一围即里面的一围为马队,外面的一围为步行者,双层包围猎物,谓之双围场——笔者)。兔子特别多,也有野鸡。我打了一百一十余,大家打了六百余。每人射箭之疲乏,所以十一日歇程。"

VII.

424:(6) erebe saha bihe bici (7) gemu gajime jifi ere morin elgiyen bade gūlmahūn (8) abalara bihe: ereci amasi gūlmahūn geli (9) ambula elgiyen sembi: wesimbume unggihe (10) bithe. juwan emu-i erde gerere onggolo (11) isinjiha. ben-be tuwame wajihai. nunggire (12) jaka-be icihiyame wajifi amasi unggihe.

"如果我知道[这里这么好],把[你们]都带来,在这马儿成群的地方打兔子,听说今后兔子还要多。你的奏书于十一日黎明时分

135

到达,我看完奏本、料理送回的东西之后,立即遣回。"

和《宫中档康熙朝奏折》所收康熙帝这份手谕全文相比较,《西北方略》删除了其中的七段(第Ⅰ,Ⅲ,Ⅳ,Ⅵ和第Ⅶ段是关于打猎的内容)。这样,所引的康熙帝谕旨内容被篡改,他的一些行动的前因后果有了新的解释。比如,第Ⅵ段里,康熙帝说,因为12月4日放了双围场,每人射箭致疲之,所以12月5日驻跸休息。但是,《西北方略》删除了解释原因的部分,只提到12月5日驻跸休息。第Ⅱ和第Ⅴ段被删掉,是因为曝光了康熙帝在鄂尔多斯为自己和皇家成员挑选良马的事实。本来,鄂尔多斯蒙古献上马匹后,皇帝使之分成几个不同的档次,终将最好的留给自己和皇子们,这件事本来和军事活动没有多大关系。然而,《西北方略》的编纂者们通过删除修正原文,把这件事写成是康熙帝为征战准备战马的行动。这样一来,康熙帝的一切所作所为都成了军国大事。

接着是康熙帝从十一月十二日到十七日(12月6—11日)的情况。康熙帝在12月11日写给皇太子的信中详细谈到了这些日子的活动。原信119行,[①]《西北方略》引用了其中不同地方的28行,[②] 编辑出了一个新的上谕。具体情况如下:

Ⅰ. 对前47行的改动

437:(1)hese hūwang tait-de wesimbuhe, juwan juwe-de(2)hūwa tolohoi-de tataha ineku jursu. aba(3)abalaha gūlmahūn ulhūma elgiyen seme gisureci(4)ojorakū. bi ere dehi se funcefi aibide(5)yabuhakū. ere gese gūlmahūn elgiyen-be(6)sahakū. aba sindahai ejen aha akū(7)demu gabtara umai šolo akū. bi(8)emu gūsin jakūn waha. amba age 438:(1)susai uyun waha. ilaci age susai sunja(2)waha. jakūci age susai waha. elgiyen wang(3)orin isime waha. ere aba-de sunja waha(4)niyalma uthai umesi komsongge; ton-be(5)gaici uheri aba-de wahangge emu minggan(6)sunja tanggū susai

---

① 《宫中档康熙朝奏折》,第 8 册,第 102 号,第 437—447 页。
② 《亲征平定西北地区方略》卷三三,叶 46v—48r。

第三章　康熙二次亲征噶尔丹的满文文书

ninggun. nukte-de inu（7）jalufi wahangge umesi labdu sembi. ton-be（8）gaihakū：meni bele jederengge elgiyen ofi（9）uttu. aikabade jeku lakcaha bihe bici（10）ainaha seme omiholoro-de isinarakū：（11）ordos-i urse gūlmahūn-be ceni buda sembi（12）yaya bade gūlmahūn akū ba akū：geli 439：（1）abalafi duleke ba-be tuwaci. gemuni（2）an-i elgiyen；seibeni ordos-i gūlmahūn-be（3）giyase-i nikasa-de uncambihede juwe teisun-i（4）jiha-de emu gūlmahūn salimbi. te ninggun（5）nadan teisun-i jiha-de emu gūlmahūn（6）salimbi. nenehe-ci ilan ubu haji ohobi（7）seme gisurembi. maka-de elgiyen-i fonde（8）adarame biheni：bi ere jergi babe arafi（9）suwembe dolo wajibume unggire doro bio（10）umai arga akū gocime holtome banjinarakū（11）araha［?］：ineku jursu（12）aba abalaha. ulhūma komso. gūlmahūn 440：（1）juwan juwe-i adali：mini beye ci wusihūn（2）abai niyalma-de isitala. onggolo inenggi（3）gūlmahūn waūme mohofi, gala ferge gemu（4）abifi gabtame metarakū. bi jakūnju（5）ilan waha. amba age dehi emu waha.（6）ilaci age dehi ilan waha. jakūci age（7）gūnin uyun waha. uheri abai niyalma emu（8）minggan duin tanggū dehi juwe waha：ordos-i（9）abai ursei waha ton-be gaihakū ere（10）inenggi tuktan hoihan wajime. adun-i hiya（11）wase. asana isinjiha ce ferguweme ere gese（12）elgiyen gūlmahūn geli bini sehe：tereci 441：（1）tesebe abai amala gabta seme. juwe niyalma（2）kejine waha. yamji aba wajiha manggi morise-be（3）tuwaha.

"圣旨。谕皇太子。十二日在华拖罗海驻跸。这天放了双围场，兔子和野鸡很难用'多'字形容。我现在四十余岁，什么地方没去过？但是[从来]没见过兔子这样多的地方。在打猎期间，无论主子还是奴才都在猎射，没有休息时间。我打了一百三十八只，大阿哥打了五十九只，三阿哥打了五十五只，八阿哥打了五十只，裕亲王打了近二十只。这次很少有只打五只的。全体共打了一千五百五十六只。营地上也满是兔子，据说打死了很多，不过不知[到底]多少。我们的米谷和食物很多，就是粮食断了也不至于饥饿。鄂尔多

137

斯人说兔子是粮食，无处没有兔子。在曾经打过猎的地方再去看，还是和过去一样多。过去把鄂尔多斯的兔子卖给边境汉人，一只兔子值两块铜钱。现在一只兔子值六七个铜钱。据说[兔子]比过去少了六成，①过去多的时候不知怎么样！我哪里有写这些事情让你们心里难受的道理？只是因为不能从简、欺骗的缘故。今天放了双围场，野鸡少，兔子[多少]与十二日一样。从我到打猎众人，因为前一天打兔子精疲力竭，手和大拇指发肿，不能射击。我打了八十三只，大阿哥四十一只，三阿哥四十三只，八阿哥三十九只，全体打猎人共打了一千四百四十二只。鄂尔多斯人的猎物数目不知多少。今天收了第一个围场。上驷院侍卫瓦色和阿萨那到来后都惊讶，说还有如此众多的兔子。然后叫他们在打完猎的地方再去射，两人打了许多。晚上打完猎后去看了马儿。"

这段内容在《西北方略》里是这样编进去的：

46r：(4) juwan juwe-de hūwa tolohai-de tataha, (5) juwan ilan-de indefi, ere ingnggi adun-i hiya wase, asana (6) isinjiha, jamji morisa-be tuwaha.

"十二日在华拖罗海驻跸。十三日驻跸休息。这天上驷院侍卫瓦色和阿萨那到来，看了马儿。"

Ⅱ．对下面24行的修改

441：(7) juwan duin-de (8) abalame muterakū ergeme indehe; ordos-i (9) morin-be ilgame teni wajiha; ging hecen-ci (10) tucikei dergi ton-de dosika morin jakūnju (11) emu. erei dorgi ambula sain ningge gūsin bi (12) dolo ujire morin dehi juwe. tarhūka manggi 442：(1) hūwašara-be erembi; agese-de buhe morin (2) gūsin uyun, gocika adun-de buhe morin (3) nadanju emu, amba adun-de buhe morin ninggun (4) tanggū juwan emu, temen emu tanggū dehi (5) ilan; ubade gūlmahūn elgiyen ofi morin (6) tome juwan tofohon gūlmahūn

---

① 原文直译为"三倍"。

第三章 康熙二次亲征噶尔丹的满文文书

wahahūngge（7）akū. gemu narhšame kimcime ilgaha. amala（8）gūwaliyara-be ainambahafi sara：ordos-i（9）[n]a ambula sain. cohome buye juse tacime（10）niyamniyara-de acara ba：deduhe gūlmahūn（11）elgiyen. aba uturi acaha manggi. deduhe（12）gūlmahūn umesi jalumbi. we-de 443（1）ucaraci we gabtambi：emgeri beri daraka manggi ya（2）gūlmahūn-be jorire-be sarakū, juwe ilan（3）duin sunja sasa jimbi, morin fegsici inu（4）ojorakū, ilahai worhošohoi ememu morin（5）uthai šadambi juwe duin-de aba gubaci（6）gala hamirakū ofi indehe.

"十四日,不能打猎,歇程修养。把鄂尔多斯马匹已分开完毕。自从离开京城后得到属于上等的马共八十一匹,其中顶好的有三十匹,需要在内喂养的四十二匹,希望它们喂肥之后有所出息。给皇子们的马有三十九匹,给亲卫马群的七十一匹,给大马群的六百一十一匹,骆驼有一百四十三峰。这个地方马匹甚多,而且没有一匹[用它]打死十、十五只兔子的马。都非常仔细地分过,怎能知道日后会有变动。鄂尔多斯地方特别好,真是适合少年学习骑射的地方,卧兔很多。合围之后,卧兔越发多起来,谁见谁射。拉满弓之后,不知应该射向哪一只兔子,二、三、四、五只兔子一齐来。马没法跑,而且由于[一会儿]停[一会儿]转弯,有些马儿很快乏了。十四日,因打猎众人的手受不了而驻跸。"

康熙帝这段"劫掠"鄂尔多斯马匹据为己有和疯狂打猎的事实在《西北方略》中又是怎样流传的呢？请看卷三三彻底歪曲的记载：

47r：（2）juwan duin-de indehe,（3）ordos-i morin-be ilgame teni wajiha：gocika adun-de buhe（4）morin nadanju emu, amba adun-de buhe morin ninggun tanggū（5）juwan emu, temen emu tanggū dehi ilan, tofohon-de geli（6）indehe.

"十四日歇程。鄂尔多斯的马匹已经分开完毕。给亲卫马群的马匹七十一,给大马群的马匹六百一十一匹,骆驼一百四十三峰。十五日,又驻跸。"

Ⅲ. 对最后 24 行的篡改

444：（8）…… ere aba-de（9）tuwaci. na-de fegsire gūlmahūn sere anggala,（10）deyere ulhūma-be ba bade tosofi, ubaci（11）giyahūn sindame tubade jafambi tubaci giyahūn（12）sindefi ubade jafambi. ere tosoro jafarara-be 445：（1）tuwaci umai tucime muterakū：suweni galdan-be（2）cihalahangge ereci geli cira kai. adarame（3）ticime mutembi：mini gūnin oci. yaya emu（4）wai-de ergin bikini seme gūnirengge. ere（5）sakda niyalmai fe-be onggorakū majige gūnin（6）sehe manggi. geren gemu injecehe. bi mujakū（7）urušehe. ere meni sula tehede eficehengge（8）erebe bai araha juwan ninggun-de jigesutai-de（9）tataha. jursu aba abalaha. ulhūma bai bihe.（10）gūlmahūn nenehe sonko. bi emu tanggū（11）orin juwe waha. amba age susai ujun waha（12）ilaci age susai sunja waha. jakūci age 446：（1）susai duin waha. elgiyen wang orin juwe waha,（2）abai urse emu minggan juwe tanggū tofohon waha（3）monggoi abai ton-be gaihakū：juwan nadan-de（4）muterakū indehe. ere inenggi boo isinjire（5）jakade amasi unggihe meni yabure ba（6）gemu wajiha：ordos-i abai morin inu wasikabi. baji yabuci. tuweri（7）heture-de monggoso-i morin-de mangga ojorakū seme nakaha.

"（十五日，康熙帝在扎管地欢庆。一位来降的准噶尔人名叫雅克西，酒席上向康熙帝进言道：）'在这次打猎中看到，别说把地上跑的兔子，就连天上飞的野鸡都处处拦截，从这边放鹰，在那边捕获，从那边放鹰，在这边捕获。看这般拦截和捕获，并无能够逃脱者。你们追捕噶尔丹比这个还要紧啊，他怎能逃出！我想在某一个角落里活下去，这是一个老人不忘古旧的想法。'说完后，大家都笑了。我［倒］甚以为然。这是我没事闲着的时候玩的，随便写一写。十六日在浙固斯台驻跸。放了双围场。有些野鸡，兔子如以前［多］。我打了一百二十二只，大阿哥打了五十九只，三阿哥打了五十五只，八阿哥打了五十四只，裕亲王打了二十二只，打猎人们共打了一千二百一十五只。蒙古人不知道打了有多少。十七日因不能

[再打猎],歇程了。今日来了奏报,已寄回。我的事情已经全部完毕,鄂尔多斯猎马也瘦了。再走,蒙古马匹消瘦,不利于过冬,所以不能而放弃[打猎]了。"

这些报道在《西北方略》里节略如下寥寥数语:

48r:(1) juwan ninggun-de jegustei-de tataha.(2) juwan nadan-de indehe. ere inenggi boo isire jakade.(3) unggihe.

"十六日在浙固斯台扎营。十七日歇程。今天来了奏报,已寄回。"

康熙帝的这封长信在《西北方略》里所剩无几。连日大规模的行猎、为皇家成员挑选鄂尔多斯优等马匹等内容,全部被抹去。《西北方略》虽然用最简单的语言交代皇帝什么时候在什么地方扎营驻跸,但是从不说明原因(如连日的打猎使手腕发肿、使人累马乏等)。所以,档案原件虽然部分地被引用了,但是它们脱离了原来的内容环境,变成了新"文件"。

十一月二十一日康熙帝又一次写信给皇太子,详细谈到他在十一月十八日到二十一日间(1696年12月12—15日)的活动。《西北方略》完全没有采用这封信,在原件上用汉文写了三个字的眉批"拟不译"。①

454:(1) + hese, hūwang taizi-de wasimbuha, juwan jakūn-de,(2) ba wajire jakade, hairame nukta aššahakū,(3) amcame nenehe songkoi abalaha bihe, ulhūma (4) komso, gūlmahūn nenehe udu inenggici geli (5) elgiyen, bi emu tanggū gūsin juwe waha,(6) amba age susai uyun waha, ilaci age (7) susai duin waha, jakūci age susai juwe (8) waha, elgiyen wang tofohon waha, meni waha (9) aba-i waha ton juwe minggan ninju emu:(10) uheri asikan duin hoihan sindaha bihe,(11) wajima hoihan-de mini jakade yabure hiyasa-be (12) sarame sindafi, mutete-be tuwame gabtabuha.

---

① 《宫中档康熙朝奏折》,第8册,第105号,第454—457页。

141

455：(1) juwan uyun-de indehe：orin-de geli nukte (2) aššrakū, amcame nenehe songkoi abalaha (3) bihe. ulhūma komso, gūlmahūn nenehe adali. (4) bi emu tanggū gūsin waha. amba age (5) susai jakūn waha. ilaci age ninju waha. (6) jakūci age susai uyun waha. elgiyen wang (7) juwan waha. meni waha abai waha ton uheti (8) emu minggan sunja tanggū gūsin, ubaci aba (9) wajiha. hūwaag ho doohaci nukteme yabuhangge (10) jakūnju ba hono genehekū, udala inenggi (11) abelaha umesi selhe dade emdubei sain (12) mejige jime ofi. kemuni hotan-i hošo-de 456：(1) genefi belheme tembi：ordos-i babe tuwaci (2) umesi sirga kūwaren-i julergi adali, mangkan (3) farsi farsi bi. moo inu elgiyen. buraki (4) inu adali. damu muke hibacan：hūwang ho-be (5) dahame yabure-ci tulgiyen, balai babe hetu (6) yabuci muke-de hanggabumbi, gūlmahūn. (7) ulhūma akū. ba akū：ba giyase-de hanci (8) ofi umesi halahūn, ging hecen-ci hono (9) halukan gese. aikū aniya-i haran biheo. (10) hoho hoton, hutan-i hošo ubaci majige šahūrun bihe：orin emu-de indehe：mini (11) beye ambula sain. utala abulame yabufi 457：(1) morin inu emgeri buldurihe ba akū. , ere (2) jergi babe - (3) + + hūwang taiheo-de wesimbu. gong-ni dolo donjibu. agese-de (4) ala. tule alara ba akū. erei jalin cohome wasimbuha.

"圣旨。谕皇太子。十八日，因为事情全部完了，为了省事，原地未动。和过去一样捕猎。野鸡少，兔子比前几天还多。我打了一百三十二只，大阿哥五十九只，三阿哥五十四只，八阿哥五十二只，裕亲王十五只。我和大家共打了二千零六十一只。放了四次小型双围，最后一次双围时，我让随行的侍卫们散开，让能者射击。十九日歇程。二十日营地仍旧未动，和过去一样捕猎。野鸡少，兔子如往常。我打了一百三十只，大阿哥五十八只，三阿哥六十只，八阿哥五十九只，裕亲王十只。我和大家共打了一千五百三十只。到此，打猎完毕。自从渡过黄河以后，扎营、行走未过八十里。打了这么多天的猎，真是足够了！除此之外，因传来了好消息，要到湖滩河朔驻扎准备。看鄂尔多斯地方，像咱们围园的南边。有一块块的沙窝子,树木也多。尘土同样大。只是水很少,除了沿着黄河走,如在其他任何地方横向行进,就无水而受阻。没有一个没有兔子和野鸡的地方。地近长城,气候很热。好像比京城还热,或许是[今年]年景的关系?呼和浩特和湖滩河朔比这里稍微寒冷。二十一日驻跸。我身体非常好。打猎到今天,没有一匹马受过足伤。这等事情,奏上皇太后,让宫中知道,告知诸皇子。特此下谕。"

(三) 总结

以上研究表明,康熙帝从刚一踏进长城边外,一直到最后离开蒙古草原(1696年10月23日—12月15日),先后打了28天猎。此外,因为连日打猎,清军士兵手痛、大拇指发肿,所骑鄂尔多斯马匹也变得消瘦,所以他又休整了几天。这些事实充分说明,除了在呼和浩特的10天以外,康熙帝所谓的"第二次亲征噶尔丹"实际上不过是一次草原旅游。

那么,把皇帝的这样一次活动怎样改写成一次紧张而成功的军事远征?据上文分析,《西北方略》的作者们大体采取了如下措施:

作者们首先决定,把康熙帝这次巡幸要描写成一次军事远征。也就是说,还没有搜集有关史料之前,要达到的目标已先确立,要得出的结论事先已炮制出。所以,《西北方略》的史料取舍一开始就带有明显的倾向性。换句话说,史料的取舍受到一个必须歪曲历史的计划所制约。为了达到目的,作者们把满文原文档案文件要么弃而不用,要么有所省略和修改地引用,或者把它们安排在一个脱离原来的历史背景和内容环境的地方。用这样的方式,修正康熙帝寄回宫中的大量旅行报告,使之成为"第二次亲征"的例证。

如果一份文件离开了它赖以形成的背景,或者干脆被修改了,那么它就失去原来的意义,成为新的内容环境下面的新"文件"、新"史料"。清朝的史官们在《西北方略》中回避康熙帝这次活动的中心话题——打猎(从28天的行猎中该书只报道了两个时辰的围猎,而且避而不谈康熙帝前往鄂尔多斯的目的),对康熙帝的信件虽然大量引用,但是进行大刀阔斧的改造,使之变成新"文件"、新"史料"。同时,作者们大量报道康熙帝的其他言行,以充斥"远征"的内容。这些言行本来是和打猎同时或者打猎的前后发生的。但是,《西北方略》把这类言行按前后顺序一天一天地记了下来,抹去了有关打猎的全部文字,给人们一种印象,好像皇帝每天每时每刻都在为军事远征忙碌着。这是一个非常成功的骗术,是中国封建史家惯用的传统手法。时至今日,还有不少史学工作者在上当受骗。

五 满文原文档案的删除和修正(二): 结束第二次远征的原因和时间

康熙三十五年十一月二十五日(1696年12月19日),噶尔丹的使者格累贵英都喇尔宰桑来到鄂尔多斯康熙帝行宫,带来了噶尔丹来降的消息。这其实是噶尔丹的一种策略,目的是一方面欺骗准噶尔内部急于投降的人,稳定内部局势,另一方面欺骗康熙帝,延缓清廷的军事进攻,争取时间,安然过冬,到第二年春夏,另图出路。

康熙帝早已判断,噶尔丹已走投无路,必有一天会来投降。所以他在察哈尔、土默特和鄂尔多斯等地一边游玩一边等待噶尔丹。当格累贵英都喇尔宰桑到来时,康熙帝并不怀疑其中有诈。他立即决定接受噶尔丹在70天之内来降,不久班师起程回京。但是,噶尔丹始终没来投诚,清军在第二年不得不再次远征。这给清朝带来的经济损失是严重的。所以,写到康熙帝结束第二次远征的原因和时间时,《西北方略》里又做了新的手脚。

(一) 结束远征的原因

关于康熙帝结束第二次远征的真实原因,满文原文档案有明确的记载。康熙帝接见噶尔丹的使者格累贵英都喇尔宰桑后,给皇太后写了一封长信,详细论述了噶尔丹必来投降的理由,断言征噶尔丹一事终将结果。先看看这封信。

(1) -ojui hūwengdi amban-- gingguleme (2) wsimburengge,

第三章　康熙二次亲征噶尔丹的满文文书

galdan-i urunakū dahara yargiyan turgun-be （3） + donjibume wesimbure jalin：ere juwari-ci ebsi bi galdan-i urunak？mohoro （4） - dahara- be hafu safi, erin-de teisuleme giyasei tula tucifi （5） galdan-i haranggaurse-be bargiyaki：asha dethe-be bilafi. genere be （6） akū obufi dahabufi, jai emu babe bodoki seme jihe：tucikei, niyalma. （7） unggifi haimi, bulunggir ergide tosobuha, karun-i šurdeme ba bade tosobuha （8） jafaha olji dorgi geneki sere . urse-de ujeleme kesi isibufi emdubei （9） dahabume unggihe：yabubuha ele baita gemu gūnin-de. acbume mutebuhe：（10） mini tucike-ci, huhu hoton-de isitala dahame jihe anggala ilan tanggū （11） funcembi：ananda sei jafaha niyalma olji-be suwaliyame bodoci sunja （12） tanggū funcembi. galdan hūsun mohoho. arga wajifi, dehambi seme ini （13） gelei guyeng dural jaidang-be takūrahabi：ere niyalma neneme inu dahame （14） jimbiseme hebdehe niyalma, šakjum, tusiyetu norbu. se inu sambi, uttu （15） ofi be oilo. kemuni. Elcin arame, dorgideri narhūšame fonjici, gemu yargiyan （16） turgun-be alarangge. dahame jihe ursei emu adali：hendurengge：tusiyetu. （17）norbu jiheci, galdan ini umesi efujeme wajiha-be safi, danjila geren （18） jaisang sebe isabufi gisurere-de, geren-i gisun, te yasai juleri umesi （19） mohoho. urunakū efujere-be safi, musei ujulaha jaisang se emdubai （20） dahame genembi. fejergi urse ineggideri. ukarahūngge. akū, te amba （21） enduringge ejen-de dahame dosirakū oci：absi geneci ojoro ba bisire （22） muse-be. ujime mutere niyalma bici, emu. babe jorici be simbi dahame （23） geneki, akū oci be simbe dahame bisirakū sere jakade, galdan arga （24） akū oidobufi mimbe dakūraha：jiderede galdan, danjiha niyalma-be jailabufi, （25） mimbe dosimbufi dere-de henduhengge, mini daci yabuhangge waka ofi ere （26） doron-i. oho, si genehe manggi tubai ambasai muru-be tuwa, aikabade （27） mimbe ujire arbun bici, bi dahame dosiki sehe：bi dahūn dahūn-i （28） elcin ofi genere-be dahame, gisun-i muru-be manggaka jabure, gocishūn-i （29） jabur-be dacilaha manggi galdan, danjila se-i gisun, muse te

145

genere ba (30) akū ofi damu ergen guwereo seme yabure-de mejige icakū gisun tucici (31) ombio, hese ai seci hese-be daha, ume icakū gisun tucire sehe, (32) tucike manggi, danjila emhun minde henduhengge, sini ere muden generede meni (33) funcehe emu udu ūled-i ergen-i banjire bucerede holbobuhabi, kice ginggule (34) sehe, geli aba jaisang, cering bum jaisang mini gala-be jafafi si (35) hūdun genefi jio, be sini mejige-be aliyafi, uthai enduringge ejen-be (36) baime genembi, sini juse sargan-be be tuwaštara sehe sembi: suwe (37) tubade ai jembi semefonjici alarangge, saksa tuhuruk jergi bade (38) gurgu elgiyen, meni ai labdu niyalma; gurgu bahaci gurgu jembi, gurgu baharakū (39) oci morin wafi jembi: te miyoocan-i okto wajifi, selmin sindeme butambi (40) ba ambula šahūrun geceme bucere-be gemuni sabumbi: mini jiderefonde, juwan (41) biyai juwan juwe bihe, te ainci labdukan bucehe dere: meni ūled suingga (42) ofi ergen silemi ere erinde isinjiha seme gasame yasai muke tuhebumbi: (43) jai galdan geren-i baru abkai wejile niyalma niyalmai adali akū, (44) amuhūlang han ere niyalma yargiyan-i encu hacin, niyalma-be gosire ujirengge (45) kesi batai gurun-de gemu isinjihabi, uttu dfi musei gurun wacihiyame (46) baime genembikai seme cibsimbi sembi, ere jergi babe tuwaci, daharangge (47) umesi yargiyan, amban mini baita- (48) + abkai kesi-de wacihiyame sain-i šangnaha gese gūnimbi, erei jalin- (49) hūwang taiheo-be urgunjekini seme (50) elhe-be baime cohome (51) -wesimbuhe (52) elhe taifin-i gūsin sunjaci aniya omšon biyai orin ninggun. ①

"儿皇帝臣谨奏。奏闻噶尔丹必降之真由。今夏以来,我洞察噶尔丹必然穷困来降,逢季节来到塞外,欲招降噶尔丹属众,折断其羽翼,使其走投无路而来降,再图另策。一经出塞,臣使人往哈密、布隆吉尔方向堵截,封锁卡伦附近各处。俘虏中想回家的人,施以重恩,尽管遣回。所行诸事,都合意成功。自我出行到呼和浩特,前

---

① 《宫中档康熙朝奏折》,第8册,第108号,第464—467页。

第三章 康熙二次亲征噶尔丹的满文文书

来归降人口逾三百,和阿南达等所俘获人一起计算超过五百人。噶尔丹力竭智穷,为归降之事,派来了他的格累贵英都喇尔宰桑。此人过去也曾经提议归降。沙格朱木、土谢图诺尔布等也知道此事。因此我们一方面待他以使节[之礼],另一方面详加询问,所言真情,和归降之人所述一样。他说:土谢图诺尔布来降后,噶尔丹发现自己已败坏终结,召集丹济拉和诸宰桑议论时,大家说:眼下都知道我们已经穷困,必定败亡,所以为首的宰桑屡屡前往内服,属下之人也无日不逃。如果现在不往大圣主归降,那么,如你有可去之地,可养育我们之人,可图一事,我们跟你去。如没有,我们不跟随你。噶尔丹无奈派我而来。临行前,噶尔丹、丹济拉叫左右回避,使我入内,亲自对我说:因我所行自始有错,以致今日。你去后,看那边大臣的情形,如有养育我们的情况,我将强望归降。因我多次做使者,所以问到是否言语对答稍硬或稍谦等后,噶尔丹、丹济拉道:我们现在没有投身之处,只求保全性命,怎能出一点不逊之词?圣旨如何说,就照做,不要口出不逊之词。出来后,丹济拉单独对我说:你这次去,关系到我们所剩几个额鲁特人的生死,你要努力、慎重!又阿巴宰桑、车凌布木宰桑握我的手说:速去速来。我们等着消息,很快找圣主去。你的家人我们予以关照。当问到你们在那里吃什么时,格累贵英回答说:在萨克萨图古里克等地野兽非常丰富,我们的人如获野兽,就吃野兽肉;如不得野兽,就宰马吃。现在鸟枪药尽,所以用捕兽器打猎。地特别冷,常有冻馁者。我出来时已到十月十二日,现在肯定冻死不少了。我们额鲁特多灾多难,生命不息,延续至今。说完后,眼泪流下。又,噶尔丹对众人叹气说:天下人不尽相同。阿木呼郎汗(蒙古语,指康熙皇帝)这个人实在特殊。他恩养众人,恩惠居然达于敌国,所以我国全部寻他而去。看这些情况,他归降之情非常真切。我想,仰赖天恩,臣之事业得以完成了。康熙三十五年十一月二十六日。"

这封信在《西北方略》中没有流传下来,其原因非常简单,因为康熙帝在这里一再有十分把握地强调噶尔丹来降之真切,他还长篇累牍地论证了噶尔丹来降的种种原因。这封信充分说明,康熙帝为什么突然终结所谓的第二次亲征的原因：那就是他上了噶尔丹的当。《西北方略》在谈到康熙帝回京城的原因时，大发议论，说什么康熙帝十分仁慈，一开始就无意征战噶尔丹。① 因为噶尔丹首先侵犯清朝边境，清军不得已才反击。康熙帝时刻准备和噶尔丹会盟，所以，当噶尔丹派来和平使节时，康熙帝立即返回到北京，云云。最后，作者们在关键词"amban be gingguleme tuwaci"（臣等谨思）下，写下了如下文字：

75r：（5）cooha-be sirkedere, dain-de（6）dalhidara-be targacun obure jakade, tuttu dalaha hūlha（7）weile alime dahanjire-be, inu gulhun obume ujihebi, ere 76v：（1）onco gosin, unenggi, akdan-（2）+ enduringge ferguwecuke bodogon-be, yargiyan-i tumen jalan-de doron（3）obuci acambikai.②

"因为以劳兵贪战为戒，当首贼认罪归降时，使之完全而收养，这等殊仁实在信实。这个圣奇的方略，应当成为万世之道。"

就这样，皇帝对形势的错误估计和由此作出的错误决定，在《西北方略》里却变成了仁慈圣德和万世楷模。

（二）结束第二次亲征的时间

其实，大将军费杨古对噶尔丹的用意看得非常清楚，他建议康熙帝要监禁格累贵英，派遣一位能干的大将军到喀尔喀，乘机消灭噶尔丹。康熙帝拒绝采纳费杨古的意见，召他来鄂尔多斯地方，统一君臣间的意见分歧。

康熙三十五年十二月二日（1696年12月25日），费杨古来到鄂尔多斯。康熙帝决定，遣返格累贵英，同意噶尔丹来降。同一天晚上，格累贵英和清廷的使节博什库、常寿等一起起程前往噶尔丹处。为了不让格累贵英知道康熙帝将回京，康熙帝当着格累贵英的面下了一道命令，将于次日驾临迈达里庙观光。实际上，皇帝旋即踏

---

① 《亲征平定西北地区方略》卷三三，叶61v—75r。
② 同上书，叶75r—76v。

第三章　康熙二次亲征噶尔丹的满文文书

上了回京的路程。这些情况在康熙帝的亲笔信中一清二楚：

（1）ice juwe-de amba jiyanggūn fiyanggū, isinjifi acaha：（2）+ hūwang taiheo elhe, hūwang taizi-i elhe-be baiha, baita-be gemu（3）gisureme toktobufi, gūnin gemu emu ofi, gelei-be amasi unggime（4）galdan-be dahabume toktobufi, gelei-be yamjishūn jurambuha.①

"初二日，大将军费扬古到达，谒见。请皇太后安，皇太子安。把事情全部议定，意见一致后。决定遣回格累，使噶尔丹来降。使格累傍晚出发。"

（1）gelei sebe meni amasi（2）marrira-be sarakū seme, ice ilan（3）-de maidari barunuktembi seme selgiyefi（4）uthai mariha, ice jakūn-de io wei（5）-de isinjiha：……②

"为了不让格累等发现我回去，传命初三日去迈达里庙，然后立即回[京]，初八日到达右卫。"

由此可知，格累贵英于康熙三十五年十二月二日（1696年12月27日）起程回准噶尔，康熙帝也同时起程回京，这是毫无疑问的。但是，《西北方略》的记载与此不同：在康熙三十五年十一月二十七日（1696年12月21日）条里说：这一天康熙帝遣返格累贵英，限噶尔丹70天内亲自来归降，否则清军将讨伐。正当格累贵英要起程时，达都虎来报称，军中粮草已尽，应该立即返回北京。康熙帝大怒，斥责达都虎，说：如果军中粮草用完，可从湖滩河朔取。即使粮草全尽，宁可吃雪，也不放过噶尔丹。因此，康熙帝传命将驾临迈达里庙，并派人去修迈达里的路。等到格累贵英等离开营地20里之后，清军起程回京。③根据康熙帝的亲笔信，《西北方略》对格累贵英返回的时间故意重新做了安排。那么，这是为什么呢？

有两个原因。第一，康熙帝对噶尔丹的第三次亲征是康熙三十六年二月六日（1697年2月26日）开始的。这是康熙三十五年十二月二日（1696年12月27日）格累贵英带着70天的限期离开后的第

---

① 《宫中档康熙朝奏折》，第8册，第113号，第498页。
② 同上书，第114号，第506页。
③ 《亲征平定西北地区方略》卷三三，叶75r—76v。

64天。研究证明,《西北方略》处处注意为康熙皇帝树立完美无缺的圣人形象,[①]所以很自然要注意他的信誉,因为"信"是一个圣人的重要标志之一。由于《西北方略》把格累贵英返回的时间提前了4天,所以第二次亲征的开始就变成了他离开68天以后的事了,这就接近了70天的约定时间。那么,为什么不干脆改成12月19日凑够70天呢?因为格累贵英是12月19日才到达的,所以说成他当日就返回是不可能的。对《西北方略》的作者们来说,12月21日是可以改变的最早的一天。第二,前已提及,康熙帝终止第二次亲征是因为他上了噶尔丹的当。但是,作者们必须想方设法去证明,康熙帝实际上早就看透了噶尔丹的用心。12月21日达都虎可能确实说过,因为粮草用尽,军队应该返回。所以,《西北方略》的作者们抓住这个事实,再把其他一些有利于说明皇帝"圣明"的事例,如今格累贵英傍晚时分离开军营,佯称驾临迈达里,悄悄起程回京等都写在同一天里,其真正的目的是为了给康熙帝挽回面子。

六 史实总结与史料学评判

(一)康熙帝第二次亲征噶尔丹的历史本来面貌

康熙帝根据其所得的大量真真假假的军事情报,认定噶尔丹已经走投无路,势在必降。所以他亲自来到漠南蒙古西部,一边游乐,一边等待噶尔丹来降。从刚一出长城,一直到最后离开鄂尔多斯(1696年10月23日—12月15日),仅打猎就用去近一个月的时间,还因劳累休整了若干天。因此,除了在呼和浩特的11天以外,康熙帝所谓的"第二次亲征噶尔丹",实际上只是一次娱乐玩耍的"塞上行"。

由于康熙帝过分自信,并且对他的政治对手噶尔丹的个人品行不甚了解,因而顽固地认为噶尔丹一定会亲自来降。所以,当噶尔

[①] 为了证明康熙帝是"先知",把噶尔丹的死期和死因都改变了,这是一个众所周知的例子。

丹派人前来诈降时,康熙帝未能听取大将军费杨古提出的乘机深入、一举消灭噶尔丹的正确建议,草草地踏上回京之路。因为这次"远征"实际上毫无意义,所以不得不在次年动用数十万兵马进行第三次远征。这才是所谓"康熙帝第二次亲征噶尔丹"的真实情况。

(二)《方略》类史书的本质

以上提到的事实,在《西北方略》里完全被篡改了。《西北方略》这本书,本来是在康熙帝第一次亲征噶尔丹以后动笔,经第二次、第三次亲征时期修成的。从史料来源讲,它并不是道听途说,而是直接来自当时的奏折文书。但是,这样一个史书,为什么竟然如此之不可靠呢?

首先,《西北方略》绝不是康熙帝亲征噶尔丹的档案文书的抄件,而是亲征史的编年体记述。在史料价值上,《西北方略》属于"记述性史料"。也就是说,其中的报道不是无意识地流传下来的。相反,它是皇家史官为了把康熙帝远征的历史写给当代、留给后世而特意编写的。史官们在《西北方略》里利用了大量的满文原文档案文书,同时又进行了大刀阔斧的改造。由于对原件的上述加工,使《西北方略》中的"引文"变成了第二文本。

其次,说到底,《西北方略》是一部封建官修史书,它的目的不在于真实地反映历史,而在于树立皇帝和皇朝的"光辉形象"。所以,在这样的书里到处改写历史是不足为奇的。改写的手段和技巧是各种各样的:遗弃整篇文件,删节奏折文书的某一个重要段落,修改个别关键词,把一份奏折文件安排在与原来的历史背景和"环境"相脱离的地方等等,这些都是惯用的手法。它绝不是什么单纯的编辑技巧问题,而是有目的地系统篡改。

再次,《西北方略》所记事情,不一定都是凭空捏造,相反,大多数还是真实的。问题在于,编撰者没有把这些事情写在原来的历史前提和背景下,而是写在他们人为安排的"前提"和"环境"下面,以达到他们编写该书的预期目的。这样的例子,本文已经举出了许多。可见,《方略》类史书与《实录》等其他官修史书一样,从本质上讲,不是以客观地记录历史为目的,只不过是强化王朝统治的史学工具而已。

简而言之,史学家对"记述性史料"不能不假思索、不加批判地去利用,这样只会以讹传讹,成为御用文人精心炮制的种种历史谎言的代言人。正如德国著名的蒙古学家 Michael Weiers 指出的那样,我们必须避免充当历史谎言的今天的奴隶。① 笔者认为,只有用"遗留性史料"去检验"记述性"的各类史书,进行历史的、批判的研究,严格区别真伪正误,才能达到研究历史的目的。

技术说明

1. 满文的拉丁文转写遵循了 Möllendorf 转写系统。

2. 符号:引文中的阿拉伯数字表示《宫中档康熙朝奏折》和《西北方略》的页数,括弧里的阿拉伯数字表示引文的行数,字母 r 和 v 分别表示《西北方略》的页上/页下,方括弧[ ]里的字是为了准确表达原文本意,根据上下文的内容所加。加号表示提写,减号表示未写满的短行。方括弧里的问号表示辨认不清的字母或字。

3. 翻译遵循白话直译原则。

---

① 魏弥贤:《关于 1628 年满洲—喀喇沁联盟的补充》,宝音德力根、乌云毕力格、齐木德道尔吉主编:《明清档案与蒙古史研究》(第一辑),内蒙古人民出版社,2000 年,第 1—11 页。

第四章　车臣汗汗位承袭的变化

清代,朝廷及中央中枢机构与蒙古、回部、西藏间的来往文书,或以满文,或以当地语言文字,或以几种文字合璧书写。因此,形成了大量的满文档案和数量可观的蒙古文(含托忒文)、藏文和察哈台文档案。其中,中国第一历史档案馆藏《内阁蒙古堂档》属内阁全宗。内阁是辅助皇帝处理政务的中枢机关之一,蒙古堂是内阁中处理蒙古文文书的专门机构。内阁蒙古堂亦称内阁蒙古房(译自满文 monggo bithe-i boo,蒙古文为 mongγol bičig-ün ger),于康熙九年(1670)设于内阁之下,其主要职掌为:翻译缮拟蒙古、西藏、回部以及俄罗斯等国的往来文书。凡遇有各藩部陈奏事件及表文,皆译出具奏。凡事关各藩部的诰敕、碑文、匾额以及奉旨特交事件,俱由蒙古堂译出缮写。同时还负责蒙古文实录的进呈及抖晾等事务,此外,还要负责翻译俄罗斯等外国文字的文书。由此足见其责任重大。

2005年,内蒙古大学蒙古学学院宝音德力根教授、笔者和中国第一历史档案馆吴元丰先生合作,将清朝内阁蒙古堂档内的簿册类档案影印出版,定名为《清内阁蒙古堂档》,共22卷。这套大型蒙古文和满文档案文书汇编,是清代有关蒙古、西藏、新疆等地区的重要历史档案,所收档册均属首次公布。它的影印出版,将给蒙古史、西藏史、蒙藏关系史和清史研究提供系统可靠、丰富翔实的"遗留性史料",[1]将对上述诸领域的学术研究产生重大影响。

本文利用《清内阁蒙古堂档》中几份蒙古文和满文奏折,探讨喀尔喀第二、第三代车臣汗的继位以及围绕选定第四代车臣汗而引发

---

[1] 关于"遗留性史料"的界定,请参阅拙作《喀喇沁万户研究》,内蒙古人民出版社,2005年,第2—4页。

的斗争,从一个侧面反映 17 世纪 50—80 年代喀尔喀蒙古内讧是如何使喀尔喀汗国逐渐走向衰落,并最终沦为清朝附庸的。

一　巴布和诺尔布父子的继位

蒙古大汗达延汗(1479—1516 年在位),名巴图孟克(Batu möngke,明译把秃猛可),元世祖忽必烈嫡系后裔。达延汗共有 11 子 1 女。达延汗分封诸子时,将第六子阿勒楚博罗特(Alčubulad,明译安出孛罗)分封到喀尔喀(Qalq-a,明译罕哈)万户左翼,把第十一子格埒森扎(Geresenje,明译格列山只)分封到了喀尔喀万户右翼。16 世纪中叶,喀尔喀万户左翼南下兴安岭以南地区,喀尔喀万户右翼则继续留牧漠北地区。喀尔喀万户右翼的主体(非全部)由元代五投下之一的扎剌亦儿部贵族后裔属民组成,因此,格埒森扎被称作"扎赉尔(扎剌亦儿)珲台吉"。格埒森扎死后,其七子分家产,形成了北喀尔喀七和硕或鄂托克(和硕、鄂托克为兵民合一的社会组织)。

16 世纪末 17 世纪初,统治喀尔喀左右二翼的格埒森扎七子后裔中,先后有三人称汗。1580 年,左翼首领阿巴泰(清代译写阿巴岱,误)率先称汗,1586 年被达赖喇嘛封为"翰齐赖汗"(Včirai qaɣan),成为喀尔喀的第一位汗。① 此后,阿巴泰封右翼首领赉瑚尔(Layiqur)为汗。约在 1585 年,赉瑚尔汗被卫拉特人杀害。1596 年,在塔尔尼河举行的七鄂托克大会盟上,喀尔喀左右二翼举赉瑚尔之子素巴第(Subandi)为扎萨克图汗(Jasaɣtu qaɣan)。② 后来,左翼首领之一的硕垒(Šolui)亦称车臣汗(Sečen qaɣan),③喀尔喀始有三汗。

---

① 宝音德力根认为,阿巴泰始称"土谢图汗"[《从阿巴岱汗和俺答汗的关系看喀尔喀早期历史的几个问题》,《内蒙古大学学报》(蒙古文版)1999 年第 1 期,第 89 页],待考。
② 图雅、乌云毕力格:《关于猴年大律令的几个问题》,《内蒙古大学学报》(蒙古文版)2007 年第 1 期,第 106—109 页。
③ 关于硕垒称汗及相关问题将另文论述。

第四章　车臣汗汗位承袭的变化

硕垒的祖父为格埒森扎四子,名阿敏都喇勒(Amin duraγal noyan)。阿敏都喇勒次子谟啰贝玛(Mouru buyima),即硕垒生父。硕垒生于火牛年(1577)。① 阿敏都喇勒属于喀尔喀左翼,游牧地在克鲁伦河流域。硕垒作为家族的唯一男性代表继承了家产,在其父身后成为喀尔喀七和硕之一的大首领。

硕垒有子11人,据《阿萨喇克其史》记载,硕垒诸子分别如下:长嘛察哩·伊勒登土谢图(Majari yeldeng tüsiyetü)、次拉布哩·额尔克台吉(Laburi erke tayiji)、次察布哩·额尔德尼乌巴什(Čabari erdeni ubasi)、次巴布车臣汗(Baba sečen qaγan)、次奔巴·达尔汉珲台吉(Bumba darqan qung tayiji)、次绰斯喜布·乌巴什珲台吉(Čoskib ubasi qung tayiji)、次阿南达·额尔克珲台吉(Ananda erke qung tayiji)、次唐古特·额尔德尼珲台吉(Tangγud erdeni qung tayiji)、次什喇·达什·哈坦巴图尔(Sira brasi qatan baγatur)、次达赉·珲台吉(Dalai qung tayiji)、次布达扎布·额尔克台吉(Budajab erke tayiji)。②《大黄史》记载与此基本一致,只是把第七子阿南达·额尔克珲台吉作贝子达赖济农,第八子唐古特·额尔德尼珲台吉作贝子车布腾济农,末子布达扎布·额尔克台吉作贝子布达扎布济农。③《王公表传》记载硕垒有子11人,但是漏记了1人,而且所记10个儿子的名字和排行与蒙古文史书记载有出入。④《蒙古游牧

---

① *Byamba-yin Asaraγči neretü*［*-yin*］*teüke*(沙格德尔苏隆整理并影印公布的善巴著《阿萨喇克其史》,蒙古文,以下称《阿萨喇克其史》),乌兰巴托,2002年,第60页上;乌力吉图校勘、注释:《大黄史》(蒙古文),民族出版社,1983年,第167页。
② 善巴:《阿萨喇克其史》,第60页上下。
③ 乌力吉图校勘、注释:《大黄史》,第145页。
④ 祁韵士等:《钦定蒙古回部王公表传》(以下简称《王公表传》,武英殿刻本)卷五三《传第三十七·喀尔喀车臣汗总部传》指出硕垒子11人,但漏记了1人。他们依次为:长嘛察哩,号伊勒登土谢图;次察布哩,号额尔德尼台吉;次拉布哩,号额尔克台吉;次奔巴,号巴图尔达尔汉珲台吉;次巴布,袭父汗号;次绰斯喜布,号额尔得尼珲台吉;次巴特玛达什,号达赖珲台吉;次车布登,号车臣济农;次阿南达,号达赖济农;次布达扎布,号额尔德尼济农。

155

记》对硕垒11子名字记载不全,①但提到阿南达时称其为硕垒的第十一子,号达赉台吉,②即幼子。《游牧记》的这种记载说明了一个问题,即据《大黄史》阿南达号"达赖济农"。"达赖济农"是硕垒的称号,阿南达显然继承了其父汗昔日的名号。根据蒙古习俗,析家产时,长子和幼子所得最为优厚。可见,阿南达是硕垒的嫡幼子(而非末子),兄弟中排行第七,所以得以继承"达赖济农"称号,而他以下的四个儿子是庶出。关于硕垒汗诸子排序的蒙汉文史料矛盾大概就源于此。

硕垒卒于1650年,③四子巴布继其父为车臣汗。1683年巴布卒,其子诺尔布继位。关于巴布父子的继位,一世哲布尊丹巴呼图克图在呈上康熙皇帝的一份奏折(1687年)中有较详细的叙述:

---

① 张穆《蒙古游牧记》卷九(以下简称《游牧记》)所提到的硕垒诸子有:长子嘛察哩,号伊勒登土谢图;三子拉布哩,号额尔克台吉;四子本巴,号巴图尔达尔汉珲台吉;六子绰斯喜布;七子车布登,号车臣济农;八子巴特玛达什,号达赉珲台吉;十子布达札布,号额尔德尼台吉;十一子阿南达,号达赉台吉;(第?子——原文中未标明序号,下同)察布哩,号额尔德尼台吉;(第?子)巴布。该记载除了兄弟长幼顺序和名字用字不同外,与《蒙古回部王公表传》基本一致。[同治六年祁氏重刊本,李毓澍主编:《中国边疆丛书》(影印本),(台湾)文海出版社,1965年,第427—465页]
② 张穆:《游牧记》卷九,第465页。
③ 据《王公表传》卷五三《传第三十七·喀尔喀车臣汗总部传》载,顺治十二年(1655)"巴布继其父硕垒车臣汗",硕垒似乎死于是年。《游牧记》记载同《王公表传》(第427页)。不过,据《1636—1654年俄—蒙关系文献汇编》(*Materiali po istorii Russko-Mongoliskih otnoshenii 1636—1654*)第110号文件《1649年6月12日—8月21日博尔斯克军政长官 В. Б. 谢列梅捷夫关于 Е. 扎波罗茨基携带文书及礼物前往蒙古车臣汗硕垒处的外交呈文》记载,1649年秋 Е. 扎波罗茨基亲自到车臣汗营帐,并见到了他。(第345—346页)但是,第二年夏天,俄罗斯方面得到了车臣汗已去世的报告。在第118号文件《1650年7月19日叶尼塞斯克军政长官费德罗·博利宾关于喀尔喀车臣汗的死讯以及向通古斯人和布拉特兹人收取实物税的报告》中,有如下一段记载:"沙皇公开让叶尼塞斯克的地方长官伊万·贾勒金干涉蒙古人、通古斯人和布拉特兹人的内部事务。蒙古车臣汗已经去世,其内部国政混乱不堪。沙皇把这里的通古斯人和布拉特兹人笼络到自己的手下,并按照沙皇的命令向他们收取供奉和实物税。……"(莫斯科,1974年,第364—365页)据此我们可以断言,硕垒车臣汗死于1649年下半年到1650年上半年之间。

第四章 车臣汗汗位承袭的变化

Urida šolui sečen qaɣan-i nögčigsen qoyin-a. üres-inü öbere jaɣur-a-ban jokis ügei bolju. dörben qošiɣun-u qaɣan noyad-dur man-u jöb-i olju jasatuɣai gesen-iyer jöb buruɣu-yi-inu ilɣaɣad ulus-i-inu qobiyaju tegün-dür iregsen bai köbegün-ü aqamad baba tayibung tayiji-bar qaɣan talbiɣsan bayinam. yosutu yeke köbegün-ü yeke tayiji radn-a mergen tayiji tere čiɣulɣan-dur iregsen ügei-ber qaɣan bolqu-ače dutaɣsan ɣomudal-iyan duradči yabudaɣ büluge. ene qaɣan yeke niruɣun-dur törü šašin-dur kiri-ber-iyen yabuɣsan böged nigen jarim-dur ünen törü-eče ɣadana aburilaɣsan-dur jöb-iyer bolqu-yin surɣal kelegsen-iyer-čü ese boluluɣ-a. ene baba qaɣan-i öngeregsen qoyina man-u ende sečen qaɣan-u ayimaɣ luɣ-a dörben qošiɣun-u qaɣan ekilen čöken noyad čiɣuluɣsan degere edüge önggeregči qaɣan urida ečige ben bai-du aqa yuɣan keüked-eče ulus boliyaju abuɣad. ečige-yin jarliɣ-ača dabaɣsan ba. ečige yügen önggeremegče qonuɣ-i-inu daɣusqu-yin urida basa ulus tasulji abuɣsan terigüten buruɣu-yi-inu duratču qoyinaɣsi sayin yabulta yin surɣal terigüten segül-tü üge keleji bayiji qaɣan talbiɣsan- ača inaɣsi nige kedün-eče ögere olangkin-du-inu yerü-yin jöb-eče ɣadana yabudalaɣad teyimü buruɣu yabudal-i itqaju jöb-iyer bolqu surɣal kelebečü olanta man-u kelegsen-eče dabaju samaɣu üyileddügseger aɣsan boluɣad ……①

"在先硕垒车臣汗作古，其诸子不睦，遂请四和硕汗诺颜等曰：'判明我等是非而断。'[于是我等]判明是非，划分兀鲁思，立前来参加[会盟]之[硕垒]在世诸子中之长者巴布·泰朋台吉为汗。[硕垒]嫡长子之长子喇特那·墨尔珲台吉未赴此会盟而错过当汗之机会，因此常有怨言。此汗（即巴布——译者）大凡于政教[二道]尽其所能，偶有违背正道之行，虽示以改正之教诲，但终未采纳。巴布汗作古后，我等与车臣汗部四和硕之汗为首少数几位诺颜会盟，历

---

① 中国第一历史档案馆、内蒙古大学蒙古学学院编：《清内阁蒙古堂档》（蒙古文，以下简称《蒙古堂档》）卷六，内蒙古人民出版社影印本，2005 年，第 104—106 页。

数方仙逝之汗(指诺尔布——译者)于其父在世时抢夺其兄长之子所属兀鲁思,违抗父汗之命,其父作古后,未满忌日便瓜分人口等劣迹,教以今后行正道之理,告诫前非以期改正,而立其为汗。[汗]至今偶有善行,常行非理之事,虽[我等]劝诫,但多次违背我等之言,径直作恶。"

硕垒去世后,诸子不睦,在汗位继承人的问题上发生了分歧。据《王公表传》记载,新汗迟至 1655 年才得以继承。最后,喀尔喀左翼四和硕贵族举行会盟,解决车臣汗家族的矛盾。按照 17 世纪蒙古习俗,父亲去世后,由嫡长子继其位。根据哲布尊丹巴呼图克图的奏折,硕垒去世当时,其三个大儿子已在他父亲之前辞世,在世的八个儿子中四子巴布·泰朋台吉成为长者。所以,会盟推举巴布为新车臣汗。但是,硕垒长孙喇特那·墨尔根珲台吉(嘛察哩的长子)作为嫡长孙也有权继承汗位,只因未能前来参加会盟而错失良机。这件事使围绕汗位的斗争更加复杂。但无论如何,巴布·泰朋台吉是在喀尔喀左翼四和硕会盟上被推举为汗的。哲布尊丹巴一世对巴布汗的评价是,他虽然偶有过失,且不听劝阻,但是"大凡于政教[二道]尽其所能",也就是说基本胜任。

据《阿萨喇克其史》载,巴布汗有子七人,他们是:穆彰·墨尔根楚琥尔①(Onjan② mergen čögükür)、岱青珲台吉(Dayičing qung tayiji)、③车臣汗(Sečen qaγan)、④泰朋珲台吉(Tayibung qung tayiji)、额尔德尼岱青(Erdeni dayičing)、额尔德尼伟征(Erdeni üyijeng)、绰克图阿海(Čoγtu aqai)。诺尔布在极为不得人心的情况下仍得以继承汗位,大概是因为其两位兄长先于他去世的缘故。17世纪 70—80 年代,喀尔喀已经掉进内讧的深渊。就是在喀尔喀左翼

---

① 《阿萨喇克其史》一作温詹·墨尔根楚琥尔,一作穆占·墨尔根楚琥尔。《游牧记》载:"穆彰,号墨木[尔]根楚琥尔,旧车臣汗诺尔布伯兄也。"(第 455 页)可见"温詹"为"穆占"(同"穆彰")之误。
② Mujan 之笔误。
③ 《游牧记》载:"布达,号岱青珲台吉,旧汗诺尔布仲兄也。"(第 460—461 页)可见,此人名布达。
④ 此即诺尔布。

内部,也是争权夺利,弱肉强食,相互争夺属民,矛盾十分尖锐。在这样的历史背景下,诺尔布早已卷入了内斗的旋涡。他在其父汗在世时,就侵夺兄子的兀鲁思(这也说明诺尔布的兄长比他死得早),不听父汗的约束。巴布汗刚一死,尚在丧期,诺尔布即迫不及待地从父汗所属兀鲁思里分出人畜,引起了普遍不满。但是,哲布尊丹巴一世、土谢图汗和少数左翼贵族会盟,仍推举诺尔布为汗。可以看得出,当时喀尔喀蒙古人严格遵循着长子继承制。

二 康熙皇帝钦定阿喇布坦伊勒登被为车臣汗

1687年,第三代车臣汗诺尔布去世,[1]这正是库伦伯勒齐尔会盟的第二年。长期的内乱削弱了喀尔喀势力,这就为清朝的政治渗透提供了机会。1686年库伦伯勒齐尔会盟的决议虽然未被执行,但是通过组织和主持这次会盟,清廷开始左右喀尔喀政局。会盟以后,喀尔喀汗、呼图克图、大小台吉纷纷向康熙皇帝呈上奏书,或强调自己在喀尔喀的特殊地位,或陈述自己在内讧中的"冤情",都恳请大皇帝秉公决断,为他们作主。从此,清朝越来越明目张胆地干涉喀尔喀内政。清廷下令指定喀尔喀汗王继承人,就是一个重要的例子。

1687年春,清朝得到车臣汗诺尔布去世的消息。春三月初一日,康熙皇帝下谕喀尔喀之哲布尊丹巴呼图克图、土谢图汗和扎萨克图汗,命令他们迅速商议,使阿喇布坦伊勒登继车臣汗位。同时遣书于西藏达赖喇嘛,通知此事。这四份文书满文、蒙古文各一份,其在内阁存盘者今仍保存在中国第一历史档案馆。[2]

康熙皇帝给哲布尊丹巴呼图克图的满文圣旨内容如下:

---

[1] 《清圣祖实录》卷一二九,康熙二十六年二月丙子,《清实录》(影印本),中华书局,1985年。
[2] 四份蒙古文文书收在《蒙古堂档》卷六,第72—79页;满文文书收在第280—291页。

Hūwangdi hese. kalkai jebsundamba hūtuktu-de wasimbuha. bi gūnici. julgeci ebsi. dai wang se abkai fejergi-be uherileme dasame. dorgi tulergi-be ilgarakū. goroki hancikingge-be emu adali gosime. kesi fulehun-be tumen gurun-de isibume. tacihiyan wen-be. duin mederi-de selgiyere-de aniya goidatala alban benjime. ginggun unenggi gūnin-be umesi akūmbuhangge-be. ele dosholome gosime. ambula saiSame tuwahabi. Suwe jalan halame sain doro-be hing seme kiceme. elcin takūrafi. gingguleme alban benjime. umesi aniya goidaha. ginggun ijishūn-i gunin－be tucibume yabuha-be. jing ambula saiSame bisire-de. holkonde. cecen han-i akū oho-be donjifi. bi ambula nasame gūnime cohome amban takūrafi, buyan benebumbi. jaka suweni kalkai dolo ishunde eherehe-be gosime hese wasimbufi. amban takūrafi hūwaliyambume. acabufi. goidahakū-be dahame. cecen han-i oronde. han debure-be goidabuci ojorakū. suweni kalkai kooli-de ahūngga jui-be sirabure-be dahame. ildeng arabtan-taiji ahūngga jui bime. niyalma yebken sain seme donjiha. sireme han tebuci acambi. suwe hūdun gisurefi. han tebu. erei jalin cohome wasimbuha.①

"皇帝圣旨。谕喀尔喀哲布尊丹巴呼图克图。朕思,自古帝王统驭天下,遐迩一体,恩泽遍及万国,文教传布四海。其历年久远、职贡恭顺、竭尽诚心者,益加眷顾焉。尔等累世悃诚,遣使入贡,恭顺有年。正在嘉赏,忽闻车臣汗身故,朕殊轸恤,特遣大臣,遗之赙赠。近念尔喀尔喀内自交恶,朕遣大臣谕令和睦未久,车臣汗之位,不可久悬。依尔喀尔喀例,以长子承袭。伊勒登阿喇卜坦台吉,既系长子,且闻其人俊而善,应立为汗。尔等迅速合议,使之立为汗。为此特谕。"②

---

① 中国第一历史档案馆、内蒙古大学蒙古学学院编:《蒙古堂档》卷六,第282—285页。
② 《清圣祖实录》卷一二九,康熙二十六年二月丙子条载有内容经过删减和润色的汉译。其中,将"伊勒登阿喇布坦台吉为长子,且闻彼为人俊而善"一句,译为"伊尔登阿喇卜坦台吉,既系长子,且闻其人亦可"。

第四章 车臣汗汗位承袭的变化

同样内容的谕旨还下达给土谢图汗和扎萨克图汗①。在处理喀尔喀事情时,康熙皇帝特别注意利用达赖喇嘛在蒙古人心目中的神圣地位和巨大影响。这次康熙皇帝要破例指定喀尔喀汗的继承人,事关重大。如达赖喇嘛对此提出异议,势必影响清朝在喀尔喀既定方针的顺利实施。因此,清廷同时遣使拉萨。康熙皇帝给达赖喇嘛的圣旨语气恭敬温和,内称"遣书于达赖喇嘛明鉴",而且特别提到"朕与喇嘛遣使喀尔喀,使之和睦",肯定了达赖喇嘛在库伦伯勒齐尔会盟上的重要作用。

康熙皇帝给达赖喇嘛的满文圣旨全文如下:

Hūwangdi hese. wargi abkai amba sain jirgara fucihi. abkai fejergi fucihi-i tacihiyan-be aliha. eiten-be sara wacira dara dalai lama-i genggiyen-de unggihe. jaka muse kalkai ini dolo ishunde ehereke-be gosime ambasa lamasa sebe takūrafi, acabuha bihe. te cecen han-i akū oho-be donjifi. bi ambula gonime cohome amban takūrafi, buyan benebumbi. kalka sebe jaka acabuha-be dahame cecen han-i oron-de. han debure-be goidabuci ojorakū. kalkai kooli-de ahūngga jui-be sirabure-be dahame. ildeng arabtan-taiji ahūngga jui bime. niyalma yebken sain seme donjiha. sireme han tebuci acame ofi. tusiyetu han. jasaktu han. jebsundamba. hūtuktu sede hudun acafi. gisurefi. han tebu seme hesei bithe wasimbuha-ci tulgiyen erei jalin lama-be sakini seme cohome bithe unggihe. ②

"皇帝圣旨。遣书于西天大善自在佛所领天下释教普通瓦赤喇怛喇达赖喇嘛明鉴。顷者,朕与喇嘛怜悯喀尔喀内自交恶,派遣喇嘛与大臣,令其和睦。今闻车臣汗身故,朕殊轸恤,特遣大臣,遗之赙赠。念及近令喀尔喀和睦[未久],车臣汗之位,不可久悬。依喀尔喀例,以长子承袭。伊勒登阿喇卜坦台吉,既系长子,且闻为人俊而善,应立为汗。朕已谕土谢图汗、扎萨克图汗及哲布尊丹

---

① 分别见中国第一历史档案馆、内蒙古大学蒙古学学院编《蒙古堂档》卷六,第285—288、288—291页。
② 同上书,第280—282页。

巴呼图克图等,迅速合议,使之立为汗之外,特遣书于喇嘛,使知之。"

康熙皇帝的圣旨一送到喀尔喀,立即遭到喀尔喀尤其是左翼四和硕的坚决反对。哲布尊丹巴呼图克图召集会盟,共商对策,并提出了新汗候选人。最后,哲布尊丹巴呼图克图以自己的名义上书康熙皇帝,力陈阿喇布坦伊勒登不可为汗的理由,明确抵制了清朝的干涉。

哲布尊丹巴呼图克图的蒙古文奏折内容如下:

degedü-yin baγulγaγsan sečen qaγan-u učir-un yeke bičig kürčü iregsen-iyer jarliγ- čilan bötügeküi-yi toγurbin atala ayilatqaqu-yin učir boluγsan tula-da učir nuγud-i ayilatqaqu-inu. ……ene rabdan yeldeng tayiji-ču ečige-yin üy-e-dür-ču yerü-yin jöb törü-eče γadan-a aburilaqu-du kedün jöb-iyer surγal kelebečü sonusdaγ ügei aγsan tula qaγan metü bolγabasu šašin törü-dür maγu bolqu-ču buy-a kemen sedgiged yerü-ču qaγan bolqu jüyil-dü kedün γomudaltu-ču bai-yin tula čiγulaγulju bügüde lüge jöbšiyen ali šašin törü-dür tusatai bolqu-bar qaγan talbibasu qaγan-dur tula jirγalang-un šiltaγan bolumu kemen setgin atal-a deger-e-eče rabdan yeldeng tayiji-bar qaγan talbi kemen jarliγ bičig baγulγaγsan-i üjeged yambar bolbaču degereki jarliγ-un tula jarliγ-i sonosqaju aliba tusatu surγal kelejü qaγan bolγaqu-yin učir-i jöbšildüküi-yin tula ende-ben ir-e kemen kümün qoyar dakiju ilegetel-e toγoju üge-ber ese iregsen-ü tula qoyinaγši-ču yamar-ba yaγuman-du jöb-iyer kelebesü öber-ün joriγ-ača öger-e bolqu ügei-anu maγad mün kemen sedgiged deger-e-čü qamuγ-i amurjiγulun asaraqui-yi erkimledeg tula qoyin-a bügüde-yin amurjiqui-dur maγu joburi-tu ölemji maγutaqu boluqujin kemen emiyejü kerkibesü bolqu-yin jarliγ-i küsemü. qaγan bolqu-yin duradqalta-anu: yeke sečen qaγan-u yeke köbegün-ü yeke köbegün radn-a mergen tayiji-yin aq-a köbegün dorji erdeni čoγtu tayiji. dumdadu qaγan-u yeke köbegün modun morin jil-dür degree odču qalagun-iyar öngeregsen tegün-ü köbegün-ü aq-a

第四章　车臣汗汗位承袭的变化

köbegün taulai mergen čögükür. qoyaduγar köbegün dayičing tayiji-yin udaγatu. γutaγar ene önggeregči qaγan-u yeke köbegün rabdan yeldeng tayiji. edeger boluγad. basa endeki jarim qan qariliγ-un sanaγ-a：yeke sečen qaγan-u bai öre-yin yeke-ni boluγad bögöde-yin šašin törü-dür yeke tusa bolqu boy-a kemelčekü čebten lhawang üyijeng noyan eyimü učir-tan bui böged alin-ni-ču tus tus-un učir duradqal jüyil-eče tung γadan-a bosu tula yambarba učir-nuγud-i šilγan ayiladču šašin törü-dü tusa bolqu qamuγ-i jöb-iyer amurjiγulqu sayin jarliγ baγulγabasu tegüber bolumu. basa-bar čiγulaγsan qaγan noyad qariliγ olangki setgil neyilegsen-iyer boltuγai kemen ayiladbasu basa tegüber böged tuslaju či šinjilen üyiled kemekü jarliγ irebesü činegeber šinjilejü tegüber bolumu. yambar-iyar büküi-yi amur jirγalang jokiyaqui qayir-a-yi asaran suyurqamu kemen öčimü. edeger-ün jabsar nuγud-un narin niγta-yi anu samdub sečen nangsu amabar öčimü. kemeki bičig-yi ajiyaraqui-yin beleg öljei-tü qadaγ luγ-a selde sayin šine-dür ergübe.①

"上谕立车臣汗事之诏书至，[我等]欲遵旨行事，亦思有上奏之必要，奏闻诸事如下：……②该阿喇布坦伊勒登台吉亦在其父在世时常违正道，虽经劝诫，却不听取。故[我等]以为，如立他为汗，盖有损于政教。亦因于汗位，亦有若干怨望者，故正欲会盟共议，推举益于政教之人，如此则汗之名号方能成为福乐之源。正当此时，立阿喇布坦伊勒登为汗之上谕至。[窃思]无论如何，因有上谕，本欲传旨，诫之以一切有益之教，商议立之为汗。故两次遣使，请其前来。而[阿喇布坦伊勒登]不予理睬。因此等之故，料想今后亦未必听我等劝诫，一意孤行。皇上以众生安居乐业为德，我等担忧[阿喇布坦伊勒登继承汗位]将危及众生安逸，苦难迭至。如何是好，请皇

---

① 中国第一历史档案馆、内蒙古大学蒙古学学院编：《蒙古堂档》卷六，第104—110页。
② 省略的内容谈到了巴布和诺尔布父子继位的情况和他们的德行。见本文第二节。

163

上明谕。[我等]推举为汗者：大车臣汗长子①之长子喇特那·墨尔根珲台吉之长子多尔济·额尔得尼绰克图台吉②，第二[车臣]汗③之长子即木马年前往觐见圣上因染热病而逝者④之长子——韬赍·墨尔根楚琥尔⑤、[第二车臣汗]次子岱青台吉⑥，此二人为第二批推举者。第三为方身故之车臣汗之长子喇布坦·伊勒登台吉⑦。又，此处一些汗与庶众之意：大车臣汗之在世诸子之长者、众人以为在政教大有裨益者车布腾·拉旺卫征⑧[亦可继承汗位]。彼等各有资历且皆合乎事体。如[皇上]明察诸事，颁布益于政教、令众人以正道安居乐业之善旨，则遵行之。或下诏依会盟汗、诺颜、庶众之多数之意行事，亦遵行之。或特谕令我斟酌而定，亦将尽力斟酌而定。请[皇上]无论如何赐予造就幸福之谕旨。其间详情由桑都布车臣囊苏口奏。与阅奏书之礼吉祥哈达一同于月初吉日奉上。"

哲布尊丹巴呼图克图的奏折耐人寻味。按例，阿喇布坦伊勒登

---

① 即嘛察哩·伊勒登土谢图（Majari yeldeng tüsiyetü）。
② 《阿萨喇克其史》作伊勒登朝克图（Yeldeng čoγtu），p. 60b。
③ 此指巴布车臣汗。
④ 此指巴布汗长子穆占·墨尔根楚琥尔。木马年指顺治十一年（1654）。据《清世祖实录》卷九一"顺治十二年夏四月辛酉"条记载，门章墨尔根楚虎尔（门章即穆占）等来朝。哲布尊丹巴本奏折中提到的木马年是门章离开喀尔喀的年份。
⑤ 据《阿萨喇克其史》，韬赍·墨尔根楚琥尔为巴布车臣汗之长孙，其父名穆占。《游牧记》卷八载："乌默客从叔父韬赍，父穆彰。……康熙三十年，授韬赍闲散台吉，隶车臣汗旗。三十四年，请编属丁六百，自为一旗。授扎萨克一等台吉。乾隆四十六年，诏世袭罔替。"（第455—456页）
⑥ 《阿萨喇克其史》作岱青琿台吉（Dayičing qung tayiji）。
⑦ 《阿萨喇克其史》作喇布坦·伊勒登琿台吉（Rabtan yeldeng qung tayiji）。《游牧记》卷九载："康熙二十二年，巴布子诺尔布嗣。二十七年，噶尔丹掠喀尔喀。……时诺尔布及长子伊勒登阿喇布坦相继卒，孙乌默客幼，台吉纳木扎勒等，携之来归。"（第427—428页）
⑧ 据《大黄史》记载，硕垒第八子为贝子车布腾济农，此人在《阿萨喇克其史》中作唐古特·额尔德尼珲台吉。《王公表传》卷五三《传三十七》称硕垒第八子为车布登，号车臣济农。《游牧记》卷九记载，硕垒汗第七子车布登，初号车臣济农（第441页）。综观之，车布腾为硕垒第八子（《游牧记》所记八子巴特玛达什，号达赉珲台吉，根据《阿萨喇克其史》记载，应该是十子之误）。

为已故车臣汗的长子,如经喀尔喀贵族会盟推举,恐怕大家仍选他为汗。巴布、诺尔布父子与该阿喇布坦伊勒登一样,都曾有过劣迹,但二人仅凭长子(或在世兄弟中的年长者)身份继为汗。哲布尊丹巴一世列举的阿喇布坦伊勒登的"罪状"与诺尔布相仿,但他却毅然判定立他为汗"盖有损于政教","将危及众生安逸,苦难迭至"。明眼人一看就明白,喀尔喀僧俗上层其实不是对阿喇布坦伊勒登不满,而是对清朝皇帝的直接提名不满。哲布尊丹巴一世不顾康熙皇帝的成命,给清廷提出了五位继承汗位候选人,而且其中三位的身份是长子或者在世兄弟中的年长者。不仅如此,哲布尊丹巴一世还给康熙皇帝提出了三种建议:一、请康熙皇帝"颁布益于政教、令众人以正道安居乐业之善旨",也就是说,请康熙皇帝收回成命,另下圣旨;二、允许依照会盟多数人之意行事,即喀尔喀会盟自主选定汗位继承者;三、委托哲布尊丹巴一世做出决定。因此,哲布尊丹巴呼图克图的书信看似谦卑温顺,实际上俨然拒绝了康熙皇帝的要求。

此后,喀尔喀和清朝廷之间就此事如何进行交涉,双方态度发生了怎样的变化,因见不到直接史料,无法得知其详情。但最终结果是,六个月后,阿喇布坦伊勒登已如愿以偿登上汗位。是年九月,"喀尔喀车臣汗伊尔登阿喇卜坦(即阿喇布坦伊勒登——笔者)等遣使进九白年贡"。[①]

显然,在这次围绕选立新汗的政治较量中,以哲布尊丹巴呼图克图为首的喀尔喀僧俗上层以失败告终。在阿喇布坦伊勒登以后,喀尔喀三汗之位均由清朝皇帝钦定亦成惯例。

三 结 语

自硕垒到诺尔布的前三位车臣汗生活在喀尔喀汗国独立时期,因此,他们是通过喀尔喀左翼四和硕会盟继承汗位的,尽管每次会盟规模不一。而阿喇布坦伊勒登的车臣汗之位则是由康熙皇帝钦定的,没有经过喀尔喀僧俗上层的推举,因而未能得到他们的支持。

---

① 《清圣祖实录》卷一三一,康熙二十六年九月丁亥。

这件事看似偶然,且显平淡,但在喀尔喀政治史上却具里程碑的意义。清廷直接指定喀尔喀三汗的人选,这无疑说明清朝已经把喀尔喀政权牢牢地控制在手中了。

在围绕选定车臣汗继承人问题的较量中,喀尔喀汗国的僧俗领袖们遭受了挫折。需要指出的是,他们的挫折不只是因为大清帝国的强大和康熙皇帝的聪睿,更重要的是因为喀尔喀汗国经过30余年兄弟阋墙而导致的衰落。长期的内讧削弱了喀尔喀的势力,并给清朝势力的渗透和直接干涉其内政提供了可能。

自硕垒到阿喇布坦伊勒登的四代车臣汗位的继承,亦从另一面反映出1635年蒙古汗国灭亡以后喀尔喀政治走向和汗国命运的归宿。

第五章　清太宗与扎萨克图汗素班第的文书往来

明末清初的满汉文史书记载的蒙古史内容,主要涉及南蒙古各部,而对喀尔喀人和卫拉特人的记载寥寥无几,无法从中比较全面地了解他们的历史。近年来,随着民族史研究的深入,清初满蒙文文书档案不断影印出版,为许多领域的研究开辟了新天地。《清朝内秘书院档案汇编》就是其中一例。[①] 本文将重点分析清太宗与喀尔喀蒙古扎萨克图汗素班第几次往来文书,利用其他同时期档案资料和相关史书,论述1638—1640年扎萨克图汗与清朝的关系以及喀尔喀—卫拉特联盟形成的背景。

一　扎萨克图汗与清朝关系的开端

16世纪后半叶的喀尔喀万户,是指达延汗末子格埒森扎七个儿子及其后裔统治下的"阿鲁喀尔喀"("北喀尔喀"之意,清朝作"外喀尔喀")。当时,喀尔喀万户分成左右两翼,其牧地分布在东自呼伦贝尔的额尔古纳河,西至杭爱山,北自贝加尔湖,南抵南蒙古北部的广袤地区,即以今天蒙古国大部分领土为主的地区。1580年,喀尔喀左翼阿巴泰称"赛音汗"。不久,右翼的赉瑚尔被阿巴泰汗立为汗,1596年赉瑚尔之子素班第被奉为"扎萨克图汗"。最后在1630

---

① 内秘书院为清崇德元年(1636)设立的内国史院、内秘书院、内弘文院等三院之一。顺治二年(1645)内翰林官分隶内三院,各院皆冠以"内翰林"字样。十五年(1658),改内三院为内阁,十八年(1661)复改内阁为内三院。康熙九年(1670),将内三院改为内阁,从此定制。《清内秘书院蒙古文档案汇编》是中国第一历史档案馆、内蒙古历史档案馆、内蒙古大学蒙古学研究中心编辑、影印出版的大型档案资料汇编(内蒙古大学出版社,2003年),包括1636—1670年的《内秘书院内翰林院蒙古文档簿》。

年前后,左翼贵族硕垒称"车臣汗",喀尔喀分成三个汗部。

16世纪末、17世纪初,女真兴起在东北地区,1616年其首领努尔哈赤统一女真各部,建立国家,女真语—满语国名称"Aisin gurun"(可译为"爱新国",金国之意),为了与11—13世纪的女真人所建金朝相区别,史称"后金"。在这个时期,蒙古分为三大部分,即南蒙古人(分布在今天内蒙古自治区大部分地区和周边省份)、北蒙古人(即喀尔喀人和布里雅特人)和西蒙古人(即卫拉特人)。为了兼并蒙古,入主中原,努尔哈赤与皇太极父子积极经略蒙古各部。他们首先拉拢南蒙古东部各部,进而讨伐蒙古大汗及其控制下的西方诸部。1634年,蒙古大汗林丹汗(1604—1634年在位)不敌满洲进攻,走死甘肃大草滩。次年,喀尔喀左翼的车臣汗硕垒致书大汗之遗孀太后、太子及诸臣,敦促他们举国北迁,投奔自己;同时致书满洲天聪汗皇太极,宣布自己以皇族身份"守护着大玉宝玺"。① 但是,就在这一年,林丹汗太子额哲孔果尔被天聪汗军队俘获,蒙古汗廷倾覆,爱新国兼并南蒙古各部的事业告竣。

1636年,皇太极在盛京举行盛大仪式,建立清朝,改元为"崇德"。清朝统一漠南蒙古以后,控制了自辽东到归化城的明朝与蒙古的商业通道和贸易关口。其中,归化城和宣府对喀尔喀人的意义重大,因为前者是通过土默特部与明朝贸易的间接通商口,而后者则是与明朝直接贸易的关口。迫于政治和经济两方面的形势,左翼的车臣汗硕垒改变了即蒙古大汗之位与满洲人继续抗衡的计划,和土谢图汗衮布一道,向清朝派遣使团,与之贸易,建立了睦邻关系。

但是,地处喀尔喀西部的扎萨克图汗以喀尔喀万户首领自居,不承认满洲皇室对蒙古的统治,继续与之抗衡。喀尔喀第一代扎萨克图汗名叫素班第(?—1650)。② 喀尔喀始祖格垺森扎长子阿什海

---

① 台北故宫博物院编:《旧满洲档》,台北影印本,1969年,第4288页。
② 清代汉文文献记素班第的名字为"素巴第"。据蒙古文档案和史籍,他名字叫Subandi,故正确的音写应为"素班第"。Subandi的亲生弟弟名叫Ubandi(乌班第),可见将此人名作Subadi(素巴第)是清代史家的笔误。素班第之父赉瑚尔生于1562年,死于1580—1587年间。素班第没有立即继承汗位,等到1596年才称汗,可见在他父亲去世时年龄尚小。据此认为,素班第生于1580年左右。

第五章　清太宗与扎萨克图汗素班第的文书往来

达尔汗珲台吉,其长子巴延达喇,次子赉瑚尔(1562—?)汗,即素班第生父。①1588年,喀尔喀万户首领阿巴泰赛音汗去世,左翼势力衰微,右翼乘机强盛。1596年,在塔喇尼河举行的全喀尔喀会盟上,赉瑚尔汗之子素班第被推举为扎萨克图汗,成为喀尔喀万户的实际首领。在清崇德、顺治年间,扎萨克图汗与清朝对抗,甚至和西蒙古卫拉特人联盟,试图阻止清朝对蒙古的征服活动,维护本民族的政治、经济利益。

扎萨克图汗素班第与清朝最早的接触始于清崇德三年(1638)。当时,清朝占领南蒙古全境,土默特早已被清朝统一。但是,扎萨克图汗不顾形势的巨大变化,无视清朝的军事存在,仍企图通过土默特与明朝贸易,这就遭到清廷的讨伐。

据《清内国史院满文档案》记载:崇德三年正月十六日,驻守归化城(呼和浩特的汉名)土默特部落诸臣遣扎甘等来奏:"北方阿禄喀尔喀扎萨克图汗率兵携妻子至我等所居归化城,周围驻营,似欲犯我城,亟待圣汗发大军前来。"②二月十三日(1638年2月17日),清太宗亲率和硕预亲王、多罗武英郡王、多罗郡王阿达礼、多罗贝勒豪格、多罗贝子岳讬等亲征扎萨克图汗。十八日,清军越过兴安岭,次日得报:"明人告喀尔喀蒙古云,圣汗率大军将至等语。喀尔喀蒙古惊惧,未犯我归化城一物,亦未得与明人交易,已于正月三十日(1638年3月4日)仓皇退去。"③三月三日,清太宗听说喀尔喀人远去,派人到归化城互市,遂班师。三月七日,扎萨克图汗下达尔汉喇嘛、塞臣绰尔济等来献马驼等物,④表示无意与清朝对抗。

清朝方面说扎萨克图汗来"犯"呼和浩特城,只是出征借口。扎萨克图汗的目的,显然是为了与明朝通商。因清太宗率大军前来,素班第"未得与明人交易","仓皇退去"。清朝是绝不允许喀尔喀与

---

① 善巴:《阿萨喇克其史》(*Byamba-yin Asaraγči neretü [-yin] teüke*,沙格德尔苏隆整理并影印公布),第49页下。
② 中国第一历史档案馆编:《清初内国史院满文档案译编》(上),光明日报出版社,1989年,第268页。
③ 同上书,第279页。
④ 同上书,第288页。

明朝在呼和浩特通商的。这一方面是出于经济考虑：清朝刚刚控制呼和浩特，通过呼和浩特蒙古与明朝贸易，对清朝格外重要；另一方面是出于政治考虑：清朝担心他的头号敌人明朝和喀尔喀联手，形成对他的南北夹击局面。所以，清太宗听到喀尔喀人到呼和浩特的消息后，不远几千公里迅速从盛京(今沈阳)直奔呼和浩特。扎萨克图汗通过这次事件认识到，清朝不仅囊括了南蒙古各部，而且牢牢地控制了明蒙贸易关口，所以更加仇视清朝。1638年的事件很快平息了，但是，扎萨克图汗和清朝的对立并未因此终结。

二　清太宗与扎萨克图汗的文书往来

1638年发生的扎萨克图汗与清朝之间不流血的军事对抗后，喀尔喀右翼和清廷的关系进入了外交对立状态。在崇德三年九月至五年十月之间，清太宗和素班第之间使臣往返穿梭，文书往来不断。在《清内秘书院蒙古文档簿》中，至今保留着在这段时间内清太宗给素班第的三份文书。素班第给清太宗的文书原件虽然已不存，但是在清太宗的回复中仍可以基本了解其大意。

清太宗给素班第的第一份文书写于崇德三年九月二十四日(1638年10月30日)。文书用蒙古语书写，其内容汉译(笔者自译)如下：

宽温仁圣可汗①之旨。遣书于扎萨克图汗②之缘由。我非不好政教之道，为教法之故，欲请土伯特高僧大德，弘扬教法，故特遣使。③ 为国政之故，在察哈尔汗④殃民时，我亲征拱兔诸子，⑤将其收服。后

---

① 1636年漠南蒙古十六部贵族在皇太极即位时所上的尊号。
② 指素班第。
③ 当时，清朝正准备和喀尔喀一同延请西藏佛教高僧到清朝，以笼络喀尔喀蒙古。
④ 指蒙古最后一位大汗——林丹汗(1604—1634年在位)。
⑤ 指第一次敖木林之战。拱兔是察哈尔八鄂托克之一阿拉克绰特部下属多罗特营之主，游牧在敖木林河(即大凌河)上游。1627年察哈尔部西迁后，多罗特人二度截杀爱新国派往喀喇沁万户的使节。1628年，皇太极出征拱兔之子色令于敖木林，俘获其万余众，多罗特亡。见拙著《喀喇沁万户研究》，内蒙古人民出版社，2005年，第81—83页。

第五章　清太宗与扎萨克图汗素班第的文书往来

又收服其山阳兀鲁思。① 后出征,收其呼和浩特之兀鲁思与赏。② 其后[再]出征时,察哈尔遁逃。③ 我自大同入境,进攻汉人,俘获察哈尔逃散诸后与大臣而归。后又遣四贝勒,擒得孔果尔为首诸后与大兀鲁思。④ 如此,上天眷佑,将六大兀鲁思⑤之主为首所有蒙古国悉数赐予了我。尔书云,六大兀鲁思的若干个尚在尔处。谁在尔处,我不得而知。若属六大兀鲁思之人果真在尔处,尔理应将其归还原主。看人用眼睛,看自己用镜子。凡事量力而为之。巧言顺势者方能饮乳享其甘甜,拙舌逆行者岂能享之？秋末月二十四日（1638年10月30日）。⑥

根据清太宗文书内容,扎萨克图汗素班第于1638年3月退回喀尔喀后,首先遣书于清朝,称"六大兀鲁思的若干个尚在我处"。显然,素班第想告诉清太宗,他仍然控制着蒙古六大万户的一部分,所以皇太极不是全蒙古的共主。清太宗历数收服蒙古各部的事实,谴责素班第出言不逊。但是,喀尔喀时在清朝版图之外是事实,因此

---

① 蒙古人称兴安岭以南的各部叫做"山阳兀鲁思",最初仅指明人所谓"兀良哈三卫"。这里指包括兀良哈人在内的喀喇沁万户。爱新国与喀喇沁万户于1628年结盟。
② 指1632年皇太极亲征察哈尔之事。参见拙著《喀喇沁万户研究》,第132—136页。"赏"指明朝每年付给林丹汗的银两。明朝为了不使蒙古犯边,对他们的首领们每年支付一定额量的白银,并允许他们在指定的关口与明朝从事贸易。
③ 指1634年察哈尔远征。林丹汗率众到黄河以西,不久在甘肃境内的大草滩病故。
④ 1635年,清太宗遣多尔衮等率精骑深入鄂尔多斯腹地,俘获林丹汗之子额哲孔果尔。
⑤ "六大兀鲁思"又称"六万户"。15世纪中叶,蒙古大汗直属部众经过长期不断的分化与组合形成了六大游牧集团,他们是左翼的察哈尔、喀尔喀、兀良哈三万户和右翼的鄂尔多斯、永谢卜和芒官嗔—土默特三万户。16世纪初期,达延汗将诸子分封到兀良哈万户以外的五个万户,不久,达延汗子孙瓜分了兀良哈万户。这样,蒙古"黄金家族"实现了对原六万户全部部众的直接统治。17世纪30年代,"六万户"已经成为历史名词,除了喀尔喀万户尚存,其余万户都被清朝所并。
⑥ 中国第一历史档案馆、内蒙古历史档案馆、内蒙古大学蒙古学研究中心编：《清内秘书院蒙古文档案汇编》第1册,第255—257页。

皇太极不得不警告素班第吸取历史教训,量力而行之后收笔。此后,双方一年多时间没有往来。到了 1640 年正月,素班第以邻国之礼,遣使贺正旦。① 但是,双方敌对关系并未因此缓和。

1640 年三月初八日(1640 年 4 月 28 日),清太宗第二次遣使扎萨克图汗。清太宗的文书显示,此前扎萨克图汗再次致书清廷,引起了清太宗的极大愤慨和不安。先看看清太宗文书内容(文书原文系蒙古文,笔者自译为汉文):

遣书于扎萨克图汗。从前我以为察哈尔汗为[蒙古]宗主大汗,今方得知原来尔乃宗主大汗。② 尔深知因一人③而毁其政教,丧其国土之实。尔何不兼政教而秉国政?自古我红缨人,④确无树敌。上天垂佑,将尔宗主归附于我,使之分崩之国,安享天福。愚钝之故,尔未得而知。仰赖天恩,朝鲜、乌拉、哈达、叶赫、辉发、索伦、扈尔哈、⑤蒙古六大兀鲁思都一一归附。尔却诳言:尔等为六万户之一。三阿巴噶⑥、五喀尔喀⑦、苏尼特⑧均在我处。今尔处尚存万户之实否?古云:得乎天下者为王,得乎半壁者为臣。尔无一鄂托克完土,而妄自尊大,抬格书名,诏令于我,岂有此理?朕诏令尔方是。卑贱者,遗诏于尔,尔岂会容之忍之?尔秉政无方而一鄂托克喀尔

---

① 《清太宗实录》卷五〇,崇德五年春正月癸丑朔。
② 这是对扎萨克图汗的讽刺。
③ 此处指林丹汗及其武力统一蒙古各部活动的失败。
④ 蒙古和满洲均自称"红缨人",满蒙人均戴红色缨帽,故称。参见拙文《明朝兵部档案中有关林丹汗与察哈尔的史料》,载 Researching Archival Documents on Mongolian History: Observations on the Present and Plans for the Future, Edited by Futaki Hiroshi & Demberel Ulziibaatar, Tokyo, 2004, p.220。
⑤ 乌拉、哈达、叶赫、辉发、扈尔哈为女真各部名称,朝鲜为朝鲜国,索伦即达斡尔族。
⑥ "阿巴噶",意为"叔父"。成吉思汗诸弟合撒儿、哈赤温、别里古台后裔住牧于兴安岭以北,蒙古人称他们为"三阿巴噶"。这里指阿鲁科尔沁、翁牛特等投附爱新国的阿巴噶诸部。
⑦ "五喀尔喀"指原达延汗时期大喀尔喀万户的左翼,16 世纪时已南下到辽河流域游牧。他们分别为巴林、扎鲁特、弘吉刺特、乌济叶特和巴约特。
⑧ 察哈尔八大鄂托克之一,1634 年投附爱新国。

第五章 清太宗与扎萨克图汗素班第的文书往来

喀三汗鼎足。① ［蒙古人］有言道：世仇者，夺取城池之汉人与劫夺羊群之卫拉特。② 且不论古昔之仇，尔岂敢与杀父、③侵手足、俘妇儿之仇敌为盟？尔可知何为遗世圣名？好男自为父雪恨。不报父仇，生他何用！我征讨旧仇汉人，抚绥四方诸国，使之安生。我乃天下之主，尔致书谕诏，不如诏令尔左右兄弟手足！尔左右兄弟手足听命于尔乎？彼等不服尔，鞭打尔使者。尔妄尊自大，攀比与我，是尔可为之行？我往约五鄂托克喀尔喀盟，拒盟逃之。［逃途中］察哈尔获些部众，我俘些部众。尔我和议，尔借我开通之杀虎口，乐载珍宝输绸缎。尔若不好［与我之］和平，必成卫拉特人之餐食。古代王者，有三四年、七八年不出征者乎？尔非敌我征途一餐，且非远而不及。尔我二人，谁强谁弱，来使自会传言。先王之行如明镜，吾辈仿其善行，弃其恶行，故谓之明镜。而尔视其为颜面镜，以为盲者无用视镜。尔欲送还在尔处之永谢卜人回故地，交予孔果尔。④ 孔果尔必向永谢卜十户逃人索要尔。⑤ 尔言：凡事可为不可为，关乎佛事三宝、命也，非人能所预知者。言下之意，约我面见。你若守信，遣使传言！若约前去，毋奔，安待我至。若择中途，遣使传言。尔若前来，遣使传言，我安待尔至。三者何择之，决于尔。崇德五年春末月

---

① 指喀尔喀土谢图汗、扎萨克图汗和车臣汗。
② "夺取城池的汉人"指推翻元朝、占领大都的明朝，"劫夺羊群的卫拉特人"指经常抢劫喀尔喀的西蒙古人。
③ 素班第之父赉瑚尔汗在1580—1587年间被卫拉特人所杀。参见宝音德力根《从阿巴岱汗与俺答汗的关系看早期喀尔喀历史的几个问题》，《内蒙古大学学报》（蒙文版）1999年第1期。
④ 永谢卜是蒙古中央六万户之一，后被喀喇沁万户所代替，永谢卜成为喀喇沁万户的一个鄂托克。1628年，永谢卜被林丹汗所打败，逃至喀尔喀。根据该资料，17世纪30年代时，永谢卜人主要生活在扎萨克图汗部境内，受素班第控制。当代喀尔喀部族志资料显示，永谢卜人的后裔主要生活在原车臣汗部境内(参见拙著《喀喇沁万户研究》，第168—170页)。可以推测，永谢卜人进入喀尔喀左翼应该在17世纪中后期喀尔喀内乱时期。素班第给皇太极的文书原件不存，所以弄不清楚素班第在什么语境中谈到了将永谢卜还给林丹汗子孔果尔的。
⑤ 此句语义不明。

初八日(1640年4月28日)。①

据清太宗说,崇德五年春三月初八日之前,扎萨克图汗素班第又一次遣书清廷。素班第书称"谕旨",以喀尔喀万户之首自居,口气傲慢。他向清廷通报了与卫拉特人业已建立联盟的消息,并声称"凡事可为不可为,关乎佛事三宝、命也,非人能所预知者",表示对清朝的蔑视。扎萨克图汗来信的重点信息是喀尔喀—卫拉特联盟的建立。这对清朝来说是一件重大的事件,东西蒙古的联合无疑会威胁清朝的长远利益。对此,清太宗做出了强硬的回应,质问扎萨克图汗是否准备和清朝兵戎相见,并表示无论何地都愿意与他一战。但是,这样的举措,不过是一种外交姿态,其真正的目的无非是想试探素班第的虚实。

第三份文书写于崇德五年十月初六日(1640年11月18日)。

扎萨克图汗收到清太宗的威胁文书后,立即回复,表示无意与清朝作战。但是,素班第书不称名,蔑视皇太极。清太宗了解到扎萨克图汗虽与卫拉特联盟,但没有采取军事行动的意图,于是和往常一样,遣使严词斥责扎萨克图汗无礼。清太宗文书内容(文书原文系蒙古文,笔者自译为汉文)如下:

宽温仁圣汗旨。遣书于扎萨克图汗。尔来书言,凡所行事,莫非命也。尔既知此,为何仍无视上天眷佑我而将尔蒙古国主赐予我之实耶?尔卑下之人[竟敢][与我]僭拟,如同主宰一切之大汗。尔仅一鄂托克之主,竟妄自矜诩,书不称名,以三宝为言,此岂尔所宜言乎?尔书云,尔遵行政法之道,不欲兴武,以求福祉。若谁能戡定祸乱,使众生享受太平,乃掌管政法之福祉也。不识凡人之道,而欲判明政法祸福,不过骄矜之词耳。尔书又云,我语言逆耳,但尔不怒。忠告之言,虽逆于耳,实于治道有裨。先贤有言:凡做事情,必自量福祉。若我口出己所不能之不实之词,可谓逆耳。忠告之言,岂能说逆耳?遣往土伯特之喇嘛等,已至呼和浩特。因尔语焉不

---

① 中国第一历史档案馆、内蒙古历史档案馆、内蒙古大学蒙古学研究中心编:《清内秘书院蒙古文档案汇编》第1册,第269—275页。

第五章　清太宗与扎萨克图汗素班第的文书往来

详,所以不遣。①

清太宗的这份文书没有多少实际内容,只是斥责和攻击扎萨克图汗本人。此后,直到清太宗去世,文献和档案记载中再不见双方任何文书往来。

三　扎萨克图汗素班第与喀尔喀—卫拉特联盟的形成

通过对清太宗与扎萨克图汗之间三份文书的分析可知,在1638年3月—1640年11月两年多时间里,清太宗和喀尔喀扎萨克图汗素班第之间经历了一场严重的政治对立。清太宗与喀尔喀扎萨克图汗对立的一个直接后果,就是喀尔喀与卫拉特蒙古联盟的建立和1640年喀尔喀—卫拉特贵族会盟的举行。

卫拉特人(Oyirad)又被称作西蒙古人,元代称斡亦剌惕,明代叫瓦剌,清代统称额鲁特或卫拉特。"大蒙古国"时期,斡亦剌惕部主

---

① 中国第一历史档案馆、内蒙古历史档案馆、内蒙古大学蒙古学研究中心编:《清内秘书院蒙古文档案汇编》第1册,第279—282页。《清太宗实录》卷五三崇德五年十月癸丑条下有该文书经过润色和修改的汉译:"尔来书言,凡所行事,莫非命也。今朕承天佑,尔蒙古国主已归我矣。尔不过一部之长,乃以卑下之人僭拟大国之主,妄自矜诩,书不称名,动以佛教为言,可谓知命乎？尔云欲修文偃武,以求福祉。夫戡定祸乱以致太平,乃身膺福祉之谓也。若不能有济于世,而徒称说文教、较量祸福,特迂疏之见、骄矜之词耳。尔又云,朕前书内语言逆耳,尔亦不怒。夫忠告之言,虽逆于耳,实于治道有裨。先贤云,听言者必察其理。朕若诳行违理,尔谓之逆耳,宜也。以忠告之言,而尔谓之逆耳,可乎？遣往图白忒部落喇嘛等,已至归化城。因尔言不果,是以不遣。"

1637—1640年间,清朝曾派出赴藏使团,准备延请西藏佛教高僧。喀尔喀闻讯后,左翼的车臣汗、土谢图汗等遣使清朝,提议喀尔喀三部使者与清朝使者一同前往西藏,延请达赖喇嘛。清朝使团先到呼和浩特,等待喀尔喀使者们。但是,因为扎萨克图汗等喀尔喀汗王"语焉不详",这次共同延请达赖喇嘛的活动半途而废。参见李保文《大清国与蒙古喀尔喀汗国——1655年》,载 Researching Archival Documents on Mongolian History: Observations on the Present and Plans for the Future, Edited by Futaki Hiroshi & Demberel Ulziibaatar, pp. 100–105。

175

动归附成吉思汗，其首领成为蒙古汗国的驸马。元代，斡亦剌惕部支持阿里不哥及其后裔，长期与元朝作对。元朝灭亡后，蒙古汗廷退回草原，1402年以后蒙古历史进入了东西蒙古分立阶段，卫拉特与东蒙古之间战争频仍，互有胜负。16世纪30年代以后，喀尔喀万户逐渐占领漠北草原，喀尔喀与卫拉特接壤，从此东西蒙古之间的战争主要在他们之间进行。16世纪80年代，卫拉特出兵杀死了喀尔喀右翼首领赉瑚尔汗，即本文讨论的素班第之父。不久，喀尔喀万户首领阿巴泰赛音汗进攻卫拉特，在库博克儿之役战胜了卫拉特人。17世纪20年代初，喀尔喀右翼入侵卫拉特，惨遭失败。因此，到17世纪30年代时，喀尔喀与卫拉特之间的对立已经持续了百余年。

但是，1636年清朝征服南蒙古，宣布继承了蒙古汗廷的正统，以蒙古共主自居，喀尔喀暴露在清朝兵峰下，颇有唇亡齿寒的危机感。1636年，清朝阻止喀尔喀左翼车臣汗通过呼和浩特土默特蒙古与明朝贸易，迫使他们与清廷建立关系。1638年，扎萨克图汗素班第与明朝的贸易活动同样受到清廷的严厉惩罚。在此情况下，素班第选择了与左翼二汗相反的道路，即联合卫拉特蒙古与清朝对抗。

卫拉特人虽然地处遥远的西北，但是，他们看到漠南蒙古的被征服和清朝对漠北蒙古威胁的增大，不会无动于衷。当时卫拉特联盟的首领为被称作"执政二台吉"的绰罗斯部首领巴图尔珲台吉与小和硕特部首领鄂其尔图台吉。1637年，鄂其尔图台吉的叔父顾实汗率部进入青海，进一步加强了卫拉特和西藏格鲁派的关系。藏传佛教格鲁派上层很早以前就派高僧大德到卫拉特，在卫拉特和喀尔喀之间积极进行联络活动。后藏的格鲁派首领班禅喇嘛系统的重要人物温萨活佛（蒙古人称之为"尹咱呼图克图"）就是其中的一个，他是第一世哲布尊丹巴的法师，参加过1639年举行的哲布尊丹巴坐床仪式和1640年喀尔喀—卫拉特贵族会盟。当时，西藏格鲁派上层正在努力把卫拉特和喀尔喀变成他们控制下的统一力量，作为扩大藏传佛教势力的坚强后盾。① 在这样复杂的历史背景下，喀尔喀和

---

① 参见拙文《关于尹咱呼图克图》，载中国蒙古史学会《蒙古史研究》第四辑，内蒙古大学出版社，1993年，第97页。

第五章　清太宗与扎萨克图汗素班第的文书往来

卫拉特统治阶层握手言和,以求自身安全的时机业已成熟。

过去,研究者大都指出过,正因为上述历史原因,1640年秋,卫拉特和喀尔喀进行了历史性的会盟,建立联盟关系,会盟上制定了著名的《喀尔喀—卫拉特律》,①结束了双方的敌对关系。但是,对于喀尔喀—卫拉特联盟形成的时间、直接原因和主要倡导者或主持者仍缺乏了解。

根据《喀尔喀—卫拉特律》的前言,制定该律令的会盟在"铁龙年八月初五日"举行,即公元1640年9月20日"以额尔德尼扎萨克图汗为首,②土谢图汗、渥巴什达赖诺颜等都嗊和都尔本③的诺颜们制定了大律"。④ 根据前文,清太宗在1640年4月28日给素班第的第二份文书中第一次提到:"尔岂敢与杀父、侵手足、俘妇儿之仇敌为盟?尔可知何为遗世圣名?好男自为父雪恨。不报父仇,生他何用!"这是他接到素班第来文以后的斥责之言。那么,素班第致书清太宗,告知他已和卫拉特人联盟,大致是1640年4月28日之前不久的事。如前所述,清太宗给素班第的第一份文书写于1638年10月30日,当时还没有喀尔喀与卫拉特结盟之事,可见该联盟的形成当在1639—1640年4月之间。从清太宗对喀尔喀—卫拉特联盟的不同寻常的反应可以看得出,该联盟形成的时间离他回复文书的1640年春天不会太遥远。将当时使节在喀尔喀西部和盛京之间奔走的时间一并考虑,可以推测,该联盟大致在1639年底、1640年初形成。

1640年9月20日的喀尔喀—卫拉特会盟是在联盟建立的基础上举行的,可以说该会盟是喀尔喀—卫拉特联盟的最重要、最成功的成果之一。清太宗和扎萨克图汗之间的往来文书,以及《喀尔喀—卫拉特律》前言证明,扎萨克图汗素班第是倡导和实施建立喀

---

① 本法律文献又被称作《蒙古—卫拉特法典》或《卫拉特法典》。根据原文内容,应该称之为《喀尔喀—卫拉特律》。
② 额尔德尼扎萨克图汗即指扎萨克图汗素班第。"额尔德尼"(宝贝之意)是扎萨克图汗素班第的美称。
③ "都嗊"意为"四十","都尔本"意为"四"。在蒙古历史文献中,以"四十"代表东蒙古,以"四"代表卫拉特蒙古。这里暗指喀尔喀与卫拉特。
④ 戈尔通斯基:《1640年蒙古—卫拉特法典》,圣彼得堡,1880年,第1—2页。

尔喀—卫拉特联盟的最主要的领袖人物。喀尔喀—卫拉特联盟的形成，对17世纪40年代的蒙古史和满蒙关系史都曾产生重大影响。

素班第不记杀父之仇，与宿敌卫拉特握手言和，是为了联合卫拉特人，以求喀尔喀的安全。素班第这样做的根本原因，是应对清朝征服浪潮的巨大威胁。1638年清太宗以武力阻止素班第与明朝的贸易，是素班第与清朝公开对抗和同卫拉特联盟的直接原因。1640年喀尔喀—卫拉特联盟的形成是历史的必然，但是，如果没有扎萨克图汗和清朝的对抗，喀尔喀—卫拉特联盟就不一定成立得那么迅速和顺利。

第六章　康熙初年清朝对归降喀尔喀人的设旗编佐

1636年清朝建立后,在内蒙古各部推行扎萨克旗制度。所谓的扎萨克旗,要具备以下三个要素,一是钦定的扎萨克王公即旗世袭统治者,二是钦定的旗游牧地即领地,三是编为佐领的旗下箭丁以及属于王公台吉的随丁。① 内蒙古的编旗工作到顺治年间基本结束,各旗游牧地范围也随之固定。但是,康熙初年,外喀尔喀部分贵族率众归降清朝,进入内蒙古境内。清朝把他们主要安置在内蒙古东部,在安置过程中,对那里的各旗进行了一系列调整。经过一段较复杂的过程,新内附的喀尔喀人有的被编为新的扎萨克旗,有的在原内蒙古扎萨克旗内被编为佐领。这个设旗编佐领和指定游牧地的过程,在清初理藩院满文题本档案中留下了宝贵的资料。本文在解读两份满文题本基础上,通过康熙初年清朝在喀尔喀人中设旗编佐领的案例,具体呈现一个扎萨克旗的成立过程,并分析扎萨克旗制度对统治蒙古的意义。

一

崇德、顺治年间,漠北喀尔喀蒙古贵族零星归降者不断,附牧喀尔喀之乌珠穆沁、苏尼特、浩齐特、阿巴噶等部也纷纷归降,清朝对他们先后设旗编佐领。在归降的喀尔喀人中,顺治十年二月土谢图汗部下本塔尔(又作赍塔尔)、②衮布、奔巴世希、扎穆苏等四台吉率

---

① 关于扎萨克旗制,请参考冈洋树《清代蒙古盟旗制度研究》(日文),东方书店,2007年,第23—60页。
② 外喀尔喀部始祖、答言汗十一子格呼森扎的第三子诺诺和伟征,其次子为阿布琥墨尔根诺颜,其次子为喇瑚里达赍诺颜,其长子即本塔尔。见拙著《〈阿萨喇克其史〉研究》,中央民族大学出版社,2009年,第133—134页。

所属1070户来归,规模甚大,清朝封本塔尔为和硕达尔汉亲王,衮布为卓礼克图郡王,奔巴世希为固山贝子,扎穆苏为镇国公,以本塔尔为扎萨克,单独设立为扎萨克旗,指定呼和浩特以北大青山之北的塔尔浑河、爱布哈河流域为其游牧地。这是清朝在内蒙古地区建立的第一个由漠北喀尔喀归降人组建的扎萨克旗,后来被称作喀尔喀右翼旗。① 至此,本来内蒙古各旗格局基本形成,各旗游牧地也基本固定了。

但是,顺治末年漠北喀尔喀右翼扎萨克图汗部发生内讧,内战突起。到了康熙元年即1662年,喀尔喀右翼的罗布藏台吉袭杀扎萨克图汗浩塔拉,因而喀尔喀内战升级。② 由于战乱,扎萨克图汗部的一些贵族率领其属下人口,南逃内蒙古,请求清朝接纳他们。

康熙三年(1664)六月,衮布伊勒登③自喀尔喀右翼札萨克图汗部逃来投附清朝。④ 根据内大臣兼理藩院尚书喀兰图等于康熙四年五月十四日题,衮布伊勒登率60丁投附,清朝封他为多罗贝勒,令暂居达赖达尔汉亲王旗边地,即附于大青山以北喀尔喀右翼旗。接着,衮布伊勒登子罗布藏台吉之43丁和另外一个台吉乌巴什额尔克之64丁来投附,清朝令他们也和衮布伊勒登一起居达赖达尔汉亲王旗。第二年即康熙四年,喀尔喀达尔汉亲王本塔尔胞弟之子达木琳台吉率200丁,⑤巴尔布冰图等率属下500丁,⑥以及附喀尔喀游牧

---

① 《清世祖实录》,顺治十年二月甲子,三月己巳;张穆:《蒙古游牧记》卷五,"喀尔喀右翼";《王公表传》卷四二《传第二十六·扎萨克和硕达尔汉亲王本塔尔列传》。
② 宝音德力根:《17世纪中后期喀尔喀内乱》(蒙古文),载于《明清档案与蒙古史研究》第一辑,内蒙古人民出版社,2000年,第11—66页。
③ 据《阿萨喇克其史》载,格㘗森扎长子阿什海达尔汉珲台吉的次子为图扎达喇岱青霍图古尔,其子硕垒赛音乌巴什台吉,其七子为衮布伊勒登。见拙著《〈阿萨喇克其史〉研究》,第130页。
④ 《清圣祖实录》,康熙三年六月辛亥。
⑤ 本塔尔弟达费岱青,其子达木琳。见拙著《〈阿萨喇克其史〉研究》,第134—135页。
⑥ 格㘗森扎第六子德勒登昆都楞之长子敖巴布克诺颜,其子噶噜图诺颜,噶噜图诺颜之长子即此巴勒布冰图。见拙著《〈阿萨喇克其史〉研究》,第140页。

第六章 康熙初年清朝对归降喀尔喀人的设旗编佐

的阿鲁蒙古阿巴哈纳尔部之都西希雅布台吉率1 800丁,①喀喇车里克索诺木台吉等率1 000丁,②纷纷来归。③

理藩院议,拟将达木琳台吉并入其叔父达尔汉亲王本塔尔之喀尔喀右翼旗,其余人或另编一旗,或视其情况并入其他旗。康熙四年三月十日下旨,令达木琳并入本塔尔旗,将其余人视情况并入其他旗份。康熙四年三月十四理藩院又具题,令衮布伊勒登贝勒往敖汉旗,巴勒布冰图贝勒往扎鲁特右翼旗,喀喇车里克索诺木台吉往翁牛特左翼旗,阿巴哈纳尔部之都西希雅布台吉往阿巴噶右翼旗。五月十一钦定:喀喇车里克索诺木台吉不得并入翁牛特旗,而改往克什克腾旗,余依议。如此,内附喀尔喀人在内蒙古各旗中的分配最后尘埃落定。

因为给内蒙古相应各旗分配了多寡不等的外喀尔喀人,清朝接着调整这些旗的游牧地,增加接受喀尔喀人旗份的领地范围。于是,康熙四年五月十四,理藩院再具题,提出了以下建议:一、将并入敖汉旗的衮布伊勒登等人的167丁,安置于敖汉旗,从土默特右翼旗划出宽10里、长190里的地方,拨给敖汉旗,作为衮布伊勒登等的游牧地,而将在土默特左右二旗中间的宽10里、长190里的地划给土默特右旗作为补偿(这块地原本是属于下嫁察哈尔的温庄固伦公主之地④)。二、为安置并入扎鲁特右翼旗之巴勒布冰图贝勒属下500丁,从阿鲁科尔沁旗划出一块地给扎鲁特右旗,而将阿鲁科尔沁旗的损失取自兴安岭以北的二乌珠穆沁地予以赔偿。三、并于克什克腾之索诺木台吉100丁的游牧地,取自二阿巴噶旗。四、并于阿巴噶沙克沙僧格郡王之都西希雅布台吉之1 800丁的游牧地和补偿

---

① 此人名满文为dusikiyab,《清圣祖实录》作都西希雅布,正确。汉文《王公表传》作栋伊思喇布,译自汉文《王公表传》的蒙古文版本作Dungisreb,大家对此习以为常,其实是错误写法。
② 其父为察罕泰,祖父噶尔玛,历代为喀喇车里克部部长。崇德八年封镇国公。
③ 乌云毕力格、吴元丰、宝音德力根主编:《清朝前期理藩院满蒙文题本》卷一,第276—277页。
④ 详见拙作《察哈尔扎萨克旗游牧考佐证》,《中央民族大学学报》2015年第2期,第76—78页。

181

二乌珠穆沁旗之地,要从自乌珠穆沁至三乌拉特旗卡伦之内的地方划出,但若卡伦内没有足够的游牧地,可视情况将卡伦向后缩而腾出地方给之。五、达木琳台吉之200丁并于本塔尔旗,故将原先暂时安置衮布伊勒登贝勒之地,仍留于本塔尔处。理藩院的以上几项提议,均得到了皇帝的批准。①

二

并入内蒙古各旗,指定其游牧地,是对喀尔喀人安置的第一步。接下来,清朝采取措施,在新内附的喀尔喀人中编佐领和设官,并进一步调整他们和内蒙古各旗的关系。

康熙四年五月二十一日,内大臣兼理藩院尚书喀兰图等具题,喀尔喀来归之衮布伊勒登贝勒已并入敖汉旗,巴勒布冰图贝勒并入扎鲁特右旗,喀喇车里克之索诺木台吉并入克什克腾旗,阿巴哈纳尔之都西希雅布台吉并入阿巴噶旗。因为明年(康熙五年)为比丁之年,明年查点以上诸人之丁数,改设旗份,设立固山额真、梅勒章京、牛录章京,并把改设为旗之事,令前往游牧之官员传谕扎鲁特、敖汉、阿巴噶、克什克腾诸旗之扎萨克。理藩院此题本得到了皇帝的批准。于是,康熙五年十一月十一日,理藩院尚书喀兰图根据在以上诸贝勒、台吉属下中比丁的结果,提出了如下设旗编佐领和设旗内官员的建议:

巴勒布冰图贝勒:侍卫随丁和诸台吉随丁共262丁,其余723丁,以每佐领(蒙古语为苏木)150丁计,得5个佐领。拟设梅勒章京(蒙古语为梅伦章京)一、甲喇章京(蒙古语为扎兰章京)一、牛录章京(蒙古语为苏木章京)五、昆都拨什库五。因佐领数少,不设固山额真(蒙古语为管旗章京)。

衮布伊勒登贝勒:侍卫随丁和诸台吉随丁共79丁,其余140丁,得1个佐领。设牛录章京一、昆都拨什库一。

---

① 乌云毕力格、吴元丰、宝音德力根主编:《清朝前期理藩院满蒙文题本》卷一,第277—278页。

第六章 康熙初年清朝对归降喀尔喀人的设旗编佐

都西希雅布贝子：侍卫随丁和诸台吉随丁共109丁，其余2110丁，得14个佐领。设固山额真一、梅勒章京二、甲喇章京十、牛录章京十四、昆都拨什库十四。

索诺木台吉、博尔谆台吉：诸台吉随丁共8丁，其余92丁，不足1佐领，但因新附之人，不能无管辖之人，故设牛录章京一、昆都拨什库一。

衮布西吉岱青台吉：①诸台吉随丁共55丁，其余658丁，得4个佐领，设牛录章京四、昆都拨什库四。

在设旗方面，理藩院尚书喀兰图还提议：因为阿巴哈纳尔之都西希雅布贝子佐领多，可单独编一旗，其余人佐领数少，应单独编旗，抑或令其暂时仍留在所并入之旗，请皇帝定夺。皇帝裁定：阿巴哈纳尔之都西希雅布贝子之众编为一旗，其余人仍留在所并入之旗。②

众所周知，衮布伊勒登贝勒及其属众后来从敖汉旗分离出来，被编为独立的扎萨克旗，被称为喀尔喀左翼旗。巴勒布冰图贝子也不再附牧扎鲁特右翼旗，而是附牧土默特左翼旗，其游牧地也迁到了厚很河南即今通辽市库伦旗西南部。康熙十四年（1675），察哈尔亲王布尔尼叛清后被镇压，位于今库伦旗境内的察哈尔扎萨克旗被取消，属下大部分被带到北京，分给八旗满洲当奴婢，旗地成为空闲地，直到雍正十一年（1733）仍然无主。③ 大致在雍正末年至乾隆初年间，库伦旗占据了原察哈尔旗地主要部分，周围的奈曼等旗也蚕食了一部分。至此，内蒙古东部各旗的游牧地界才最后得以确定。

三

康熙初年在内附喀尔喀人中的设旗编佐领和指定游牧的案例，对研究清代对蒙政策和扎萨克旗制都很有意义。通过该案例的分析，我们可以明确以下几点：

---

① 衮布西吉岱青台吉是并入察哈尔固伦额驸阿布奈亲王旗之人。
② 乌云毕力格、吴元丰、宝音德力根主编：《清朝前期理藩院满蒙文题本》卷一，第402—404页。
③ 详见拙作 On Territory "Chakhar Ulus" Ruled in the Early Qing Dynasty, in *Quaestiones Mongolorum Disputatae*, II, Tokyo, 2006, pp. 57-74.

一、清初在内蒙古设旗编佐领的记载不全,乾隆年间所编《钦定蒙古回部王公表传》所载各旗的成立时间,主要是根据给扎萨克王公授予爵位的时间来推定的,但事实证明,授予爵位和设旗不是一回事儿,被授予爵位和设扎萨克也往往不同时。比如,衮布伊勒登被封为多罗贝勒的时间是康熙三年(1664),但其所领喀尔喀左翼旗的成立最早也在康熙五年十一月以后。《王公表传》称,衮布伊勒登于康熙三年来归,"寻封扎萨克多罗贝勒,诏世袭罔替",①因而将喀尔喀左翼旗的成立时间视作康熙三年,显然有误。还比如,阿巴哈纳尔之都西希雅布台吉康熙四年被封为固山贝子,《王公表传》记载都西希雅布旗建于康熙四年,但档案资料证明,该旗设于康熙五年十一月。关于各旗的设立时间,今人都依《王公表传》记载,这是不够准确的。可见,清初很多蒙古扎萨克旗的编立年代在清代文献中有误传。必须明确指出,扎萨克的设立是一个扎萨克旗成立的最主要的标志。

二、以往一般认为,清代蒙古的扎萨克旗个个都是封建领地,拥有"君国子民"之权。但是,日本学者冈洋树对此提出了异议。本文分析的案例也有力地说明了,清朝对扎萨克旗及人民拥有最高统治权,掌握着对旗内土地的所有权和最终支配权。在清太祖、太宗时期,内蒙古地区的蒙古诸部或被编入八旗满洲和八旗蒙古(如兀鲁、乌济耶特、弘吉剌、巴约特、喀喇沁等部),或迁出原来的游牧地(如察哈尔、巴林、扎鲁特等部),而兴安岭以北的所谓的山阴蒙古(阿鲁蒙古)则纷纷南迁到内蒙古各部原牧地(如阿鲁科尔沁、翁牛特、茂明安、四子等部)。在此过程中,满洲统治者们通过重新指定游牧地的手段,把蒙古地区的土地所有权逐渐控制在自己的手中。清朝建立后,朝廷进一步通过钦定地界即奉旨划定扎萨克旗游牧地的方式,把土地赐给各扎萨克旗使用。正因为旗地所有权属于朝廷,所以皇帝有权将其任意分配。在安置喀尔喀人的过程中,皇帝对内蒙古各旗之地或宰割或补偿,这是在内蒙古各旗游牧地界早已划分和

---

① 《王公表传》卷三三《传第十七·喀尔喀左翼总传》、《扎萨克多罗贝勒衮布伊勒登列传》。

第六章 康熙初年清朝对归降喀尔喀人的设旗编佐

固定之后进行的,所以,此过程把清朝对蒙地的所有权和分配权表现得淋漓尽致。安置喀尔喀人的过程,对蒙旗属下的人丁,皇帝同样拥有予夺之权。比如,将巴勒布冰图之五百余丁,先并入扎鲁特右旗,后又收回后附于土默特右旗;理藩院拟将喀喇车里克之众并入翁牛特左旗,但皇帝否决此提案,改隶克什克腾旗。但是,扎萨克王公不拥有此等权力,他们无权将旗下人丁任意拨给其他旗份。

三、从这个案例看得十分清楚,一个扎萨克旗的设立,要经过以下几个步骤:首先封其为首的贵族以爵位(根据其不同的实力和功劳,从亲王到台吉不等),其次在其部内比丁,掌握确切丁数和人口数,除专门为旗内贵族服务的随丁外,其余壮丁被编为佐领并设官,如得足够多的佐领,最后任命扎萨克,编为一旗。如其佐领数不够设旗标准,则被授予爵位的贵族只得当闲散王公,附于某旗,管理自己的属民。通过以上措施,朝廷掌握了扎萨克旗的丁数,并通过世袭的扎萨克王公和旗内各级职官,实现对蒙旗的支配和管理。

附:两份题本的罗马字转写与翻译

题本一(满文原文罗马字转写、汉译)

……genefi icihiyame bu.
wesimburengge

dorgi amban bime, tulergi golo be dasara jurgan i aliha amban, amban karantu sei gingguleme wesimburengge,(+)hese be baire jalin. baicaci, kalka ci dahame jihe damrin taiji, kalkai darhan cin wang ni banjiha deoi jui, erei harangga juwe tanggū haha. abhanar i dusikiyab taiji se, abagai šakšasengge giyūn wang de ahūn deo ombi. esei harangga emu minggan jakūn tanggū haha. karacirik i sonom taiji se ongniyot i dureng giyūn wang ni gūsai karacirik i kitat gung de, ahūn deo ombi, erei harangga emu tanggū haha. doroi beile balbu bingtu sei harangga sunja tanggū haha bi. geli baicaci, elhe taifin i ilaci aniya ninggun biyai dorgide, doroi beile gumbu ildeng ni ninju haha de, dalai darhan cin wang ni gūsa i ujan de ba bufi taka tebuhebi. amala baime jihe uju jergi taiji ubasi erke i ninju duin haha, gumbu ildeng beilei jui lubdzang taiji i dehi ilan haha, ere juwe hoki be gemu gumbu ildeng beile de acabuhabi, amban meni gisurehengge, damrin taiji, kalkai darhan cin wang ni banjiha deo i jui be dahame, darhan cin wang ni gūsa de acabuki. gumbu ildeng beile, balbu bingtu beile, dusikiyab taiji, sonom taiji, ere duin hoki be acabufi emu gūsa obure. eici esebe acara be tuwame gūwa gūsa de kamcibure babe, amban meni cisui gamara ba waka ofi gingguleme wesimbuhe. (+) hese be baimbi, elhe aifin i duici aniya ilan biyai ice jakūn de wesimbuhe. ineku biyai juwan de, (+) hese, damrin be gisurehe songkoi obu, gumbu ildeng beile sebe acara be tuwame gūwa gūsa de kamcibu sehe. (+) hese be gingguleme dahafi, damrin taiji be kalkai darhan cin wang de acabure ci tulgiyen, amban meni gisurehengge, gumbu ildeng beile be aohan i mergen baturu giyūn wang ni gūsa de, balbu bingtu be jarut i sanggar beile i gūsa de, karacirik i sonom taiji be ongniyot i dureng giyūn wang ni gūsa de, abhanar i dusikiyab taiji be abagai šakšasengge giyūn wang ni gūsa de acabuki sembi. amban meni cisui gamara ba waka ofi gingguleme wesimbuhe. (+) hese be baimbi, elhe taifin i duici aniya ilan biyai juwan duin de wesimbuhe. sunja biyai juwan emu de, (+) hese, karacirik i sonom taiji be, ongniyot i gūsa de kamcibure be nakafi, kesikten de kamcibu, gūwa be gisurehe songkoi obu sehe. (+) hese be gingguleme dahafi gumbu ildeng beile sebe, aohan i mergen baturu giyūn wang ni jergi gūsa de kamcibuha ci tulgiyen. amban meni gisurehengge, baicaci cahar i ambalinggū wesihun gurun i gungju be, ijeo de amasi julesi yabure de facuhūn seme juwe tumet i siden i babe onco juwan ba, golmin emu tanggū uyunju ba sula bibuhe bihe, te ere babe gaifi, tumet i gumu beise de bufi, gumu beisei baci aohan de kamcibuha gumbu ildeng beilei emu tanggū ninju nadan haha de teisulebume gaifi bume. jai jarut de kamcibuha balbu bingtu beilei sunja tanggū haha de juljaga giyūn wang

第六章　康熙初年清朝对归降喀尔喀人的设旗编佐

ni baci gaifi bume. juljaga giyūn wang de hinggan i amargi juwe ujumucin i baci gaifi toodame bume, kesikten de kamcibuha sonom taiji i emu tanggū haha de juwe abagai baci gaifi bume. abagai šakšasengge giyūn wang de kamcibuha tusikiyab taiji i emu minggan jakūn tanggū haha de bure ba, jai ujumucin de toodame bure bai jalin, ujumucin ci ilan urat de isitala karun i dolo gurun nukteci ojoro ba bici toodame buki. karun i dolo nukteci ojoro ba akū oci karun be acara be tuwame amasi fesheleme anafi buki. jai damrin taiji i juwe tanggū haha be kalkai darhan cin wang de acabuha be dahame, gumbu ildeng beile de buhe babe kemuni darhan cin wang de bibume, ere, gūsa be aname, karun be acara be tuwame fesheleme bure ba, amba be dahame, ede amban genefi icihiyame bure, eici jurgan ci hafasa be takūrafi icihiyame bure babe, amban meni cisui gamara ba waka ofi gingguleme wesimbuhe. (+)hese be baimbi.

elhe taifin i duici aniya sunja biyai juwan duin.
dorgi amban bime aliha amban, amban karantu.
icihiyara hafan emu jergi nonggiha amban baki.
aisilakū hafan emu jergi nonggiha amban hamhai.

"（批红）……（原文缺）去，办理与之。
（题本正文）
题

内大臣兼理藩院尚书臣喀兰图等谨题：为请旨事。经查，自喀尔喀来投之达木琳台吉，乃喀尔喀达尔汉亲王胞弟之子，属下二百丁。阿巴哈纳尔都西希雅布台吉等，乃阿巴噶沙克沙僧格郡王（阿巴噶部都思噶尔多罗郡王长子）之兄弟，属下一千八百丁。喀喇车里克索诺木台吉等，乃翁牛特杜稜郡王旗下喀喇齐里克奇塔特公（父察罕泰，祖父噶尔玛，崇德八年封镇国公）之兄弟，属下一千丁。多罗贝勒巴尔布冰图等属下五百丁。又查，康熙三年六月中，令多罗贝勒衮布伊勒登之六十丁，暂居达赖达尔汉亲王旗边地。后请投之头等台吉乌巴什额尔克之六十四丁，衮布伊勒登贝勒之子罗布藏台吉之四十三丁，此二者俱令与衮布伊勒登会合。臣等议：达木琳台吉为喀尔喀达尔汉亲王胞弟之子,故令其往达尔汉亲王旗会合。衮布伊勒登贝勒、巴勒布冰图贝勒、都西希雅布台吉、索诺木台吉,此四人可令合编一旗,或视其适当并入他旗。臣等不敢擅专,敬题请旨。康熙四年三月初八具题,本月初十有旨:达木琳依议,衮布伊勒登贝勒等看得适当旗地令往。谨遵旨意,令达木琳台吉往喀尔喀达尔汉亲王处,此外臣等议:令衮布伊勒登贝勒往敖汉墨尔根巴图鲁郡王旗,巴勒布冰图贝勒往扎鲁特桑噶尔贝勒旗,喀喇齐里克索诺木台吉往翁牛特杜稜郡王旗,阿巴哈纳尔都西希雅布台吉往阿巴嘎沙克沙僧格郡王旗。臣等不敢擅专,敬题请旨。康熙四年三月十四具题,五月十一有旨:喀喇齐里克索诺木台吉往翁牛特事暂止,令往克什克腾旗,余依议。谨遵旨意,令衮布伊勒登等往敖汉墨尔根巴图鲁郡王旗,此外臣等议:查得,因察哈尔温庄固伦公主自义州往返时,道中纷乱,故曾留地于二土默特旗间为闲置地,其地宽十里,长一百九十里。今将此地收回,拨给土默特顾穆贝子,自顾穆贝子之处取相等之地拨给并入敖汉之衮布伊勒登贝勒一百六十七丁。另,并入扎鲁特之巴尔布冰图贝勒属下五百丁,取珠尔扎噶郡王之地与之;取兴安北二乌珠穆沁地,赔偿珠尔扎噶郡王;并入克什克腾之索诺木台吉一百丁,自二阿巴噶取地与之。给并入阿巴嘎沙克沙僧格郡王之都西希雅布台吉之一千八百丁地事,及为补乌珠穆沁旗地之故,命自乌珠穆沁至三乌拉特旗卡伦之内,若有游牧,可取补之。若于卡伦内无可游牧之地,视适当情况将卡伦向后退缩而给之。再,令达木琳台吉之二百丁并入达尔汉亲王,故将给衮布伊勒登贝勒之地,仍留于达尔汉亲王处。此等推扩旗地、视情况退缩卡伦者,事系重大,故此二事由臣等办理与之,抑或自部派员办理与之,臣等不敢擅专,谨题请旨。

康熙四年五月十四

内大臣兼尚书臣喀兰图、郎中加一级臣巴奇、员外郎加一级臣哈穆海"

题本二(满文原文罗马字转写、汉译)

gisurehe songkoi obu. balbu bingtu beile se be da kamcibuha gūsa

第六章　康熙初年清朝对归降喀尔喀人的设旗编佐

de taka bibu

　　wesimburengge

　　dorgi amban bime, tulergi golo-be dasara jurgan i aliha amban. amban karantu sei gingguleme wesimburengge. niru banjibure jalin, baicaci, amban meni jurgan wesimbuhengge. kalakaci dahame jihe gumbu ildeng beile be aohan i mergen baturu giyūn wang ni gūsa de, balbu bingtu beile be, jarud i sanggar beile i gūsa de, karacirik sonom taiji be kesikten de, abahanar i dusihiyab taiji be, abagai šakšasenge giyūn wang ni gūsa de kamcibuhabi. ese be encu gūsa obufi, esei gajiha

　　haha be niru banjibure, gūsai ejen, meiren i janggin jalan i janggin sindara babe ishun aniya haha celere aniya be dahame, ese be inu ishun aniya haha i ton be gaiha manggi, enculeme gūsai ejen, meiren i janggin jalan i janggin, nirui janggin sindaki, ese be encu gūsa obure babe. nuktebume genere hafansa, beile, taiji sede ulhibume alakini, jai jarud, aohan, abaga, kesikten i jasak i wang, beile sede encu gūsa obure bade inu ulhibume alakini sembi. erei jalin. + hese be baimbi, elhe taifin i duici aniya sunja biyai orin emu de wesimbuhe, ineku inenggi + hese inu sehe be dangse de ejehebi. baicaci balbu bingtu beilei hiya, kamcihan i haha, taijisai kamcihan i haha, uheri juwe tanggū ninju juwe haha be sufi, jai funcehe haha nadan tanggū orin ilan haha, erebe emu niru de emu tanggū susai haha obume bodoci, sunja niru ombi. gumbu ildeng beilei hiya, kamcihan i haha, taijisai kamcihan i haha uheri nadanju uyun haha be sufi, jai funcehe haha emu tanggū dehi haha, ere emu niru ombi, cahar i gurun i efu abunai cin wang ni gūsa de kamcibuha gumbusihi daicing taiji i hoki taijisai kamcihan i haha uheri susai sunja haha be sufi, jai funcehe haha ninggun tanggū susai jakūn haha, duin niru ombi, dusihiyab beisei hiya, kamcihan i haha, taijisai kamcihan i haha, uheri emu tanggū uyun haha be sufi, jai funcehe haha juwe minggan emu tanggū juwan haha, juwan duin niru ombi, kesikten i manahū taiji i gūsa de

189

kamcibuha sonom taiji. borjon taijisai kamcihan i haha jakūn be sufi, jai funcehe uyunju juwe haha bi. amban meni gisurehengge, balbu bingtu beile sebe, ishun aniya monggoi haha celere aniya be dahame, suwembe encu gūsa banjibufi, gūsai ejen, meiren i janggin, jalan janggin, nirui janggin sindambi sehe be dahame, balbu bingtu beile i hiya, kamcihan i haha, taijisai kamcihan i haha ci tulgiyen, jai nadan tanggū orin ilan haha be, sunja niru obufi, ede meiren i janggin emke, jalan i janggin emke, nirui janggin sunja, funde bušokū sunja sindaki, niru komso be dahame, gūsai ejen sindara be nakaki, jai gumbu ildeng beilei hiya, kamcihan i haha, taijisai kamcihan i haha ci tulgiyen, jai emu tanggū dehi haha be emu niru obufi, nirui janggin emke funde bošokū emke sindaki, jai dusihiyab beisei hiya, kamcihan i haha, taijisai kamcihan i haha ci tulgiyen, jai juwe minggan emu tanggū juwan haha be, juwan duin niru obufi, gūsai ejen emke, meiren i janggin juwe, jalan i janggin juwe, nirui janggin juwan duin, funde bošokū juwan sindaki, jai cahar i gurun i efu abunai cin wang ni gūsa de kamcibuha gumbusihi daicing taiji i hoki taijisai kamcihan i haha ci tulgiyen, jai ninggun tanggū susai janggūn haha be, duin niru obufi, nirui janggin duin, funde bošokū duin sindaki, jai kesikten i manahū taiji i gūsa de kamcibuha sonom taiji, borjon taiji de kamcibuha haha ci tulgiyen jai uyunju juwe haha bi, toktobuha bade emu tanggū susai haha be emu niru obuhabi, sonom, borjon se, ice jihe be dahame, kadalara niyalma akū oci ojorakū, uttu ofi, ere uyunju juwe haha de inu nirui janggin emke, funde bošoku emke sindaki, jai dusihiyab beise de niru geren be dahame, encu gūsa obuki, jai balbu bingtu beile, gumbu ildeng beile sei niru komso be dahame da kamcibuha gūsa taka bibure, eici encu gūsa obure babe, amban meni cisui gamara ba waka ofi, gingguleme wesimbuhe. + hese be baimbi. elhe taifin-i sunjaci aniya omšon biyai juwan emu. dorgi amban bime, aliha amban, amban karantu, hashū ergi ashan i amban emu jergi nonggiha amban coktu, icihiyara hafan emu jergi nonggiha amban hoto, aisilakū

第六章　康熙初年清朝对归降喀尔喀人的设旗编佐

hafan amban laduhū.
"(批红)依议。著巴勒布冰图贝勒等暂留所并入之旗。
(题本正文)
题
　　内大臣兼理藩院尚书臣喀兰图等谨题：编佐领事。查得，我部题，曾令自喀尔喀来归之衮布伊勒登贝勒并入敖汉墨尔根巴图鲁郡王旗，巴勒布冰图贝并入扎鲁特桑噶尔贝勒旗，喀喇齐里克索诺木台吉并入克什克腾旗，阿巴哈纳尔都西希雅布台吉并入阿巴嘎沙克沙僧格郡王旗。令彼等另编为一旗，所率来之丁编为佐领。因明年为比丁之年，明年计其丁数后，欲特别设立固山额真、梅勒章京、扎兰章京、牛录章京等。将彼等编旗之事，著前往游牧之官传谕贝勒、台吉等。此外，另外编旗事亦传谕敖汉、阿巴噶、克什克腾之扎萨克王、贝勒等。为此请旨。康熙四年五月二十一日。是日得旨：是。等因，已记档在案。查得，除巴勒布冰图贝勒之侍卫、随丁及台吉等之随丁共二百六十二丁，尚得七百二十三丁。按一百五十人为一牛录计，得五牛录；衮布伊勒登贝勒之侍卫与台吉等之随丁共七十九，除此之外可得百四十丁，可编为一牛录；并入察哈尔固伦额驸阿布奈亲王旗之衮布西吉岱青台吉等诸台吉之随丁共五十五丁，其余六百五十八丁，可得四佐领；都西希雅布贝子之侍卫、随丁与诸台吉随丁共一百零九丁，其余二千一百一十丁，可得十四佐领；并入克什克腾旗玛纳呼台吉之索诺木台吉、博尔谆台吉等之随丁共八丁，其余九十二丁。臣等议，因明年为比丁之年，且将彼等另编为一起，设固山额真、梅勒章京、扎兰章京、牛录章京等，故除巴勒布冰图之侍卫、诸台吉之随丁外，剩余七百二十三丁编为五佐领，梅勒章京一，扎兰章京一，牛录章京五，昆都拨什库五，因牛录少，不设固山额真；衮布伊勒登贝勒之侍卫、台吉等之随丁外，一百四十丁编为一牛录，设牛录章京一，昆都拨什库一；都西希雅布贝子之侍卫、台吉随丁外，其余二千一百一十丁，编为十四佐领，设固山额真一，梅勒章京二，扎兰章京二，牛录章京十四，昆都拨什库十；并入察哈尔固伦额驸阿布奈亲王旗之衮布西吉岱青台吉等诸台吉之随丁外，其余六百五十八丁，编为四佐领，设牛录章京四，昆都拨什库四；并入克什克腾旗玛纳呼台吉之索诺木台吉、博尔谆台吉等之随丁外，其余九十二丁。定制，百五十丁为一牛录，但因索诺木、博尔谆等新附，不能无管辖之人，故仍设牛录章京一，昆都拨什库一；都西希雅布贝子牛录多，故另编为一旗，而巴勒布冰图贝勒、衮布伊勒登贝勒等牛录少，要令彼等暂留所并入之旗，抑或另编为一旗，臣等不敢擅专，谨题请旨。

康熙五年十一月十一

内大臣兼尚书臣喀兰图、左侍郎加一级臣绅克图、员外郎加一级臣哈穆海、员外郎加一级臣胡图、郎中臣拉都护"

第七章　关于清代内扎萨克蒙古盟的雏形

——以理藩院满文题本为中心

一　引　言

众所周知,清代外藩蒙古管理制度的核心是所谓"盟旗制度",研究者对此问题向来十分重视,有不少论及该问题的专著和相关论文。① 然而,有关盟旗制度的内容,《大清会典》《理藩院则例》等清代政书中虽有记述,但均为后人编纂,系该制度已臻完善后的状况,从中难以窥见自清初至乾隆朝逐步发展的过程。故此,根据此类后世文献进行的研究,实际上都只能分析臻于完备的盟旗制度,其研究成果并不能套用到清初至乾隆朝各个时期。总之,前人研究多受制于史料欠缺,因而对清初蒙古盟旗制度语焉不详。

日前中国人民大学国学院西域历史语言研究所与中国第一历

---

① 相关文献如,[苏]弗拉基米尔佐夫著,刘荣焌译:《蒙古社会制度史》,中国社会科学出版社,1980年;[日]田山茂著,潘世宪译:《清代蒙古社会制度》,商务印书馆,1987年;[日]冈洋树:《清代モンゴル盟旗制度の研究》,东方书店,2007年;杨强:《清代蒙古族盟旗制度》,民族出版社,2006年;阎光亮:《清代内蒙古东三盟史》,中国社会科学出版社,2006年;王湘云:《内扎萨克的建立问题》,载《社会科学辑刊》1986年1期;达力扎布:《清初内扎萨克六盟和蒙古衙门建立时间蠡测》,载达力扎布《明清蒙古史论稿》,民族出版社,2003年;赵云田:《清朝治理蒙藏地区的几个政策》,载《中国社会科学》1994年3期;乌力吉:《试论清代盟旗制》,载《黑龙江民族丛刊》1993年3期;陈国干:《清代蒙古盟旗制度的来源和性质》,载《内蒙古社会科学》(汉文版)1981年1期;李婧:《清代的盟旗制度》,载《前沿》2006年7期;牛海桢:《简论清代蒙古族地区的盟旗制度》,载《甘肃联合大学学报》(社会科学版)2005年2期。

史档案馆整理并影印出版了《清朝前期理藩院满蒙文题本》,[1]其中,关于清顺治时期漠南蒙古会盟有全新史料发现,从而得以对前人研究成果做出补充和完善。本文就是利用这些崭新的"遗留性史料",探讨清朝顺治年间内蒙古六盟的雏形问题。

二 顺治朝理藩院满文题本中相关新资料

现存顺治朝理藩院题本中,顺治十年前的内容全部散佚,故无法据此对顺治初年的理藩院制度进行探讨。根据现存题本,我们仅仅可以推知,在清崇德年间,内蒙古地区就已有会盟,而且会盟已有审案、比丁等职能。[2] 但对于此时是否已有定期盟会,该会盟与日后盟旗制度中的"盟"是否同一性质以及何等人员、于何范围、在何地点、如何会盟等等问题,均无记载。这类问题的解决尚待相关档案文书的发掘与研究。本文就现有顺治朝关于蒙古会盟的六份理藩院满文题本,对此问题进行探讨。

题本一:[3]

(批红)da an i geneci acambi, genere ambasa be tucibufi wesimbu.

(题本)wesimburengge

○tulergi golo be dasara jurgan i aliha amban šajidara sei gingguleme wesimburengge. tulergi monggoi haha, celere jalin. tulergi goloi monggo de ilan aniya oho manggi, weile gisureme, haha celeme, culgan genembihe. ilan aniya oho. da an i genereo, nakareo, erei jalin gingguleme wesimbuhe. (+) hese be baimbi.

ijishūn dasan i juwan juwaci aniya ninggun biyai orin sunja.

aliha amban šajidara/ ashan i amban sidari/ ashan i amban šaštir/

---

[1] 乌云毕力格、吴元丰、宝音德力根主编:《清朝前期理藩院满蒙文题本》(二十三卷),内蒙古人民出版社,2010年。
[2] 例如《清朝前期满蒙文理藩院题本》所收录的卷一第6本(第6页)、卷一第27本(第9页)均提到崇德年间会盟时上诉审案一事。
[3] 乌云毕力格、吴元丰、宝音德力根主编:《清朝前期满蒙文理藩院题本》卷一,第77本第119页。

第七章　关于清代内扎萨克蒙古盟的雏形

aisilakū hafan gobiltu. ／ aisilakū hafan nikacan. ／ ejeku hafan mala.

"（批红）应照例举行，着选派遣大臣后奏报

（题本）题奏

理藩院尚书沙济达喇等谨题：为外藩蒙古比丁事。外藩蒙古每三年为议罪、比丁而会盟，今三年已到，照例举行抑或停止？为此谨题请旨。

顺治十二年六月二十五

尚书沙济达喇／侍郎席达礼／侍郎沙世悌尔／员外郎葛毕勒图／员外郎尼喀禅／主事马拉"

达力扎布《清初内扎萨克六盟和蒙古衙门建立时间蠡测》一文指出："会盟之事始之清太宗，但是三年一盟的制度始于清朝入关以后，即顺治末、康熙初，康熙初年才有三年一盟的确切记载。在此之前似未定期。"①达力扎布发表本文时，顺治朝题本档案尚未公布，因此才有此推论。但是，通过这份题本，我们可对此推论做出修正：至迟至顺治中期，蒙古地区三年一盟，理藩院选派大臣前往参加已成定例。因为，该顺治十二年所写题本称"外藩蒙古每三年为审案、比丁而会盟，今三年已到"，可见至迟在顺治九年时三年一盟的制度已经形成。

题本二：②

（批红）ere culgan de isara juwan emu gūsa, abunai cin wang ni jakade isakini.

（题本）wesimburengge

○tulergi golo be dasara jurgan i aliha amban šajidara sei gingguleme wesimburengge. culgan isara ba i jalin. daci korcin i ergide culgan isabumbihede korcin i juwan gūsa be tusiyetu cin wang ni jakade. cahar, juwe jalut, juljaga efu jiyūn wang, juwe barin, juwe ongniot, aohan, naiman, kesikten, ere juwan emu gūsa be bai

---

① 达力扎布：《明清蒙古史论稿》，第285页。
② 乌云毕力格、吴元丰、宝音德力根主编：《清朝前期满蒙文理藩院题本》卷一，第78本第120页。

dulimbade, juwe karacin, juwe tumet be ineku bai dulimbade isabumbihe ijishūn i dasan i uyuci aniya, cahar i gurun i efu abunai cin wang be（+）hesei culgan isarade isakini sehe be dahame, te ere culgan de ere juwan emu gūsa be ujulaha wang be dahame gurun i efu abunai cin wang ni jakade isabureo erei jalin gingguleme wesimbuhe.（+）hese be baimbi.

ijishūn dasan i juwan juwaci aniya nadan biyai juwan.

aliha amban šajidara/ ashan i amban sidari/ ashan i amban šaštir/ ejeku hafan mala.

"（批红）此次十一旗会盟，着于阿布奈亲王处聚会。

（题本）题奏

署理理藩院尚书沙济达喇等谨题：为召集会盟之地事。向例，往科尔沁之地会盟者，召集科尔沁十旗于土谢图亲王处。察哈尔、扎鲁特二旗、额驸珠尔扎嘎郡王、巴林二旗、翁牛特二旗、敖汉、奈曼、克什克腾，此十一旗于（各旗）适中地点会盟，喀喇沁二旗、土默特二旗亦于（各旗）适中地点会盟。顺治九年，察哈尔固伦额驸阿布奈亲王曾奉旨召集会盟。此次会盟，因固伦额驸阿布奈亲王为该十一旗为首之王，故是否仍于彼处召集会盟？为此谨题请旨。

顺治十二年七月初十

尚书沙济达喇/侍郎席达礼/侍郎沙世悌尔/主事马拉"

本题本史料价值非常重要，首先，提到了前次会盟发生于顺治九年的事实。顺治九年后，时隔三年，即题本提及的顺治十二年会盟，可见三年一盟，已为定制。其次，该题本中提到了不同三组会盟的地点与旗分构成，从中可以看出后世内蒙古东三盟的形成时间，与各盟构成旗分的演变。清代中后期的内蒙古东三盟为哲里木、卓索图、昭乌达三盟，但时至顺治十二年，该三盟还没有正式成立。题本指出，"向例，往科尔沁之地会盟者，召集科尔沁十旗于土谢图亲王处"，这当然是后世哲里木盟的雏形。但直到此时，并无"哲里木盟"一名，其会盟地点可能在土谢图汗旗临时择地举行。题本还提到，察哈尔、扎鲁特二旗、阿鲁科尔沁旗、巴林二旗、翁牛特二旗、敖

第七章　关于清代内扎萨克蒙古盟的雏形

汉、奈曼、克什克腾等十一旗,以及喀喇沁二旗、土默特二旗等四旗各于各旗"适中地点会盟"。其中,前十一旗会盟为后来的昭乌达盟雏形,①而后四旗会盟则为卓索图盟前身。② 如题本所记载,当时一同会盟的各旗分已有规定,但并无具体的会盟地点,也没有固定的会盟名称。例如,日后昭乌达盟,因其会盟地点于昭乌达地方,故因此得名,但直到顺治十二年,相关十一旗始终于察哈尔会盟,其会盟地必在今通辽市库伦旗境内。③ 正因如此,理藩院尚书诸臣以本题本题报皇帝,就本年度会盟地进行请示。对此顺治皇帝钦裁,依前次成例,由察哈尔阿布奈亲王主持,于彼地进行会盟。根据该档案可以推论,当时虽有盟会,但制度性不强,多为随形势调整。

题本三：④

（批红）gisurehe songkoi obu.

（题本）wesimburengge

〇tulergi golo be dasara jurgan i aliha amban, amban šajidara sei gingguleme wesimburengge. tulergi monggo de culgan tucire jalin. neneme wesimbuhe de, (+) hese korcin i ergide, aliha amban šajidara se culgan gene, isinjiha manggi. tehe hontoho i ashan i amban sidari se ujumucin i ergide culgan genekini sehe bihe. korcin i ergide culgan genehe. aliha amban šajidara se isinjiha. te ujumucin ci ordus de isitala culgame, ashan i amban sidari se genembi. ilan bade culgambi. kooli be dahame, ilan ba i culgan de selgiyeme hūlara. (+) hesei bithe, ilan ere seme, dorgi bithei yamun de afabureo. erei jalin gingguleme wesimbuhe. (+) hese be baimbi.

ijishūn dasan i juwan juwaci aniya juwan biyai ice ilan.

aliha amban, amban šajidara／ashan i amban, amban sidari／

---

① 察哈尔一旗在康熙十四年布尔尼反清叛乱后被消灭。
② 康熙朝以后,该盟成员有所增加。
③ 参见乌云毕力格《清初"察哈尔国"游牧地考》,载乌云毕力格《十七世纪蒙古史论考》,内蒙古人民出版社,2009 年。
④ 乌云毕力格、吴元丰、宝音德力根主编：《清朝前期满蒙文理藩院题本》卷一,第 81 本第 124 页。

ashan i amban, amban šaštir/ mujiren bahabukū, amban naige/ weilen ejeku hafan, amban jiman/ ejeku hafan, amban mala.

"(批红)依议而行。

(题本)题奏

署理理藩院尚书臣沙济达喇等谨题：为外藩蒙古会盟事。前此所题，上谕，科尔沁处，令尚书沙济达喇等前往会盟。到达后，令住管之侍郎席达礼等往乌珠穆沁会盟。前往科尔沁会盟之尚书沙济达喇等已到。今将在自乌珠穆沁至鄂尔多斯等处会盟，侍郎席达礼等前往。三地会盟，依例应于会盟地宣谕，故所需圣旨，是否交由内秘书院依例拟写？为此谨题请旨。

顺治十二年十月初三

尚书臣沙济达喇/左侍郎臣席达礼/右侍郎臣沙世悌尔/启心郎臣鼐格/主事臣济满/主事臣马拉"

这份题本同样为处理顺治十二年会盟，当中记载了清廷派遣大臣参与会盟，及当众宣读圣旨事。该题本的特殊意义在于关于清代内蒙古西三盟的信息。题本二明确指出，将在从乌珠穆沁到鄂尔多斯的三个地方进行会盟，这应该就是后世锡林郭勒、乌兰察布和伊克昭三盟之雏形。但是，何旗于何地进行会盟并不清楚。锡林郭勒盟前身的会盟地点，当时并非于锡林郭勒河岸，而远在东北部的乌珠穆沁境内。

顺治十二年会盟接续顺治九年，按三年一盟时间，下次会盟应发生于顺治十五年，但根据题本，会盟时间提前一年，于顺治十四年即已举行。

题本四：①

(批红) gisurehe songkoi obu.

(题本) wesimburengge

○tulergi golo be dasara jurgan i hashū ergi ashan i amban bime,

---

① 乌云毕力格、吴元丰、宝音德力根主编：《清朝前期满蒙文理藩院题本》卷一，第 126 本第 206 页。

第七章　关于清代内扎萨克蒙古盟的雏形

emu jergi nonggiha amban sidari sei gingguleme wesimburengge. (+)
hese be baifi, yamun i efujehe garjaha babe dasaki sere jalin. amban
be tuwafi ninggun jurgan de ciyaliyang bisire be dahame, meni meni
yamun i efujehe garjaha be wesimbufi dasahabi. amban meni jurgan de
ciyaliyan akū be dahame, efujehe garjaha babe dasarangge mangga.
doigon de dasarakū oci, labudu efujehe manggi dasaci ciyaliyang
baiburengge labdu ombi. amban be ere aniya (+) hesei culgan tucike
babe, tulergi monggo i waliyabuha ulga be jafafi, ududu aniya ejen
takrakū ulga bi. daci ere jergi ejen takarakū ulga be, amban meni
jurgan de benjihe manggi. morin, temen oci, cooha i jurgan de afabufi
icihiyambihe. ihan oci, dorolon i jurgan de afabufi icihiyambihe.
amban be ere ejen takarakū ulga be, cooha i jurgan. dorolon i jurgan
de afabure be nakafi, amban meni jurgan uncafi baha hūda de yamun i
efujehe garjaha babe dasaki sembi. amban meni cisui gamara ba waka
ofi gingguleme wesimbuhe (+) hese be baimbi.
　　ijishūn dasan i juwan duici aniya jorgon biyai juwan jakūn.
　　hashū ergi ashan i amban bime, emu jergi nonggiha amban sidari.
　　ici ergi ashan i amban bime, emu jergi nonggiha amban šaštir.
　　weilen ejeku hafan bime, emu jergi nonggiha amban malu.
　　"(批红)依议而行。
　　(题本)题奏
　　理藩院左侍郎加一级臣席达礼等谨题：为请旨修缮官署损毁处事。臣等之见，因六部各有钱粮，故自行题报官署损毁、予以修缮。臣部并无钱粮，故难以为此。然若不预先修缮，则损毁日增，故请益钱款。臣等本年奉旨看视会盟时，见所获外藩蒙古之遗失牲畜，多年无主认养。向例此等无主牲畜，送交本部，若为马、驼，则交兵部处理，若为牛，则交吏部处理。臣等敢请：可否将此无主牲畜停交兵、礼二部，而由本部售卖，所得钱款，用以修缮官署？臣等不敢擅专，谨题请旨。
　　顺治十四年十二月十八
　　左侍郎加一级臣席达礼/右侍郎加一级臣沙世悌尔/主事加一级臣玛鲁"

该份题本报于顺治十四年末,并非直接叙述会盟事,但其中明确提及"本年奉旨看视会盟",足以说明会盟已提前一年。此次会盟时间发生变动,因此,下次会盟本应于顺治十八年举行,但因此情况故而提前一年,于顺治十七年举行。若以此次顺治十四年会盟计算,顺治十七年会盟仍然时隔三年。这一事实说明,虽然因突发情况,会盟时间不免发生变化,但原则上三年一盟已是定制。

题本五: ①

(批红) gisurehe songkoi obu.

(题本) wesimburengge

○dorolon i jurgan i hashū ergi ashan i amban emu jergi nonggiha bime, tulergi golo be dasara yamun i baita aisilame icihiyara amban sidari sei gingguleme wesimburengge. tulergi goloi monggo de, weile beideme, haha celeme culgan genere jalin. amban be baicaci, dorgi haha celere aniya, tulergi goro i monggo de, weile beideme, haha celeme, culgan genembihe. (原档残缺) aniya, juwan biyai dorgi de tulergi golo (原档残缺) yendehebi. tuttu bime, yadara irgen muribuha weile be (ya-) mun de, habšame jiki seci monggo i ba goro ofi isinjirengge mangga. erei anasi aniya indeme culgan tuciki seme wesimbufi (+) hesei toktobuhabi. ere genere de korcin i juwan gūsa, cahar i emu gūsa ohan i emu gūsa, naiman i emu gūsa, barin i juwe gūsa, ongniyot i juwe gūsa aru korcin i emu gūsa, jarut i juwe gūsa, karacin i juwe gūsa, tumet i juwe gūsa, kesikten i emu gūsa, ere orin sunja gūsa de culgan genefi, isinjiha manggi. hinggan i amargi ujumucin i juwe gūsa, duin jusei emu gūsa, aru korcin i emu gūsa, (原档残缺)-gan i emu gūsa, (原档残缺) ilan gūsa. ordus i ninggun gūsa. hu-(原档残缺) ere orin juwe gūsa de culgan genembihe (原档残缺) celembi. tutu bime, (+) hesei, aniya indeme, culgan tuci seme toktobuha be dahame, amban be (+) hese be baifi, ere aniya

---

① 乌云毕力格、吴元丰、宝音德力根主编:《清朝前期满蒙文理藩院题本》卷一,第142本第233页。

第七章 关于清代内扎萨克蒙古盟的雏形

tulergi monggo de, weile beideme, haha celeme toktoho songkoi neneme korcin i ergi de culgan geneki sembi. amban meni cisui gamara ba waka ofi gingguleme wesimbuhe (+)hese be baimbi.

ijishūn dasan i juwan nadanci aniya juwe biyai tofohon.

dorolon i jurgan i hashū ergi ashan i amban emu jergi nonggiha bime, tulergi golo be dasara yamun i baita aisilame icihiyara amban sidari

dorolon i jurgan i ici ergi ashan i amban emu jergi nonggiha bime, tulergi golo be dasara yamun i baita aisilame icihiyara amban šaštir

weilen ejeku hafan bime, emu jergi（原档残缺）

"（批红）依议而行。

（题本）题奏

礼部左侍郎加一级、协办理藩衙门事务臣席达礼等谨题：为令外藩蒙古审案、比丁、会盟事。臣等查，内地比丁之年，外藩蒙古亦审案、比丁、会盟。（原档残缺）年十月内，外藩（原档残缺）……举行。然贫民若欲因被冤枉前来衙门上诉，蒙古地广难至。此后相隔两年会盟一次。经题报，圣旨钦定，此次举行（会盟），科尔沁十旗、察哈尔一旗、敖汉一旗、奈曼一旗、巴林二旗、翁牛特二旗、阿鲁科尔沁一旗、扎鲁特二旗、喀喇沁二旗、土默特二旗、克什克腾一旗。此二十五旗已行会盟。抵达后，兴安岭以北之乌珠穆沁二旗、浩奇特二旗、阿巴噶二旗、苏尼特二旗、四子一旗、阿鲁科尔沁一旗、（原档残缺）一旗、（原档残缺）三旗、鄂尔多斯六旗、（原档残缺），此二十二旗业已会盟。（原档残缺）……比丁。然有旨，相隔两年会盟。臣等请旨，本年于外藩蒙古审案、比丁，依前例，率先会盟于科尔沁一方。臣等不敢擅专，谨题请旨。

顺治十七年二月十五

礼部左侍郎加一级协办理藩衙门事务臣席达礼/礼部右侍郎加一级协办理藩衙门事务臣沙世悌尔/主事加一级（原档残缺）"

这份题本残缺较严重，但史料价值极大。

首先,关于"三年一盟"制度的形成过程。根据该题本,最初,外藩蒙古的会盟时间与内地的计丁时间一致。可惜,题本的关键词残缺,原文不知是每年十月内,还是每隔一年后第二年的十月内,将举行会盟。但根据清初文献记载,应该是每年一次。然而,因为蒙古地广,贫困百姓即令有欲申诉之事,恐亦难至会盟场所。因此之故,朝廷下令,改会盟时间为"相隔两年会盟一次",即所谓"三年一盟"。这个制度始于何时,题本没有明确交代。但是,前引理藩院尚书沙济达喇等顺治十二年六月二十五日题本中提到,"外藩蒙古每三年为议罪、比丁而会盟,今三年已到,照例举行抑或停止"云云,可见三年一盟至少在顺治九年已成定制。

其次,关于后世"六盟两班"制度的由来。依后世《大清会典》中关于理藩院的资料记载,乾隆二年"将六会分为两班。锡林郭尔、乌兰察布、伊克召三会为一班,哲里穆、召乌达、卓索图三会为一班,各班以大扎萨克为盟长,各于会内均齐预备"。[①] 这种"六盟两班"制度,源于顺治年间。两班之分缘于地理情况,以兴安岭为界,住牧于兴安岭以南和以东的蒙古各旗被划入东三盟,而岭北、岭西则被划入西三盟,此为清朝袭用蒙古制度的结果。蒙古人历来不以大漠划南北界,而以大兴安岭为分界线,岭南称"斡尔格蒙古"(岭南蒙古),岭北称"阿鲁蒙古"(岭北蒙古)。

再次,该题本点到了当时已经建立的内扎萨克蒙古四十七旗的名称。因为题本残缺,其中几旗的名称已残缺不全。在兴安岭以北(以西)二十二旗中,"-gan i emu gūsa"应该为"moominggan i emu gūsa"(茂明安一旗),"-ilan gūsa"必定为"urad i ilan gūsa"(乌拉特三旗),而"ku-"肯定为"kuku hoton i tumed i juwe gūsa"(归化城土默特二旗)。有意思的是,"阿鲁科尔沁一旗"在兴安岭南北两翼的东

---

① 赵云田点校:《乾隆朝内府抄本〈理藩院则例〉》,中国藏学出版社,2006年,第31页。关于该书,点校者误将其作为乾隆朝内府抄本《理藩院则例》,据达力扎布《关于乾隆朝内府抄本〈理藩院则例〉》(载《中国边疆民族研究》第四辑,中央民族大学出版社,2011年)一文考证,该史料所用底本,应为《大清会典》中关于理藩院之材料,并非理藩院自身所纂《理藩院则例》。

第七章 关于清代内扎萨克蒙古盟的雏形

西会盟中同时出现,因而构成了四十七旗。其实,岭西的"阿鲁科尔沁一旗"应该是"杜尔伯特一旗"之误,所以四十七旗总数并无错误。另值得注意之处,归化城土默特二旗当时仍在内扎萨克会盟之列。

题本六:①

(批红) gisurehe songkoi obu.

(题本) wesimburengge

○dorolon i jurgan i hashū ergi ashan i amban emu jergi nonggiha bime, tulergi golo be dasara yamun i baita aisilame icihiyara amban sidari sei gingguleme wesimburengge. culgan de (+) hesei bithe gamara jalin. daci culgan tucimbihe de, (+) hesei bithe arafi, culgan ishan bade, (+) hesei bithe hūlame selgiyembihe. te ere genere culgan de selgiyeki serengge, kalka, ūlut be dahafi, doro acaha seme, coohai ahūra be heoledeme dasarakū ojorakū. kemuni neneme toktoho songkoi niyengniyeri, bolori juwe jergi coohai ahūra be tuwame, an i gabtabu. te tulergi goloi mango de, hūlha holo yendehebi sere. ere gemu kadalara ursei sula heolen de kai. meni meni jasak i wang, beile, beise, gung se, jai fejergi de oci, teisu teisu kadalara gūsai ejen, meiren i janggin, jalan i janggin, nirui janggin, juwan booi da bikai. ciralame fafulafi, hūlha be baicame isebure ohode, ai de hūlha holo yendembi seme, ere songkoi culgan isaha geren de selgiyeki sembi. (+) hese wasinjiha manggi. ilan bade culgan isara be dahame, ilan (+) hesei bithe ara seme dorgi yamun de afabureo. amban meni cisui gamara ba waka ofi gingguleme wesimbuhe (+) hese be baimbi.

ijishūn dasan i juwan nadanci aniya ilan biyai juwan uyun.

dorolon i jurgan i hashū ergi ashan i amban emu jergi nonggiha bime, tulergi golo be dasara yamun i baita aisilame icihiyara amban sidari

---

① 乌云毕力格、吴元丰、宝音德力根主编:《清朝前期满蒙文理藩院题本》卷一,第144本第236页。

dorolon i jurgan i ici ergi ashan i amban emu jergi nonggiha bime, tulergi golo be dasara yamun i baita aisilame icihiyara amban šaštir

weilen ejeku hafan emu jergi nonggiha amban yahūn.

weilen ejeku hafan emu jergi nonggiha amban hūsiba.

"（批红）依议而行。

（题本）题奏

礼部左侍郎加一级,协办理藩衙门事务臣席达礼等谨题：为奉旨召集会盟事。向例举行会盟,皆有圣旨传往会盟处。当众宣读传谕。本次盟会传谕者：因喀尔喀附会厄鲁特,欲统一政令、整修兵器,不可怠慢。故仍依前例,于春秋两季检视兵器,照常射箭。今于外藩蒙古,盗贼频出,此皆管辖之人懈怠所致。又各札萨克之王、贝勒、贝子、公等,及至下属各管辖之固山额真、梅勒章京、甲喇章京、牛录章京、什长等,应传令禁止、严惩盗贼。何处盗匪多发,则于此次会盟依此传谕。圣旨下后,应传往三处会盟地,故圣旨需恭拟三份,交由内阁办理。臣等不敢擅专,敬题请旨。

顺治十七年三月十九

礼部左侍郎加一级协办理藩衙门事务臣席达礼／礼部右侍郎加一级协办理藩衙门事务臣沙世悌尔／主事加一级臣雅浑／主事加一级臣胡世巴"

该份题本提及分三处会盟,但没有提及兴安岭以北还是以南,但联系题本五看,这里应指在兴安岭以南二十五旗的会盟。

三 小 结

根据以上顺治年间理藩院满文题本的记载,及以此得出的分析结果,也许可以提出以下两个观点：

其一,会盟制度是蒙古固有制度,并非清朝发明,它来源于蒙古传统中各部首领会盟议决大事的习惯制度。但是,蒙古人清之后,清廷派遣理藩院尚书、侍郎等大臣参与会盟,宣读皇帝圣旨,主持审

第七章　关于清代内扎萨克蒙古盟的雏形

案,监督比丁,会盟已经成为清朝监督和管理蒙古地区事务的一种制度。以清朝角度而言,该制度在太宗皇太极时期开始形成。清朝入关以后,在内扎萨克蒙古的会盟,参照内地计丁时间,每年举行会盟。但是,因条件限制,该规定于当时难以达到,致使会盟无法如期举行。因此,清世祖定制,在内扎萨克蒙古中"相隔两年会盟一次",于是形成了"三年一盟"制度,此事件应发生于顺治中期。然而,实际是否举行会盟,仍需由皇帝最终裁定,因而也有提前或推后举行的实例。作为一种制度,会盟在顺治朝仍处于初步形成阶段。

其二,根据后世编纂《大清会典》与《理藩院则例》,内扎萨克蒙古分哲里木盟、昭乌达盟、卓索图盟、锡林郭勒盟、乌兰察布盟和伊克昭盟六盟,而六盟均为"国初"所建。《大清会典》"理藩院"条记载:"国初定,每会设盟长一人,各于所属三年一次会盟,清理刑名,编审丁籍。"①但根据以上理藩院档案记载,迟至顺治十七年,只有分六处进行会盟之制,而并无明确的六个盟,即并无盟长,并无固定会盟地点,并无固定名称。题本中可见,终顺治一期,会盟是一种制度,而非后世的一种行政建置。同样终顺治一朝,会盟始终没有被朝廷任命的盟长。题本二提到,因察哈尔旗阿布奈亲王身为四周各旗王公之首,所以指定由他主持会盟。毫无疑问,这属于临时性质。当时历次会盟举行之前,理藩院均需题报请旨,经由"圣裁",决定会盟是否举行,同时裁定举行地点、举行时间及主持人选。完全可以肯定,在顺治朝只有分六处会盟的初步制度,它虽然是后来内扎萨克蒙古六盟的雏形,但作为"盟旗制度"这样一个政治制度体系的一环,会盟远没有制度化、固定化和规范化。

据前人研究,清廷盟旗制度正式形成并纳入成文规章,见于乾嘉时期所编纂的《大清会典》。而盟名称正式出现于雍正十二年,首次全部出现则迟至乾隆二年。② 我们认为,在清朝统治框架下的内扎萨克蒙古,会盟作为一个政治制度,萌芽于清太宗时代,而初步形成为清世祖顺治中期的"三年一盟"之制。随着清朝在蒙古地区统

---

① 赵云田点校:《乾隆朝内府抄本〈理藩院则例〉》,第29页。
② 达力扎布:《明清蒙古史论稿》,第281—282页。

治的稳定和蒙古各旗游牧地的最后形成,会盟从一个政治制度过渡到一个行政建制。这时候,盟有了由大扎萨克兼任的盟长和副盟长,有了固定的成员旗、固定的游牧边界、固定的会盟场所和固定的名称,盟长的职责越来越明确。这一切意味着,作为清朝对蒙古最基本的政治和行政制度的一环,盟此时才真正形成并规范化。

(本章与宋瞳合作完成)

第八章　1705年西藏事变的真相

1637—1642年,卫拉特蒙古人的一支和硕特部首领顾实汗率领卫拉特联军征服青海、喀木和卫藏,统一青藏高原,建立"和硕特汗廷"。① 顾实汗祖孙四代先后在拉萨称汗,拉藏汗(1703—1717年在位)是其中的最后一位。

拉藏汗继位的18世纪初期,正是西藏风云变幻的多事之秋。以拉藏汗为首的蒙古贵族和以第巴桑结嘉措为代表的西藏僧俗贵族两派政治势力逐鹿高原,竞相争夺统治西藏的实权,展开了激烈的斗争。拉藏汗与第巴桑结嘉措之争,不仅是西藏历史和蒙藏关系史上的重要一章,也是对清朝统一多民族国家形成进程中具有深远影响的一件重要历史事件。本文利用清代满蒙古文档案史料,结合藏文资料记载,在前人研究的基础上,对这一事件进行进一步考述。

一　历　史　背　景

和硕特汗廷(1642—1717)形成的重要前提之一,是西藏格鲁派对和硕特蒙古人的政治、军事依赖。藏传佛教格鲁派自15世纪诞生以来,一直和西藏其他教派进行竞争和斗争。通过1578年索南嘉措与南蒙古俺答汗的联盟,格鲁派巩固了他们在西藏的地位,而在1642年,依仗西蒙古和硕特蒙古人的刀枪,最终得到了不可冒犯的神圣地位。这一年,第五世达赖喇嘛阿旺罗藏嘉措成为西藏藏传佛教最高领袖,顾实汗则登上藏王宝座,两者都如愿以偿。但是,昔日号令西藏佛教诸宗的噶玛噶举派被赶下台以后,长期不甘心失败,

---

① "和硕特汗廷"之名,1987年笔者在硕士学位论文《关于和硕特汗廷》中第一次提出,后被国内史学界广泛接受。本文经修改后译成蒙古文,1990年以 Qošod Tobčiyan(《和硕特史》)的书名由内蒙古文化出版社出版。

召聚自己的信徒和施主们一再暴动,他们把矛头指向达赖喇嘛与和硕特蒙古汗。在域外强敌中,不丹法王兼国王的主巴噶举首领时附时叛,拉达克也为之助兴壮胆。① 西藏内外反对势力的活动,倒给蒙藏僧俗贵族联盟延长了寿命,在相当长的时间内,双方保持着密切友好的关系。

然而,到17世纪70—80年代形势发生了很大的变化。经过顾实汗、达延汗和达赖巴图尔等和硕特汗王的经营,后藏复辟势力已经完全溃败,格鲁派在西藏的地位十分巩固,通过1681—1683年蒙古军的远征拉达克,打击和征服了域外反对势力,收复阿里地区,西藏呈现出稳定的局势。和硕特蒙古人打击和压服了西藏格鲁派集团的内外敌人,铲除了他们独立自主、自行其是的一切障碍。对以达赖喇嘛为首的寺院领主及其西藏世俗支持者来讲,和硕特人已经完成了历史使命。于是,蒙藏贵族联盟趋于瓦解,双方对西藏实权的争夺日趋激烈。

对蒙古汗的夺权活动,在1671年达赖汗继位前后已开始。1668年初,顾实汗之子达延汗去世后,由其六弟达赖巴图尔行使汗权。② 是年5月,第巴丕凌列札木苏去世,由于没有汗,按照汗廷的惯例,第巴之位也空悬了一年。但蒙古汗位久虚,第巴不能不设,于是1669年8月五世达赖喇嘛乘机命其崔本罗卜藏图多布为第巴。达赖汗于1671年即位后只好予以承认。第巴是汗廷最重要的官职,管理西藏的行政事务,以前一直由蒙古汗选定和任命。任命第巴之权的旁落,是汗权的一大损失,也是双方斗争公开化的开始。

1679年,五世达赖喇嘛任命桑结嘉措(1653—1705)为第巴。此

---

① 关于这段历史参考:[意]杜齐:《西藏画卷》,1949年,罗马;[意]伯戴克:《十八世纪前期的西藏与中原》,1950年,莱登;牙含章:《达赖喇嘛传》,人民出版社,1984年;牙含章:《班禅额尔德尼传》,西藏人民出版社,1987年;陈庆英:《历辈达赖喇嘛生平形象历史》,藏学出版社,2006年;王尧:《第巴桑结嘉措考》,中国人民大学清史研究所编:《清史研究集》第一集,中国人民大学出版社,1980年。
② 见拙作 *Qošod Tobčiyan*(《和硕特史》),内蒙古文化出版社,1990年,第177—178页。达赖巴图尔,名多尔济,顾实汗六子,具有"洪台吉"称号,总管青海诸台吉。1668—1671年间在拉萨摄政。

第八章　1705年西藏事变的真相

人是第巴丕凌列札木苏的侄子,八岁时被送进布达拉宫,由五世达赖喇嘛亲自培养。五世达赖喇嘛说,桑结嘉措"在处理政教二规事务方面也与其他第巴有所不同,处事做事与我亲自所办相同",可见五世达赖喇嘛对他的信任。五世达赖喇嘛把写有这些内容的条例交由众护法神保管,并把其中的一份挂在楼梯头上,将自己双手的印记印在其上。① 桑结嘉措不愧是五世达赖喇嘛一手扶植的显贵,很有权谋,不久成为西藏政治的中心人物。于是和硕特汗对西藏的君临已近乎形式了。

1682年五世达赖喇嘛圆寂,这无论在政界还是在佛教界都是一件重大的事情。但是第巴桑结嘉措采取了"匿丧"的手段,宣布五世达赖喇嘛"入定",除第巴外不见任何人。这样一来,唯有桑结嘉措一人能"觐见"达赖喇嘛,别人不得接近,达赖喇嘛的"法旨"由桑结嘉措传达,实际上等于桑结嘉措自己做了达赖喇嘛。结果,在达赖喇嘛圆寂后的不利形势下,第巴不仅保住了他们的一切既得权势,而且更变本加厉地干涉西藏政教各界。和硕特汗权完全旁落。

当时,在西藏同外界的关系中,第巴左右和硕特汗廷,以西藏首脑人物的姿态出现。桑结嘉措掌权时,准噶尔和清朝之间发生了战争,第巴支持噶尔丹,暗中为他出谋划策。但是,1690年噶尔丹败于乌兰布通,他援助噶尔丹的事实被公开。第巴在外交上失利,于是另谋他法,以求在困境中自救。1693年第巴派人到北京,以五世达赖喇嘛的名义请求:"吾国之事皆第巴为主,乞皇上给印封之,以为光宠。"②清廷前已承认和硕特汗的君主地位,由他们"为主",如今不能再封一个汗。1694年清廷赐第巴以"掌瓦赤喇怛喇达赖喇嘛教弘宣佛法布忒达阿白迪之印"。③ 这个称号和印玺意味着第巴只是一个掌教的法王。实际上第巴不仅是法王,而且也是藏王,这是他自己取得的权威。

---

① 五世达赖喇嘛著,陈庆英等译:《五世达赖喇嘛传》,中国藏学出版社,1994年,第214页。
② 《清圣祖实录》,康熙三十二年十二月辛未,中华书局影印本。
③ 《清圣祖实录》,康熙三十三年四月丙申。印上的"布忒达阿白迪"系梵文,藏语意为桑结嘉措(汉语"佛海")。

第巴对五世达赖喇嘛秘不发丧长达 16 年之久。1696 年,康熙帝在昭莫多打败噶尔丹,从那里获悉五世达赖早已圆寂,于是派人去拉萨责问第巴。但是当时清朝对西藏事务鞭长莫及,能做到的只不过是痛斥和威胁而已。第巴对康熙皇帝的责问一一做了辩解,并上奏达赖喇嘛转世灵童已经 15 岁,准备 1697 年坐床,在此之前请朝廷保密。清朝只好承认既成事实,不仅为他保密,还承认了达赖喇嘛转世灵童的合法性。于是第巴公开为五世达赖喇嘛发丧的同时,把 15 岁的仓央嘉措迎入布达拉宫坐床。第巴通过这次交涉,不仅没有丧失以往的权力,而且继续控制达赖喇嘛,更大胆地去投入了新的战斗。和硕特汗廷的统治面临严重威胁,蒙古汗为了捍卫自身利益与第巴展开了激烈斗争。这一斗争在拉藏汗统治时期达到了白热化的程度,终以第巴桑结嘉措的失败身亡收局。

那么,拉藏汗与第巴的关系是怎样发展的?1705 年事件的经过是什么样的?这次事件有什么历史意义?下面就这些问题做一考察。

二 相关史料的问题与价值

1705 年秋,西藏发生重大事变,和硕特汗廷大名鼎鼎的第巴桑结嘉措被杀!这不仅在西藏而且在清朝都是一个重大政治事件。但是,清朝官修《实录》康熙朝实录 1705 年和 1706 年两个年度的记载中,对此事件居然只字不提,事件发生的当年 1705 年甚至没有留下西藏相关的只言片语。迟至 1707 年 1 月(康熙四十五年十二月),《清圣祖实录》才简略补记此事:"先是,达赖喇嘛身故,第巴匿其事,构使喀尔喀、额鲁特互相仇杀,扰害生灵。又立假达赖喇嘛,以惑众人。且曾毒拉藏,因其未死,后复逐之。是以拉藏蓄恨兴兵,执第巴而杀之,陈奏假达赖喇嘛情由。爰命护军统领席柱、学士舒兰为使,往封拉藏为翊法恭顺汗,令拘达赖喇嘛赴京。拉藏以为执送假达赖喇嘛则众喇嘛必至离散,不从。席柱等奏闻,上谕诸大臣曰:拉藏今虽不从,后必自执之来献。至是,驻扎西宁喇嘛商南多尔

第八章 1705年西藏事变的真相

济果报拉藏起解假达赖喇嘛赴京,一如圣算,众皆惊异。"①这条记载的目的显然不是为了记述1705年事件本身,而是为了说明康熙皇帝"圣算"的英明。作为《实录》,这条记载也不是当时的记录,而是将近两年以后的追述,反映了清廷官方关于该事件的盖棺定论。那么,《清实录》真的缺少这次事件相关的原始资料吗?

根据清《内阁蒙古堂档簿册》和《宫中档人名包》记载,康熙三十九年至四十五年间,西藏和清朝(包括清朝派驻西宁官员)之间使臣往返穿梭,六世达赖喇嘛、五世班禅额尔德尼、第巴桑结嘉措、拉藏、青海蒙古贵族和清廷、清朝驻青海将军、喇嘛之间文书往来不绝,形成了大量的相关文书。② 但是,《清圣祖实录》的相关年份里,以上大量的史实和记载这些史实的档案文书均没有得到反映,甚至康熙四十二、四十三和四十四年连续三年没有有关西藏的任何记载!究其原因,在提到的几年里,西藏形势错综复杂,康熙朝廷未能及时应付事态,事情的发展显得与"圣算"大有出入(关于这些问题另文详述)。这说明了像《清实录》这样的官修史书在史料取舍方面存在严重的片面性,也说明了仅仅依靠官修史书无法弄清历史真相。

《实录》以后问世的清代史书的记载,基本上都没有《实录》详尽。《王公表传》"西藏总传"关于这次事件的记载仅寥寥数语:"达赖汗卒,拉藏嗣。第巴恶之。……第巴计毒拉藏,不死,以兵逐。拉藏因集唐古特众,执杀第巴。奏至,封翊法恭顺汗。"③显然,《王公表传》的记载来源于《清圣祖实录》。《皇朝藩部要略》的记载与《王公表传》完全一致,两者一字不差。④ 晚近成书的魏源的《圣武记》"国朝绥服西藏记上"载:"(康熙)四十四年,第巴谋毒拉藏汗不遂,

---

① 《清圣祖实录》,康熙四十五年十二月丁亥。
② 请查阅中国第一历史档案馆、内蒙古大学蒙古学学院编《清内阁蒙古堂档》(以下简称《蒙古堂档》)第15—16卷,内蒙古人民出版社影印本,2005年,下同;《宫中档人名包》商南多尔济满文奏折,中国第一历史档案馆缩微胶卷。
③ 《钦定蒙古回部王公表传》卷九一《传七十五》,清刻本。
④ 《皇朝藩部要略》卷一七《西藏要略一》,光绪十年浙江书局校刊本,"第巴计毒拉藏,不死,以兵逐。拉藏因集唐古特众,执杀第巴。奏至,封翊法恭顺汗"。

211

欲以兵逐之,拉藏汗集众讨诛第巴。诏封拉藏翊法恭顺汗。……达赖汗卒于(康熙)三十六年。拉藏汗嗣爵后,以议立新达赖喇嘛,故与第巴交恶,至是奏废第巴所立假达赖。诏执献京师,行至青海,病死。"①《实录》系统的诸文献没有解释拉藏汗与第巴交恶的原因,魏源则说是因为"立新达赖喇嘛问题"上的矛盾。

在记述性史料里,藏文史料的记载为1705年事变提供了较为翔实的资料。这些史料主要包括《五世班禅自传》、《青海史》、《如意宝树》、《第一世嘉木样协巴传》等。关于这些藏文文献资料,意大利著名藏学家伯戴克(L. Petech)进行过比较详细的介绍,②此不赘述。

有关1705年西藏事变的另外一些史料,是至今还没有被很好挖掘和利用的满蒙古文档案史料。档案史料主要有两种:一是《宫中档》康熙朝朱批奏折中的相关内容,二是清朝内阁《蒙古堂档》中的资料。

所谓的"宫中档",全称"宫中各处档案",是指紫禁城乾清宫内所藏各类档案。1925年,故宫文献部在清理这些档案时,认为这些档案,"系统虽异,地点均在内廷",故此名。"宫中档"中,朱批奏折及谕旨具有重要史料价值。所谓的"奏折",是一种机密文书,简单说,是清朝臣工进呈皇帝的秘密报告。奏折,又称折子、奏帖、折奏等,满语作 Wesinburengge,意即"呈上者",多用无格白折纸制成。奏折经皇帝用朱砂红笔批阅后,叫"朱批奏折"。朱批奏折在康熙皇帝在位时发还原奏人,还没有缴回内廷之例。雍正皇帝即位后,出于当时政治斗争的需要,康熙六十一年十一月二十七日谕令"所有皇父朱批旨意,俱著敬谨查收进呈","嗣后朕亲批密旨,下次具奏事件内务须进呈"。③ 从此,缴批成了定例,在宫中形成了大量的档案。这些档案既有汉文也有满文,其中,满文档案特别值得重视。因为

---

① 魏源:《圣武记》上册,中华书局标点本,1984年,第204页。
② [意]伯戴克:《十八世纪前期的西藏与中原》,1950年,莱登(Luciano Petech, *China and Tibet in the early 18th Century*, Leiden, 1950),第1—5页。
③ 台北故宫博物院藏宫中档,转引自庄吉发《故宫档案述要》,台北故宫博物院印行,1983年,第12页。

第八章　1705年西藏事变的真相

清代有明文规定,满洲大臣办理满、蒙、藏等事件时,必须使用满文折。到乾隆十一年,这一规定终于制度化。① 结果,满文书写的奏折、朱批奏折和谕旨成为研究边疆地区和民族的最重要的第一手资料。

本文将利用康熙朝朱批奏折中的相关内容和内阁蒙古堂档的一些记载。朱批奏折中最主要的一件是议政大臣鄂飞等在康熙四十四年十二月二十六日(1706年2月9日)呈上的一份满文奏折。1705年西藏事变发生后,康熙皇帝著议政王大臣会议西藏事宜,以便制定应对事件的对策。于是,以鄂飞为首的议政大臣们搜集当时西藏、青海方面呈上的各方奏疏和清朝使节的奏折以及使者们耳闻目睹的资料,向皇帝提出了初步意见。鄂飞等人的奏折里引用了拉藏汗、五世班禅呼图克图、六世达赖喇嘛、青海王扎西巴图鲁、清朝使者荐良等人的奏疏、书信、奏折和口述内容。1705年西藏事件发生时,清朝使者荐良正在西藏,往返于拉萨和日喀则之间,见到了拉藏、班禅、达赖喇嘛随从以及其他相关人员。鄂飞等人全文引用各方奏疏内容,试图尽量客观地反映西藏事件的真相,以便得出应对善策,所以其可信度很强。此外,《宫中档人名包》中清朝派驻西宁喇嘛商南多尔济的奏折具有非常珍贵的史料价值。当时青海和西藏之间使节不断,而商南多尔济通过多种渠道与青海和西藏重要人物保持联系,得到极其重要的情报。

清朝《内阁蒙古堂档》现存中国第一历史档案馆。内阁是辅助皇帝处理政务的中枢机关之一,蒙古堂是内阁中处理蒙古文文书的专门机构。内阁蒙古堂亦称内阁蒙古房(满文 monggo bithe-i boo, 蒙古文为 mongγol bičig-ün ger),其主要职掌为:翻译缮拟蒙古、西藏、回部等藩部以及与俄罗斯等国的往来文书。2005年,清朝内阁蒙古堂档内的簿册类档案已被影印出版,共22卷。这套大型蒙古文和满文档案文书汇编,是清代有关蒙古、西藏、新疆等地区的重要历史档案,所收档册均属首次公布。在这套档案的第16、17卷中,保存

---

① 《清高宗实录》,乾隆十一年二月丁酉朔,中华书局影印本。

着相当多的1705年前后的档案,文件大部分是满蒙合璧的。

三 拉藏继位与第巴的政治计划

过去一般认为,第巴和拉藏汗的矛盾由来已久。有学者认为:拉藏汗于1697年继位,他一直怀疑第巴桑结嘉措主谋毒死他的父亲达赖汗,同时又怀疑第巴是不是正在对自己下毒手,所以裂痕且深,矛盾日益尖锐。五世达赖丧事的公布、六世达赖的寻获与坐床都使拉藏汗愤懑。① 实际上,达赖汗死于铁龙年十二月十三日,②即公元1701年1月21日,五世匿丧和六世寻获(1682—1697)都是达赖汗时期发生的事情。还有的学者认为,达赖汗死于1701年,其子旺扎勒继位(1701—1703),不久被他的弟弟拉藏毒死。1703年,或许与此变故有关,桑结嘉措决定退职,形式上由他的长子阿旺林臣继任第巴,但这仅仅是一个姿态,实际上桑结嘉措仍掌握一切实权。拉藏汗不满于和硕特首领处于无权地位,他立即开始对西藏事务积极热情起来。③ 关于和硕特—西藏史的许多论著都引用此说。据此,拉藏汗于1703年毒死其兄旺扎勒后称汗,桑结嘉措因此隐退。旺扎勒被毒死一事,似乎出于松巴堪布·益西班觉《如意宝树》。该书记载,达赖汗死后其子丹增旺杰(丹增或译写丹津,意为"持教",是西藏和硕特诸汗的藏文称号;旺杰即旺扎勒)继位。丹增旺杰之后,达赖汗幼子拉藏继位,"但因丹增旺杰毒毙、诅咒格鲁派上师和施主蒙古汗、拉藏被驱赶到那曲等原因",拉藏汗袭杀了第巴桑结

---

① 王尧:《第巴·桑结嘉错杂考》,《清史研究论文集》第一集,第197—198页;马占林:《关于第巴·桑结嘉措》,《青海社会科学》1985年第4期。马氏观点显然来自王尧文。

② 桑结嘉措著,多尔济、萧蒂岩译:《金穗》,载于《西藏文学》1985年第4期。第巴桑结嘉措所著六世达赖喇嘛仓央嘉措传记——《金穗》关于仓央嘉措寻获过程的记述有待进一步证实。但是,其中关于达赖汗卒年的记载应该准确无误。1701年初拉藏致康熙皇帝的奏疏(《蒙古堂档》第16卷,第227页)和哈密札萨克头等达尔汗伯克致理藩院书(《蒙古堂档》第16卷,第338页)均可佐证。

③ [意]伯戴克:《十八世纪前期的西藏与中原》,第10页。

第八章 1705年西藏事变的真相

嘉措。① 据此,毒死旺扎勒的不是拉藏,而是第巴。"拉藏毒死其兄"之说,实际上是对这条史料的误会引起的。

关于旺扎勒之死和拉藏继位,档案史料中有明确记载。清廷派驻西宁喇嘛商南多尔济奏呈:康熙四十二年(1703)六月十四日,青海亲王扎什巴图鲁遣人告知商南多尔济,六世达赖喇嘛遣使青海诸台吉称:"第巴与众人不合,且年纪已老,故将其第巴之职革退,令其子任第巴。达赖汗之位,欲令其长子丹津旺扎勒继承,然伊有病,不明事理,故令其弟拉藏继位。"②商南多尔济在康熙四十三年(1704)四月初四日写的另一份奏折中称,青海额尔德尼诺门汗使者达尔汗额木其报称:"我们于今年正月二十七日从西招出发,三月份到达青海。我们在时,没有发生逮捕第巴事,第巴还在办理事务,与往常一样。……没有其他事情。拉藏之兄丹津旺扎勒去世,此外并无特别消息。"③可见,旺扎勒并没有称汗,也不是被拉藏或第巴毒死,他是因为多病未能继位,于1704年初病死的。拉藏在六世达赖喇嘛的支持下于1703年继位。可见,与顾实汗以后历代和硕特汗继位情形一样,1701—1703年间和硕特汗位又悬空了两年。

继汗位之前,拉藏生活在位于青海的游牧地。据议政大臣苏努奏折,早在康熙三十六年(1697),康熙皇帝驾临宁夏,欲召青海诸台吉。青海总首领扎什巴图鲁作出决定,率诸台吉前往皇帝行宫谒见康熙皇帝,但因"防守我领地不可不留我大台吉",便令拉藏留守青海地面。因此,达赖汗之子拉藏言:"我等本欲遵文殊师利皇帝谕旨前往朝觐,虽我为首之台吉要留我等[于原牧],但我等遣使恭请文殊师利皇帝安。"④这说明,拉藏是当时游牧在青海的大台吉之一。

---

① 益西班觉著,蒲文成、才让译:《如意宝树》,甘肃民族出版社,1984年,第280—281页。
② 《宫中档人名包》,档号:4—1—282,商南多尔济康熙四十二年六月十七日奏折,中国第一历史档案馆缩微胶卷,下同。
③ 《宫中档人名包》,商南多尔济康熙四十三年四月初四日奏折。
④ 《康熙朝满文朱批奏折》,议政大臣苏努康熙三十六年四月初七日奏折,中国第一历史档案馆缩微胶卷,下同。汉译参见《康熙朝满文朱批奏折全译》,中国社会科学出版社,1996年,第181页。

康熙三十九年（1700），拉藏与清朝派驻西宁处理青海事务喇嘛商南多尔济之间发生矛盾，拉藏愤然离开青海，赴西藏。据拉藏致康熙皇帝的奏疏内称："圣上文殊师利皇帝亦照前颁旨与我父汗，故此我无有不愿谒见皇上圣明之处。因为多尔济喇嘛之言，前往亦不可，留住亦不成，故起程移营。多尔济喇嘛言：因班禅不前往，皇上将劳苦教法与生灵，尔前去请。窃思，文殊师利皇帝惟教法生灵之安泰为重，以日月明旨令教法生灵安逸，我虽巧言何用。如皇上有圣旨，且于政教有益，则我前往。时多尔济喇嘛逼言：第巴，我等之敌，尔与第巴一心，我亦知之。如此对答良多。惟皇上并未降旨命我前来，且为政教事，与多尔济喇嘛无话可言，故不能前去，欲住原处，又与多尔济喇嘛不合，是以惧多尔济喇嘛而移营。"①拉藏疏奏于康熙四十年（1701）正月初八日送达，次日皇帝连忙传谕拉藏："朕已洞悉尔被迫移营及并无他念。不要疑虑，谕旨到达之日，速回青海原牧，与妻子属下如故安心过活。"②当时，拉藏在舒卢岭（Šuru daban）东登努勒台（Dengnurtai）地方，兵不足千，因大雪人畜极为穷困。③拉藏收到康熙谕旨后即回奏，其书于二月二十二日被送达。书云："降无与伦比之温旨于我小人，不胜欣喜。欲遵旨返回旧牧，但因我父归天，上面主子命我前去。因有此大事，不得不去，望海鉴。"④可见，因为达赖汗的去世，拉藏于1701年初去了拉萨。

关于拉藏出逃的原因，据时在商南多尔济身边的员外郎保柱言，完全是因为商南多尔济急功近利，向拉藏施压的结果。商南多尔济先是向康熙帝奏言班禅喇嘛将来青海，而班禅未至。于是认为，如不设法带青海台吉进京觐见，所办事无一建树，无法交差，故上奏青海台吉拉藏、戴青和硕齐、车臣台吉将觐见皇帝。康熙帝下

---

① 中国第一历史档案馆、内蒙古大学蒙古学学院编：《蒙古堂档》卷一六，第181—182页。
② 同上书，第191页。
③ 《康熙朝满文朱批奏折》，理藩院康熙四十年十二月二十七日奏折，汉译文参见《康熙朝满文朱批奏折全译》，第252页。
④ 中国第一历史档案馆、内蒙古大学蒙古学学院编：《蒙古堂档》卷一六，第227页。

第八章　1705年西藏事变的真相

旨允准将伊等带至京师。但两个多月来,拉藏等不前往,多尔济喇嘛"屡屡派人威吓拉藏台吉等,致使拉藏等出逃"。①

拉藏到达西藏后,并没有与第巴对立。史料显示,拉藏刚到西藏之初,与第巴和六世达赖喇嘛的关系十分融洽。康熙四十一年(1702)十月,原喀尔喀台吉卫征哈坦巴图鲁之妻与子率属下39人到西宁,称:"去年(1701),拉藏将我等自土新图、阿敏地方掳掠至济鲁肯塔拉,后带至穆鲁乌苏。将我一百三十余户悉数分给其下人。将卫征哈坦巴图鲁之妻及其二子亦分给其宰桑管束,致使我等死伤破败。我等于今年四月初三日自穆鲁乌苏逃出,至青海,居玛赉堪布处。拉藏自西招地方遣其宰桑莫德其,欲将我等抓归。我等几次赴会盟,请求将我等与我兄弟合住。青海诸台吉言,尔等乃商(西藏地方政府)所属人,我等不得擅自给还。求堪布,堪布言:去年,第巴将尔等悉数给了拉藏。如今宰桑莫德其来收回,尔等应随他去。"②是年九月十九日,商南多尔济喇嘛报称:"拉藏从西招地方遣其管事宰桑问候青海诸台吉。据云,拉藏从西招地方来到这边,其人现在穆鲁乌苏。收集其在青海之众,自穆鲁乌苏内徙,至哈济尔得博特里之地扎营。其属下人一齐患病,牲口倒毙,甚是劳苦。"③商南多尔济指的就是拉藏派人收回喀尔喀台吉卫征哈坦巴图鲁之妻子等事。可见,第巴于1701年曾将达赖喇嘛商上的百余户喀尔喀人分给拉藏。这是件不可小觑的事。

拉藏离开青海后,一直在穆鲁乌苏(今青海通天河)居住。康熙四十一年(1702)五月青海扎什巴图鲁亲王致将军阿南达、喇嘛商南多尔济的书云:"兹获拉藏确信。拉藏于三月十一日带三十余人前往招地,其兀鲁思在多伦鄂罗穆之地。④阿尔善自这里去与之汇合。

---

① 《康熙朝满文朱批奏折》,理藩院康熙四十年十二月二十七日奏折,汉译文参见《康熙朝满文朱批奏折全译》,第253页。
② 《宫中档人名包》,商南多尔济康熙四十一年十一月初四日奏折。
③ 同上书,商南多尔济康熙四十一年九月十九日奏折。
④ 多伦鄂罗穆,穆鲁乌苏(今青海通天河)渡口名,"(多伦鄂罗穆渡)在木鲁乌苏自西折南流之处,其水至此分为七歧,故名"(黄沛翘:《西藏图考》卷五,光绪刻本)。可见"多伦鄂罗穆"为蒙古语doluγan olom(七个渡口)。

217

自招地回来后,不知前往何地,概不会久留其地。"①拉藏此次去拉萨,与第巴有关。据是年五月第巴桑结嘉措致班禅喇嘛的一封信,当时第巴被六世达赖喇嘛仓央嘉措拒绝受比丘戒一事所困扰。经多次劝谏,仓央嘉措赴扎什伦布,准备在班禅面前受戒,此时第巴从拉萨"派台吉拉藏、达克咱等施主以及第穆呼图克图、善巴陈布呼图克图为首上师等,为的是求达赖喇嘛受戒"。② 这多少能够说明,第巴对拉藏有一定的信任和拉藏的合作态度。

1703 年,拉藏在六世达赖喇嘛和第巴的支持下继位。1705 年事件以后,拉藏汗曾对清朝使者荐良说:"第巴欲立我为汗,让达赖喇嘛坐察奇尔巴顿汗之床,以其女与达赖喇嘛,以控制达赖喇嘛。故曾与我甚为友善。"③当时西藏形势十分严峻,拉藏汗深知关于他与第巴关系的话都会传到康熙帝耳边,关系非小,所言必经深思熟虑。笔者认为,拉藏与其兄旺扎勒不同,一直游牧在青海,与西藏政教界人士没有深交,当然也不会积怨,这应该是达赖喇嘛和第巴选择拉藏为汗的主要原因。

据清廷档案记载,当初第巴极力向拉藏汗示好,甚至给拉藏汗起了"成吉思汗"名号。议政大臣鄂飞奏折中说:"于康熙四十四年十二月二十三日,乾清门侍卫喇锡等传宣谕旨:……今更改第巴给拉藏之成吉思汗名,给予其父之达赖汗之号,送达赖喇嘛至此,朕观达赖喇嘛之真假后,或立为察奇尔巴顿汗,或封为达赖喇嘛之处,观后决定。"④显然,第巴曾给拉藏起过"成吉思汗"号。伯戴克曾据藏文文献说,拉藏汗执杀第巴后称"丹津成吉尔王(bsTan `dsin Jing gir

---

① 中国第一历史档案馆、内蒙古大学蒙古学学院编:《蒙古堂档》卷一七,第 52—53 页。
② 同上书,第 100 页。
③ 《康熙朝满文朱批奏折》,议政大臣鄂飞等康熙四十四年十二月二十六日奏折。参见拙文《鄂飞满文奏折笺注》,*Quaestiones Mongolorum Disputatae* Ⅲ, Association for International Studies of Mongolian Culture, Tokyo, 2007。下同。
④ 《康熙朝满文朱批奏折》,议政大臣鄂飞等康熙四十四年十二月二十六日奏折。参见拙文《鄂飞满文奏折笺注》。

rGyal po,即丹津成吉思王)"。①"丹津成吉思王"意为"持教成吉思汗"。伯戴克的说法显然不准确,这个汗号本来是第巴给拉藏汗起的。第巴死后,清廷下令取消了拉藏汗的成吉思汗名号。这件事充分说明了第巴对拉藏的拉拢和麻痹。

这里还有一件事情特别引起我们的注意,那就是第巴企图让仓央嘉措坐"察奇尔巴顿汗"之床。"察奇尔巴顿汗"的满文原文为cakir badun han。cakir badun,显然是梵语 Cakravatin 的蒙古语口语形式,意即"转轮";han,是蒙古语的 qaγan,即"汗"(相当于藏语的 rgyal po,王),所以,"察齐尔巴顿汗"就是"转轮王"的意思。转轮王的思想起源于古代印度,根据佛典,世界以须弥山为中心,由四大洲构成。转轮王降生时,天降宝轮,转轮王依次征服四大洲。征服四大洲者称金轮王,三洲者称银轮王,二洲者称铜轮王,仅征服一洲者则称铁轮王。菩萨转世在这样的转轮圣王家族里,作为转轮王,引导众生于佛教十善福业之道。② 著名的伏藏《玛尼全集》中讲到,西藏本是一个没有人类的未经调伏的雪域。西方极乐世界的阿弥陀佛把调伏雪域的重任托付给了观音菩萨,观音菩萨于是亲自幻化而衍化出西藏人类。他为了尽快让有情众生摆脱轮回之苦,必须建造一个安定有序、公平合理的社会。而能够创造这种理想社会的往往是勇武无敌、不输文采的国王、君主,所以菩萨必须化身为转轮圣王,以世俗统治者的面目引导他的臣民皈依正法,走上救赎、解脱的道路。西藏出现的第一位转轮圣王就是吐蕃帝国的赞普松赞干布。但是,西藏历史发展到后来,再没有出现像松赞干布统治下的吐蕃帝国一样统一、强大的世俗政权,西藏社会逐渐走向了全民的宗教化。正因为如此,后世被认为是观音菩萨转世的再不是世俗的政治领袖,而更多的是宗教大德。松赞干布以后的第一位观音菩萨化身是噶当派创始人仲敦巴(1004—1064)。到了五世达赖喇嘛和第巴桑结嘉措时代,除了吐蕃帝国的赞普以外,被认为系观音菩萨转世

---

① [意]伯戴克:《十八世纪前期的中原和西藏》,第13页。"成吉尔 Jing gir"是"成吉思 Jing gis"之误(藏文里 r 和 s 形近,很容易混淆)。
② [日]石滨裕美子:《西藏佛教世界之历史研究》(日文),(东京)东方书店,2001年,第8—11页。

的无一例外是宗教大德。① 第一世达赖喇嘛根敦珠巴被认定为观音菩萨转世,此后历代达赖喇嘛自然成为观音菩萨转世。由此看来,"转轮王"在西藏有两层含义:一,他是观音菩萨的转世;二,他又是引导众生于佛教十善福业之道的王。仓央嘉措作为达赖喇嘛本来就是公认的观音菩萨转世,那么,第巴让他作转轮王,就是再给他赋予王者的权力。也就是说,让他做西藏政教领袖。这条史料具有重要意义,它透露了第巴的政治计划:给拉藏以汗位和成吉思汗虚名,让他甘心作一名傀儡,而桑结嘉措则利用"转轮王"理论,叫仓央嘉措成为西藏政教二界名义上的领袖,他自己真正掌握西藏政教大权。但是,拉藏汗不甘心做像他父亲达赖汗那样做一位无所作为的汗,第巴的计划全部落空。

顺便说一下,1703 年达赖喇嘛传谕青海诸台吉,立拉藏为汗,革退桑结嘉措第巴之职,并由他儿子继任。过去人们一直认为第巴与拉藏向来有尖锐矛盾,所以,拉藏称汗后,桑结嘉措把第巴职位让给了他儿子,为的是缓和双方的冲突。通过前文分析,我们有理由认为,第巴退居仅仅是做给青海诸台吉看的,为的是缓和与青海的矛盾,与拉藏无涉。

四 1705 年事件真相

第巴与拉藏的对立,始于 1703 年。拉藏特别精明能干,他继位后并没有像第巴设想的那样满足于徒有虚名的汗号。拉藏为了改变汗的无权地位,在政治斗争中巧妙地利用了六世达赖喇嘛仓央嘉措和第巴之间的矛盾。仓央嘉措于 1697 年被迎入布达拉宫,但不久就厌恶修道,不听第巴和班禅的教诲,在要求他受比丘戒时,不仅不同意,反而把原先所受沙弥戒也还给了班禅,并公开声称自己不认为自己是五世达赖喇嘛的转世。五世班禅额尔德尼给青海和硕特蒙古首领扎什巴图鲁的信中提到,仓央嘉措说:"自我从母胎中降生

---

① 沈卫荣:《一世达赖喇嘛传》,《蒙藏学术丛书》,(台北)唐山书局,1996 年,第 198—201 页。

第八章　1705年西藏事变的真相

后说过各种应验的话语等,均为我父母及当地人所言,我不知晓。即使略约记事之后,也绝无[自己为]识一切达赖喇嘛转世之念。因第巴出于某种原因找来[前世]信物让我认领,并交给我班禅所撰记载[达赖喇嘛]历代转世之经卷,所以我才到此地步。如照五世达赖喇嘛而行,将合第巴以及内外众人之意。虽说我为转世,但我不好经卷。……我本无占据五世达赖喇嘛之位之意,亦无骗人讲经授戒之意。所以对修学之事不甚用心。我虽玩各种游戏,但对戒律无碍。心思将来会酿成大过失,故瞒着第巴而来,将[所受之]戒在班禅额尔德尼面前退还。这虽不合第巴以降众人之意,但如此变化之因在郎喇瓦口中甚明。"①班禅在另一封信中又说,1702年,仓央嘉措为受比丘戒之事曾经来到藏地。但是,仓央嘉措向班禅说:"将退还从前所受之沙弥戒。如不答应,我将谢世。此二者中必选其一,然后做答。"班禅无法定夺。达赖喇嘛还将其不仅不受格隆戒反而弃绝从前所受法戒一事写成文字,交给了班禅。② 六世的这些奇特行为,自我剥夺了神性,也被当时的政治斗争所利用。根据班禅额尔德尼经诺尔布向清廷转奏的文书,班禅喇嘛断言:"该六世达赖喇嘛行止如凡人,非喇嘛矣(ere ningguci dalai lama bai niyalma-i yabun-i yabume, lama waka)。"③这等于宣布仓央嘉措是假达赖喇嘛。

1703年在第巴和仓央嘉措之间发生了一件事。有一天夜里,达赖喇嘛领六七人从他所住布达拉宫到一里以外的招地妄行,突然遭到十余人袭击,达赖喇嘛身边受宠的随从塔尔占甯被害,其尸骨被扔到路边。塔尔占甯之弟也被刺伤。达赖喇嘛幸免,逃到第巴家,说如无第巴之命,那些人不敢如此大胆,令第巴查出嫌犯交给达赖喇嘛。第巴虽然答应了,但事后告知达赖喇嘛,嫌犯未能查出。此后达赖喇嘛与第巴交恶。④ 据当时在拉萨的清朝使者荐良所闻:"据

---

① 中国第一历史档案馆、内蒙古大学蒙古学学院编:《蒙古堂档》卷一七,第68—71页(满文),第71—75页(蒙古文)。
② 同上书,第75—77页(满文),第77—78页(蒙古文)。
③ 《康熙朝满文朱批奏折》,议政大臣鄂飞等康熙四十四年十二月二十六日奏折。参见拙文《鄂飞满文奏折笺注》。
④ 《宫中档人名包》,商南多尔济康熙四十二年七月二十八日奏折。

言达赖喇嘛与第巴之女犯奸,跟随达赖喇嘛之男童拉旺亦犯奸,故第巴与钟锦丹津鄂木布、阿旺那木准、多罗鼐、噶济纳巴、特依本等商议,欲杀拉旺,而误杀跟随拉旺之男童,复追砍拉旺肩,拉旺未死。达赖喇嘛查此案数月,才破获,将钟锦丹津鄂木布等五人交付拉藏处死。因此五人俱与第巴亲昵,故第巴恳求免其身命,拉藏不肯,杀之。从此结仇,用药毒害拉藏事实。"拉藏汗也向荐良亲口证实了此事的真实性。① 据此,仓央嘉措与第巴之女有特殊关系(据拉藏汗说,仓央嘉措娶了第巴之女),跟随仓央嘉措的男童拉旺也有染,故第巴与他的同党钟锦丹津鄂木布等准备除掉拉旺。行动中,拉旺未死,拉旺之兄塔尔占鼐被杀。仓央嘉措经数月调查,破了案,将钟锦丹津鄂木布等五人交付拉藏汗处死。因五人皆为第巴同党,故第巴为他们请命,但拉藏汗未予理睬,处死了五人。这件事情充分说明,拉藏汗根本不把第巴放在眼里,他是大权在握的汗王。第巴从中觉察到了拉藏对他的威胁,两人的矛盾也从此公开化。就在此时,西藏出现了拉藏已拘捕第巴的谣传,传到青海,传到清廷。②

　　据1704年五月从拉萨回来的青海贝勒戴青和硕齐说:"我五月十一日到达。拘捕第巴之说是假,他还正常管理事务。看达赖喇嘛转世,行止如凡人,和拉藏一起经常放鸟枪,射箭。"③可见,为了得到六世达赖喇嘛的信任,拉藏怂恿和姑息仓央嘉措。第巴曾经向与他关系非常亲昵的青海亲王扎什巴图鲁使者萨罕其布讲:"前世达赖喇嘛在世时,一切事情我自专办理。如今,这辈达赖喇嘛、拉藏二人凡事不让我管,欲退官复不准。今非昔同,日子不好过矣。"萨罕其布说:"看得第巴日子过得似很艰难。达赖喇嘛转世、第巴、拉藏相互不合,事不让第巴管。"④在这种情况下,第巴萌生了谋杀拉藏汗之念。据拉藏汗派往青海的使者特古斯、扎什巴图鲁派往西藏的使者

---

① 《康熙朝满文朱批奏折》,议政大臣鄂飞等康熙四十四年十二月二十六日奏折。参见拙文《鄂飞满文奏折笺注》。拉旺和塔尔占鼐可能是兄弟。
② 《宫中档人名包》,商南多尔济康熙四十三年四月初四日奏折、六月十日奏折。
③ 同上书,商南多尔济康熙四十三年六月十日奏折。
④ 同上书,商南多尔济康熙四十三年十月初八日奏折。

第八章　1705年西藏事变的真相

萨罕其布等人的报告,他们在西藏时拉藏汗被下毒,后经治疗转好,到达木(今西藏当雄县)去疗养,时间大致在1704年八、九月。据藏文嘉木样协巴传记载,是哲蚌寺郭莽扎藏主持嘉木样活佛治愈了中毒的拉藏汗及其大臣们。① 但拉藏汗自己说,治愈他的是名叫当木鼐的医生,②这应该是可信的(此人也许是嘉木样活佛属下)。暗杀事件发生后,拉藏与第巴矛盾已无法调和,发展成为你死我活的斗争。

1705年正月十五日,第巴指称达赖喇嘛之命,驱逐拉藏汗离开西藏。拉藏汗在拉萨没有足够多的军队,无力反抗,故先退出拉萨,移住喀喇乌苏(今西藏那曲河)一带。到达那里后,从拉藏汗的根据地达木地方召集蒙古军,夺取达赖喇嘛所属畜群,向拉萨进发。蒙古军与第巴藏兵在拉萨附近交战三次,击败第巴兵,斩近百人。后经六世达赖喇嘛调节,第巴将清朝所颁给的印敕存于布达拉宫,避居日喀贡噶尔城(今西藏贡嘎县境内),拉藏汗居住招地。③ 据藏文史籍记载,拉藏汗击败第巴战争的过程是这样的:拉藏汗率领蒙古军队,三路进发。一路自己率领,越过拉萨以东的喀木隘口;一路由特古斯宰桑率领,越过廊山口;还有一路由拉藏汗夫人策凌达什率领,通过推龙谷地,形成对拉萨的包围圈。两军交锋,第巴战败,损失400人。此时,三大寺喇嘛们进行调解,班禅喇嘛也从扎什伦布寺出发,准备去往战地。但是,事情很快结束了。桑结嘉措答应放弃政权,去贡噶尔宗居住,拉藏汗接管政府。这时,拉藏汗夫人派人在贡噶宗将第巴捉起来,押送到堆龙谷地。哲蚌寺的喇嘛们准备居间调解,但拉藏汗夫人抢先下令杀死了第巴,地点在觉摩隆寺所在的山坡上。④

根据时在拉萨的荐良的报告,七月十四日至二十二日之间的某

---

① 杨复、杨世宏译注:《第一世嘉木样协巴传》,甘肃民族出版社,1994年,第95页。
② 《康熙朝满文朱批奏折》,议政大臣鄂飞等康熙四十四年十二月二十六日奏折。参见拙文《鄂飞满文奏折笺注》。
③ 同上。
④ [意]伯戴克:《十八世纪前期的中原和西藏》,第10—13页。

一天,拉藏汗擒获第巴及其妻子,交付台吉达里扎布和硕其及根敦二人押回时,他们二人于途中斩杀了第巴。青海达赖戴青属下人斋桑浑津亲眼看见第巴被杀。① 另外根据青海贝勒朋楚克派往西藏使者初呼拉报告:初呼拉到拉藏汗处后,第巴之子阿旺林臣逃,樽塔尔将阿旺林臣及其妻抓获并押往拉藏,途中达赖喇嘛亲率数百人将阿旺林臣及其妻子抢回。拉藏汗立刻出兵第巴,在拉萨东一日之程的郎坦(应为郎唐)地方,命台吉松塔尔、达里扎布等率军征第巴。台吉松塔尔到时,藏军已列好阵形。双方激战,藏军不敌而逃。第巴闻讯,率其妻儿,避居日喀公噶尔城。拉藏迅即率500人部队,并带策旺阿拉布坦使者察罕丹津和初呼拉二人,赶到日喀公噶尔城,捕获第巴,将其交与辉特台吉伯依巴和达里扎布等,命他们送往其夫人策凌达什处。伯依巴等到拉萨附近的囊其(即囊孜)地方把第巴交给了策凌达什,她命伯依巴等杀死了第巴,取第巴的首级、心脏、胆脏和两个大腿骨,收藏在拉藏处。② 据甘丹寺四十八任主持敦珠嘉措传记记载,第巴被杀的确切日期为七月十九日(1705年9月6日)。③ 综合各方面的资料信息,拉藏汗率500人在日喀公噶尔城地方抓获第巴,达里扎布等人把第巴带到拉萨西郊堆龙河谷(今堆龙德庆县堆龙河与拉萨河交汇处以西)的囊孜地方,受拉藏汗夫人之命,将第巴杀害,并取其首级、内脏和大腿骨送至拉藏处。第巴受害时间可能是1705年9月6日。

五　结语:1705年事变的历史影响

1705年事变的历史影响是深远的,为西藏蒙、藏贵族权力之争划了句号。

第巴桑结嘉措曾巧妙利用五世达赖喇嘛的圆寂,秘而不宣长达16年之久,乘机集西藏政教大权于己身,又通过六世达赖喇嘛的寻

---

① 《康熙朝满文朱批奏折》,议政大臣鄂飞等康熙四十四年十二月二十六日奏折。参见拙文《鄂飞满文奏折笺注》。
② 《宫中档人名包》,商南多尔济康熙四十四年十月二十一日奏折。
③ [意]伯戴克:《十八世纪前期的中原和西藏》,第12页。

第八章 1705年西藏事变的真相

获,巩固了既得权势。在蒙古达赖汗去世后,从青海接来与西藏政教两界社交不深的拉藏继汗位,给其以"持教成吉思汗"虚名,对他进行拉拢和麻痹。第巴企图利用佛教"转轮王"理论,计划将被认为是观音菩萨化身的六世达赖喇嘛仓央嘉措进一步认定为"转轮王",表面上让他掌握西藏政教最高权力,实际上自己以达赖喇嘛的名义控制西藏政教大权。这本是一个无懈可击的政治计划,但是,事与愿违,作为整个计划中的关键人物,仓央嘉措这位年轻喇嘛对至高无上的达赖喇嘛宝座和世俗权势丝毫不感兴趣,拒与第巴合作。他行止如凡人,自我剥夺其神性,这使得第巴的计划一筹莫展。可是,拉藏是一位野心勃勃的人,他不满于蒙古汗的无权地位。拉藏汗积极利用西藏内外政治形势,一方面姑息仓央嘉措的放荡行为,陪他放枪射箭,骗取其信任;另一方面,与第巴的宿敌清朝加强联系,强调第巴教唆仓央嘉措破坏教法的行径。第巴在与蒙古汗的斗争中处于极其不利的地位,在无计可施之际,铤而走险,采取谋杀毒计未遂,名声狼藉,行动上和道义上均遭失败。第巴已无路可退,假借达赖喇嘛名义驱赶拉藏离境。拉藏先是被下毒,继而被驱逐,颇得社会同情,又有了自卫反击的名义,很快率军返藏。作为政治家和学问家的第巴在战场上绝不是蒙古铁骑的对手,结果,第巴失败身死。西藏的统治权完全落到了和硕特蒙古汗的手里。1705年事变彻底改变了蒙古汗的无权地位,拉藏汗挽救了和硕特汗廷。但是,这是暂时的和表面的,该事件的真正意义不止于此。

  1705年事件改变了西藏政治格局,为清朝的统一铺平了道路,这是该事件最深刻、最长远的影响。拉藏汗执杀第巴以后,积极同清朝修好。当时拉藏汗虽然是一个战胜者,但统治还未十分巩固。他感到有必要得到外界的支援。1705年当年,拉藏汗向清廷陈奏事件缘由,并希望于丙戌年七月初一日(1706年8月8日)在拉萨举行蒙藏僧俗大会时。康熙皇帝届时颁下良旨,支持和保护拉藏汗。清廷对拉藏汗表示赞赏,康熙四十五年十二月(1707年初)封拉藏汗为"翊法恭顺汗"。[①] 康熙帝对第巴操纵西藏实权很早以来有极大忧

---

① 《清圣祖实录》,康熙四十五年冬十二月丁亥。

虑,但限于客观条件又无可奈何。拉藏汗除掉第巴、恢复汗权的举动,正中康熙下怀。他认为与其让第巴干政,还不如通过蒙古人对藏施加影响。清廷又一次正式承认和硕特汗在西藏的统治地位。

于是,拉藏汗抓住这样一个时机:桑结嘉措败亡、仓央嘉措失去威信、清廷明确支持拉藏汗,拉藏汗立即向清廷说明了仓央嘉措的不合法性。在清廷的支持下,1706年拉藏汗宣布废除仓央嘉措的圣职,并向北京押送。随后,拉藏汗又立一位达赖喇嘛,是拉萨甲披日寺的喇嘛。1707年班禅让他在布达拉宫坐床,法号阿旺益西嘉措,这又是一位所谓六世达赖喇嘛。拉藏汗完全顶替了桑结嘉措的角色,他身为汗王,名声、地位比第巴更显赫、更高贵。他认为已达到目的:已有了控制蒙藏宗教界的自己的达赖喇嘛,有了在汗廷中实现政教合一的希望。然而,事实正与拉藏汗的愿望背道而驰,对仓央嘉措的草率处置,不仅引起了西藏上层贵族的反对,也引起了西藏各界、各阶层的普遍反感。拉藏汗把自己的对立面扩大到忠于达赖喇嘛的一切信徒。一场大风暴向拉藏汗袭来,它不仅席卷了西藏雪域,还扫遍了整个青海地面。为了对付拉藏汗,西藏黄教集团采取了新的对策,他们立即在里塘找到了新的转世灵童。他们承认仓央嘉措是合法的,因此把这个"灵童"认定为七世达赖喇嘛,此举得到了青海蒙古贵族们的支持。1709年,青海台吉们向清朝奏报拉藏汗所立的达赖喇嘛为假,[1]后又称"里塘地方新出胡必尔汗(转世——引者),实系达赖喇嘛转世,恳求册封"。1716年,青海台吉们把灵童送至宗喀巴寺(塔尔寺)居住。[2]

围绕六世达赖喇嘛问题进行的宗教斗争,其实质是对西藏实权的争夺。在这次纠纷中,清朝一直支持拉藏汗。1709年,清廷派拉都浑至西藏,调查拉藏汗所立阿旺益西嘉措的情况,得知他得到拉藏汗的支持和班禅的承认后,便宣称"确知真实,应无庸议",又以"青海诸台吉等与拉藏汗不睦,西藏事务不便令拉藏独理",遣赫寿

---

[1] 《清圣祖实录》,康熙四十八年正月己亥。
[2] 同上书,康熙五十四年四月辛未、五十五年闰三月己卯。

第八章 1705年西藏事变的真相

助拉藏汗管理西藏事务。① 1710年清廷封阿旺益西嘉措为六世达赖,给以印册。② 但是,这些并不能改善拉藏汗的处境。他所立的新六世达赖喇嘛有名无实,人心不能稳定,拉藏汗在西藏十分孤立。1717年,准噶尔人突然袭击西藏,拉藏汗败亡,和硕特汗廷灭亡。因为事态的巨变,清廷转而支持塔尔寺的"小灵童",封他为"弘法觉众第六世达赖喇嘛",③1720年,清廷以送真实达赖喇嘛回布达拉宫坐床、赶走准噶尔入侵者为名,出兵西藏。这样,清朝通过和硕特蒙古汗廷间接控制西藏的历史告终,西藏正式被置于清朝的直接统治之下。因此说,1705年西藏事变是清朝统一多民族国家形成进程中具有深远影响的一个重要历史事件。

---

① 《清圣祖实录》,康熙四十八年正月己亥。
② 同上书,康熙四十九年三月戊寅。
③ 同上书,康熙五十九年二月癸丑。这位六世达赖喇嘛法名格藏嘉措,因为西藏宗教界的坚持,后清朝默认其为七世达赖喇嘛。

第九章　六世达赖喇嘛仓央嘉措圆寂的真相

　　第六世达赖喇嘛,法名全称罗桑仁钦仓央嘉措,简称仓央嘉措(1683—1706),小时候由当时西藏政坛的大权独揽者第巴桑结嘉措认定为六世达赖喇嘛,1697年在布达拉宫坐达赖喇嘛法床。但因仓央嘉措弃绝修道誓愿,宣布自己不是达赖喇嘛,在桑结嘉措被和硕特蒙古拉藏汗杀死以后,清朝下令将其执送至北京。据清朝官方文献记载,1706年,仓央嘉措在青海境内圆寂。

　　但是,关于仓央嘉措最终的归宿问题,学界历来众说纷纭,莫衷一是。有人认为,仓央嘉措在1706年被拉藏汗向北京押送的途中于青海衮噶淖尔地方圆寂,根据是《清圣祖实录》等清朝满汉文官方史书和藏文的《如意宝树史》、《七世达赖喇嘛传》等18世纪藏文史料。还有人认为,仓央嘉措从押送他的军队手中逃脱,经过一段游历,最后到了今天内蒙古西部的阿拉善盟境内,在那里建立寺庙,弘扬佛法,此说主要依据的是阿旺多尔济所著《仓央嘉措秘传》。[①] 据该书载,仓央嘉措在青海成功逃脱后,辗转各地弘法传教,最终于1746年在阿拉善地方圆寂。阿拉善盟所在地巴彦浩特现有一座18世纪建立的寺庙,汉语名广宗寺,俗称南寺,那里的灵塔和一些衣物被认为就是六世达赖喇嘛仓央嘉措的遗物。据传,仓央嘉措在阿拉善圆寂后,其转世布桑图布丹嘉木苏被称作"达格布胡图克图"。因六世达赖喇嘛逃脱后曾在西藏达格布寺居住过一段时间,并被称为"达格布仓"或"达格布夏仲",所以他的转世的封号就称作"达格布呼图克图"。第六世达格布呼图克图名阿旺丹增田来嘉木苏,1958年在内

---

① 关于六世达赖喇嘛归宿问题的前人研究概况,请参见宝音特古斯《十八世纪初期卫拉特、西藏、清朝关系研究》,内蒙古大学博士学位论文,2009年,第2—7页。

第九章　六世达赖喇嘛仓央嘉措圆寂的真相

蒙古锡林郭勒盟镶黄旗圆寂。①

如果仓央嘉措的确没有在青海圆寂,的确在阿拉善继续生活过几十年,那么,他的圆寂年代说,就不单纯是仓央嘉措的卒年问题,而是关系到被认为是仓央嘉措转世的七世达赖喇嘛以及其后历辈达赖喇嘛的真伪问题,应该说所系重大。仓央嘉措的最终归宿问题是一个重大的历史问题。

那么,六世达赖喇嘛仓央嘉措的归宿到底如何呢?

在中国第一历史档案馆所藏满文《宫中朱批人名包》(商南多尔济)中,保存着一份重要的文书,内容涉及六世达赖喇嘛仓央嘉措的最终归宿这个极其重要的问题。内蒙古大学青年学者宝音特古斯在他的博士学位论文《十八世纪初期卫拉特、西藏、清朝关系研究》中,提到了该奏折,并引用了其中一段话。因为他所讨论的主题的关系,他对该密折只是一带而过,没有进行更多分析,更没有认真翻译和讨论。所以,对此进行认真的翻译、解读和详细论证的任务就成为本文的任务。

商南多尔济是17世纪末18世纪初清朝处理西藏事务过程中的一个极其重要的人物。此人最早在《清圣祖实录》中以"得木齐商南多尔济"的身份出现,随同扎萨克喇嘛垂木珠尔拉木扎木巴、副都御史拉笃祜等出使达赖喇嘛。②后多次出使达赖喇嘛和准噶尔汗国的噶尔丹汗,自康熙四十一年作为"驻扎西宁喇嘛"常住在西宁,负责向清廷及时提供准确信息,协助办理青藏地区事务。③《宫中朱批人名包》(商南多尔济)就是该喇嘛的奏折包,内容涉及17世纪末18世纪初西藏和青海的重大事件。

本文专题研究商南多尔济的一份密折,并据此详细论述六世达赖喇嘛仓央嘉措的最终归宿。

---

① 贾拉森:《贺兰山中的佛教圣地阿拉善广宗寺》,《缘起南寺》,内蒙古大学出版社,2003年,第13—16页。
② 《清圣祖实录》,康熙二十四年十一月癸酉,中华书局影印本,1985年。
③ 同上书,康熙四十一年五月丁亥、四十五年十二月丁亥。

五色四藩——多语文本中的内亚民族史地研究

一

这是商南多尔济在康熙四十四年十二月二十九日（1706 年 2 月 12 日）进呈康熙皇帝的密折。① 其满文原文如下：

（1）wesimburengge（2）aha šangnan dorji-i narhūšame gingguleme（3）wesimburengge. aha bi（4）+ hese-be gingguleme dahafi takūraha② bošokū badma se（5）yabuha baita-be wesimbuheci tulgiyen. jai ladzang-ni（6）arbun dursun. guūnin yargiyan tašan. ceni saha（7）babe fonjici. badma se alaha bade. isinaha manggi（8）ladzang urgun-i doroi seme. beye baitalara lagur（9）moro. jafaha erihe. ???（原文缺一个词——转写者）. jai ini sargan cering（10）dasi-i asahaha aisin-i gaju-i dolo tebuhe erdeni（11）rilu. šaril-be suwaliyame bošokū badma-de buhebi.（12）mini šabi loodzang rincen-de. cering dasi inu（13）menggun-i goo-i dolo tebuhe erdeni rilu. šaril-be（14）suwaliyame buhebi. aha ???（mini）unggihe bithe-be（15）ladzang tuwame wajifi. ujui ningute sindafi henduringge.（16）suwe jihebe dahame. joo goro akū. genefi hengkile.（17）mini beye. lamu cuijung-de genefi tuwabuki seme.（18）hendufi. jai inenggi ladzang nadan niyalma gaifi.（19）dobori dulime lamu cuijung-ni jakade genefi.（20）ubaci unggihe bithei turgun-be. lamu cuijung-de（21）gemu alafi. dalai lama——-i hūbigan-be uthai（22）jafafi unggici saiyūn. adarame seme fonjiha manggi（23）lamu cuinjung-ni gisun. yaya baita（24）+ enduringge manjusiri han-i gisun-be baifi yabuci. doro（25）šajin-de tusa ombi. geli arafi buhe bithede.（26）hutui songko-de dosifi yabuci. šajin-de tusa（27）ojoro-be（28）+

---

① 档号 4—92—282—444。该档珍藏在中国第一历史档案馆，内蒙古大学蒙古学学院宝音特古斯博士给笔者提供了他的誊写稿，在此表示衷心的谢意！
② 原文只剩下 -raha，此处根据上下文复原为 takūraha。

第九章 六世达赖喇嘛仓央嘉措圆寂的真相

dergi ejen-de wesimbu sehebi. ere gisun, ladzang ulhihekūbi, (29)
ainci janggiya hūtūktu, dorji lama juwenofi sambidara (30) seme,
ladzang uttu gisurembi sembi, geli ladzang-ni (31) gisun, ere baita-be
yabuci, (32) ejen-i gisun-be baha manggi, tere erinde jai dahame
(33) yabuki, tere anggala ne donjici, ere dalai lama —— -i (34)
hūbilgan, dalai lama-be waka, kam, burukba, yamrub (35) omo, ere
ilan baci tucike ilan hūbilgan-be, (36) diba bisir-de, geren-be
daldame gajifi, ne budala-i (37) fulari jakburi sere bade somibuhabi
sembi, suwe hono (38) mini elcin dawa jaisang hasiha-i emgi
hahilame genefi, (39) dorji lama-de alafi, ulame (40) + enduringge
ejen-de donjibuci, nashūn ucuri ufaraburakū (41) bime, šanggarangge
hūdun ombi, (42) + ejen-i hese adarame wasimbuci dahame yabuki,
suweni mejige-be (43) bi ishun aniya sunja biyade isitala aliyambi
seme (44) bošokū badma sebe inenggideri sarin ulabume kunduleme
(45) yaya baita-be umai targacun akū, jiderede geli (46) morin
kunesun-be acabume buhebi sembi, jihe elcin (47) dawa jaisang
hasiha-de fonjici, inu ere baitai jalinde, (48) imbe (49) + ejen-de
wesimbume takūrahabi sembi, ladzang cohome (50) + enduringge
ejen-de, baita wesimbume takūraha-be dahame, (51) ilibume
banjinarakū ofi, giyamun yalubufi, bošokū badma sei (52) emgi
unggihebi, aha bi kimcime gūnici (53) + ejen enduringge ofi, yaya
jidere unde baita-be doigonde (54) hafu safi, sakda aha-de (55)
tacibure hese wasimbufi, ladzang-de aisi jobolon-be neileme (56) arafi
unggi sehe babe, gemu (57) ferguwecuke ejen-i tacibuha hese-de
acanahabi, ladzang, lamu (58) cuijung-de tuwabufi, unggihe tanggūd
bithei dorgi-be tuwaci, hutui songko-de dosifi yabuci šajin-de (60)
tusa ojoro-be (61) dergi ejen-de wesimbu sere gisun bi, aha bi
buhiyeme bodoci (62) ainci ne bisire dalai lama hūbilgan-be
henduhebi dere, (63) enduringge ejen, aha-be niyalmai jergide obufi
jecen-i bade tebufi, majige saha ba bici, ai helhun akū (65)
wesimburakū, neneme (66) + ejen, aha-i gūnin-be fonjire-de, aha bi

231

ineku huhu (67) noor-i wang sei geren-i gūnin-be baha manggi, (68) jai aljabuci baita yabure-de ijishūn-i gese seme (69) wesimbuhe babi, te dalai lamai hūbilgan-be aljabure (70) eaten icihiyara baita ja-i gese bicibe, huhu noor-i (71) wang sebe, hon daburakū, ladzang-ni wesimbuhe-be (72) tuwame uthai kafur seme yabuci, geren-i gūnin daharakū-be (73) inu boljoci ojorakū, (74) + ejen umesi enduringge, baita-be adarame icihiyame gamara, ladzang-ni (75) elcin dawa jaisang hasiha-de, adarame (76) hese wasimbure babe, gemu (77) + ejen-i toktobure-de bi, erei jalin geleme olhome gingguleme (78) narhūšame wesimbuhe, (79) elhe taifini dehi duici aniya jorgon biyai orin uyun (80) engke amuγulang-un dučin tabuduγar on qabur-un dumdadu sara-yin arban qoyar-a

(1) *sini wesimbuhe ba umesi inu, erei onggolo* (2) *uthai huhu noor-i wang beile taijise-de* (3) *hebdeme toktobuha amala sini bithe-i gūnin* (4) *emu ojoro jakade ele sain oho.*

"奏折
奴才商南多尔济谨密奏。奴才谨奉圣旨,将所遣领催巴特玛等之出使情形已奏闻外,又向伊等询问拉藏之情形、其内心之虚实及伊等所目睹者。巴特玛等答曰:'(我等)抵达后,作为贺礼,拉藏将自用之拉古碗与念珠及其妻车凌达什佩带之小金盒子中所入宝丸、舍利等给领催巴德玛。车凌达什亦将小银盒子中所入宝丸及舍利给我弟子罗卜藏林沁。拉藏阅毕奴才所遗之书,将书置其头顶曰:"尔等即已前来,因昭地不远,要前去叩头。我将前往拉穆吹忠处,令其看此书。"翌日,拉藏率七人,连夜赶往拉穆吹忠处,将自此处所遗之书中事由尽告拉穆吹忠,并向他请教,可否将达赖喇嘛之呼必尔罕立即执送,抑或如何是好。拉穆吹忠曰:"凡事若奉圣满珠习礼汗之旨而行,则于政教有益。"又写与(拉藏之)书云:"如入魔道而行,则于教法有裨益。将此奏报皇上。"拉藏未解此言之意,曰:"或许章嘉呼图克图、多尔济喇嘛二人能解也。"又,拉藏曰:"如行此事,等皇上圣旨到日,届时奉旨而行。况且今闻,此达赖喇嘛之呼必尔

第九章 六世达赖喇嘛仓央嘉措圆寂的真相

军非达赖喇嘛也。(昔)第巴在日,将在喀木、布噜克巴、雅木噜布湖三地显现之三呼必尔罕,瞒着众人(秘密)带来,据称今藏在布达拉之红色扎克布里地方。尔等速同我使者达瓦斋桑哈什哈一起前往,告知多尔济喇嘛,转奏圣主,如此则不至错过时机,诸事完结亦速。(我等)谨遵皇上任何圣旨。(我等)将等待尔等之信息至明年五月。'"(拉藏)每日设宴敬重招待领催巴特玛等,凡事并无戒心,回来时又给马匹及粮糗。及询问来使达瓦斋桑哈什哈,伊亦言,因此事遣他前来奏报皇上。因(达瓦斋桑哈什哈)为拉藏特为皇上奏事而遣者,故不得将其停留,使之乘骑驿马同领催巴特玛一道遣往。

奴才窃思,圣主甚明,凡事尚未发生,即能预先通晓,敕令老奴才,遗书拉藏开示祸福,一切如圣主胜算。观拉藏请拉穆吹忠看过后所写藏文文书,内有'如入魔道而行,则于政教有裨益。将此奏报皇上'等语。奴才猜想,(此语)或许指今在世之达赖喇嘛之呼必尔罕。

圣主令奴才跻身于(大)人之列,遣住疆域,是故如有信息,岂敢不奏闻。初,圣主询问奴才心思,奴才曾上奏:'等探知青海诸王之意后再使其离开,似行之顺利。'今(奴才)窃思,使达赖喇嘛之呼必尔罕离开之诸事似易于办理,但不顾青海诸王,依拉藏奏疏立刻决断,料不定众心不服。

皇上甚明,如何办理事情、如何降旨于拉藏使者达瓦斋桑哈什哈,均听从皇上圣裁。谨此恐慌秘密上奏。康熙四十四年十二月二十六日。

(蒙古文)康熙四十五年春二月十二日。①

(朱批)尔所奏甚是。先前已与青海诸王、贝勒、台吉等商定,其与尔书之意相一致,甚好。"

二

该密折是商南多尔济于康熙四十四年十二月二十六日在西宁

---

① 1706年3月26日,这是该密折被送到北京的日期。

写成的,四十五年二月十二日被送至北京。根据密折内容,康熙四十四年(1705),清朝派遣领催巴特玛一行,途经西宁,携带商南多尔济致拉藏汗的书信,到了西藏。此行的目的,显然是为了解决六世达赖喇嘛仓央嘉措的问题。清朝官私史书对巴特玛出使西藏没有任何记载,这是因为当时该使团的行踪十分诡秘。① 根据该密折,在巴特玛出使西藏时,清朝没有直接降旨于拉藏汗,令其执送仓央嘉措,而是通过驻扎西宁喇嘛商南多尔济致书拉藏汗,传令让他将仓央嘉措押送到北京。这说明,当时康熙皇帝对解决仓央嘉措问题采取了特别谨慎的态度。

巴特玛一行到达西藏以后,拉藏汗一方面对清朝使者尽其所能地表示友善,另一方面即着手紧急处理六世达赖喇嘛仓央嘉措的问题。拉藏汗连夜赶往拉穆吹忠处。拉穆吹忠(La mo chos skyong),即拉穆护法神,是达赖喇嘛甘丹颇章宫的主要宣谕护法神之一,驻锡在拉萨甘丹寺附近的拉穆寺。拉藏汗向拉穆吹忠出示了清朝方面的书信,请教如何办理仓央嘉措才属上策。拉穆吹忠的话特别关键,他说:"凡事若奉圣满珠习礼汗之旨而行,则于政教有裨益。"又给拉藏汗写了一句这样的话:"如入魔道而行,则于教法有裨益。将此奏报皇上。"拉藏汗说,他没弄清楚此话为何意,但相信章嘉呼图克图和商南多尔济喇嘛二人能解其意。拉藏汗老奸巨猾,他未必不解拉穆吹忠之语为何意,只是他自己不想向皇帝解释,而把这个烫

---

① 但是,若贝多杰所著《七世达赖喇嘛传》提及巴特玛出使情况,并指出,就是该人带去了清朝迫使拉藏汗执送仓央嘉措的圣旨。该书记载:"由于诸福德浅薄者之唆使,拉藏汗等千方百计送喇嘛(指六世达赖喇嘛——笔者)去摩诃支那(指中国——笔者)地。以此缘由,康熙皇帝派班马笔贴式等,于火狗年(1706)五月十七日,请达赖喇嘛从拉鲁园启程。"(章嘉·若贝多杰所著,蒲文成译:《七世达赖喇嘛传》,西藏人民出版社,1989年,第4页)这里的"班马笔贴式"就是领催巴特玛。班马,是蒲文成先生的音译,一般译作"白玛"(在安多地方还译作"万马"),原文为padma(莲花之意),蒙古人的读法为badma(满洲人沿袭了蒙古读法)。笔贴式(bithesi)是清朝理藩院的一个官职,类此文秘。藏文文献把领催(bošokū)错记为笔贴式了。康熙四十五年巴特玛又一次出使西藏,这次是为了将仓央嘉措解送到北京。关于这次出使商南多尔济奏折中也有记载。

第九章 六世达赖喇嘛仓央嘉措圆寂的真相

手的山芋交给了康熙皇帝最信任的两位高僧。这当然是非常得策之举。

当然,拉藏汗就处理仓央嘉措之事也有所表态。他向清朝表示,如办理此事,等康熙皇帝降旨后,将奉旨而行。与此同时,拉藏汗还透露了一个重要的信息。原来,第巴选定仓央嘉措为六世达赖喇嘛的同时,将在喀木、布噜克巴、雅木噜布湖三地所发现的另外三个被认为是五世达赖喇嘛转世的灵童秘密带到拉萨,藏在布达拉之红扎克布里地方(扎克布里为铁山之意,布达拉宫附近的一个寺庙名)。拉藏汗要求清朝使者同他的使者达瓦斋桑哈什哈一起前往内地,将此信息呈奏康熙皇帝,"如此则不至错过时机,诸事完结亦速"。他将等待清朝方面的消息到康熙四十五年五月(即1706年7月初。拉藏汗后来押送六世达赖喇嘛的时间正是1706年7月)。这里拉藏汗向清廷明确表示了唯命是从的意愿,也透露了除仓央嘉措以外还有三个达赖喇嘛人选的信息。拉藏汗透露这个秘密的用意,显然是为日后立其中之一为达赖喇嘛做舆论准备。

那么,拉穆吹忠所言"如入魔道而行,则于教法有裨益"者,到底是什么意思呢?既然拉藏汗说,此话之意或许章嘉呼图克图、商南多尔济二人能解,那么商南多尔济必须给皇上解答。所以,商南多尔济不仅引用巴特玛口述,而且还根据亲眼目睹的拉穆吹忠的藏文原文后做出了这样的解释:"奴才猜想,(此语)或许指今在世之达赖喇嘛之呼必尔罕(转世)。"也就是说,如果六世达赖喇嘛仓央嘉措"入魔道而行",则对宗喀巴的教法有裨益。拉穆吹忠带给拉藏汗的神谕居然是:让仓央嘉措离开人间!

最后,商南多尔济还向康熙皇帝提出了解决六世达赖喇嘛仓央嘉措的重要建议:"初,圣主询问奴才心思,奴才曾上奏:'等探知青海诸王之意后再使其离开,似行之顺利。'今(奴才)窃思,使达赖喇嘛之呼必尔罕离开之诸事似易于办理,但不顾青海诸王,依拉藏奏疏立刻决断,料不定众心不服。"商南多尔济认为,不能只依拉藏奏疏立刻决断,必须顾及青海诸王的意见。但根据康熙皇帝的朱批,康熙皇帝事先已经做到这一点了。

三

通过对商南多尔济密折的释读和分析,可以得出结论,仓央嘉措是被西藏上层出于政治考虑加害的。仓央嘉措本人在青海衮噶诺尔地方离开人世应该没有疑问。下面,谈一谈其他证据,并分析西藏除掉仓央嘉措的原因。

首先,《七世达赖喇嘛传》提供了仓央嘉措圆寂过程的详细信息。据该书记载,仓央嘉措于火狗年五月十七日(1706年6月27日)被迫离开拉鲁园押往北京,途中哲蚌寺僧众把他从蒙古军手中抢出,请向噶丹颇章(即达赖喇嘛宫殿)。在蒙藏军队对阵时,为了避免发生流血事件,仓央嘉措不顾个人安危,自动走到蒙古军中,继续赶往内地。到了当雄(今西藏东北部的当雄县,离拉萨不远,腾格里湖在该县境内),仓央嘉措开始生病,而且病情日益严重。根据记载,他已经感觉到来日不长,向他的手下管事喇嘛说:"吾未竟之文卷勿令散遗,后复交与吾。"预示其不久圆寂和转世。走到衮噶诺尔,"诸使催请喇嘛继续前行,喇嘛回言:'从此地起,尔等只能驮吾尸骨,吾再也无法行走了。'"在他去世时,索本罗哲旺秋和医生桑结司柱在身旁伺候,请求他不要决议要去别土,为教法和众生速作转世。在亥时,仓央嘉措口诵《大悲心咒》,离开了人间。[①]

从这段记载来看,仓央嘉措从拉萨启程不久就染病,病情越来越严重,而且他本人已经意识到生命即将结束。到青海境内的衮噶诺尔地方(离塔尔寺三日路程远)仓央嘉措就去世了。为什么在西藏期间没有得病,偏偏在踏上赴北京之路后突然得病而暴亡呢?这位23岁的年轻人很显然上路时被下了毒,路途中毒性慢慢起效,终至毙命。这就是所谓的"入魔道而行"。索本罗哲旺秋和医生桑结司柱是后来七世达赖喇嘛的近侍,他们在那一天的深夜为仓央嘉措送行,若贝多杰的信息很可能就是来自这两位历史的见证人。

其次,当时的满蒙文文书也直接证明,仓央嘉措的确是在途中

[①] 章嘉·若贝多杰所著,蒲文成译:《七世达赖喇嘛传》,第5—6页。

第九章 六世达赖喇嘛仓央嘉措圆寂的真相

逝世。比如,康熙四十六年皇帝给青海王公的谕旨中写道:"今拉藏谨遵圣旨,押送此假达赖喇嘛,送至半路,因恶贯满盈,途中死去。"①拉藏汗在康熙五十三年十一月二十七日奏疏中也写道:"圣上大皇帝降旨,如将恶行之呼毕勒罕留在彼处,于教法不利,将之送来。遵旨送往,途中去世。"②这两处记载,宝音特古斯在他论文中也提到过。此外,《清圣祖实录》也记载:"理藩院题,驻扎西宁喇嘛商南多尔济报称,拉藏送来假达赖喇嘛,行至西宁口外病故。假达赖喇嘛行事悖乱,今既在途病故,应行文商南多尔济,将其尸骸抛弃。从之。"③可惜,商南多尔济奏折原文还没有找到,但这个记载足以证明,当时清朝曾派人验证和处理过仓央嘉措的尸骸。

最后,在西方文献中也有线索。1716—1721年曾在拉萨传教的意大利传教士德西迪利在他的报告中也提到过仓央嘉措被拉藏汗毒害的传闻。④虽然传闻拉藏汗害死了仓央嘉措,且这个传闻无法证明仓央嘉措的死因,但它说明,当时西藏社会上六世达赖喇嘛被谋杀的传闻已经广泛流传。

那么,为什么西藏上层要让仓央嘉措"入魔道而行"呢?

笔者在《十七、十八世纪之交的西藏秘史——围绕关于六世达赖喇嘛仓央嘉措的满蒙文秘档》一文中,⑤根据清朝内阁满蒙文档案,详细讨论了仓央嘉措放弃达赖喇嘛神位的过程。简单地讲,正

---

① 中国第一历史档案馆、内蒙古大学蒙古学学院编:《蒙古堂档》卷一七,第357页。原文为:edüge lhazang minu jarliγ-i kündüte daγaju, ene qaγurmaγ dalai blam-a-yi kürgegüljü ireküi-dür jabsar-tur kürčü ireged über-ün maγu kilinče dügürčü üküjüküi.
② 中国第一历史档案馆、内蒙古大学蒙古学学院编:《蒙古堂档》卷一九,第188页。原文为:dergi amba ejen han, ehe yabun-i hūbilgan tubade bici, šajin-de ehe, ebsi bufi unggi seme hese wasimbure jakade, bufi unggihe bihe, jugūn-i andala akū oho.
③ 《清圣祖实录》,康熙四十五年十二月庚戌。
④ 依波利多·德西迪利(Filippo Filippi)著,杨民汉译:《德西迪利西藏纪行》(An Account of Tibet, The Travels of Ippolito Desideri of Pistoia, S. J., 1712-1727),西藏人民出版社,2004年,第131页。
⑤ 请见日本国际蒙古文化研究协会编《蒙古学问题与争论(Questiones Mongolorum Disputatae)》第6期,东京,2010年。

在清朝着手经营西藏、想方设法打击西藏政坛上的实力人物第巴桑结嘉措之时,第巴一手扶持的六世达赖喇嘛仓央嘉措突然做出一系列不可思议和不合时宜的举动,宣布自己不是五世达赖喇嘛的转世,弃绝修道誓愿,这等于是他自我剥夺了作为观世音菩萨化身的佛性。不久,拉藏汗攻杀桑结嘉措。在这场政治斗争中,清朝支持拉藏汗,并决定废除由第巴选定、未经清廷封号的仓央嘉措达赖喇嘛。同时,康熙皇帝认为,仓央嘉措虽然是一位"假达赖喇嘛",但毕竟有达赖喇嘛名号,受到蒙藏信徒的认可,所以如将其留在西藏,有可能被准噶尔汗国或其他政治宗教势力利用,所以严令拉藏汗将他押送到北京。

此时,西藏噶丹颇章处于政治危机状态。噶丹颇章的最高决策者达赖喇嘛被废除,相当于总理的第巴被杀害,因此决定西藏命运的实际上是甘丹、哲蚌、大昭三大寺的上层喇嘛。根据当时西藏的政治制度,噶丹颇章遇到重大难决问题时,通常请护法神师降神,得到神谕,指点迷津。甘丹颇章时有四大宣谕护法神,其中拉穆大梵天护法神(即拉穆吹忠)和乃穷白哈尔护法神是两个最重要的护法神。[①] 他们的神谕往往是西藏格鲁派上层的最高决策。因为仓央嘉措自己的放弃,喇嘛们无法替他辩解,无法继续让仓央嘉措做达赖喇嘛。但是,西藏格鲁派上层坚信,仓央嘉措就是五世达赖喇嘛的转世,所以,在仓央嘉措放弃达赖喇嘛职位的情况下,他们认为佛性业已离开了他的身躯,沦为凡人的仓央嘉措的存在倒成为启动迎请新达赖喇嘛程序的绊脚石。对他们来说,相比于仓央嘉措本人,达赖喇嘛神位更加重要。所以西藏的政治精英们做出决定,要牺牲仓央嘉措的生命,用他的转世做新的达赖喇嘛,以保障达赖喇嘛系统在西藏格鲁派上层的控制下安然继续。

在这种情况下,当拉藏汗请拉穆吹忠降神谕时,拉穆吹忠告诉他,要让仓央嘉措"入魔道而行",而且要求拉藏汗把这个情况转奏

[①] 请参考才让加《甘丹颇章时期西藏的政治制度文化研究》,博士学位论文,中央民族大学博士学位论文,2007年,第3—41页。

第九章 六世达赖喇嘛仓央嘉措圆寂的真相

清朝皇帝。很明显,喇嘛们出于策略要牺牲仓央嘉措的性命,但又不愿意把他交给清朝政府处理。当时,清朝势力大力渗透到西藏政治中,西藏上层当然不会同意把自己的宗教领袖交给他们。他们把牺牲仓央嘉措的消息报告给皇帝,看似是对皇上的恭敬和顺从,实际上是变相违抗清廷押送仓央嘉措之旨。

但是,康熙皇帝偏偏看准六世达赖喇嘛事件为他制服西藏势力的千载难逢的机遇。他坚决主张将仓央嘉措押送到北京处理,所以没有同意在西藏除掉仓央嘉措,而严令拉藏汗:"如将恶行之呼毕勒罕留在彼处,于教法不利,将之送来。"这就引起了西藏大喇嘛们的极其不满。据《七世达赖喇嘛传》记载,当拉藏汗将仓央嘉措解送时,乃穷白哈尔吹忠向集会众人说:"此大师(指仓央嘉措——笔者)若非五世(达赖)之转世,鬼魅当碎吾首!"[①]这说明,西藏上层喇嘛是坚决反对将仓央嘉措解送到北京的。但是,手无寸铁的喇嘛们无法对抗拉藏汗的军队和他背后的庞大的清帝国。于是,喇嘛们采取了早已计划好的另一个行动:让仓央嘉措还没有到清朝境内之前就离开人世。

结果,康熙皇帝扑空了。他不仅没有拿到仓央嘉措,而且仓央嘉措去世后,拉藏汗未经康熙皇帝的允准,立关在扎克布里寺的一位当年的灵童——23岁的益西嘉措为新的六世达赖喇嘛。拉穆吹忠等西藏喇嘛上层暂时委曲求全,支持拉藏汗立益西嘉措为达赖喇嘛,但同时按计划秘密寻找仓央嘉措的转世,并在喀木地方发现了一个灵童,即后来的七世达赖喇嘛格桑嘉措。

但是,最后的赢家还是康熙皇帝。1717年,准噶尔军攻入西藏,推翻了拉藏汗的和硕特汗廷。1721年,清军以驱逐侵占西藏的准噶尔军、把真正的达赖喇嘛护送到布达拉宫坐法床为辞,浩浩荡荡地开进拉萨,把七世达赖喇嘛格桑嘉措送入布达拉宫。从此以后,达赖喇嘛只在清廷承认的情况下才有资格做达赖喇嘛。

最后,顺便说一下,现在内蒙古阿拉善盟南寺的灵塔肯定不是

[①] 章嘉·若贝多杰所著,蒲文成译:《七世达赖喇嘛传》,第5页。

仓央嘉措的灵塔,它应该是西藏达格布寺那位喇嘛的灵塔。① 该高僧可能借六世达赖喇嘛之名,在阿拉善地方弘扬佛法,他的转世就成为历代达格布呼图克图。因为有人冒名顶替的关系,六世达赖喇嘛仓央嘉措成了南寺文化传统的一部分。

---

① 关于所谓六世达赖喇嘛仓央嘉措在阿拉善的"秘密生活"以及达格布呼图克图冒名顶替仓央嘉措的原因分析,请见 Michael Aris, *Hidden Treasures and Secret Lives, A Study of Pemalingpa (1450—1521) and the Sixth Dalai Lama (1683—1706)*, Routledge, Taylor Francis Group, London and New York, 2010, pp. 167-215.

第十章　噶尔丹与藏传佛教上层

在中国,一提到噶尔丹的名字,大多数人会有残暴、狡诈、死不悔改的准噶尔叛乱者的印象,认为其是破坏中国国家统一的民族分裂分子。这样的形象最早源自于清朝所编纂的《朔漠方略》,而其现代面貌,则是20世纪六七十年代中苏冷战背景下中国历史学界描绘出来的。这个形象实际与噶尔丹的本来面孔相差甚远。与此同时,噶尔丹在蒙古民族中拥有与此完全相反的另外一种形象,被认为是蒙古民族英雄。因为人们普遍认为,噶尔丹和清朝作战是为了维护准噶尔汗国的独立,归根结底是为了捍卫准噶尔人民的利益。然而,这同样也不全是事实。噶尔丹这一形象的确立,与18世纪中叶清朝消灭准噶尔的战争有关。战后,劫后余生的卫拉特人普遍同情、感激和赞美所有曾与征服者进行战争的人,把他们视为英雄,虽然其中不乏严重违背卫拉特人民利益的人,这是世界被征服民族和被征服地区人民的普遍心理和共同的做法。随着岁月远去,真实的历史很容易被一种失真的记忆所取代。当然,前苏联和前蒙古人民共和国学界甚至把噶尔丹的形象塑造成为一个反满斗士和蒙古独立的捍卫者,这虽然同样是冷战背景下反华意识形态的产物,但在美化噶尔丹在蒙古人心中的形象方面却起到了推波助澜的作用。因此,还原噶尔丹这个历史人物的本来面貌,非常重要,它关系到如何准确复原和正确理解17世纪那段历史,这自然也与正确理解历史上的民族关系有密切关联。

本文拟通过解读噶尔丹致西藏佛教上层人士的信函和一篇新发现的噶尔丹忏悔诗篇,来分析噶尔丹的佛教修养和其内心世界的一个侧面。这对全面了解噶尔丹,进而解释17世纪后半叶西藏、蒙古和清朝中央政府关系都很有意义。

一 噶尔丹与藏传佛教的法缘

噶尔丹(Γaldan,1644—1697),绰罗斯氏,17世纪卫拉特四部盟主之一,准噶尔部长巴图尔珲台吉六子,母名尤姆,被尊称"尤姆阿噶"(阿噶:贵夫人)。噶尔丹一出生,就被认为是西藏温萨活佛(dben sa sprul sku)转世。

温萨噶举是后藏地区藏传佛教格鲁派的重要传承,源自格鲁派创始人宗喀巴大师,温萨活佛们是格鲁派领导阶层中的重要人物。该传承以相传文殊及宗喀巴所说耳传殊胜《变化函》(sprul pai glegs bam)为纽带,并传授宗喀巴显、密二宗各种精华。宗喀巴大师将《变化函》秘传其心传弟子湛班嘉措(Vjam dbal rgya mtshu)和哥列思班藏(Dge legs dbal bzang,1385—1483)二弟子,后者日后被追认为一世班禅额尔德尼。哥列思班藏以后的传承依次为:一世班禅额尔德尼之弟、二世班禅琐南主朗(Bsod nam phyogs glang,1430—1504)的上师挪思吉监藏(Chos kyi rgyal mtshan,1402—1473),葛罗卜臣挪思吉朵儿只(Grub chen chos kyi rdo rje),三世班禅额尔德尼罗卜藏敦葛罗卜(Blo bzang don grub,1505—1566),凯思葛罗卜桑杰伊西(Mkhas grub sangs rgyas ye shes,1525—1591),四世班禅额尔德尼罗卜藏挪思吉监藏(Blo bzang chos kyi rgal mtshan,1570—1662)。据《五世达赖喇嘛自传·云裳》(以下简称《云裳》)载,木马年(1654)十一月,五世达赖喇嘛在日喀则滞留近一个月,四世班禅给他"讲解上师、本尊、护法俱全的温萨耳传教法",[1]可见,五世达赖喇嘛也是《变化函》的传人之一。

温萨噶举一名是后人的称谓,这一名称与二世班禅琐南主朗相关。他是温萨人,在家乡建立了温贡寺(Dban sa dgon pa,日喀则市江当县境内),以温萨活佛著称。他的转世罗卜藏敦葛罗卜也是温萨人,仍被称作温萨活佛。因此,罗卜藏敦葛罗卜的转世罗卜藏挪

---

[1] 五世达赖喇嘛著,陈庆英等译:《五世达赖喇嘛自传·云裳》上册,中国藏学出版社,2006年,第273页。

第十章 噶尔丹与藏传佛教上层

思吉监藏当然也被称为温萨活佛了。

但是,因为后来罗卜藏搠思吉监藏被认定为四世班禅额尔德尼,这一传承就成为班禅活佛系统,而温萨活佛系统一般从三世班禅的心传弟子凯思葛罗卜桑杰伊西算起。他的转世为伊西嘉措(Ye shes rgya mtsho,1592—1604),少年早逝。三世温萨活佛为罗卜藏丹津嘉措(Blo bzang bstan vdzin rgya mtscho,1605—1643),曾奉四世班禅之命,至卫拉特和喀尔喀传教,并预言其圆寂后将转世到卫拉特准噶尔部。他的转世就是本文的主人公噶尔丹。①

如此看来,温萨噶举和温萨活佛系统与宗喀巴大师一脉相承,与班禅活佛系统有千丝万缕的关系,其宗教地位十分显赫。从传承系谱看,噶尔丹的前世是四世班禅的上师,而噶尔丹本人是四世班禅的弟子。作为四世温萨活佛和四世班禅额尔德尼的弟子,噶尔丹必然也是宗喀巴秘法《变化函》的传承者。

噶尔丹被选定为四世温萨活佛并被请到西藏,与17世纪初西藏格鲁派对外政治有关。当时格鲁派境遇艰难,而漠南蒙古风云突变,其主要的境外靠山漠南蒙古再不能给格鲁派以支援,因此格鲁派上层特别看重扩大在中亚卫拉特人和外喀尔喀蒙古中的影响,并采取了很多相应的措施。将卫拉特各部首领的儿子作为活佛转世迎请到西藏,或请到西藏学佛,使他们受到系统的佛学教育和西藏文化的熏陶,日后请他们返回故地传教,通过他们加强与当地的联系,甚至间接控制当地政教,就是这些措施中的最重要者。噶尔丹出生时,四卫拉特联盟的盟主是绰罗斯部长巴图尔珲台吉和和硕特部长鄂齐尔图台吉二人,被称作"Qoyar tayiji(二台吉)",而后者的儿子已经作为伊拉古克三呼图克图被迎请到西藏,所以,噶尔丹被认定为某活佛并非偶然。至于被认定为温萨传承的活佛,则与同样属于温萨传承的四世班禅喇嘛有关,因为他当时是西藏格鲁派实际上的领袖。

据卫拉特文献的记载,三世温萨活佛亲自授记,将转世为尤姆

---

① 以上详见拙著《关于尹咱呼图克图》,《内蒙古大学学报》1994年第1期,第1—8页。

阿噶的儿子。① 根据《云裳》记载,三世温萨活佛于1643年和土尔扈特香客们返回西藏后,在扎什伦布寺突然圆寂。② 次年,噶尔丹出生,并被认定为四世温萨活佛。《云裳》开始记载温萨活佛四世噶尔丹始于藏历水龙年(1652)。是年六月,"使者宰桑囊素(给五世达赖喇嘛)送到了温萨古吉和珲台吉的信函"。③ 铁龙年十二月初(1653年初),五世达赖喇嘛在进京的途中,在巴颜苏木(即宣府)"接见了温萨活佛和巴图尔珲台吉从厄鲁特部派来的向皇帝(顺治帝)请安和进行贸易的一些人"。④ 此时的温萨活佛就是噶尔丹,他还在准噶尔。可知,噶尔丹作为温萨活佛,在准噶尔时就与达赖喇嘛有联系。

噶尔丹入藏,是在藏历火猴年(1656)春。⑤ 他先在扎什伦布寺,师从四世班禅,再到拉萨接受五世达赖喇嘛的教授。水兔年(1663)五月十三日,噶尔丹23岁时,五世达赖喇嘛授之具足戒。⑥ 出家人受具足戒后方能成为比丘或比丘尼,也即成为真正意义上的佛门修行者,所以其意义非常重大。三年后的火马年(1666)十一月,噶尔丹要离开西藏,返回准噶尔故地。据五世达赖喇嘛回忆,二十三日,达赖喇嘛给噶尔丹传授了珠杰派的长寿灌顶,赠送了"僧人用具、素色氆氇等送别礼品,并教导他为了政教的利益,各方面要尽职尽责"。临噶尔丹动身时,达赖喇嘛"又亲手交给他一串珍珠吟珠,并详尽地吩咐了如何为佛法服务等眼前与长远的利害得失等事"。达赖喇嘛以赐座、派人护送等方式对温萨活佛噶尔丹表示嘉奖,噶尔丹则把在扎什伦布新建的一座住宅赠给了达赖喇嘛。⑦ 可见,噶尔丹返回故土,是根据达赖喇嘛的事先安排,他的任务是以温萨活佛的身份在准噶尔继续传

---

① 佚名:《蒙古源流记》,载《卫拉特历史文献》(托忒文),新疆人民出版社,1987年,第316页。
② 五世达赖喇嘛著,陈庆英等译:《五世达赖喇嘛自传·云裳》上册,第153、154页。
③ 同上书,第221页。
④ 同上书,第241页。
⑤ 同上书,第292页。
⑥ 同上书,第390页。
⑦ 同上书,第448—449页。

第十章 噶尔丹与藏传佛教上层

教,为政教利益尽责。临出发时,达赖喇嘛亲自指导了他在准噶尔的近期目标和长远目标。

此后直到 1670 年,噶尔丹作为四世温萨活佛,在准噶尔传教。1670 年,准噶尔发生内乱,噶尔丹的长兄、准噶尔部长僧格被其异母兄弟害死。次年,消息传到拉萨,温萨活佛已经消灭了僧格的部分敌人。藏历四月初,噶尔丹遣人给达赖喇嘛送来书信及压书礼,达赖喇嘛给他写了"话语很多的回信"。① 这封信的内容不得而知,但劝噶尔丹还俗作洪台吉,掌管准噶尔政教权力,应该是其中最主要的内容。因为,从此以后噶尔丹不再被称作温萨活佛,而是成为噶尔丹洪台吉了。土马年(1678)五月,五世达赖喇嘛派使者到准噶尔,"为了喀尔喀、厄鲁特的政务公事",授予噶尔丹以"丹津博硕克图汗"(丹津,藏语 bstan vdzin,意为"持教";博硕克图,蒙古语 bošoγtu,意为"具足天命")的称号与印、全套衣服和礼物,还带去一大箱纸写信函,并传达详细口信。② 后文将要提到,噶尔丹至死念念不忘实现一件心中大事,这或许与五世达赖喇嘛多次的授意密切相关。

据托忒文史料《蒙古源流记》记载,噶尔丹自西藏回准噶尔以后,从西藏"迎请了宗喀巴、博格多和却杰三供养。建密乘学院(Snags pa grwa tsang),请博格多和却杰为内供,建次第(Lam rim)学院,请宗喀巴为内供。将宗喀巴黄教弘扬于卫拉特地方"。③ 博格多(蒙古文:boγda),是对圣人的敬称,此指班禅博格多;却杰(藏文:chos rgyal)即教主,指达赖喇嘛;密乘学院指的是密宗学院,而次第学院指显宗学院,因为菩提道次第是格鲁派佛教哲学的重要内容之一。可见,噶尔丹从西藏迎请了宗喀巴大师、班禅喇嘛和达赖喇嘛三圣塑像,建立了密宗和显宗学院,发展准噶尔佛教。

---

① 佚名:《蒙古源流记》,载《卫拉特历史文献》(托忒文),第 315 页。
② 五世达赖喇嘛著,陈庆英等译:《五世达赖喇嘛自传·云裳》上册,第 291 页。
③ 佚名:《蒙古源流记》,载《卫拉特历史文献》(托忒文),第 318—319 页。

二 噶尔丹致达赖喇嘛等西藏
佛教界领袖们的信函

如前文所说,噶尔丹与藏传佛教有很深的法缘。1644—1672年之间,噶尔丹度过了足足28年的活佛生涯,对这位53岁去世的人来讲,这时光占了他一生的一半还要多。他作为西藏格鲁派最高领袖达赖、班禅的弟子,又作为宗喀巴大师耳传密教的传承人和德高望重的温萨活佛,在此近30个春秋中受到了良好的佛学教育,其思想观念等也随之受到深刻的佛教影响。可惜,噶尔丹作为康熙皇帝的劲敌,清代官方文献塑造的只有他的阴暗面,对他的佛教徒的一面则毫无反映。值得庆幸的是,清代满文档案中保留了一些噶尔丹给西藏宗教上层的部分信函,这些成为了解噶尔丹内心世界的一个不可多得的、弥足珍贵的史料。下面,我们释读和分析这些史料,揭示噶尔丹内心罕为人知的一个侧面。

噶尔丹致西藏宗教上层的信函是他在生命的最后几个月里在逆境中写就的。康熙三十五年(1696)初夏,康熙皇帝亲征噶尔丹,三路出兵漠北。五月十三日,噶尔丹在昭莫多(今乌兰巴托东南)被清军西路军击溃,其精锐部队所剩无几,牲畜财产丧失殆尽,而阿尔泰山以西的准噶尔故地被其侄子策妄阿拉布坦占据,哈密以西回疆脱离噶尔丹的控制,青海和硕特蒙古也归顺清朝。噶尔丹率领少数人马西走科布多境内,拒绝清朝的招降,直至次年三月十三日(1697年4月4日)在阿察阿穆塔台地方病故。

昭莫多之战后,噶尔丹陷入困境。此时,他把希望寄托在西藏达赖喇嘛和护法神的指导以及佛法的无边法力上。他渴望达赖喇嘛和护法神能够指导他今后的行动,希望无数遍诵读的佛经能够挽救他的失败,一心希望很快能够再回到达赖喇嘛身边。于是,当年九月他向西藏派出了使节。然而,十一月,清朝就截获了噶尔丹的使者,写给西藏和青海蒙藏僧俗首领们的14封信也落入康熙皇帝的

第十章　噶尔丹与藏传佛教上层

手中。① 在这些信函中,有5封信值得我们在这里深入探讨,那就是噶尔丹呈达赖喇嘛、第巴、②拉穆护法神师、哲蚌寺乃穷护法神师以及麦提寺众僧人的信件。

先让我们看看噶尔丹致达赖喇嘛的信。

> 达赖喇嘛明鉴。持教③噶尔丹博硕克图汗至为谨奏。喇嘛之身躬如金刚不破,如须弥山稳固,天、人、众生之至上信仰④平安。故此,谕令与赐物降临我头顶⑤,不胜喜悦。鄙人在此仰赖喇嘛慈爱,安然无恙。兹特呈奏者:诸事俱密缮另书奏明,乞请诸事明鉴。喇嘛之身躬永存,将吾之迅速谒见喇嘛之明(之事)、对吾今世至诸来世之护佑事,望不偏明鉴,明鉴。以奏书礼,呈献金字哈达一方、八宝哈达一方、缎二匹,一并于初旬吉日呈奏。⑥

因为另有密信,噶尔丹此信并无更多内容。但从中仍可发现,当时噶尔丹并不知道五世达赖喇嘛已圆寂多年(五世达赖喇嘛于

---

① 关于该14封信件(保留至今的只有12封),齐木德道尔吉用蒙古语撰写了题为《1696年九月噶尔丹博硕克图汗致达赖喇嘛、第巴与青海诸台吉的信件》的论文,介绍信件的来龙去脉,做简短注释,把12封信件的满文转写为罗马字,并从满文译成蒙古文,发表在《内蒙古大学学报》(蒙文版)1992年第1期(第93—126页)。中国第一历史档案馆编译的《康熙朝满文朱批奏折全译》(以下简称《全译》,中国社会科学出版社,1996年,第131—133页)也收了该12封信,但汉译质量不敢恭维,错讹之处不少。2013年,韩国教授赵柄学在中国人民大学清史研究所满文文献研究中心举办的"首届满文文献研究国际学术讨论会"上发表了题为《试析噶尔丹向西藏寄去的书信之摘要》的论文,该论文是从史实角度探讨这些信件的新作,只可惜作者利用的是中国第一历史档案馆编译的《全译》汉文。
② 致第巴的信函内容基本与达赖喇嘛的信同。此略。
③ 原文 šajin-be jafara,《全译》汉译作"执法的"(第131页),不妥。满文的 šajin-be jafara 是五世达赖喇嘛授予噶尔丹的汗号"丹津博硕克图汗"中的"丹津"(bstan vdzin,意为"持教")的对译。
④ "天、人、众生之至上信仰"指达赖喇嘛本人。《全译》译文不正确。
⑤ 有译为"oroi-yin čimeg"(汉译"顶庄严",即顶饰)者,不妥。"顶庄严"指佛、法、僧等三宝或其中之一,是信徒要顶礼膜拜的对象,而不是"头顶"之敬语。
⑥ 满文原文见"国立"故宫博物院故宫文献编辑委员会编《宫中档康熙朝奏折》第八册,(台北)故宫博物院,1977年,第532—534页。

247

1682年圆寂,此后第巴桑结嘉措秘不发丧达15年之久),仍认为他还安在,并希望能够迅速谒见达赖喇嘛,得到他对噶尔丹此生此世和将来诸多来世的护持。更多的信息则在噶尔丹给拉穆护法神师和乃穷护法神师的信中。

噶尔丹呈拉穆护法神师的信很长,① 其中除讲述他在昭莫多之战后的遭遇外,其余文字都与西藏和法事有关。相关部分的内容如下:

> 拉穆乃穷明鉴。持教噶尔丹博硕克图汗谨呈。此前仰赖尔力,吾事曾顺利。即使是如今,小人仍有此意:速成恭敬达赖喇嘛之事,速谒喇嘛之明,从彼时直至前往佛地为止,② 能够不离达赖喇嘛而敬重供养之——速得如此福分之年月日时之前,③ 应在何处驻牧为宜?再者,为促成上述事,先前所诵之经是否有益?嗣后诵何经方可速成吾心想之事,乞望明白降示。自以往壬戌年始,④ 为成心想之事,若竭尽恭敬,则午年之事、⑤ 今年之事,⑥ 皆可为吾等带来好处。⑦ 然因我懦弱,事未成。今(康熙皇帝)欲相见,遣使而来。故丹济拉已遣使前往,⑧ 吾亦意欲遣使。⑨ 为乞请成就我心想之事,并乞请将

---

① 满文原文见"国立"故宫博物院故宫文献编辑委员会编《宫中档康熙朝奏折》第八册,第535—550页。
② 有人认为,此处的"佛地"指达赖喇嘛所在的拉萨,误。"佛地"此处指佛所在地,比喻噶尔丹死后要去的极乐世界。噶尔丹此处的意思是,从他见到达赖喇嘛直到他死为止的时间段里。
③ 从"速成恭敬达赖喇嘛之事"开始到此,《全译》译文有误(第131页)。
④ 康熙二十一年(1682)。
⑤ 庚午年,康熙二十九年(1690)。是年发生了噶尔丹与清朝之间的乌兰布通之战。
⑥ 丙子年,康熙三十五年(1696)。是年发生了昭莫多之战。
⑦ 《全译》(第131页)对这一句的译文有误。
⑧ 丹济拉,噶尔丹侄子。
⑨ "今(康熙皇帝)欲相见,遣使而来。故丹济拉已遣使前往,吾亦意欲遣使"这句话,在《全译》(第131页)中译为:"今欲拜谒,已遣人去。丹济拉遣使往,我亦欲遣使去。"完全错误。根据噶尔丹给达赖岱青台吉和扎什巴图尔的信的内容,此事指康熙皇帝遣使到噶尔丹处,劝其遣人去谈归降事。

第十章 噶尔丹与藏传佛教上层

(吾)迅速谒见达赖喇嘛之年月日时以易懂(言语)明示,①再三呈奏者(如下):倾心于成就吾事,故多有冒犯胡缠者,乞勿深究,予以宽恕。此外,恳乞就小人前世之事、本世之事、因无能无知所生舛误之事,以及消除小人亲近人等内外大小中祸患,成就吾所欲各项大小中事,明白降示。愚以为,照前做成就吾事之友之时间已到,故乞请(尔)做消除吾祸患、不断成就吾所欲诸事之友。明鉴,明鉴。以呈书礼,呈献金字哈达一方。(中略讲述昭莫多之战后形势之内容,共81行——笔者注)无论如何,小人为恭敬达赖喇嘛,成就所欲大事,速谒达赖喇嘛,而求福祈祷。恳请将如此成功之年月日时,以善言良语明白晓谕。直到彼时,消除内外一切苦难与灾祸,成就心想之事,成就内外一切事等诸事,乞求通鉴。乞求降下大大成就吾所祈求事之温旨善言,消除苦难灾祸与悖谬事,做调顺大大成就吾之恭敬(达赖喇嘛)之心中大事、助成心想之事之友。愿心想之事大为成功!②虽不知吾在此众人如何想,小人之意,唯遵一喇嘛③及具足权力之第巴④之意成事。为克成吾所欲大事之年月日时,以及为吾现在生计,频频渎奏,请勿厌烦。对吾所呈奏诸事,请以易懂(言词)明白降示。再请照吾所请,将做裨益众人、辅佐护佑之友之温旨善言,以易懂(言词)明白晓谕。明鉴,明鉴。愿吾所欲大事克成!

噶尔丹写给哲蚌寺乃穷的信,⑤除个别词句外,与此信大体一致,有出入的词句也并无本质区别,故此略。

---

① 拉穆是护法神,拉穆乃穷是护法神的代言人。一般来讲,拉穆乃穷所传神谕,时常都是语义深奥,言辞枯涩难懂。因此,噶尔丹一再请求,用易懂的言辞明白晓谕。
② 《全译》将本段译为如下:"彼时虽已洞鉴消除内外一切灾殃,成就所欲之事及内外一切事宜,仍求照小人所请,为克成大事,降示温旨。为消灾难,克成所欲恭敬大事,诸事遂心而结为助成其事之友。等因呈书。愿所欲之事得以克成。"(第131页)与原文有所出入。
③ 指五世达赖喇嘛。
④ 指五世达赖喇嘛噶丹颇章政权的总理事务大臣第巴桑结嘉错。"具足权力"的满文借用了蒙古语词 Erketu。
⑤ 满文原文见"国立"故宫博物院故宫文献编辑委员会编《宫中档康熙朝奏折》第八册,第550—564页。汉译见《全译》,第132页。汉译仍有不少错谬、不妥之处。

先简单介绍一下拉穆、乃穷二护法神和护法神师的一般情况。在藏传佛教中,护法神具有重要的地位。在五世达赖喇嘛的噶丹颇章中,有多名专门指派的宣谕护法神,他们参政议政,在噶丹颇章的内外政教事物中发挥着重大作用。① 这些护法中,见于史料记载的,在五世达赖喇嘛政教事务中发挥重大作用的,数拉穆护法神(La mo chos skyong)和哲蚌寺乃穷护法神(Gnas chung chos skyong)最重要。噶尔丹给这两位护法神师的书信也足以说明,在噶丹颇章政权中,除了五世达赖喇嘛及第巴,这两个护法神师的地位最高。② 护法神的神力是通过护法神师发挥作用的,护法神师有的由噶丹颇章政权指定,有的采用世袭制度,参加西藏重大政教活动,做法发神,宣讲神谕,预示凶吉祸福,并按神的旨意处理所求大事。简言之,这些护法神师是该护法神的代言人,其地位之尊不必多言。这里登场的拉穆护法神的全称是拉穆大梵天护法神,其住锡地在甘丹寺附近的拉穆寺(拉萨市达孜县境内),故得名。③ 历代达赖喇嘛都供奉拉穆大梵天护法神,据说该神宣谕神力很大,因而备受推崇。拉穆护法

---

① 关于西藏噶丹颇章的诸护法神,请参考才让加《噶丹颇章时期西藏的政治制度文化研究》,第33—39页。
② 才让加指出,噶丹颇章政权有四大宣谕护法神,依次为乃穷白哈尔大护法神、噶东夜叉香恰坚大护法神、拉穆大梵天护法神和桑耶则吾玛波护法神(才让加,前引书,第34页)。根据噶尔丹此信,以及后来噶尔丹之孙、准噶尔洪台吉噶尔丹策零致西藏佛界领袖们的信函,除了达赖喇嘛和班禅喇嘛,就是拉穆、乃穷二护法神师["凉州将军乌赫图等奏报噶尔丹策零进献各寺庙布施银数目"附件二、三、四、五,中国第一历史档案馆编:《清代军机处满文熬茶档》(上),上海古籍出版社,2010年,第708—725页]。在拉藏汗时期,就最后怎样处置六世达赖喇嘛仓央嘉措的问题,拉藏汗就向拉穆护法神请神谕(详见拙著《六世达赖喇嘛仓央嘉措圆寂的真相》,沈卫荣主编:《西域历史语言研究集刊》第五辑,第485—494页)。可见,在噶丹颇章宣谕护法神中最重要的两个便是拉穆护法神和乃穷护法神。
③ 噶尔丹信中称他为"拉穆乃穷",而称哲蚌寺的护法神为哲蚌乃穷。噶尔丹所说的"乃穷"是蒙古语中的藏语借词,意为"护法神师"。藏文乃穷(gnas chung),本来是指住锡地在哲蚌寺旁乃穷寺的乃穷护法神,但进入蒙古语时该词泛指护法神师了。比如,在东蒙古原哲里木盟和昭乌达盟的一些旗蒙古人,将萨满教的巫师叫做laičung,这显然是佛教传入以后借用的称谓,原本就是藏语的乃穷(gnas chung)一词(在蒙古语中L和N两个辅音的交叉是常见的现象,比如 nabči > labči 叶子,nobši > lobši 垃圾,等等)。

第十章 噶尔丹与藏传佛教上层

神师是大梵天护法神的代言人。哲蚌寺的乃穷护法神,全称大乃穷白哈尔护法神,原本为桑耶寺的护法神,自二世达赖喇嘛开始供奉该神,五世达赖喇嘛时期从桑耶寺请到哲蚌寺附近的乃穷寺。该护法神被誉为"乃穷法王"(gnas chung chos rgyal),在诸多护法神中地位最尊。乃穷护法神师平时住在乃穷寺,他的人选由噶丹颇章任命。无论是拉穆护法神师,还是乃穷护法神师,均由噶丹颇章授予四品职衔、"大喇嘛"称号和其个人的大印。

噶尔丹与此二护法神师有着相当密切的关系。读这两封信,深感噶尔丹与一般君王的不同。噶尔丹明言,他唯尊奉达赖喇嘛及第巴二人,只按他们的意愿做事。为此,他深切渴望,早日完成他"心想大事"并谒见达赖喇嘛,直到他去世,能够一直在达赖喇嘛处恭敬他。为此,他希望二位护法神师给他指明,在此之际应该驻牧在何处为宜,为完成大业先前所诵之经是否有益,嗣后应诵何经方有所裨益。噶尔丹恳切希望他们成为助他完成大业和促成回到达赖喇嘛身边的 gucu(朋友)。甚至,噶尔丹再三请求二位护法神师能够以明白易懂的语言明确告知他,他成就大事和谒见达赖喇嘛的具体年、月、日、时。噶尔丹所说"心想大事"究竟何所指,因为史料没有明示,笔者不敢妄猜。但此事指噶尔丹的最终目标无疑,而且是达赖喇嘛和第巴授意的大事无疑。完成此事和事后尽快前往达赖喇嘛处,是噶尔丹梦寐以求的。笔者感到,此处流露的噶尔丹对达赖喇嘛与第巴唯命是从的态度、对佛法及其法力的笃信,以及对拉穆、哲蚌二护法神的推崇与依赖,完全是真实的。

让我们再看看噶尔丹给麦提寺僧人们的信件。[1]

麦提庙上师[2]、格斯贵[3]兄弟明鉴。持教噶尔丹博硕克图汗奏

---

[1] 满文原见"国立"故宫博物院故宫文献编辑委员会编《宫中档康熙朝奏折》第八册,第550—564页。
[2] 原文作 lama,但不是蒙古人对藏传佛教僧人的泛称,而是藏文本意的"上师"之意。
[3] 藏文作 dge bskos,即纠察僧,或称掌堂师。寺庙中负责维持清规戒律的喇嘛,俗称"铁棒喇嘛"。

上。近闻尔等身寿安然，正为达赖喇嘛事虔诚诵经，甚为喜悦。在此吾蒙达赖喇嘛之恩，安然无恙。将特为诵经之事已另缮写详书。所有诵经之事，望皆留心，如前勤诵。望回复书信如水流，源源不断。以呈书礼，备办礼物，一并于初旬吉日送去。

为大道，在彼处宜诵读《白伞盖经》、《般若波罗蜜多经》、《救度佛母经》十万次，《缘悲颂经》①万万次。凡诵此等经时，请多召聚僧众诵读。就不断诵读使达赖喇嘛永存之《丹书克经》②之事，吾亦已致书 racung③ 之诺颜等。吾正意欲从此处遣人往彼处庙诵经。吾以为，为政教之事，众人宜通力勤勉。故此奏上。④

这座寺院应该是和噶尔丹具有特殊缘分的道场，或许是他在西藏时期与之相关的寺庙。据清朝宫中满文档记载，噶尔丹在昭莫多失败后，其身边的丹巴哈什哈、罕都与察罕西达尔哈什哈被清军俘虏。他们来向清朝供称：在昭莫多之战后，"我等之意，以为噶尔丹更无他往，必投达赖喇嘛去矣。……如得到达赖喇地方，则噶尔丹与第巴甚好，且噶尔丹于喇嘛（即五世达赖喇嘛）存日，居班禅库图克图所，谓唐古特国之托卜察一城人，乃噶尔丹前生尹咱库图克图时之徒弟，故使为属下，有征赋之人，在沿途可得马匹粮糗而无沮之人"。⑤ 笔者猜测，这个麦提寺或许与所说的后藏之托卜察城有一定的关系。无论如何，噶尔丹和那里的僧人们称兄道弟，关系格外密

---

① 此经原名为《无缘大悲宝藏观世音》(dmigs med brtse bavi gter chen spyan ras gzigs)，藏文简称为 dmigs med brtse ba，蒙古语和满语因此作 migsüm/migzima，汉语也有音写为"米则玛"、"密集玛"等，或按照其作者和内容称《宗喀巴大师祈请文》者。
② 藏文作 brtan bzhungs，一般音写称丹书克。Brtan，意为"坚固"，bzhungs，"存在"之谓。旧时，蒙藏民族中有为其活佛举办法会、念诵长寿经、呈献祝寿礼品习俗，称"献丹书克"。
③ racung 或系地名，或系管理机构名，暂不能确定。
④ 《全译》第 133 页收此信，但译文有不解之处，如："为之大典，在彼宜诵查罕希古尔特经、毕力克巴尔米特经、达拉额克经十万次，米克泽玛经万万次。凡诵此等经时，宜多召聚喇嘛诵读。"
⑤ 《亲征平定朔漠方略》第二十七卷，《四库全书》本，叶 9a，叶 11a、b。

第十章 噶尔丹与藏传佛教上层

切。噶尔丹给他们亲自缮写应该诵读的经文清单，可惜该清单已散失。但有幸的是，噶尔丹在此信中也提到了要求僧人们十万遍或万万遍诵读的几部重要的佛经。一部是《白伞盖经》，该经又名《佛顶大白伞盖陀罗尼经》，或简称《白伞盖陀罗尼经》。这是一部密教白伞盖佛顶法的经典，该陀罗尼被认为是密宗最秘密大法，威力无边，能够护国退敌，息灾解难，降伏天魔外道。《救度佛母经》指的是《二十一圣救度母礼赞经》。按照藏传佛教的说法，二十一救度母是观世音菩萨的化身，能够救度众生，免一切天灾人祸。她们是集诸佛菩萨事业和功德的本尊，加持力非常大且迅速，而且在乱世中她们的救度力越发大。因此，修救度母法，诵救度母礼赞经，被认为是迅速消除天灾人祸的有效途径。《般若波罗密多经》，又称《摩诃般若波罗蜜多心经》，或简称《心经》，是般若系列经中的王者，是最能体现佛教特有的空性教义的重要经典。故佛陀认为，般若空性之外的其他八万四千法门还不如《心经》的一个偈颂，可见其重要性。空性是佛法的精华，彻悟空性才能自我解脱，也才能助他人解脱。所以，大乘佛教认为，众生最终解脱，完全靠空性法门，因而《心经》是藏传佛教必须常修的重要经典。至于《缘悲赞》(《宗喀巴大师祈请文》)，据说宗喀巴大师是三怙主观世音、文殊、金刚手之化身，因此他的祈请文是三怙主于一体的修持方法，所以格外殊胜，可以成就一切事业。诵读它的力量与功德就相当于念诵三怙主之咒语和宗喀巴之咒语一样大。因此，噶尔丹特别强调，僧人们应把此经诵读万万遍。此外，他还没有忘记，要僧人们为五世达赖喇嘛念诵使其延寿的丹书克经。

简单了解噶尔丹特别强调要十万遍、万万遍诵读的各种经卷后，我们可以发现，噶尔丹之所以热衷于这些佛典，是因为它们的独特功能。当时噶尔丹身处逆境，因而他急于得到佛祖和菩萨的加持，获得无边的力量和功德，以便护国退敌，息灾解难，早日实现他那"心想大事"，然后回到达赖喇嘛身边，最终得以解脱。因此，噶尔丹要求僧人弟兄们诵读这些经卷十万遍、万万遍，完全合乎他对佛教的认知，也合乎他当时的心情。

三 噶尔丹的忏悔诗篇

反映噶尔丹佛法情节的另一个重要而有趣的文献是噶尔丹的忏悔诗篇。该诗篇是中央民族大学的叶尔达（Mingad Erdemtü）教授最近公布的。

叶尔达教授十多年以来一直在伊犁河流域蒙古族厄鲁特人①中进行学术考察，前后收集到上百种托忒文文献。2002年，他在哈萨克自治州昭苏县牧民赛音绰克（Mongkhardain Sayinchogh）家拍照了其家藏的托忒文文献，其中有一本极其珍贵的托忒文资料，它就是笔者今天将要讨论的噶尔丹的忏悔诗篇。2013年，叶尔达教授撰写了题为《新发现的托忒文手抄本 kaldan xāni onol namančilaqsan juryān barmidiyin yeke külgüni sudur orošiboi》的论文，详细介绍了该文献，在公布文献影印件的同时，对其作者和译者做了初步考证，并着重对诗文的结构、内容和文学特点进行分析，还附了该诗篇的罗马字转写、现代蒙古文转写与词汇表。②

该文献有两个跋。第一跋文内容为："此为准噶尔汗噶尔丹博硕克图汗向他上师忏悔其罪孽、叩请拜托之六度经也。"第二跋文为："准噶厄鲁特噶尔丹巴勇士以六度忏悔其罪孽之经文，六苏木之首镶白旗春朱德比丘确丹自西召土伯忒语译成蒙古文。"第一跋显然是原书的结语，是原书作者的自白。而第二跋是译者的话。这里需要讨论的是原书的作者和译者的问题。叶尔达对此已进行讨论，并指出：1. 原书的作者是噶尔丹本人，或者是后来的某一个僧人为

---

① 今天在新疆各地分布着许多卫拉特蒙古。他们的绝大多数是乾隆朝征服准噶尔国以后，在17世纪下半叶从遥远的东欧伏尔加河流域草原迁过来的。其中，居住在伊犁哈萨克蒙古自治州昭苏县境内的厄鲁特人则是18世纪准噶尔国的遗民，一直游牧在这里。

② 叶尔达：《新发现的托忒文手抄本 kaldan xāni onol namančilaqsan juryān barmidiyin yeke külgüni sudur orošiboi》，乌云毕力格主编：《蒙古学问题与争论》（*Quaestiones Mongolorum Disputatae* IX, Tokyo, 2013）第九期，第95—131页。据叶尔达介绍，该文献书写在双层贴纸的双面，贝叶式，长22.3 cm，高8.9 cm，在红色框内以黑墨书写。

第十章 噶尔丹与藏传佛教上层

噶尔丹而作;2. 原文是藏文,译者是清代"厄鲁特营"镶白旗人,译成托忒文的时间当在18世纪中叶后;3. 译者把原跋中的"噶尔丹汗"误作"噶尔丹巴勇士",后者是和硕特部人,死于1667年。①

笔者基本赞同叶尔达的观点,仅在该书作者方面,笔者则更倾向于认为就是噶尔丹本人,理由如下:首先,噶尔丹曾有近30年的活佛生涯和在西藏游学10年的经历。因此,一方面,噶尔丹精通佛学,更加明白忏悔的意义。他还俗从政,杀敌复仇,南征北战,拓展疆域,而在和清朝的较量中将要含恨而死时,作为一个曾经的佛门高僧,当然不愿意带罪而毙,因而投生恶趣。噶尔丹在死前忏悔是肯定的,只是人们还不知道他曾把它写成了文字。另一方面,噶尔丹自幼出家为僧,学习藏文,精修佛经,在藏多年,其藏文藏语水平很高,写一篇藏文忏悔文当然不在话下。蒙古高僧们都愿意用藏文创作,而不是用母语——蒙古语,这与他们的学问环境和道路有关。他们从小接受藏文教育,他们所接受的与佛法相关的教义、概念、词汇都是藏文的,因此用藏文才能更容易和准确地进行表达,这是历代蒙古僧人的共同点。其次,"忏悔"是当事人自己的行为,其他人不能代替。没有替别人忏悔的事,因为这是没有任何意义的。因此,本文献作为忏悔文,应该是噶尔丹自己的作品。再次,就像将要分析的那样,本文以佛教忏悔的理论,用菩萨行六波罗密多原则逐一忏悔,最终祈求自身和其"政和教得以安宁"。从这些内容来看,作者应该就是噶尔丹汗,而不是别人。至于跋二提到的噶尔丹巴(Galdambā),他是著名的西藏和硕特汗廷的缔造者、持教法王顾实汗之兄拜巴噶斯的孙子,是一名勇士,虽然信仰佛教,也到西藏朝圣过,但他不谙藏语,更无佛法修养,所以绝不可能是该藏文忏悔诗篇的作者。② 正如叶尔达指出,18、19世纪该忏悔诗篇的译者把噶尔丹和噶尔丹巴弄混了。笔者认为,其原因可能就是因为他们名字相像,以及此时厄鲁特人对一两个世纪以前本民族历史人物记忆的模糊所致。

---

① 叶尔达:《新发现的托忒文手抄本》,乌云毕力格主编:《蒙古学问题与争论》第九期,第96—99页。
② 关于噶尔丹巴,请参考西·诺尔布校注《咱雅班第达传》(蒙古文),内蒙古人民出版社,1990年,第110页注⑧。

下面,笔者先将此忏悔诗篇译成现代汉语,并做简单注释。汉译时,笔者不准备在其文学性方面费工夫,不求押韵,而忠实于原文每字每句的含义,以便更加准确解读其本意。

《噶尔丹汗忏悔六度大乘①经文》

具足世间太阳众佛之集身,
具足清净②持金刚本质,
无愠色上三宝③之根本,
无量护佑者众喇嘛上师,向你们崇拜祈祷!

明知奇妙布施的善德,
却被吝啬的铁绊脚牢牢地捆住,
做了投生痛苦饿鬼④之业,
请保佑我这痛苦的人吧,我的喇嘛上师!

明知贞洁戒律的善德,
却杀生又偷窃,在烦恼路上被阻遏,
活煮地狱里为自己备大锅,
请保佑我这可怜的人吧,我的喇嘛上师!

---

① 佛教分"大乘"和"小乘"。小乘佛教是原始佛教派别,大乘佛教是大致在1世纪印度形成的派别,汉传佛教和藏传佛教都属于大乘。大乘佛教认为,佛法教义如同大船,乘载无数众生从生死轮回的此岸到达涅槃解脱的彼岸,成就佛界故称"大乘"。这与通过修炼解脱自己的小乘不同。在修行方面,大乘佛教主张通过修"三学"、"八正道",修习以"六度"为内容的菩萨行,以达到佛界。这里所说的"六度大乘经"的意思就是,基于大乘佛教的教义,以"六度"菩萨行来忏悔的"经"。此处之"经"(sudur)不是"佛经"之意,而是"书"之谓。关于"六度"详见下文。
② 原文 oγoto ariluqsan,译自藏文的 yongs su dag pa。
③ 指"佛、法、僧"。
④ 六道轮回之一,梵文 preta,汉语音译有必哩多、卑帝梨、薛荔、閟丽多等多种。恶鬼的特点是,贪心无限大,但永不得到满足,常年处于饥饿状态。恶鬼所居住的世界是恶鬼道,是六道轮回的恶趣。

第十章 噶尔丹与藏传佛教上层

明知坚定忍辱的善德,
却被严酷热地之火所焚烧,
做了降生凶残阿修罗①之恶,
请保佑我这糊涂的人吧,我的喇嘛上师!

明知思远精进的善德,
却推托不做,被懒惰所侵蚀,
做了降生害人恶趣②之业,
请保佑我这虚伪的人吧,我的喇嘛上师!

明知静心禅定的善德,
却被愚昧的罗网所套住,
做了降生愚昧无知畜生之业,
请保佑我这迷茫的人吧,我的喇嘛上师!

明知广博智慧的善德,
却被无知之力所迷惑,
做了永世降生恶趣之恶,
请保佑我这孤独的人吧,我的喇嘛上师!

明知六波罗密多③之善德,
却痴迷于苦难的八道④,
做了降生六种苦难众生的恶业,
请保佑我这苦难的人吧,我的喇嘛上师!

---

① 六道轮回之一,梵文 asura,又译"非天"。
② 原文 mou jayātan(直译为"具有恶命者"),在佛教文献中指"恶趣"。恶趣,梵文作 durgati,又称"恶道"。一般以地狱、恶鬼和畜生为"三恶趣"。
③ 梵文 pāramitā。
④ 佛教教义中有"正八道",指的是正见、正思惟、正念、正语、正业、正命、正精进、正定。与之相反的就是邪"八道"。

因吝啬之缘故，布施的资粮枯竭了，
一心想着去享受，我怎么把你忘记了，
束缚在黑暗的苦难里了，你的儿子，
断除那黑色的束缚套绳吧，我的喇嘛上师！

因束缚之缘故，戒律信仰的枝节折断了，
一心想着咒语，我怎么把你忘记了，
掉进了无底的大海里了，你的儿子，
以怜悯之心拉上那海岸吧，我的喇嘛上师！

因傲慢之缘故，忍辱的武器毁坏了，
一心想着前行，我怎么把你忘记了，
沉迷于世间的八道里了，你的儿子，
引导走向那清净世界①吧，我的喇嘛上师！

因懒惰之缘故，精进的鞭子断开了，
一心想着侥幸，我怎么把你忘记了，
被绑在政令至严的阎王套索里了，你的儿子，
以仁慈之钩像钓鱼一般拯救吧，我的喇嘛上师！

因纷乱不定②之心，禅定之身烧毁了，
一心想着弟兄情，我怎么把你忘记了，
掉落在杀戮者的地方了，你的儿子，
以慈悲之心快快予以引导吧，我的喇嘛上师！

因无知之缘故，智慧之刀变得钝了，
一心想着拖延，我怎么把你忘记了，

---

① 原文 oyoto ariluqsan oron（极为洁净之地），应为藏文 yong su dag pavi vjig rtan kyi khams 的蒙古语译文。
② 原文作 al γouljaxui，意为"心乱"。

第十章 噶尔丹与藏传佛教上层

掉入没有渡口的海底了,你的儿子,
以平安之舟救上那岸边吧,我的喇嘛上师!

请把我送到诸大圣城之根,
请使我产生对至圣上师之信,
请使我宝贝三学①得以弘扬,
如此愿我政与教得以安定!
一切大吉!②

此为准噶尔汗噶尔丹博硕克图汗向他上师忏悔其罪孽、叩请拜托之六度经也。

准噶厄鲁特噶尔丹巴勇士以六度忏悔其罪孽之经文,六苏木之首镶白旗春朱德(čönjôd)比丘确丹自西召土伯忒语译成蒙古[语]。③

噶尔丹的这篇忏悔诗文对了解他的信仰和学识有所帮助。这篇韵文体的忏悔文以大乘佛教的忏悔思想为指导,以《六度经》的"六度"("六波罗密多")为具体要求,向他的喇嘛上师即达赖喇嘛,忏悔他一生的罪业,请求宽恕他的罪孽,来世让他降生在佛地,皈依佛法三宝。不仅如此,他还请求在宽恕他本人罪业的基础上,最终不至于他的教法和国政受影响,请求让他的政教得以安宁。因此,噶尔丹的忏悔意义深远,这是一篇为他本人和为他政教忏悔的

---

① "三学"概括了全部佛教教义,指戒(戒律)、定(禅定)、慧(智慧)三者。
② 托忒文原文作 sarwā ma ha la,即梵文 sarva mahā-lābha 的音写,sarva 意为一切,mahā-lābha 意为大利。
③ "西召",广义上指西藏,狭义上指大昭寺、小昭寺所在的拉萨城。蒙古语的 joo,是从藏文的 jo bo 变音而来。Jo bo 本意为"尊者",也特指释迦牟尼佛。拉萨大昭寺和小昭寺分别供奉着释迦牟尼佛的 8 岁和 12 岁时等身像,被称为"释迦双尊",藏语为 jo bo mched gnyis,所以,以指释迦牟尼佛的词 jo bo 代言大小昭,以大小召泛指拉萨为 joo(召),而将佛教圣城拉萨所在的西藏又通称为 baraɣun joo(西召)。因为这个原因,在蒙古地方,凡是大的寺庙都可以呼作"召"(joo)或"召庙"(joo keyid),比如呼和浩特的大昭寺(yeke joo keyid),鄂尔多斯的王盖召(wang-un joo),等等。17、18 世纪的呼和浩特(归化城)寺庙林立,故又名"召城"(joo qota)。土伯忒语即藏语。

259

心声。

忏悔是大乘佛教的一个最根本的教理之一。在《金光明经》中就有专门的忏悔品。藏传佛教属于大乘佛教,而藏传佛教格鲁派的忏悔理论和思想,是由宗喀巴大师继承古印度佛教中观派理论和见解发展而来的。7、8世纪印度中观派大师寂天菩萨的论说对宗喀巴大师的忏悔思想有直接的影响。寂天菩萨的忏悔思想主要集中在《大乘集菩萨学论》和《入菩萨行论》中。《大乘集菩萨学论》的第八品"清净品"中讲到,因为菩萨的宿愿为清净,从而获得身体清净,所谓"身体清净"就是"罪业清净"。如何获得"罪业清净"？寂天菩萨认为,菩萨成就以下四法,便能灭除无始以来所积聚的罪:一为悔过行,对不善业生起忏悔改过之心;二为对治行,造不善业之后,努力造善业来加以对治;三为制止力,严持禁戒,达到毫不毁犯的地步;四为依止力,皈依三宝,不弃菩提心。四法中,悔过行和对治行为重点。要成就菩萨的宿愿,必须忏悔灭罪,成就具足四法,这样才能"身体清净",即"罪业清净"。[①] 在《入菩萨行论》的第二品"忏悔品"中,[②]寂天菩萨进一步阐述了忏悔思想。首先供养众佛和众菩萨,将自己和所有一切献给佛和菩萨,使他们接受自己,以便无所畏惧地在轮回中造福众生,摆脱过去的罪恶,也不会再犯其他的罪恶;[③]其次要顶礼三宝、佛塔和菩萨胜地以及所有尊敬的教师和出家人;[④]再次要向十方佛和众菩萨忏悔:在无始的轮回中,无论前生或今生,人因愚痴或自己犯下罪恶,或唆使和赞同他人犯罪,罪过涉及身、口、意"三业"。因为不了解一切皆空,生命无常,万物没有永恒,所以犯下了可怕的罪过,如今一心皈依三宝,在众佛和菩萨面前坦白一切罪过,诚心悔罪,涤除以往的一切罪业,发誓不再犯罪,以达

---

① 圣凯:《藏传佛教的忏悔思想——兼论能海上师的忏悔思想》,《佛学研究》2003年,第296—297页。
② 黄宝生译注:《梵汉对勘入菩提行论》,中国社会科学出版社,2011年,第17—36页。
③ 同上书,第20—21页。
④ 同上书,第26页。

第十章 噶尔丹与藏传佛教上层

到菩萨境界。①

宗喀巴大师继承和发展了寂天菩萨的学说,以"七支供养"②和"四力忏悔"③全面阐述了他的忏悔思想,使寂天菩萨的忏悔思想更加系统化、具体化。④ 根据宗喀巴大师的《菩提道次第广论》,"悔罪"指的是:"依三毒因,身等三业,其最自性,谓我所作,此复具有亲自所作及教他作,或于他作而发随喜,总摄一切说诸恶业。应念此等所有过患,悔先防后,至心忏除。则昔已作,断其增长;诸未来者,堵其相续。"⑤这就是说,人因贪、瞋、痴"三毒"造了身、口、意"三业"各种罪过,但如果诚心忏悔,可以追悔先罪,防备未来再犯罪作孽,所以要诚心忏悔。这样看来,忏悔是在诸佛面前追悔自己的过错和罪孽,请求佛陀化解其烦恼与不安,祈求自己获得提升。

佛教认为,众生皆有佛性,皆能成佛。为此,众生自己要确信自己有成佛的可能,并修菩萨行。菩萨修行的主要内容就是"六波罗蜜多",即"六度"。波罗蜜多(pāramitā),梵文的意思是"抵达彼岸"。"六度"是其汉语意译,"度"即"渡",也即渡苦海到彼岸。关于六度,古印度有《六度集经》,据此经文,佛认为:"菩萨六度无极难逮高行,疾得为佛。何谓为六?一曰布施,二曰持戒,三曰忍辱,四曰精进,五曰禅定,六曰明度无极高行。"⑥也就是说,六度是对菩萨的具体要求,完全照此六要求去修行,即可成佛。

噶尔丹完全是按照大乘佛教中藏传佛教的原理进行忏悔的。一般蒙古僧人和群众因为信仰的关系,都会有一些关于轮回、因果、

---

① 黄宝生译注:《梵汉对勘入菩提行论》,第27—36页。
② 即礼敬、供养、悔罪、随喜、劝请转法轮、请住世、回向。
③ 即破坏现行力、对治现行力、遮止罪行力、依止力。
④ 圣凯:《藏传佛教的忏悔思想——兼论能海上师的忏悔思想》,《佛学研究》2003年,第300页。
⑤ 宗喀巴大师著,法尊法师译:《菩提道次第广论》卷二,台北福智之声出版社,1995年,第43—44页。
⑥ 汉文《六度集经》由三国时期吴国天竺三藏法师康僧会译。本段见《乾隆大藏经》第三三册,大乘经五大部(二),《六度集经》第一卷,佛陀基金会重印本(版本下同),第486页。

灭罪、向善的基本知识和信念，但并非都具备有关大乘佛教的忏悔理论和六度菩萨行的系统认知。噶尔丹的忏悔诗首先体现了他的佛学功底。

噶尔丹的忏悔诗篇，还体现了他内心的崇高信仰。自古帝王信仰宗教，有其与众不同的一面，那就是他的双重性，一方面他在公众面前必须是政治领袖、军事统帅，是一国之君；另一方面，在自己的内心世界里，他同时是虔诚的信徒。仅以清朝乾隆皇帝为例，他虽然未曾出家为僧，但在内心笃信佛教，也精通佛学。作为庞大帝国的君主，他武功显赫，以"十全老人"自居，组织了多次远征，平定了多次战乱，为成就他武功而命丧九泉者不计其数。然而，不说他在世时期对"三宝"的功德（或许有人将它全部阐释为政治利用），只看一眼清东陵乾隆皇帝的裕陵地宫——他为自己准备的黄泉下长眠场所，就会发现，他是一个不折不扣的虔诚的佛教徒：这里没有任何满汉世俗世界的政治和文化符号，有的只是三世佛、五方佛、八大菩萨、四大天王、二十四佛、五欲供、狮子、八宝、法器、佛画以及三万多字的藏文和梵文经咒。其实，噶尔丹跟乾隆帝很像，他虽然因为当时准噶尔国和西藏格鲁派的政治需求还俗从政，进而作为一代君王东征西讨，但他自幼童到青年时代的二十余年的活佛生涯，已经把他的内心造就成了一个虔诚而有学问的佛教徒。

如前所述，噶尔丹在1696年昭木多之战中败北后，每况愈下，其政教事业面临失败。噶尔丹很可能在这个艰难的时候写下了这篇忏悔诗文。他以菩萨行的六波罗蜜多检讨自己，恐惧带罪而死，因而诚信悔罪，希望和他的喇嘛上师进行心灵的对话，得到其接纳和拯救；希望喇嘛上师带自己去到佛教圣地城邑之根，产生对上师的坚定信念，皈依三宝，弘扬三学，以此最终实现其政教得以安宁的理想。

读一读噶尔丹的忏悔诗，就会发现，他是完全按照"六度"逐一忏悔的。

首先是布施度。根据《六度集经》的解释，"布施"说的是"布施众生，饥者食之，渴者饮之，寒衣热凉，疾济以药，车马舟舆、众宝名

第十章 噶尔丹与藏传佛教上层

珍、妻子国土,索即惠之"。① 该经所讲的故事显示,菩萨应将自己所有的一切乃至性命都奉献给众生,一心谋求众生利益。噶尔丹忏悔道,因为被吝啬的铁脚绊牢牢地捆住,没有广做布施,没有谋求众生利益,反倒"做了投生痛苦饿鬼之业"。所以,"布施的资粮枯竭",被束缚在黑暗的苦难里。

第二是持戒度。《六度集经》解释说:"戒度无极者,厥则云何?狂愚凶虐好残生命,贪饕盗窃,淫劮秽浊,两舌恶骂,妄言绮语,嫉恚痴心,危亲戮圣,谤佛乱贤,取宗庙物,怀凶逆,毁三尊,如斯元恶,宁就脯割,葅醢市朝,终而不为信佛三宝,四恩普济矣。"②也就是以佛教戒律严格要求自己,不造恶业,如教修行。噶尔丹"明知贞洁戒律的善德,却杀生又偷窃",因此犯了掉入地狱的罪,正在活煮地狱里为自己"备大锅",掉进了无底的苦海,呼唤喇嘛上师的拯救。

第三是忍辱度。忍辱讲的是实行菩提心,忍受一切痛苦和屈辱,一心为众生造福。噶尔丹说:"明知坚定忍辱的善德,却被严酷热地之火所焚烧,做了降生凶残阿修罗之恶。"因为傲慢的缘故,违背了忍辱度的菩萨行。

第四是精进度。精进度是指:"若夫济众生之路,前有汤火之难、刃毒之害,投躬危命,喜济众难,志逾六冥之徒获荣华矣。"③也即为众生利益赴汤蹈火,不得懒惰消沉,勇往直前。噶尔丹自称"被懒惰所侵蚀","精进的鞭子断开",对众生的事业推托不做,因而被"绑在政令至严的阎王套索里了"。

第五为禅定度。禅定度指的是修习禅定,保持身心清净,抛弃所有贪欲和烦恼习气。噶尔丹认为,自己"明知静心禅定的善德,却被愚昧的罗网所套住,做了降生愚昧无知畜生之业"。

六是明度。明度,又称般若度,指的是最高智慧。佛教所说的最高智慧,就是认识到"万法皆空",确立唯独空论才能消除烦恼,灭寂痛苦。噶尔丹自责"明知广博智慧的善德,却被无知之力所迷惑,

---

① 《六度集经》第一卷,第486页。
② 同上书,第530页。
③ 同上书,第571页。

做了永世降生恶趣之恶"。"因无知之缘故,智慧之刀变钝了,一心想着拖延,……掉入没有渡口的海底了"。

可见,噶尔丹以六度反省自己,追悔自己犯下的可能投生恶鬼、畜生等恶趣和阿修罗以及下火煮地狱的深大罪过。他每忏悔一度,都呼唤喇嘛上师怜悯他,拯救他,保佑他。这完全是一个佛教徒的做法。

结　　语

噶尔丹的前半生是作为出家人的生涯。他出身于卫拉特盟主名门,而作为地位尊贵、德高望重的温萨活佛,在班禅博格多和达赖喇嘛门下学佛10年,跻身于当时蒙藏佛教世界的最高层。在成为准噶尔洪台吉之前,噶尔丹是纯粹的佛教徒,其佛教学识和地位都是不容置疑的。

噶尔丹前半生的经历,决定了他终身的命运。虽然噶尔丹的后半生是一国君王,戎马生涯,是在刀光剑影、腥风血雨中渡过的,但是,他认为,这一切都是为了弘扬宗喀巴教法,为了实现他的上师五世达赖喇嘛的谆谆教导。他的所有重大决定与行动,都和西藏格鲁派高层有关。前文分析过的文献证明,噶尔丹认为,其初期的一系列军事胜利,都依靠了达赖喇嘛的福和西藏护法神的威力,而在乌兰布通和昭莫多的接连失利,则是因为自己的无能。噶尔丹听从"一个喇嘛"(五世达赖喇嘛),信任一个"具足权力的第巴"(桑结嘉措),但直到生命的最后一刻,他都不知道,他的"一个喇嘛"早在15年以前已经示寂,他一直被自己深信的第巴蒙在鼓里,被无情地长年利用。他在逆境中苦苦等待拉穆护法神和乃穷护法神指明他完成自己使命的年、月、日、时,以及其后去谒见五世达赖喇嘛的具体年、月、日、时,渴望着在有生之年到拉萨,恭敬服侍达赖喇嘛,直到自己去"佛地"。在等待中,他希望护法神们向他明确宣谕,为了实现他的大业应该念诵哪些威力无边的经卷,也敦促他以往在西藏的喇嘛兄弟们把一些特效的经咒诵读十万遍、万万遍。在等待中,噶尔丹作为一个曾经的活佛,以大乘佛教菩萨行的六波罗蜜多要求、检讨自己的一生,诚心忏悔,还把它写成了文字。

噶尔丹的命运早在胎儿时期就已被西藏格鲁派领导阶层所掌握,噶尔丹作为温萨活佛的转世灵童降生,赴藏学佛和作四世温萨活佛,回准噶尔传教,继而成为准噶尔的洪台吉,成为"丹津博硕克图汗"而建立强大的游牧国家,接着东侵喀尔喀,追赶喀尔喀的呼图克图和汗王们到漠南蒙古,与清朝交战,在这一系列行为和行动的背后,无一例外地都有西藏格鲁派最高领导阶层的决策。噶尔丹不只是为准噶尔战,更不为建立什么统一全蒙古的国家而战,他东侵喀尔喀,是为了把喀尔喀置于自己的统治下,用统一的准噶尔和喀尔喀筑造抵挡大清国西进潮流的堵墙。这个战略是西藏格鲁派上层制定的,从中希望获益的当然也是西藏。不过,噶尔丹把所有这些都理解为,上则为了宗喀巴教法和达赖喇嘛的事业,下则为了四卫拉特的利益。

纵观噶尔丹的一生,他是一位具有很高佛学修养的狂热的格鲁派信徒和五世达赖喇嘛的极其忠实的护法者。他成为准噶尔汗以后,主观上竭尽全力地为宗喀巴教法和五世达赖喇嘛而战,事实上成为率领准噶尔人实践西藏僧俗上层政治计划的急先锋。

第十一章　土尔扈特汗廷与西藏关系（1643—1732）

一　引　言

从20世纪80年代中期开始，中国大陆各级档案馆向读者全面开放，为内亚史和清史研究者们敞开了满蒙史料大库的大门，相关研究人员陆续整理和影印出版了中国第一历史档案馆藏极具价值和急需利用的部分满蒙文史料。[①] 研究人员在整理和研究这些档案时发现，满蒙文档案对于17—18世纪内亚史研究，甚至是欧亚草原历史研究，具有其他史料所不可替代的、弥足珍贵的价值。本文就是利用最新出版的满文档案，探讨位于东欧平原伏尔加河流域的土尔扈特汗国和西藏关系。

本文依据的主要史料来自于雍正时期军机处满文录副档，它的内容涉及居住在欧洲伏尔加河流域的土尔扈特人和西藏达赖喇嘛之间的关系。以往对于土尔扈特的研究主要以俄文档案和汉文官方文献为基础，主要成果基本上集中在土尔扈特汗国与俄罗斯的关

---

① 比如：李保文整理：《十七世纪蒙古文文书档案（1600—1650）》，内蒙古儿童出版社，1997年；齐木德道尔吉、吴元丰、色·纳尔松主编：《清内秘书院蒙古文档案汇编》（1—7册），内蒙古人民出版社，2001年；宝音德力根、乌云毕力格、吴元丰主编：《清内阁蒙古堂档》（1—22卷），内蒙古人民出版社，2005年；赵令志、郭美兰主编：《军机处满文准噶尔使者档译编》（上、中、下），中央民族大学出版社，2009年；乌云毕力格、吴元丰、宝音德力根主编：《清朝前期理藩院满蒙文题本》（1—23卷），内蒙古人民出版社，2010年；中国第一历史档案馆编、郭美兰译：《清代军机处满文熬茶档》（上、下），上海古籍出版社，2010年；中国边疆史地研究中心、中国第一历史档案馆合编：《清代新疆满文档案汇编》（1—186册），广西师范学院出版社，2012年。

第十一章 土尔扈特汗廷与西藏关系(1643—1732)

系、乾隆时期土尔扈特人的东归以及其与清朝的关系等方面。[①] 但是,对于土尔扈特人和西藏的关系,研究者几乎无人问津,因为中文史料基本不涉及该领域,比如本文所利用的军机处录副档的这些内容在清朝官私史书,如《清世宗实录》、《雍正起居注》、《蒙古王公表传》、《皇朝藩部要略》、《朔方备乘》等中均不见踪影。然而,土尔扈特和西藏的关系极其重要,这关系到他们为什么总是和东方保持密切联系,乃至为什么最后在18世纪70年代举族东归的深层原因,希望本文的研究对这些问题的探讨有所贡献。

二 土尔扈特人及其汗国

在进入主题前,简单介绍一下土尔扈特人及其伏尔加河流域的土尔扈特汗国。

土尔扈特是卫拉特人的一个分支。卫拉特人是操蒙古语的游牧人,现在成为蒙古族的一个组成部分。在大蒙古国时代,卫拉特人生活在色楞格河以北、叶尼塞河上游一带。元朝时期逐渐向南发展,15世纪曾经一度控制蒙古高原的北部。17世纪20年代,卫拉特牧地东起阿尔泰山,西至斋桑泊,南起伊犁河谷,北到鄂毕河、托博尔河上游、伊希姆河流域。当时的卫拉特人主要分成和硕特、准噶尔、杜尔伯特、土尔扈特和辉特等部,各自为政,为了争夺牧场和人口,互相不断争斗,因此有势力的大的游牧集团开始向外迁徙。

土尔扈特人原游牧于塔尔巴哈台西北地区,17世纪初迁到额尔奇斯河中上游。1625年,卫拉特爆发内战,为了逃避连年战乱,土尔扈特首领和鄂尔勒克于1628年率部五万帐(户),奔向里海以北的伏尔加河下游草原。伏尔加河位于东欧平原,是欧洲最长的河流。土尔扈特人沿途征服许多游牧部族和国家,1630年到达伏尔加河下游,占据了从乌拉尔河到伏伏尔加河、自阿斯塔拉罕到萨玛尔河的辽阔土地,建立了土尔扈特国家,这就是后来土尔扈特汗国的由来。

[①] 国内外主要研究成果请参考马汝珩、马大正《漂落异域的民族——17至18世纪的土尔扈特蒙古》,中国社会科学出版社,1991年,第8—31页。

18世纪70年代,土尔扈特人的一部分离开伏尔加河流域东返故土,他们的后人就是今天生活在新疆地区的土尔扈特蒙古;另一部分则仍留在那里,他们的后裔便是今天俄罗斯联邦中卡尔梅克共和国的卡尔梅克人。

卫拉特人信奉藏传佛教,但是他们与藏传佛教的接触,最初始于何时,无从考证。根据一些史料,土尔扈特人至迟在16世纪末已皈依了佛教。西迁以后的土尔扈特人始终和西藏圣地保持着密切的宗教联系。

土尔扈特国家的缔造者是和鄂尔勒克。他于1644年去世,其子书库尔岱青继位。1661年,书库尔岱青汗让位于其子朋楚克。朋楚克执政九年,于1770年去世。继而成为土尔扈特汗国首脑的是朋楚克之子阿玉奇(1642—1724)。阿玉奇执政时期,极力与清朝结好,这就引起了土尔扈特与准噶尔两个汗国关系的紧张。准噶尔汗国是17世纪噶尔丹建立在新疆及其周围地区的卫拉特人国家,是清朝前期最强大的对手。清朝出于消灭准噶尔的战略考虑,远交准噶尔周围的国家和民族,主动、积极接触和拉拢土尔扈特汗国,曾前后派出图里琛使团、殷扎纳使团和满泰使团赴土尔扈特。于是,土尔扈特和准噶尔完全对立。经过准噶尔赴西藏的交通被切断,土尔扈特人不得不借道俄罗斯西伯利亚平原绕道北京,再从北京西上,经西宁路或者四川路赴藏。

三 满文文书档案及其译注

关于土尔扈特和西藏往来的细节,通过土尔扈特首领策凌敦多卜使者的满文档案可以了解一些。1724年,阿玉奇汗去世,其子策凌敦多卜即位。但是,阿玉奇死后,土尔扈特大贵族们纷纷争夺汗位。在复杂的内外斗争中,策凌敦多卜为了巩固他的地位,积极寻求东方大国清朝的支持和达赖喇嘛对他汗位的承认,于1730年(雍正八年)向清朝和西藏派出了使者。

这个使团从伏尔加河流域出发,途径俄罗斯抵达北京,再从北京赴西藏,从西藏原路回到俄罗斯,往返利用了两年时间(1730—

第十一章 土尔扈特汗廷与西藏关系(1643—1732)

1732)。在此过程中,在达赖喇嘛、清朝驻西藏的官员、土尔扈特汗和雍正皇帝之间形成了大量满文文书,有幸其中一部分被收入军机处录副档中,并保存到现在。这些档案不仅反映了该使团的活动情况,而且也反映了自17世纪40年代以来土尔扈特与西藏关系的很多细节,对研究伏尔加河土尔扈特与西藏关系具有重要的史料价值。下面,介绍相关的五份满文档案。

第一份档案是统鼐格等在雍正十年正月二十八日(1732年2月23日)从四川泰宁呈上的奏折。① 当时鼐格负责七世达赖喇嘛事宜和土尔扈特使者访问达赖喇嘛事情。奏折中详细记载了达赖喇嘛赐给土尔扈特上层喇嘛名号事和赐予使者回礼,以及允准三名土尔扈特喇嘛留居西藏学佛、派喇嘛与医生前往土尔扈特等事宜。附录详细记载了土尔扈特僧俗上层献给达赖喇嘛的礼品清单。

汉译:

奏折

奴才鼐格、祁山(1)谨奏。奏闻土尔扈特等向达赖喇嘛(2)照常请求名号及请求喇嘛、医生事。土尔扈特台吉策凌敦多卜(3)所供养沙库尔喇嘛(4)、使者那木卡格隆(5)向达赖喇嘛请求名号,达赖喇嘛赐予沙库尔喇嘛以额尔德尼毕力克图诺门汗名号及袈裟一、僧裙(6)一。赐予那木卡格隆以达彦达尔罕囊素名号及斗篷一。又,提请将与彼等同来之巴勒丹格隆、伊西格苏尔、敦多布藏布格苏尔三喇嘛留居藏地,达赖喇嘛允准从其请。土尔扈特台吉多尔济(7)、达桑(8)、拜(9)沙库尔喇嘛等向达赖喇嘛请求喇嘛、医生等,达赖喇嘛遗书颇罗鼐(10),令贝勒颇罗鼐处依彼等之请予以办理。土尔扈特人等奉献达赖喇嘛之物品另写档册进呈外,使者等在出发前不久进内叩见达赖喇嘛时,达赖喇嘛给九位使者每人赏赐蟒缎一匹、斗篷一、佛像一尊、擦擦(11)二、舍利子二、宝丸二、马一匹;给其马夫每人赏赐佛像一尊、擦擦二、舍利子二、宝丸一、茶二十一包。赏

---

① 原文见中国第一历史档案馆编《清代新疆满文档案汇编》(一),广西师范大学出版社,2012年,第205—211页。

赐给使者及其马夫之香、毡毽等物,若路上驮带,会令彼等劳累,故令其抵达藏地后取自达赖喇嘛商上,并为此遗书颇罗鼐。又,与土尔扈特使节同行之友人查干俄木布在前来路上生病,抵达成都后给吃药已治好。然其抵泰宁后,旧病复发,又请喇嘛医看病,吃药治疗,但终不治,在使节等出发前于正月初九日亡故。彼等之为首使者将其尸骨照蒙古习俗处置之。为此谨奏闻。

雍正十年正月二十八日(12)。

土尔扈特阿玉奇汗(13)夫人、诸台吉、诸喇嘛、庶民、使者等众人奉献达赖喇嘛之物品清单之档子:

阿玉奇汗之夫人达尔玛巴拉(14)、台吉策凌敦多卜、噶尔丹丹津(15)、达桑、敦多布旺卜(16)、敦多布达什(17)、达尔济(18)、拜等以遣使达赖喇嘛之礼所奉献物品之总数:

哈达一百十七、佛像一、经一部、塔一、镶嵌八瓣银花的地弩九、金表三、金钱三百五十六、金戒指一、金十两、银钱一、银香炉一、银盆一、银碗二、银净瓶(19)①一、珍珠耳坠二、珍珠二百八、珍珠数珠一串、珊瑚九十九、珊瑚数珠三串、貂皮二、黑狐狸皮四、蟒缎一匹、锦一、缎四十、绫十三、普鲁士呢子(20)四、哈萨克毡毽五、哈萨克毡毽帽一、缎子服六、蟒缎坐褥靠垫一套、毡毽坐褥一、茶一包。

阿玉奇汗之夫人达尔玛巴拉为阿玉奇汗事祈福所献物品数:

哈达三、镶珍珠串金线黄缎斗篷一、金刚铃一套、阿玉奇汗的黑狐狸皮帽子一顶、貂皮端罩一、青灰鼠皮皮袄一、蟒缎顶幔二、织金缎围子三、织金缎一、镀金刀一、带镇纸缎子装碗袋一、织金腰带一、沙妆缎手帕一、木碗一、镀银鞍辔一套。

沙库尔喇嘛、使者那木卡格隆、巴图尔鄂木布、诺垒东罗布、罗布藏诺尔布、西拉布丹津、达什扎木苏、巴勒丹噶楚、伊西格苏尔、伊西吹等所献物品总数:

哈达一千一百二十八、金秤一、金表一、金币三百五十六、金项圈三、金牌一、金耳坠六、金戒指六、金二两一钱、银曼陀罗一、银壶

---

① 满文 cabari,亦不见诸词典。该词应该是从蒙古文 čabri 来的,蒙古文 čabari 又来自于藏文 Chab ril,是一种水瓶,指喇嘛做法前净手之用的净瓶。

第十一章　土尔扈特汗廷与西藏关系（1643—1732）

二、银盘一、银碗一、银项圈一、银钱四十、银牌二、银匙一、银净瓶一、银五十两、镀金鞍辔一套、镀银鞍辔二套、东珠五、大小不一的珍珠千三百十五、珍珠念珠三串、宝石八十九、绿松石耳坠一、大小不一的珊瑚二百串、珊瑚念珠二串、大小不一的琥珀九、琥珀念珠三串、水晶念珠三串、黑狐狸皮二、熏牛皮六张、蟒缎四、锦缎一、片金一、织金缎四、普鲁士缎九、回回缎一、绫子纺丝六十一、哈萨克氆氇九、回回缎子九、俄罗斯氆氇四、布四、黑狐狸皮帽二、貂皮罩桶子一、灰狐狸皮端罩一、银鼠皮端罩一、狐狸皮袄一、缎子衣服五、普鲁士呢子衣服一、袈裟五、金刚铃一套、龙牙念珠四串、沉香念珠四串、经文包袱一、腰带一、鸟枪二。

贝勒丹忠(21)之使者伊西喇布杰所献物品数：

哈达十五、银子百两、缎子二、绫子二。

注释：

（1）萧格：萧格最初任镶红旗蒙古参领，雍正六年（1628）升为正黄旗蒙古副都统（《清世宗实录》，雍正六年八月辛丑）。雍正五年（1727）阿尔布巴叛乱后西藏局势不稳定，因此清廷决定将七世达赖喇嘛从拉萨移往康区的理塘。六年十二月，萧格受命前往迎接达赖喇嘛，并驻扎照看（六年十二月辛卯）。七世达赖喇嘛在理塘居住了一年后，又奉诏移驻泰宁惠远庙。萧格担任办理泰宁事务都统（雍正十年八月乙丑）。雍正九年（1731）升为镶蓝旗蒙古都统。雍正十一年十一月，因萧格在达赖喇嘛处居住有年，年老体迈，故派人更换（雍正十一年十一月壬寅）。雍正十二年（1734）七月，达赖喇嘛从泰宁返回西藏，清廷又着萧格前往料理达赖喇嘛等起身。乾隆七年（1742），因"都统萧格不能办理旗务"，撤销都统职务，改任护军统领（《清高宗实录》，乾隆七年四月壬辰）。

祁山：曾任兵部郎中。其他事迹不详。

（2）达赖喇嘛：指七世达赖喇嘛格桑嘉措（1708—1757）。七世达赖喇嘛生于四川理塘。八岁入理塘寺出家，九岁时青海和硕特蒙古迎请其到塔尔寺。康熙五十八年（1719）清廷承认其为达赖喇嘛，并于次年出兵西藏，驱逐占领西藏的准噶尔军队，护送达赖喇嘛至拉萨,在布达拉宫举行坐床典礼。为防止准噶尔部再度侵犯,雍正五年(1727)清廷将达赖喇嘛移往理塘,又迁泰宁惠远庙,十三年(1735)才返回拉萨。土尔扈特使者谒见七世达赖喇嘛时,他还在泰宁。

(3)策凌敦多卜:阿玉奇汗之子。阿玉奇汗有子八人,长子沙克都尔扎布,其下依次为衮扎布、散扎布(又作三济扎卜)、阿拉布坦、衮都勒克、策凌敦多卜、噶尔丹丹津、巴尔藏策凌。① 策凌敦多卜即位时,诸兄均已离世,故策凌敦多卜被称作长子(意即在世的长子)。

(4)沙库尔喇嘛:土尔扈特大喇嘛,曾被七世达赖喇嘛封为"额尔德尼毕力克图诺门汗"。

(5)那木卡格隆:达尔玛巴拉的使者,土尔扈特僧人。曾多次出使西藏和清朝。

(6)僧裙,满文为 tangšam。这个词不见诸新旧各类满文词典。这个词源于藏文的 mthang sham,指僧裙。mthang 有"下部"之义,sham 则指服装,有 sham gos("下衣"、"下装")这个词汇。

(7)多尔济:书库尔岱青三子尼玛策凌,其长子纳札尔马穆特,其长子喀喇多尔济,②即此处之多尔济。

(8)达桑:阿玉奇长子沙克都尔扎布,其长子即达桑。③

(9)拜:喀喇多尔济二子。④

(10)颇罗鼐:藏文为 Po lha nas,本名琐南多结(bsod nam rdo rje),生于1689年,卒于1747年。西藏江孜人。和硕特汗廷时期,曾担任拉藏汗文书。康熙五十九年(1720),清军进藏,赶走准噶尔军,时颇罗鼐配合阿里总管康济鼐出兵策应。清朝在西藏建立四噶

---

① 《乌讷恩素珠克图旧土尔扈特与青色特启勒图新土尔扈特汗王世代表传》(托忒文),载巴岱、金峰、额尔德尼注释《卫拉特历史文献》(托忒文),新疆人民出版社,1987年,第381页。
② 同上书,第378页。
③ 同上书,第381页。
④ 同上书,第378页。

第十一章　土尔扈特汗廷与西藏关系(1643—1732)

伦制度,颇罗鼐任噶伦。雍正五年(1727)噶伦阿尔布巴杀首席噶伦康济鼐,公开叛乱。颇罗鼐发后藏、阿里军讨击。次年,阿尔布巴兵败被执,清廷任命颇罗鼐协助驻藏大臣总理政务,并封其为贝子。乾隆四年(1739)颇罗鼐被封为郡王。

(11) 擦擦：指一种模制的泥佛或泥塔。藏传佛教习俗,制作擦擦,用来积攒善业功德,并将其视作消灾祈福的圣物,用于佛塔和佛像的装藏,或置于寺庙、玛尼堆、敖包等前,以供信众顶礼。

(12) 雍正十年正月二十八日：1732 年 2 月 23 日。

(13) 阿玉奇汗：生于 1642 年,卒于 1724 年。和鄂尔勒克之曾孙,朋楚克之子,伏尔加河土尔扈特第四代首领。

(14) 达尔玛巴拉：阿玉奇汗之夫人。

(15) 噶尔丹丹津：阿玉奇七子。①

(16) 敦多布旺卜：阿玉奇次子衮扎布,其长子即敦多布旺布。策凌敦多卜之后成为土尔扈特汗。②

(17) 敦多布达什：阿玉奇长子沙克都尔扎布,其三子敦多布达什,后为土尔扈特汗。③

(18) 达尔济：可能是丹忠的次子罗藏达尔济。④

(19) 净瓶：满文为 cabari。该满文词不见诸词典,应该是从蒙古文 čabri 来的,蒙古文 čabari 又来自于藏文 Chab ril,是一种水瓶,指喇嘛做法前净手之用的净瓶。

(20) namis-i suje：namis 来自于俄文 нэмэц,本意是"外国人",18 世纪以后专门指日耳曼人。suje 在满语里本是指缎子的,但也可泛指所有的织造品,比如 suje boso 指布帛；suje-i namun 指隶内务府下广储司的缎库,负责保管缎、纱、绸、绫、绢、布等物；suje jodoro yamun 译为织造府,负责宫廷及官用绸缎、布匹、绒线之

---

① 《乌讷恩素珠克图旧土尔扈特与青色特启勒图新土尔扈特汗王世代表传》(托忒文),载巴岱、金峰、额尔德尼注释《卫拉特历史文献》(托忒文),第 381 页。
② 同上书,第 384 页。
③ 同上书,第 381 页。
④ 同上书,第 379 页。

织造。因此,这里所说的 namins-i suje 应该不能译成"日耳曼绸子",而是指当时在东欧销售的普鲁士呢子。根据阿·科尔萨克的《俄中商贸关系史述》,18 世纪在俄罗斯销售的各种外国呢子中普鲁士呢子最热销,在所有外国呢子中被认为是最"物美价廉,且成色与价格相宜的"好呢子。① 满语里还没有表示"呢子"的词汇,因此以 suje 呼之。

(21)贝勒丹忠:书库尔岱青三子尼玛策凌,其长子纳札尔马穆特,其三子阿拉布珠尔,即赴西藏谒见达赖喇嘛后,被清朝封为贝勒并安顿于色尔腾地方者,其子即丹忠,②袭贝勒爵。

第二份档案也是都统鼐格等雍正十年正月二十八日(1732 年 2 月 23 日)的奏折。③ 奏折中转奏了达赖喇嘛的藏文奏折的满文译稿。该奏折有两份附件,是达赖喇嘛同一个藏文奏折的两种不同满文译文。从 212 页上栏至 215 页上栏第 1 行是重译稿(清稿),而自 215 页上栏第 2 行至 218 页上栏是初译稿(草译稿)。本文只汉译满文重译稿。

汉译:

奏折

奴才鼐格、祁山等谨奏。转奏事。本月二十五日(1),达赖喇嘛告知我等曰:土尔扈特使者等为其已故阿玉奇汗(2)之子策凌敦多卜向我求汗号。为此事上奏之书,请大臣等转奏为盼。并将其藏文书下跪呈交。奴才等将达赖喇嘛所奏藏文书大致翻译,另写一折,与达赖喇嘛所奏封印原文一起谨呈御览。雍正十年元月二十八日。

达赖喇嘛上奏之书文:

承天奉运、在瞻卜州广大地域转动力轮之曼殊室利大皇帝(3)足下明鉴。敕封西天大善自在佛所领天下释教识一切瓦赤喇达喇

---

① 阿·科尔萨克著,米镇波译:《俄中商贸关系史述》,"国家清史编纂委员会编译丛刊",社会科学文献出版社,2010 年,第 56 页。
② 同上书,379 页。
③ 原文见中国第一历史档案馆编《清代新疆满文档案汇编》(一),第 212—218 页。

第十一章 土尔扈特汗廷与西藏关系(1643—1732)

达赖喇嘛朝向大金殿,真诚下跪,点燃美味香,手持鲜花,无数次叩首上奏:因圣祖皇帝及曼殊释利上皇帝连续施恩,隆恩无尽,故圣皇帝封小僧为瓦赤喇达喇达赖喇嘛。小僧受此隆恩,为黄教之事诚心尽责,照前世达赖喇嘛之法行走,故授册书与印,令吾与前世达赖喇嘛同。今土尔扈特台吉阿玉奇之长子策凌敦多卜使者言:"视前世达赖喇嘛授予土尔扈特台吉阿玉奇以汗号与印之例,如今请给此策凌敦多卜汗号及印。"如此再三提请。诸使者并无为各自之台吉请汗号之事。只有阿玉奇弟之子多尔济使者背地里言:"如意为阿玉奇诸子不可,则其弟之子多尔济亦有份儿,可授之以汗号也。"而后又作罢,称未曾出此言。吾曰:"授予汗号事所系重大。尔等不一心,地方亦相距甚远,尔等之台吉之意吾复不甚明知。尔等返回,在各自地方全体商议,统一众人之见,大家同为一人请汗号。那时吾可向大曼殊室利皇帝上奏请旨,并行裁定。"如此告知(彼等)现在不可授予之理。再者,使者等赴藏时聚集在一起,请吾之多尼尔、替贝勒颇罗鼐办事之第巴等同坐,众曰:"吾等不为各自之台吉请号。众人只为策凌敦多卜。"吾复将吾父索诺木达尔扎(4)、多尼尔、颇罗鼐之第巴与诸使者聚在一起探询。诸使者言:"袭汗号之例:阿玉奇在世时,将汗所料理诸事已交予其长子策凌敦多卜。现在,亦以其年齿为长。吾等之在游牧诸台吉奉彼为诺颜。按礼数,长子策凌敦多卜应为之。此言合乎众意。"吾告知(彼等)以吾心思:"自五世达赖喇嘛以来,统驭政教之大施主乃居大金宫殿金座之天下共主曼殊室利大皇帝也。故此,向那方向诚然下跪,凡事向圣主呈奏定夺,则非常合理。圣祖皇帝及曼殊室利大皇帝如同世间疼爱独子之父,以大仁扶植吾身者,其隆恩甚重。吾年幼,凡事依照曼殊室利皇帝之晓谕而行,尔等之此事亦要奏报恩主,等圣旨到时,迎合众人之意,将依照惯例授予策凌敦多卜以汗号与印。尔等可在彼等待,如等不得,自昭地返回时或许圣旨抑或即到,彼时授予亦可。"土尔扈特使者等已向西藏出发,吾谨奏其事由。恭请皇上温旨。明鉴,明鉴。以见书礼随同吉祥哈达于吉日达赖喇嘛诚心诚意跪叩呈上。

注释：

（1）本月二十五日。

（2）阿玉奇汗：生于1642年，卒于1724年。和鄂尔勒克之曾孙，朋楚克之子，伏尔加河土尔扈特第四代首领。

（3）曼殊室利大皇帝：指雍正皇帝。西藏佛教界称中国皇帝为曼殊室利皇帝。

（4）索诺木达尔扎：七世达赖喇嘛之父。因当时达赖喇嘛年幼，索诺木达尔扎为噶丹颇章政府摄政。雍正七年（1729）封辅国公爵。乾隆九年（1744）去世。

第三奏折仍为鼐格等所写。① 该折详细陈述了土尔扈特阿玉奇汗子策凌敦多卜使者巴图尔鄂木布及阿玉奇汗夫人达尔玛巴拉之使者那木卡格隆等赴七世达赖喇嘛行宫泰宁，向达赖喇嘛请求，授予他们新汗策凌敦多卜以汗号的全部过程。

汉译：

奏折

奴才鼐格、祁山等谨密奏。秘密奏闻为已故阿玉奇汗之子策凌敦多卜向达赖喇嘛请汗号事。土尔扈特使者等抵达泰宁（1），叩见达赖喇嘛后，时隔良久，阿玉奇汗之子策凌敦多卜使者巴图尔鄂木布前往公索诺木达尔扎处云："吾阿玉奇汗生病之时，将其印、纛等皆交于其长子策凌敦多卜。汗去世后，吾台吉策凌敦多卜立刻为首办理诸事，自其族人至吾游牧众人皆倾心服从之。吾等前来时，吾台吉策凌敦多卜聚集其族人，在众人面前谓吾等曰：'尔抵达达赖喇嘛处后，奏报达赖喇嘛，因已故汗及其前世汗之汗号皆由达赖喇嘛赏赐，故皆曾得以平安，甚享福祉。因如今吾承办汗事，故亦如前向达赖喇嘛请求汗号。'"继而，阿玉奇汗之兄子多尔济之使者西喇布丹津亦前往索诺木达尔扎处云："吾阿玉奇汗在世时，对吾台吉留遗嘱曰：'吾子年幼，在吾死后，尔要照管吾子，善为辅佐。'吾游牧之众

---

① 原文见中国第一历史档案馆编《清代新疆满文档案汇编》（一），第218—223页。

第十一章 土尔扈特汗廷与西藏关系(1643—1732)

亦以为吾台吉人善良而明白,故敬重之。彼今年六十一岁。阿玉奇汗诸子皆年幼,在其长大前,请达赖喇嘛临时赏赐给吾台吉以汗号。吾台吉已年迈,还能活几载?等阿玉奇汗之子长大成人后,将汗号移交亦可也。"索诺木达尔扎将彼等之请转告达赖喇嘛后,达赖喇嘛向诸使者云:"尔等不一心,地方亦相距甚远,尔等之台吉吾复不认识。汗号之事所系甚重,吾难以轻易授之。尔等返回游牧。等大家同指一人,复来为之请汗号时,再行裁定。"时隔数日,使者等聚集一处,请传达赖喇嘛言之多尼尔喇嘛及处理事务之第巴等前来同坐,阿玉奇汗夫人达尔玛巴拉之使者那木卡格隆曰:"吾台吉策凌敦多卜者,阿玉奇汗之长子,理应为汗。另有一台吉,年齿甚幼,此外并无分内争竞之人。吾土尔扈特之众皆倾心服之。如今来此处之使者等亦皆齐心请求,并无异议。"巴图尔鄂木布又云:"吾等穿行俄罗斯之地前来时,俄罗斯人问吾等,如今在尔处谁即了汗位?尔等如今何故前往?吾等答曰:吾汗之长子策凌敦多卜即了汗位。吾等前往达赖喇嘛处,为吾汗请汗号。云云。如达赖喇嘛不给吾大台吉策凌敦多卜赏赐汗号,吾等众人穿行俄罗斯之地返回时,亦将甚为羞愧,俄罗斯人将耻笑吾等办事无能。吾等均为一心,并无怀二心者。"(其时)西喇布丹津其人亦在其中,彼亦称:"策凌敦多卜有理,并无与之争竞者。"多尼尔、第巴等又将此事奏报达赖喇嘛后,达赖喇嘛复遣多尼尔喇嘛询问西喇布丹津:"尔尚有他语否?"西喇布丹津答曰:"吾台吉遣吾来,要吾念咒、熬茶,并未交代请汗号之事。吾仅按己见向达赖喇嘛提请而已。如今众使者齐心请求,吾已无他指图,亦无其他请求。"此等使者出发之日,谒见达赖喇嘛叩拜完毕,达赖喇嘛即在奴才面前对彼等曰:"今尔等皆一心为尔等之台吉求汗号。自吾前世至今世凡事皆奏报曼珠室利大皇帝,请得圣旨后奉行之。吾年幼,封汗号大事不能不奏报。吾将封尔台吉为汗之事上奏圣皇帝,尔等若欲等待则可等待,若不能等待,则先去后藏,返回时圣旨亦将到达矣。"使者等出,又向奴才云:"吾等现在要出发,到达住处后,将遣来一人,有事向达赖喇嘛奏闻。"言毕,即已出发。次日,巴图尔鄂木布来告于奴才云:"达赖喇嘛已俯允封汗号事,并为此奏请大皇帝。吾等商议,留吾于此处等待。"言毕,即刻觐见达赖喇嘛。达赖喇嘛谓巴图尔鄂木布曰:"若尔等欲等待,众人皆于此处一起等待,如不等待,则应赴后藏。无论如何不得走散。吾将上奏,等圣旨降至,必将给尔等台吉以名号。"巴图尔鄂木布听毕便返回。又,吾等向索诺木达尔扎询问,前世达赖喇嘛何为封号事。(彼云:)"五世达赖喇嘛给阿玉奇汗之父以书库尔岱青汗(2)之号与印。仓央嘉措达赖喇嘛(3)在世时,给阿玉奇汗以岱青阿玉奇汗之号与印。"又奏闻事:土尔扈特使者们抵达泰宁后不久,即告于奴才:"吾等前往后藏,事毕后,不再走此路返回。西宁之路平坦易走,吾等返回时走西宁路。"奴才等告之曰:"康区之路虽言山路,沿途居住之番人甚多,一路人烟不断。所骑乌拉及所食粮糇易得。西宁之路则自后藏至喀喇乌苏有番众,可得骑食。自喀喇乌苏(4)以降,渡过穆噜乌苏(5)抵达索罗木(6)之间,沿途无蒙古与番人居住者,骑食不可得。此等吾明知者,告知于尔等使者。另,吾等奉大皇帝之命在此处理事务,因此之故,自尔等抵达日期,凡于饮食诸事,皆奉命施皇恩于尔。在后藏亦有吾皇上派遣之处理藏事大臣,尔等使者到达后藏后将此等缘由告知彼处之大臣。"彼等抵藏后,势必固执返回之路。又听得使者等告人云,在青海有阿玉奇汗之女(7),来时彼等之喀屯捎东西给其女儿,并言务必面交。彼等固执走西宁路,或许因此之故。此外又云:"吾等在游牧时,仰赖吾台吉之福,自离开游牧至此地,皆承蒙大皇帝之恩。现在何为吾物?唯独吾首级为吾物,其他所食、所饮、所穿及所乘骑者,皆为大皇帝之恩惠。吾等如今不可谓他国之人,皆成为大皇帝之阿勒巴图。吾等如今已为一家人。吾等现在承蒙大皇帝之恩德幸福生活。想必准噶尔贼人如今已前往侵犯吾游牧,吾地方已起战事。"彼等如此诚心言语,对皇恩诚心感激,不胜喜悦。为此谨秘密奏闻。

雍正十年正月二十八日(8)。

雍正十年二月二十日(9)上奏。圣旨:交军机大臣议奏。

朱批:雍正十年二月二十日上奏,得旨:交军机处大臣等议后再上奏。

第十一章　土尔扈特汗廷与西藏关系(1643—1732)

注释：

(1) 泰宁：今四川省甘孜藏族自治州道孚县境内。

(2) 书库尔岱青汗：和鄂尔勒克之子，土尔扈特汗国第二代首领。他是阿玉奇汗的祖父。

(3) 仓央嘉措达赖喇嘛：六世达赖喇嘛仓央嘉措(1683—1706)。

(4) 喀喇乌苏：即黑河，今西藏北部那曲河的蒙古语名。

(5) 穆噜乌苏：通天河上游，在青海玉树境内。

(6) 索罗木：在青海扎陵湖以东、黄河发源地一带，即琐力麻川一带。

(7) 阿玉奇汗之女：阿玉奇汗可能把一个女儿嫁到了青海和硕特部。

(8) 雍正十年正月二十八日：1732年2月23日，这是写该奏折的时间。

(9) 雍正十年二月二十日：1732年3月24日，这是奏折抵京后呈御览的时间。

第四份奏折是其七世达赖喇嘛格桑嘉措鼠年(1733)四月呈上雍正皇帝的。① 雍正十年(1732)，七世达赖喇嘛上奏雍正皇帝，请求恩准授予土尔扈特汗以汗号。雍正皇帝准奏，敕书抵藏后，1733年七世达赖喇嘛复就所授汗号等详情上奏朝廷。

汉译：

> 大致翻译达赖喇嘛奏文如下：
>
> 在瞻卜州广大地域奉天命转动力轮之曼殊室利大皇帝足下明鉴。敕封西天大善自在佛所领天下释教识一切瓦齐尔达喇达赖喇嘛朝向大金殿，真诚下跪，点燃美味香，手持鲜花，谨叩首上奏：小僧受曼殊释利大皇帝无数显重恩典，赖以封吾为达赖喇嘛，将达赖喇嘛政法、佛法诸事及恩人大皇帝之圣旨一并奉行。此前土尔扈特之

---

① 原文见中国第一历史档案馆编《清代新疆满文档案汇编》(一)，第294—296页。

策凌敦多卜曾向吾等请求,如同对他父祖一般授他以汗号。吾将此上奏,承蒙大皇帝非常开恩,金口降下圣旨曰:"甚合圣意。"此温旨与(所赐)大绫哈达已于三月二十三日(1)抵达。吾为大皇帝祈福万寿无疆而正在坐禅,但为此间断一日,谨跪下接受,不胜喜悦。为让土尔扈特使者等喜悦,遗书于多罗贝勒颇罗鼐,使彼等得知恩旨已至。念及自土尔扈特书库尔岱青汗以降永世一心归附几朝大皇帝,在为其父祖世袭事所颁下之密旨及为策凌敦多卜汗号事所颁下之圣旨中曰:"土尔扈特自古崇尚教法,诚心奉行经义,故而前世达赖喇嘛等为其父与祖父授予书库尔岱青、阿玉奇(等)汗号。彼照此自远方遣使并谨奏上闻,故应按照给其父与祖父名号之例,授予善瑞福祥之名号等事,喇嘛尔知之。"恩及教法与众生,给吾辈小喇嘛世世代代父亲成就亲子一般颁下晓谕圣旨。(吾)谨奉其深奥美意,今意欲照前授策凌敦多卜以"岱青沙萨拿布咱汗"号、文书及印章。望大皇帝于深意大略裁定,金颜颁下晓谕圣旨。明鉴明鉴。与上书之礼福祥哈达一起,水鼠年四月吉日(2),达赖喇嘛从禅床谨叩首献上。

附录:问公索诺木达尔扎:达赖喇嘛欲授策凌敦多卜之汗号 šasana budza 为何语?答曰:此为梵语,意为"扶持佛法"(3)也。

注释:

(1) 三月二十三日:雍正十年三月二十三日(1732 年 4 月 17 日)。

(2) 水鼠年:雍正十年(1732)。

(3) šasana budza:梵文为 sāsana pūĵa,sāsana 意为"正法"、"教法"、"佛法",蒙古语与满语的 šajin 一词即来源于该词;pūĵa 本意为"供养"、"奉事"、"恭敬",这里作"扶持"解。所以 šasana budza 就是"扶持佛法",相应的蒙古语应为 šasin tedgügči。

第五份文书是七世达赖喇嘛给策凌敦多卜的封文。① 雍正十年写。

---

① 原文见中国第一历史档案馆编《清代新疆满文档案汇编》(一),第 383—384 页。

第十一章　土尔扈特汗廷与西藏关系(1643—1732)

汉译：

大致翻译达赖喇嘛因汗号与印事给策凌敦多卜之书如下：

从前，文殊与宗喀巴之慈爱祝福于土尔扈特应验者甚多。达赖喇嘛五世时，土尔扈特之书库尔岱青以降，上师与施主相互结缘。其后，五世达赖喇嘛授阿玉奇以"阿玉奇岱青汗"号，令其奉行合乎经义之政，成全其今世与来世之业，具足福泽。如今诸使臣皆言，尔乃阿玉奇汗之长子，尔必有造化。前五世达赖喇嘛时，凡事皆奏请教法之大施主曼殊室利皇帝敕谕并遵行之，故而得福矣。（大皇帝）对吾身自幼仁爱有加，特沛重恩，封授无限。吾年纪轻，凡事皆奉旨而行。经吾奏请此事（指授予汗号事——笔者），大皇帝颁下圣旨金书曰："先前，书库尔岱青汗以降，前来请安，一心归附，其道不绝。特轸念其尊奉佛法、诚遵经义，按照来使所言，授予吉庆汗号可也。"颁下如此应该敬重之深奥圣旨。如今授予"岱青沙萨拿布咱汗"号、印，送神祇宗喀巴佛像及衣服等礼，授予具福汗位。教法与众生之安，诚皆仰赖于君王之业，故（尔要）遵照尔父祖诚心奉行经义之举，要尊奉三宝与佛法，要一心顺从曼殊室利大皇帝，对众人则要温顺。初八、十五与月终三日要守斋戒。以十善(1)治理率属。践履二道(2)，实行王政。对事业终勿怠慢。吾亦将为尔之长寿祈祷三宝，祷祝安乐之增益。与金刚结一同于九月吉日(3)自喀木(4)地方送。

注释：

(1) 十善："十善"（藏文为 sge bcu）指不杀生、不偷、不淫、不妄语、不离间、不恶口、不绮语、不贪、不嗔、不邪见，这是佛教要求人类道德行为的重要标准。

(2) 二道：指"政教二道"，即王政与佛法并行之道。在"伏藏"文献中见到吐蕃圣王对政治和教法的双重贡献的记载，但在这些文献和后来元代的藏文文献中都还不见"政教二道"之说法。蒙古文文献中第一次在《十善法白史》（16 世纪末）中出现。

(3) 九月吉日：雍正十年九月（1732 年 10 月）。

(4) 喀木：又作"康"，指西藏东部和四川一带藏族地区。当时七世达赖喇嘛在四川道孚县宁内的泰宁。

三 档案反映的历史真实：
早期土尔扈特与西藏关系

如果仅靠清朝的汉文史料，我们对土尔扈特与西藏的关系几乎一无所知。清朝顺治、康熙、雍正三朝《实录》中，只有若干处提到了土尔扈特，说的是土尔扈特首领"入贡"事。专门记载外藩蒙古、回部和西藏的《王公表传》一书及《皇朝藩部要略》也都如此。甚至《王公表传》说"阿玉奇始自称汗"，[①]似乎他的称汗与西藏无关。

按照卫拉特文献记载，四卫拉特联盟决定全体皈依藏传佛教格鲁派的时间是在1616年。据现有的史料，卫拉特人中最早赴藏并师从班禅喇嘛学佛的高僧是土尔扈特人阿必达。此人是土尔扈特部首领莫尔根特莫纳的儿子，青年时萌生出家之念，但迫于父母之命，曾娶妻生一子，但不久仍然离家出走，出家后赴藏。他就是后来在内蒙古传教的大名鼎鼎的内齐托音喇嘛。内齐托音出生在1587年左右，因此他赴藏的时间可能在1607年前后。[②] 据此可以推断，土尔扈特人早已皈依藏传佛教，至迟在16世纪末佛教在土尔扈特人中已被广泛传播。土尔扈特人离开故土西迁到伏尔加河流域后，虽然与信仰伊斯兰教的各游牧民族为邻，且受到俄罗斯东正教势力越来越强大的压力，但他们一直毫不动摇地"重佛教，敬达赖喇嘛"。[③] 因此，"熬茶礼佛"，谒见达赖喇嘛，接受达赖喇嘛的封号，仍然是西迁以后土尔扈特人的社会生活和政治生活中不可或缺的重要内容。

和鄂尔勒克去世的前一年，即1643年，其子书库尔岱青曾亲赴西藏晋见五世达赖喇嘛。据五世达赖喇嘛自传《云裳》记载，水羊年（1643），"以温萨活佛和土尔扈特岱青为首的大批香客来到拉萨。

[①] 《蒙古回部王公表传》卷一〇一《传第八十五·土尔扈特部总传》，乾隆六十年武英殿刊本。

[②] 参见拙文《关于内齐托音喇嘛相关的顺治朝满文题本》，《西域历史语言研究集刊》第三辑，科学出版社，2010年，第375页。

[③] 何秋涛：《朔方备乘》卷三八《土尔扈特归附始末叙》。

第十一章　土尔扈特汗廷与西藏关系(1643—1732)

土尔扈特岱青给我赠送了一百匹带鞍子的马,作为初次见面的礼物。……温萨活佛①和土尔扈岱青二人将我请到大昭寺,呈献了成千上万的重要礼品。我举行规模盛大的回向祈愿法事"。② 五世达赖喇嘛在他自传里没有记载授予书库尔以汗号之事。但是根据前引满文档案,七世达赖喇嘛致策凌敦多卜的信和雍正皇帝给七世达赖喇嘛的圣旨都证实,五世达赖喇嘛曾授予书库尔岱青以"岱青汗"号。对此还有实物证据,在俄罗斯国家档案馆藏有一份蒙古文文书,是1661年书库尔岱青致俄罗斯沙皇的信,其中书库尔使用了他的汗号。书库尔岱青在信的开头就写道:"愿吉祥。在那里以察罕汗(即沙皇——引译者)为首大家安康吧。在此以岱青汗我为首我们全体安康。这是请二汗之安。"③伏尔加河流域的土尔扈特人国家之所以被后世称为"汗国",就是因为他们的首领被达赖喇嘛封为汗之故,书库尔岱青是土尔扈特汗国的第一代汗。从书库尔岱青致沙皇的信中可以看出,达赖喇嘛所封汗号大大提高了书库尔的地位,使他与沙皇亚历山大·米哈洛维奇·罗马诺夫平起平坐,把沙皇和自己并称"二汗"。足见土尔扈特与西藏的关系对该汗国政治的巨大作用。

1661年,书库尔岱青汗让位于其子朋楚克。朋楚克执政九年,于1770年去世。继而成为土尔扈特汗国首脑的是朋楚克之子阿玉奇(1642—1724)。在蒙、汉、满、藏、俄等文字文献中均未记载朋楚克与西藏的关系。前引满文档案说明,清廷和西藏方面甚至可能把

---

① 指第三世温萨活佛,即准噶尔的噶尔丹汗之前世。
② 五世达赖喇嘛著,陈庆英等译:《五世达赖喇嘛传》第一册,第206页。书库尔岱青何时返回土尔扈特,达赖喇嘛没有记载。据一些俄文著作的说法,书库尔岱青于1646年去了西藏,并在西藏和准噶尔前后停留了十载(参见马汝珩、马大正《飘落异域的民族——17至18世纪的土尔扈特蒙古》,第57页)。这是不可能的。和鄂尔勒克于1644年去世,书库尔岱青继而成为土尔扈特的首领。当时,书库尔岱青必须在内巩固自己的统治地位,在外与俄罗斯等周边国家与民族交涉,长达十年不在国内是完全不可能的。
③ 参考塔亚《关于十七世纪土尔扈特历史的一份重要文书》(蒙古文), *Quaestiones Mongolorum Disputatae*, V, Tokyo, 2009, pp. 142-156. 引文由本文作者汉译。

阿玉奇误以为是书库尔岱青汗的儿子,可见朋楚克在东方知名度不高。与其父相反,阿玉奇在欧亚草原和清朝都是大名鼎鼎。阿玉奇和他的祖父书库尔岱青汗一样,一方面与"天朝"结好,提高自身的地位,另一方面,也极力与西藏圣地保持联系,得到达赖喇嘛神权的保护。根据前引满文文书档案记载,七世达赖喇嘛一说"仓央嘉措达赖喇嘛在世时,给阿玉奇汗以岱青阿玉奇汗之号与印",一说"五世达赖喇嘛授阿玉奇以阿玉奇岱青汗号",似乎自相矛盾。但是,诺夫列托夫根据俄文档案指出,1690年达赖喇嘛赐给阿玉奇以汗号,并送去了这一封号的大印。① 可见,七世达赖喇嘛的说辞原则上并不相互矛盾。因为,1690年时五世达赖喇嘛已圆寂,但是噶丹颇章政权"秘不发丧",对外界仍以五世达赖喇嘛名义发布文书,当时授阿玉奇以汗号和大印当然用五世达赖喇嘛之名;然而六世达赖喇嘛其时已七岁,虽对外尚未公开,但五世达赖喇嘛秘不发丧期间以达赖喇嘛名义发布的文书,只得看做是六世达赖喇嘛的所为。从满文档案中得知,六世达赖喇嘛授予阿玉奇的是五世达赖喇嘛曾经授予其祖父书库尔的汗号——"岱青汗"。

阿玉奇执政时期土尔扈特与准噶尔两个汗国的关系愈趋紧张,以致于最后土尔扈特人路经准噶尔草原赴藏的交通完全被阻隔。这与阿玉奇和清朝的密切交往有关。在噶尔丹与清朝对立时期,阿玉奇虽远在异域,但积极配合清朝,在1696年昭莫多战役后率军到阿尔泰山以东堵截噶尔丹的逃路。在噶尔丹失败后,他还遣其使者诺颜和硕齐随同策妄阿拉布坦的使者"入贡庆捷"。1699年,阿玉奇还派使者额里格克逊到北京"奉表贡",受到清廷的欢迎。然而,准噶尔新首领策妄阿拉布坦与阿玉奇并非志同道合,他对清朝的温和态度是策略性的、临时的,从长远讲,策妄阿拉布坦并不希望看到西方的土尔扈特汗国与他的宿敌清朝之间往来过密,关系过亲,这对准噶尔是一种威胁。1699年,阿玉奇之子三济扎卜"与父有隙",率

---

① [俄]M·诺夫列托夫著,李佩娟译:《卡尔梅克人》,国家清史编纂委员会编译组、中国社会科学院原民族研究所、《准噶尔史略》编写组合编:《卫拉特蒙古历史译文汇集》(第二册),内部资料,第103页。

第十一章　土尔扈特汗廷与西藏关系(1643—1732)

一万人投奔策妄阿拉布坦,后者将三济扎卜送还,而扣留其部众,分给各鄂托克,从此与阿玉奇"构难"。此时,阿玉奇侄儿阿拉布珠尔陪同其母在西藏熬茶礼佛,但因与准噶尔与土尔扈特反目,不得而归,投奔了清朝。1704年,清朝奉阿拉布珠尔为固山贝子,安置在嘉峪关外的色尔腾地方。① 清朝出于对准噶尔的战略考虑,远交准噶尔周围的国家和民族,主动、积极接触和拉拢土尔扈特汗国,康熙皇帝前后派出了殷扎纳使团和满泰使团赴土尔扈特。但这不是本文讨论的主题,不再深入讨论。总之,17世纪末时,经准噶尔赴西藏的交通被切断,土尔扈特人不得不借道俄罗斯西伯利亚平原,绕道北京,再从北京西上,经西宁路或者四川路赴藏。

然而,这并没有难倒土尔扈特人,他们虔诚的信仰和坚定的朝圣信念以及土尔扈特汗王对达赖喇嘛神权的依赖激励他们克服了一切困难。1624年,阿玉奇岱青汗去世,其子策凌敦多卜即位,于是又有一批使者和朝圣者踏上了遥远的东方之旅。这正是我们前文所译满文档案反映的情况。

在讲到策凌敦多卜与西藏关系前,简单交代一下策凌敦多卜即位的艰难经过。自和鄂尔勒克到阿玉奇汗,土尔扈特的内政外交是独立自主的,汗国的汗王指定自己的继任者,再请达赖喇嘛授予汗号,加强其合法性。但是,阿玉奇去世时,汗国暴露出了继承人问题:阿玉奇早先指定的即位者长子沙克都尔扎布1722年就已去世,沙克都尔扎布生前提议即位的其长子达桑格得不到阿玉奇汗的认可。阿玉奇汗再指定其另一个儿子策凌敦多卜即位,但此人不孚众望。阿玉奇死后,沙克都尔扎布之长子达桑格、沙克都尔扎布之弟衮扎布之子敦罗卜旺布纷纷争夺汗位。俄罗斯帝国利用这一乱局,乘机干涉,1724年5月宣布阿玉奇的外甥道尔济·纳扎洛夫为汗。但是,道尔济·纳扎洛夫自知不敌群雄,退出争夺。旋即达桑格被敦罗卜旺布所败,敦罗卜旺布又与俄罗斯当局发生矛盾,因此俄罗斯当局转而支持策凌敦多卜,1724年9月宣布他为汗国的总督。因为敦罗卜旺布激烈反俄并觊觎汗位,所以俄历1731年5月1日俄罗

---

① 祁韵士:《皇朝藩部要略》卷九《厄鲁特要略一》。

斯又给策凌敦多卜授予汗号,送给了汗位的象征物。①

在此之前的1730年(雍正八年),策凌敦多卜已向清朝和西藏派出了使者。据清朝派往土尔扈特使团成员满泰等的满文奏折,1731年他们到达土尔扈特后,阿玉奇汗的未亡人达尔玛巴拉向他们说道,"曾派那木卡格隆恭请博格达汗之安,并往西藏谒见达赖喇嘛",问满泰等是否遇见。据策凌敦多卜说,该使团是在"去年"(雍正八年,1730)启程的。② 达尔玛巴拉的一句话道出了那木卡格隆使团的目的,就是给雍正皇帝请安,并通过清朝赴藏朝圣。很显然,在复杂的内外斗争中,策凌敦多卜为了巩固他的地位,又一次寻求东方大国的支持和达赖喇嘛的承认。

关于这个使团,清朝官私史书均未记载。③ 据满文档案所载,该使团于雍正九年十月十五日到达泰宁(今四川道孚县)谒见七世达赖喇嘛,十年正月十一日启程离开,在泰宁停留了共计104天。④ 实际上,该使团从伏尔加河流域出发,自西藏返回,往返用了两年时间(雍正八年至十年)。关于这次土尔扈特使者的到来和授予汗号,《七世达赖喇嘛传》在1731年和1732年的记载里简短提过。⑤

该使团在西藏的主要目的是请七世达赖喇嘛授予策凌敦多卜以汗号。在这个过程中发生了一个插曲,就是使者西喇布丹津突然向达赖喇嘛父亲提出,希望达赖喇嘛封他的领主多尔济为汗。后经过土尔扈特使团的紧急协商,内部统一了意见,并向达赖喇嘛保证,

---

① 策凌敦多卜即位过程详见[俄]M·诺夫列托夫著、李佩娟译《卡尔梅克人》,第108—110页。
② 《清代中俄关系档案史料选编》第一编下册,第557、558页。
③ 在《清世宗实录》中唯一一处与此相关的记载如下(雍正九年八月戊申):"又谕:尔等行文与萧格,图尔古特之使臣若至彼处,暂且不必令往西藏。著在达赖喇嘛处居住。若已过去,亦著追回。伊等日用之费,著四川督抚宽裕给与。"文中的"图尔古特"即土尔扈特。根据其时间和内容,这个谕旨内容涉及土尔扈特那木卡格隆使团。雍正皇帝不允许他们从泰宁到西藏去,但是要求保证使团食宿充足。
④ 中国第一历史档案馆编:《清代新疆满文档案汇编》(一),第226页上栏。
⑤ 章嘉·若贝多吉著,蒲文成译:《七世达赖喇嘛传》,第147、148页。

第十一章　土尔扈特汗廷与西藏关系(1643—1732)

只有策凌敦多卜是阿玉奇汗的惟一合法继承人,汗位并无其他人选,这才得到了达赖喇嘛对策凌敦多卜的加封。但是,此事表明,实际上土尔扈特人内部的汗位之争一直存在。

七世达赖喇嘛同意授予策凌敦多卜以汗号。然而,七世达赖喇嘛的处境与他的前世们有所不同,他不能自主加封策凌敦多卜,必须先奏报清廷,经皇帝允准,方可行事。于是雍正九年底(1731年初),达赖喇嘛派使者到北京奏请恩准,雍正皇帝的批复于次年三月(1732年4月)到达达赖喇嘛处,土尔扈特人拿到达赖喇嘛对策凌敦多卜的封文及印时,已经是当年的九月,即1732年10月了。

如前所说,俄国早在1931年5月就抢先封策凌敦多卜为汗。值得一提的是,俄国政府是在土尔扈特使者出使清朝和西藏后加紧封汗的,就是为了抵消将要到来的西藏所封汗号的影响,因为俄罗斯当局了解使团的行程和目的(前引满文档案就记载,俄罗斯人问使者们的目的时,他们告诉俄罗斯人,是要请达赖喇嘛授予策凌敦多卜以汗号)。这从反面也反映出,达赖喇嘛所封汗号对土尔扈特的政治生活是多么的重要。

但是,土尔扈特使团正在为策凌敦多卜求得汗号而奔波时,土尔扈特内讧,1731年底,策凌敦多卜在军事上败给了昔日的政敌敦多克旺布。1733年初那木卡格隆使团经俄国境回国时,俄罗斯当局扣留了使团人员,理由是在北京时否认他们是俄罗斯居民。这当然是当时中俄围绕土尔扈特问题争执的一个反应,但恐怕问题不止这些,使团所带达赖喇嘛封号和汗印可能也是使团被拘留的一个原因。那木卡格隆等迟至1740年才得以开释,[①]但此前的1735年,敦多克旺布已正式成为土尔扈特统治者,策凌敦多卜流亡圣彼得堡。因为如上诸多周折,达赖喇嘛所授汗号的神权光环未能照耀在这位不幸的年轻汗王的头上。这些事情从另一个方面也反映出,达赖喇嘛所封汗号对土尔扈特的政治生活是多么的重要。

---

① 《致大亚细亚各地独裁君主中国大皇帝陛下各国务大臣及外藩事物总理大臣》(1740年5月29日),见国家清史编纂委员会编译组、《历史研究》编辑部合编《故宫俄文资料》,内部资料,第40页。

小　　结

通过该五份满文档案的研究,可以弄清以下几个事实:

其一,土尔扈特的第一代汗不是《蒙古回部王公表传》所说的阿玉奇汗,阿玉奇也不是自称汗。事实上,土尔扈特首领与达赖喇嘛的关系早在阿玉奇的祖父书库尔岱青时期就已开始了。第一个赴藏谒见达赖喇嘛和受封于达赖喇嘛的土尔扈特领袖是书库尔岱青。五世达赖喇嘛曾授予书库尔岱青以"岱青汗"号,汗号来自于书库尔原有的贵族称号"岱青",这样的做法在当时是非常普遍的现象。

其二,阿玉奇(1642—1724)是受封于达赖喇嘛的第二个土尔扈特汗。六世达赖喇嘛授予阿玉奇的是五世达赖喇嘛曾经授予其祖父书库尔的汗号——"岱青汗"。

其三,策凌敦多卜是受封于达赖喇嘛的第三位土尔扈特汗。七世达赖喇嘛授予策凌敦多卜以"岱青沙萨拿布咱汗"之号,并授予印。

其四,土尔扈特佛教集团的首领们也得到了达赖喇嘛的封号,其中土尔扈特大喇嘛沙库尔得到了"额尔德尼毕力克图诺门汗"名号,那木卡格隆获得"达彦达尔罕囊素"名号等。土尔扈特人留下几名喇嘛在西藏继续学佛,并从西藏迎请了高僧和医生。达赖喇嘛一一满足了他们的要求。

其五,藏传佛教在土尔扈特人政治和社会生活中具有极其重要的地位和影响。土尔扈特人虽然远徙异域,但和西藏圣地一直保持着密切的联系。达赖喇嘛封赠的汗号、印章,对土尔扈特汗王提高其身份、地位有重要的意义,对族内统治的影响自不待言,就是在和俄罗斯当局的博弈中也有明显的重要作用。

其六,土尔扈特人和西藏的交通对以达赖喇嘛为首的格鲁派寺院集团具有重要的经济意义。蒙古全社会笃信佛教,蒙古入藏熬茶的费用极其昂贵,主要支出就是给达赖喇嘛、班禅额尔德尼和拉萨三大寺大昭寺、小昭寺、扎什伦布寺以及其他名寺的布施。布施的物品从金银珠宝到蟒缎丝绸、生活用品无所不包。在其中,土尔扈

第十一章　土尔扈特汗廷与西藏关系(1643—1732)

特人的布施更具特色。因为他们地处欧亚草原的西段,经常和俄罗斯、东欧和中亚各民族进行贸易,所以在他们的贡品中包括俄罗斯呢子、哈萨克和回回绸缎、普鲁士呢子以及金表等。这些物资的意义非同小可,它是当时西藏和欧洲、中亚国家交流的一个重要途径。

从这个研究中我们可以得到这样两个启示:

一、一个民族的宗教信仰和感情,往往在无形中决定着他们的世界观和价值观。土尔扈特人笃信佛教,出于政治、社会和文化等方面的多种需求,他们一直以来都和西藏保持着密切的关系,不断来西藏朝圣,派僧人赴藏学佛,还从西藏延请高僧大德和医生。这样的交流,使土尔扈特和西藏紧密联系在一起。18世纪70年代土尔扈特人最终离开伏尔加河流域,历尽千辛万苦,付出重大牺牲回归故土,当然有其当时诸多现实的原因(主要是俄罗斯帝国的欺压),但这一壮举背后深远而伟大的精神力量就是土尔扈特人坚定的佛教信仰。假设土尔扈特人全族已皈依了东正教,他们恐怕就很容易融入俄罗斯社会,很难说会踏上东归之路。

二、从史料学角度我们同样得到重要的启示。像土尔扈特与西藏关系这类关于欧亚大陆深处的民族关系和宗教关系的事情,只能在清朝的满文档案史料中得到了解。号称是按年月日顺序编排的皇帝的《实录》和《起居注》,本应该记载这些重大事件,因为这些事情当时都是通过皇帝亲自过问和下令处理的,因此而留下了丰富的满文档案资料。但是事实并非如此,清朝官方史料对此毫无记载。本人在此之前的研究也表明,[①]17、18世纪之交在西藏发生过的许多重大历史事件,清朝不仅都参与其中,而且起了很重要的作用,但是在清朝官方史料中不见记载。那么,清代汉文史料的编纂在多大程度上利用了满文档案资料?这是一个大问题。再者,官方文献的史料取舍是另一个大问题。就内亚史的内容来讲,官方史料的着眼点和兴趣不在于内亚各民族社会内部和他们的相互关系上,而是在

---

① 见拙文《1705年事变真相》(《中国藏学》2008年第3期)、《六世达赖喇嘛仓央嘉措圆寂的真相》(《西域历史语言研究集刊》第五辑,2012年)、《十七、十八世纪之交的西藏秘史——围绕关于六世达赖喇嘛仓央嘉措的满蒙文秘档》(*Quaestiones Mongolorum Disputatae*,Tokyo,2010)等。

他们对清王朝的关系上,所以他们和清朝双边关系的政治化的话语充斥着那些史书。此外,不能彰显皇帝的武功文略,或者甚至有损于树立皇帝伟大形象的事件,即便是很重要,也不会记载到官修史书里。因此,无论是何种情况,想要了解17—18世纪中亚历史的真相,首先要看的不是清朝官修的汉文史书,而是满文档案。满文档案才是拓展17—19世纪中亚历史研究的可靠而丰富的史料。

下 编
蒙古历史地理研究

第十二章　清初的"察哈尔国"游牧所在

绪　言

17世纪30年代,蒙古大汗直属万户察哈尔被满洲爱新国(Aisin gurun,1616—1635)所败,察哈尔人陆续投附爱新国,被编为"察哈尔八旗"。清天聪九年(1635)五月,察哈尔汗室最终被征服,蒙古末代大汗林丹汗(1604—1634年在位)之子额尔克孔果尔额哲及其直辖鄂托克被带到爱新国首都盛京。但是,天聪汗没有把这部分察哈尔人编入满洲八旗系统。天聪汗为了怀柔前对手,封额哲为亲王,尚固伦公主,并指给领地,保留了他的管辖部民的权利。额哲率领的这部分察哈尔就是清初所说的"察哈尔国"(Čaqar ulus/Cahar gurun)。

1641年,额哲死,其弟阿布奈袭亲王爵位。阿布奈对清朝皇帝不尽履行外藩蒙古王公所应尽的义务,对朝廷抱有轻视态度,八年不曾进宫朝请。1669年,清廷降罪阿布奈,将他拘禁在盛京。同年九月,清朝命阿布奈长子布尔尼袭和硕亲王爵位,仍领其众。但是,布尔尼的态度与其父阿布奈并无二致。由于阿布奈的下狱,布尔尼对清廷更加仇视。1673年十二月,南方爆发了"三藩之乱"。[①] 布尔尼认为脱离清朝的时机已到,在1675年举兵反清。[②] 清廷立即派兵镇压,在不足两个月的时间之内完全平息了布尔尼的叛乱。布尔尼兄弟战死,阿布奈被处以绞刑。察哈尔部众除逃入邻近各旗之人以

---

① "三藩"是指留镇云南的平西王吴三桂、留镇广东的平南王尚可喜和留镇福建的靖南王耿精忠。叛乱的火焰遍及南方几省,严重威胁到清朝的统治。
② 关于布尔尼叛乱,参见森川哲雄《围绕察哈尔布尔尼亲王叛乱》,《东洋史研究》64卷1—2号,1983年。

外,尽数被携至北京,这部分人中的壮丁在八旗满洲下披甲,老弱妇幼为出征有功军士之妇婢。"察哈尔国"至此灭亡。"察哈尔八旗"则被安置在大同、宣化边外的今河北省和内蒙古中部地区,一般称作"察哈尔游牧八旗",是今天的内蒙古锡林郭勒盟和乌兰察布市察哈尔人的前身。①

"察哈尔国"从1635—1675年存在了整整40年之久。但迄今为止,因为史料的关系,有关"察哈尔国"的许多疑问都没有得到解答,连它领地的具体位置在什么地方都不清楚。本文以一份理藩院文书为中心史料,同时参考清朝的官私史书和地图,来考述"察哈尔国"领地的四至。

本文将引用的理藩院文书是雍正十一年(1733)的一份蒙古文文书。是年,为了使住牧在内蒙古西部乌拉特地区的额鲁特贵族多尔济色布腾所部700余人迁居"察哈尔故地"(Čaqar-un qaγučin nutuγ)游牧,理藩院下发一份文书给昭乌达盟盟长翁牛特旗扎萨克郡王鄂斋尔,命其办理此事。该文书原件今藏在内蒙古自治区赤峰市档案馆。② 这份文书尽管是在"察哈尔国"灭亡58年以后形成的,但它仍然非常珍贵,具有很高的原始史料价值。这是因为,理藩院是清朝直接管理蒙古事务的最高中央机构,掌握着有关蒙古人口和游牧地的权威性资料。这是众所周知的事实。后文将谈及,这份文书里谈到的有关察哈尔领地的具体位置,是当时与察哈尔故地相连的奈曼、库仑、东土默特和喀尔喀左翼四旗当局共同测量后上报给朝廷的,所以其准确性是毋庸置疑的。

本文将利用张穆《蒙古游牧记》的记载和清末内蒙古各旗按照理藩院(部)要求绘制的旗地图,详细考订蒙古文书中出现的有关"察哈尔故地"的山水名称,以此推定"察哈尔国"领地四至的确切方位。

---

① 关于察哈尔八旗,参见达力扎布《明代漠南蒙古史研究》,内蒙古文化出版社,1997年,第310—321页;《清初察哈尔设旗问题考略》,《内蒙古大学学报》1999年第1期;《清初察哈尔设旗问题再考》,《明清档案与蒙古史研究》(1),内蒙古出版社,2000年。
② 全宗号1,目录号1,卷宗号103,共3页。

第十二章 清初的"察哈尔国"游牧所在

在进入主题以前,必须讨论一个问题。那就是为什么说该文书中出现的"察哈尔故地"系指清初"察哈尔国"的故土呢?"察哈尔故地"可以有两种含意:其一,是指林丹汗西迁(1627年)以前的察哈尔万户的原牧地,其二是指清初"察哈尔国"的疆域,也就是林丹汗之子额哲及其弟阿布奈和侄儿布尔尼三人统治下的察哈尔人的游牧地。下文将论及,该文书中提到的"察哈尔故地"的范围基本上是今天的库伦旗地方,所以很难说那里是林丹汗时期察哈尔万户的根据地。据达力扎布博士的研究,林丹汗的根据地在西拉木伦河北岸,察哈尔八鄂托克(游牧集团)分布在北自今天内蒙古锡林郭勒盟乌珠穆沁旗南至辽宁省阜新县的兴安岭南北广袤地区。[①]"察哈尔故地"的四至在17世纪30年代的奈曼、库伦、土默特等旗扎萨克的记忆里还十分清楚,这说明该地毫无疑问是"察哈尔国"的故地。此外,还有其他旁证,详见后文。

顺便说一下,自清初至清末,蒙古旗的游牧地范围发生了若干次变化。所以,无论在《蒙古游牧记》中,还是在清末各旗地图上,都无法看到清初蒙古各旗的疆域。但是,这些资料中出现的山水位置当然不会因各旗疆域的变化而变化,因此,就本稿研究内容来讲,《蒙古游牧记》和清末各旗地图就具有第一手资料的价值。

一 理藩院蒙古文文书及其分析

(一)文书相关部分的罗马字转写(括弧中的序号表示原文书的行数,底纹表示根据上下文恢复的原件上已损坏的字或词)

(1) Gadaγadu mongγol-un törü-yi jasaqu yabudal-un yamun-u (2) bičig, ongniyud-un törü-yin giyün wang očir (3) tan-dur ilegebe, man-u jurγan-ača (4) ? — γsan anu, (5) jarliγ-i γuyuquyi-yin učir, urida töšimel man-u (6) jurγan-ača (7) kelelčejü ögeled-ün beyile-in jerge dorjisebten-

---

[①] 达力扎布:《明代漠南蒙古史研究》,第119—129页。

295

u（8）dooratu arad-i čaqar-un qaγučin nutuγ-un γajar-tur （9）negülgejü saγulγaqui-yin učir-tu, temdeglegči töšimel （10）bakata-yi γarγaju γajar üjügülür-e jaruγsan bülüge, （11）edüge temdeglegči töšimel bakata qaγučin čaqar-un （12）nutuγ-tur saγuγsan jasaγ tömed-ün beyile arabtan （13）tan-u qošiγun-ača γarγaγsan tayiji nom tan-i abču （14）bügüdeger üjejü, nayiman-u wang asala tan širegetü （15）küriyen-ü jasaγ-un lam-a yondan pongsuγ, luγ-a qamtu （16）neyilejü doγtoγan kelelčejü abču iregsen bičig-dür （17）qaγučin čaqar-un（12）nutuγ-un emün-e jaq-a qar-a usu,（18）küke-yin γool-un qoyar jabsar-tur tömed-ün （19）arabtan-u qošiγun-u tabunang-ud tarii-a tariju （20）ger bariju saγujuqui, köke-yin γool-un irmeg-iyer （21）tömed-ün beyile arabtan-u qošiγun-du qabsuraγsan（22） qalq-a-yin beyile bandirinčin-u dörben sumun-u arad（23）tarii-a tariγsan büged basa širegetü küriyen-ü（24）čaqar lam-a-nar-un jungtur-ud tarii-a tariju（25）ger bariju saγujuqui, qujir-un γool-dur širegetü küriyen-ü（26） lam-a-nar-un jungtur-ud tarii-a tariju（27） ger bariju saγujuqui, dalda（28）γool, čaγan γool-un γajar-tur čoqor qalq-a-yin beyile（29）γalsang-un qoyar sumu-yin arad tariyan tariju （30）nutuγlan saγujuqui, ene jerge-yin γajar-tur čüm（31）ger bariju tariyan tariγsan-u tulada, mori mal（32）adaγulqu γajar čiqul, mongγolčuud nutuγlan aju（33）törüküi-dür tusa ügei, qaγučin čaqar-un nutuγ-un（34）qoyitu jaq-a šira müren-ü γool-un emünetü ebesü （35）usu sayin, mori mal adaγulqu γajar neyilen, edüge（36） nayiman-u wang asala-yin qošiγun-u arad（37）nutuγlan saγujuqui, jegün jaq-a-yin γajar-tur（38）qorčin-u wang altan gerel, išibandi-yin qošiγun-u（39）arad basakü baqan oroju nutuγlan saγujuqui,（40） dooraki arad čüm mori mal-i tejigejü nutuγlan（41）aju törükü kümün-ü tulada, dorun-a, umar-a（42）jaq-a šir-a müren-ü γool-un nöketü olom-ača（43）emün-e jüg bičiγtu talan-dur kürgegül-ün urtu（44）inu

296

第十二章　清初的"察哈尔国"游牧所在

nige jaɣun ɣajar, bičiɣtu tala-ača（45）baraɣun jüg sayin tala-dur kürgrgül-ün aɣuu（46）döčin ɣajar, sayin tala-ača qoyitu jüg čaɣan（47）toqoi-dur kürgrgül-ün nige jaɣun ɣajar, čaɣan（48）toqoi-ača šir-a müren-ü ɣool-i daɣaju mün kü（49）nökötü olom-dur kürgrgül-ün döčin ɣajar, egün-i（50）jiruqai bayiɣulju dorjisebten-u dooraki arad-i ene（51）ɣajar-tur nutuɣlaɣulbasu baɣtaqu büged jun（52）saɣuqu ebüljikü ɣajar čüm bui, eyimü-yin tula（53）nayiman-u jerge-yin dörben qošiɣun-u ɣarɣaɣsan（54）tayiji nomči tan-i ene ɣajar-i degesülejü jiruqai（55）bayiɣulbai kemen jasaɣ-ud-un tamaɣ-a daruɣsan（56）bičig-i abču irejüküi, {……（57）……（127）……} egün-ü tula kičiyen（128）ayilatqaba（129）jarliɣ-i ɣuyumu kemen nayiraltu törü-yin arban nigedüger on（130）？ - n qabur-un segül sar-a-yin qorin nigen-e（131）ayilatqaɣsan-dur（132）kelelčegsen yosuɣar bolɣ-a kemegsen-dür terigün（133）jerge-yin kii-a fušeü-yi ɣarɣ-a kemegsen-i（134）köndüte daɣaju,（135）nayiraltu töb-ün arban nigedüger on jun-u terigün sar-a-yin（136）arban nigen-e

（二）文书相关部分的汉译

　　理藩院遣书于翁牛特多罗郡王鄂斋尔（1）。本院上书请旨云：请旨事宜。前臣院商定，为将额鲁特贝勒多尔济色布腾（2）之下人迁居察哈尔故地，遣主事巴喀塔至当地堪察。今主事巴喀塔率同占居察哈尔故地的扎萨克土默特贝勒阿拉布坦（3）等旗所派台吉、诺木其（4）等，（至当地）大家一起查看。此后，奈曼王阿咱拉（5）和锡勒图库伦旗扎萨克喇嘛云丹朋楚克（6）等会商确认后呈上的奏书中云："在察哈尔故地之南界的哈喇乌苏和库昆河（7）之间，土默特贝勒阿拉布坦旗诸塔布囊垦种农田，并盖土房定居。在库昆河两岸，附土默特贝勒阿拉布坦旗的喀尔喀贝勒班第璘沁（8）的四个佐领下属耕作土地，另有锡勒图库伦旗所属察哈尔喇嘛等的庄头们已垦种农田，并盖土房定居。在虎吉尔河（9）一带锡勒图库伦旗喇嘛等的庄头们垦种农田，并盖土房定居。在达勒达河、察罕河（10）一带有

297

绰和尔喀尔喀贝勒噶勒桑(11)下属二佐领垦种农田,并盖土房定居。因为以上各地均已垦种农田,盖土房定居,牧放畜群之地狭小,不宜蒙古人等游牧。察哈尔故地北界之西拉木伦河(12)以南地方水草好,牧场相连,今奈曼王阿咱拉旗下属住牧。在东界,科尔沁王阿勒坦格垆勒和宜什班第两旗(13)的少量下属在住牧。因下属人均为放牧为生,在北边和东边,从西拉木伦河以南努克图鄂罗木(14)向南至弼其克图塔拉长一百里,自弼其克图塔拉向西至赛音塔拉宽四十里,自赛音塔拉向北至察罕套海(15)一百里,自察罕套海顺西拉木伦河再至努克图鄂罗木四十里的地方标示地界,令多尔济色布腾下属在此游牧,则地方充足,且具备冬营盘和夏营地。因此之故,奈曼等四旗所派台吉和诺木其等测定了该地,并标示了地界。"[巴喀塔]带来了内容如上、并盖有各扎萨克之印的奏书。(中略)(16)为此谨奏,请旨。雍正十一年春末月二十一日上奏。得旨:依议,差头等侍卫福寿[前往办理],钦此。雍正十一年夏初月十一日(17)。

(三) 文书相关内容的注释

(1) 多罗郡王鄂斋尔:据《蒙古回部王公表传》卷三"翁牛特部表",鄂斋尔为翁牛特左旗第五代扎萨克(1727—1733 任职),1733年卒。

(2) 额鲁特贝勒多尔济色布腾:据《蒙古回部王公表传》卷七八"丹济拉列传",多尔济色布腾为丹济拉长子,是著名的准噶尔汗噶尔丹之弟温春之孙。额鲁特是清朝对西蒙古卫拉特人的通称。1697 年噶尔丹汗去世后,丹济拉父子降清,被安置在察哈尔正黄旗。1705 年,丹济拉被封为扎萨克辅国公。翌年,为防备准噶尔侵扰,清廷命丹济拉率部众迁驻喀尔喀境内的推河,从此不复隶属于察哈尔。1708 年,丹济拉死,多尔济色布腾袭父爵。1730 年,被授予多罗贝勒爵,从靖边大将军傅尔丹驻防科布多。次年,多尔济色布腾奏称,因属众难信,请徙牧呼和浩特。雍正皇帝诏令多尔济色布腾及其部众游牧现在的四子王旗境内的西拉木伦河草原。不久,多尔济色布腾因得病又奏请再迁徙到巴林及科尔沁界,但未得到朝廷的允

第十二章 清初的"察哈尔国"游牧所在

准。以上是"丹济拉列传"的记载。但是,根据该文书,在多尔济色布腾提出徙牧内蒙古东部之后,理藩院奉雍正皇帝的谕旨,曾经准备将其移至"察哈尔故地",派一等侍卫福寿到当地和奈曼王阿咱拉等一同划出了牧场。不过不知何故,后来该项计划中止了。据《蒙古回部王公表传》"丹济拉列传",多尔济色布腾之子三都布从西拉木伦河地方徙牧喀尔喀河(即哈拉哈河),其子贡楚克邦复徙牧推河,于 1761 年最终被安置在鄂尔坤河流域的乌兰乌苏地方,隶属喀尔喀的赛音诺颜部。

（3）土默特贝勒阿拉布坦：据《蒙古回部王公表传》卷二"土默特部表"记载,阿拉布坦为卓索图盟土默特左旗第六任扎萨克(1713—1739 任职)。

（4）诺木其：测量人员。

（5）奈曼王阿咱拉：据《蒙古回部王公表传》卷三"奈曼部表",阿咱拉为奈曼旗第七任扎萨克郡王(1720—1757 在任)。

（6）锡勒图库伦旗扎萨克喇嘛云丹朋楚克：锡勒图库伦旗是内蒙古境内唯一的喇嘛旗。云丹朋楚克为该旗扎萨克喇嘛。

（7）哈喇乌苏和库昆河：先说库昆河。这条河在该文书中被写作 Küke-yin γool,在 1681 年绘制的"内外蒙古图"上作呼浑河,[①]清朝末年昭乌达盟喀尔喀多罗贝勒旗地图(1907 年)和锡勒图库伦旗地图(1907 年)上作 Küken γool(汉文作库根河),[②]张穆的《蒙古游牧记》作"库昆河"。当代地图上写作"厚很河",是一条流经内蒙古库伦旗和辽宁省阜新蒙古自治县境界的河。关于该河名称有两种说法：第一种说法是,厚很河的发源地是一座形同女人乳房的山,所以河名为 Kökü-yin γool,意即"乳房[山]之河";第二种说法来自一个民间传说,很久以前,一位官人的独生女在河水中淹死了。那位官人因此称这条河为 Keüken-ü γool,意为"女儿之河"。根据清代早期的蒙古文书写形式,恐怕第一种说法是正确的。据张穆的记载,

---

[①] 《内外蒙古图》。
[②] W. Heissig und M. Haltod 1966, TAFEL VIII; TAFEL XVII.

库昆河源于喀尔喀左旗境,流经土默特左旗,入养息牧河。① 在昭乌达盟喀尔喀多罗贝勒旗地图(1907年)上标示的位置与张穆的记载完全吻合。该旗地图的西南角上标着 Küken γool-un eki(库昆河之源)字样。

接着谈一谈哈喇乌苏。哈喇乌苏意为"清水",这条河和库昆河成为察哈尔故地的南界,两河之间有土默特阿拉布坦旗人定居。这样一来,哈喇乌苏河应该位于库昆河之南、阿拉布坦旗北境。所以,这条河无疑在昭乌达盟喀尔喀多罗贝勒旗地图(1907年)上标出的 Qara usu γool 哈啦乌苏。② 据该地图,哈喇乌苏是库昆河的一个支流,从南汇入库昆河,应在今天今辽宁省阜新县北部。

(8)喀尔喀贝勒班第璘沁:据《蒙古回部王公表传》载,巴勒布冰图原为外喀尔喀扎萨克图汗部贵族,因喀尔喀内乱,于1662年投附清朝,迁至内蒙古。清廷命其附牧土默特左旗,1665年授予了多罗贝勒爵位。班第璘沁为巴勒布冰图之曾孙,1722年袭多罗贝勒爵,1757年卒。班第璘沁的下属及其后裔一般被称作唐古特喀尔喀(Tangγud qalq-a)。唐古特(Tangγud)是喀尔喀蒙古的一个鄂托克名,③大概班第璘沁的部众主要是由唐古特鄂托克人组成的。这部分喀尔喀人于1903年被并入阜新县。④

(9)虎吉尔河:《蒙古游牧记》载:"养息牧河在(喀尔喀左旗)东南,蒙古名虎吉尔。源出旗南三十里,东北流经喀海陀罗海山,又东南会库昆河,经养息牧 牧场之东,流入彰武台边门,西至广宁县地,又东南流入辽河。"⑤ "虎吉尔"为蒙古语 Qujir(盐碱之意)的音译,也有写成"霍吉尔"的。据此,虎吉尔河就是养息牧河。但是,据锡勒图库伦旗地图(1907年),养息牧河的蒙古语名称仍然写作

---

① 张穆:《蒙古游牧记》卷二"土默特",同治六年祁氏重刊本。
② W. Heissig und M. Haltod Mongolische Ortsnamen Teil I, in Verseichins der orintalischen Handschriften in Deutschland. Supplementband 5,1, Wiesbaden, 1966.
③ *Asaraγč*, p.48a.
④ 中华人民共和国民政部、建设部:《中国县情大全》(东北卷),中国社会出版社,1991年,第118页。
⑤ 张穆:《蒙古游牧记》卷三"喀尔喀左翼"。

第十二章　清初的"察哈尔国"游牧所在

Yangsimu,即养息牧。① 据昭乌达盟喀尔喀多罗贝勒旗地图(1907年),源出该旗东南部 Bardang qara(巴尔党哈拉)山的一条河流向东北,汇入养息牧河,汇入处标有 Qujirtu γool-un čitqulang 字样,②意为"虎吉尔图河河口"。再据今内蒙古自治区地图,养息牧河上游有一条小河从南向北流入养息牧河。该小河的西支流一带是汉族聚居区六家子镇,该镇有地名西胡金稿;东支流一带是蒙古人聚居区哈尔稿苏木(＝Qar-a γuu sumu),有地名东胡吉仁高勒(jegün Qujir-un γool)。③ 据查,"胡金稿"是蒙古语 Qujir-un γool(虎吉尔河)的不同汉语音译,而"胡吉仁高勒"又是蒙古语 Qujir-un γool 的汉语音译。这就是说,"西胡金稿"和"东胡吉仁高勒"实际上就是西虎吉尔河和东虎吉尔河。据此不难得出结论,虎吉尔河(Qujir-un γool)是养息牧河的源头之一,或者可以说它是养息牧河的上游。

(10)达勒达河、察罕河:据该文书,在这两条河之间有喀尔喀左翼旗噶勒桑的旗民在定居。据此,这条察罕河应该就是位于喀尔喀左翼旗和奈曼旗边界上的察罕河(Čaγan γool,白河之意)。据昭乌达盟喀尔喀多罗贝勒旗地图(1907年),在该旗西部地方绘出了察罕河,并河上某一处标出了 Čaγan γool-unörgün olom(察罕河宽渡口)字样。④ 至于达勒达河的位置,因缺乏史料,未能落实。

(11)绰和尔喀尔喀贝勒噶勒桑:据《蒙古回部王公表传》载,衮布伊勒登原为喀尔喀蒙古扎萨克图汗部(Jasaγtu qaγan ayimaγ)贵族。因喀尔喀内讧,1664年投附清朝。清朝将其安置在内蒙古东南部,隶属昭乌达盟,称"喀尔喀左翼旗",与1653年投附清朝并被安置在张家口以外的"喀尔喀右翼旗"相区别。噶勒桑是衮布伊勒登之曾孙,1719年被封为多罗贝勒,⑤因此该旗被称作"喀尔喀多罗贝勒旗"。绰和尔(Čoqor),是喀尔喀一个鄂托克名,⑥可能该旗蒙古

---

① W. Heissig und M. Haltod 1966, TAFEL VIII; TAFEL XVII.
② Ibid.
③ 《内蒙古自治区地图册》,内蒙古自治区地图制印院,1999年,第83页。
④ W. Heissig und M. Haltod 1966, TAFEL VIII; TAFEL XVII.
⑤ 《蒙古回部王公表传》卷一七《喀尔喀左翼部总传》,乾隆武英殿刊本。
⑥ *Asaraγči*, p.48a. 该书上写成了 Čoqoqor。

人的大部分原属于绰和尔鄂托克。后来该旗分别被并入奈曼其和库伦旗。

（12）西拉木伦河：这是辽河上游，源出内蒙古赤峰市克什克腾旗境内，至今被叫做西拉木伦河。汉文史料上又作"潢水"。

（13）科尔沁王阿勒坦格埒勒和宜什班第两旗：科尔沁王阿勒坦格埒勒是科尔沁左翼中旗第六代和硕卓哩克图亲王（1725—1736任扎萨克）。科尔沁左翼中旗游牧地跨东辽河和西辽河，①所以阿勒坦格埒勒亲王苏牧地应该在西辽河方面与察哈尔故地相连。宜什班第是科尔沁左翼前旗第五任扎萨克多罗冰图郡王（1707—1747任扎萨克）。科尔沁左翼前旗游牧地的西界到养息牧场（今库伦旗东南部、辽宁省彰武县）。②

（14）西拉木伦河以南努克图鄂罗木："鄂罗木"意为"渡口"，指西拉木伦河的渡口。据《蒙古游牧记》记载，奈曼旗游牧地东北至什喇木兰之努克图鄂罗木，100里接科尔沁左翼旗界。③"什喇木兰"即西拉木伦河。据此，努克图鄂罗木应该是今开鲁县东南接近奈曼旗的辽河渡口。

（15）弼其克图塔拉、赛音塔拉、察罕套海：该三个地方的具体位置不明，但位于努克图鄂罗木以南100里、以西40里处，所以可以估计这些地方在今天奈曼旗、库伦旗、开鲁县和科尔沁左翼后旗交界处一带。

（16）中略部分：这里省略的内容与察哈尔故地无关。大体意思是说：多尔济色布腾部众700余人，其中200人可以靠自己的能力完成迁徙，剩余的500余人穷困潦倒，无法自行迁徙。所以，理藩院要求沿途的察哈尔八旗、克什克腾旗、巴林旗、翁牛特旗、敖汉旗和奈曼旗提供援助。

（17）雍正十一年夏初月十一日：公元1733年5月24日。

---

① 《蒙古回部王公表传》卷一八《和硕卓哩克图亲王乌克善列传》；张穆：《蒙古游牧记》卷一"科尔沁"。
② 《蒙古回部王公表传》卷二〇《扎萨克多罗冰图郡王洪果尔列传》；张穆：《蒙古游牧记》卷一"科尔沁"。
③ 张穆：《蒙古游牧记》卷三"奈曼"。

第十二章　清初的"察哈尔国"游牧所在

（四）结论

根据以上考证,清初的察哈尔国游牧地四至应该如下：

南界：哈喇乌苏河与库昆河,即今日内蒙古库伦旗南部的厚很河及其支流哈喇乌苏河流域。

西界：达勒达河、察罕河一带,即今日库伦旗西部、奈曼旗东北部。

北界：西拉木伦河南岸。

东界：科尔沁王阿勒坦格埒勒和宜什班第两旗西界,即今日自库伦旗东南部向北至开鲁县东南境的西辽河一带。

这说明,清初"察哈尔国"游牧地以今日通辽市库伦旗全境为中心,包括科尔沁左翼后旗西北一角、开鲁县辽河以南的部分和奈曼旗东北一部分。

这个地方,入清以前是察哈尔万户的一个鄂托克——兀鲁特人（Urud）的牧地。[①] 兀鲁特部于1622年投附努尔哈赤,后来被移入爱新国腹地,其牧地变成了暂时无人居住的空地。这可能是1635年爱新国将额哲部众安置在这里的一个原因。1675年"察哈尔国"被消灭后,土默特旗和班第璘沁部以及库伦旗民人进入其原牧地的南部从事农业,而其西部和东部则成为喀尔喀左翼旗、奈曼旗以及科尔沁左翼中旗和科尔沁左翼前旗蒙古牧民的牧地。直到18世纪30年代,察哈尔故地还没有清楚地划入周边各旗,这正是朝廷意欲将额鲁特人迁至这里的原因。

二　满文档案的重要佐证

理藩院满文题本档案中有重要的佐证,可以证明察哈尔扎萨克旗的游牧地就在今库伦旗境内。涉及该课题的满文题本指的是康熙四年(1665)由内大臣兼理藩院尚书喀兰图等所具之题本。

该题本是一份请旨题本,内容涉及安置从漠北喀尔喀来归清朝

[①]　达力扎布：《明代漠南蒙古研究》,第128页。

的一些贵族及其属民问题。因为17世纪中叶喀尔喀内乱的关系,顺治朝后期和康熙初年,有不少喀尔喀贵族率领属下人户纷纷投靠清朝。其中,康熙三年(1664)六月,衮布伊勒登率60丁来归,清廷封他为多罗贝勒,令暂附达赖达尔汉亲王旗。后乌巴什额尔克率64丁、衮布伊勒登贝勒之子罗布藏台吉率43丁来归附,俱令二者与衮布伊勒登会合。后经理藩院具题,康熙四年(1665)五月十一日得旨,将衮布伊勒登贝勒等附敖汉旗。五月十四日,理藩院再次具题,将土默特左右二旗中间闲置的一块走廊式的长方形地拨给土默特顾穆贝子旗(即土默特右旗),又从该旗征得与此大小相等的地方给敖汉旗,也就是从顾穆贝子旗西边取地给敖汉,以安置衮布伊勒登,①而在旗东边给予同样大小的地方作为补偿。②

那么给顾穆贝子旗补偿的那块闲置地是什么地方,在哪里呢?看看满文题本原文:

baicaci cahar-i ambalinggū wesihun gurun-i gungju be, ijeo-de amasi julesi yabure-de facuhūn seme juwe tumet-i siden-i babe onco juwan ba, golmin emu tanggū uyunju ba sula bibuhe bihe, te ere babe gaifi, tumet-i gumu beise-de bufi, gumu beisei baci aohan-de kamcibuha gumbu ildeng beilei emu tanggū ninju nadan haha-de teisulebume gaifi bume……

"查得,因察哈尔温庄固伦公主自义州往返时,道中纷乱,故曾留地于二土默特旗间为闲置地,其地宽十里,长一百九十里。今将此地收回,拨给土默特顾穆贝子,自顾穆贝子之处取相等之地拨给并于敖汉之衮布伊勒登贝勒一百六十七丁。"

察哈尔温庄固伦公主指的就是下嫁额哲的清太宗二女,顺治帝姊,孝端文皇后所出。天聪九年九月嫁额哲,额哲死后,顺治二年十

---

① 后来单独编为一旗,称喀尔喀左翼旗。扎萨克衮布伊勒登多罗贝勒爵位,世袭罔替。
② 乌云毕力格、吴元丰、宝音德力根主编:《清朝前期理藩院满蒙文题本》(卷1),康熙四年五月十四日内大臣兼理藩院尚书喀兰图等所具题本,第277—278页。

第十二章　清初的"察哈尔国"游牧所在

月又嫁额哲之弟阿布奈。① 后该公主与阿布奈生二子,长布尔尼,次罗卜藏。先后被封为固伦公主、固伦长公主、永宁长公主、温庄长公主。康熙二年(1662),公主卒,建公主祠于义州。据1931年所修《义县志》,公主陵在义州城北二十里的庙儿沟。康熙十四年(1675),布尔尼叛清被镇压,察哈尔旗被撤销,而从嫁公主的胭脂户等受命披甲,继续镇守公主祠。战乱平息后,布尔尼乱时散附各蒙古旗的察哈尔旗逃散人丁户口也部分被安置在义州。② 公主墓一直被保存到上世纪中叶,1949年被挖掘,出土石刻圹志二块,满文作 Ambalinggū wesihun gungju-i kuwang jy,汉文为温庄长公主圹志,现存于辽宁省博物馆。③ 由此看得,察哈尔固伦公主生前长期住在义州,而死后仍安葬在了义州。义州当时显然是公主的吃租之地。

这个文书说明,为了保证公主往返行走的安全,在义州和另外一个地方之间留了宽5公里左右、长近50公里的地段,而这个"走廊"地处二土默特旗之间。公主在哪两个地方之间往返呢?

清初的义州大体上相当于今天的辽宁省义县,位于辽宁省西部,隶属锦州市,位于辽宁省锦州市北部。南依渤海,东与北镇市接壤,北邻阜新市,西界北票市,南与锦州市区毗连,大凌河横贯境内。元代,义州属辽阳行省大宁路。明初,废州置卫,改义州为义州卫。清初恢复义州建制。根据清代文献记载,义州之北的柳条边外,东边是土默特左旗,游牧地包括今天辽宁省阜新市阜新蒙古自治县和

---

① 顺治二年冬十月己巳,太宗文皇帝第二女固伦公主,下嫁察哈尔汗之子阿布奈。
② 康熙十四年五月甲子,"议政王大臣等议:从嫁公主诸人,经布尔尼之乱,产业荡尽。请量留数户,守公主祠。其余悉令还京。内原隶八旗者,仍归本旗佐领。原隶内务府者,仍归内务府。得旨:义州为边陲要地。从嫁诸人停止还京,俱著披甲,著长史辛柱管辖镇守"。康熙十四年八月戊申,"先是,因察哈尔布尔尼叛,命抚远大将军多罗信郡王鄂札及副将军都统图海等讨灭之。其余党散附各部落者颇多。至是,特遣理藩院侍郎博罗特等,于义州锦州等处安插。谕曰:今时届严冬,其逃散人丁户口,加意移来安插,务令得所,以副朕柔远至意"。
③ 杜家骥:《清朝满蒙联姻研究》(上),故宫出版社,2013年,第221页。

内蒙古通辽市库伦旗东南部,而其西边是土默特右旗,旗地基本上相当于今天的辽宁省朝阳市、北票县境。① 土默特左旗的北边就是后来的库伦旗地方。因此,察哈尔固伦公主自义州经由二土默特旗中间地带往北去,显然是要去义州以北、与土默特左旗毗邻的地方,即后来的库伦旗辖地南境。因为这里是固伦公主的两任丈夫——额哲与阿布鼐兄弟所领察哈尔扎萨克旗的游牧所在,她需要经常在义州府邸和游牧地之间往返行走。

三 清代官私史书的佐证

下面,再参考清代官修和私修史书的相关记载,做进一步论证。

目前见到的关于清初察哈尔故地的最古老的记载是《清太宗实录》,天聪九年十一月丁未朔条记载:"是日,命苏泰太后、额尔克孔果尔额哲居孙岛、习尔哈地方。"额尔克孔果尔是额哲的号,苏泰太后是额哲的母亲。据此,额哲母子被安置在"孙岛、习尔哈"地方。根据《清太宗实录》的蒙古文版本,该地名的蒙古语读音为 Sonduu Širq-a。

《大清一统志》记载:"本朝天聪八年,太宗文皇帝统大军亲征,林丹汗走死,其子孔果尔额哲来降,即其部编旗,驻义州。"②

清末人魏源所著《圣武记》也载,(额哲降清后)"其众编旗,安置义州"。③

这些文献中关于额哲的游牧地,出现了两种说法:一是说在孙岛、习尔哈,一是说在义州。《实录》所说孙岛、习尔哈的具体位置不很清楚,但是在西拉木伦河方面是没有疑问的。据《清太宗实录》载,天聪八年十月划定蒙古各部游牧地和八旗驻牧地的地界时,阿鲁科尔沁(Aru Qorčin)和二白旗的地界为塔喇布喇克和孙岛。④ 塔

---

① 周清澍主编:《内蒙古历史地理》,内蒙古大学出版社,1994 年,第 175—176 页。
② 《嘉靖重修一统志》卷五五〇。
③ 魏源:《圣武记》卷三,商务书局标点本。
④ 《清太宗实录》,天聪八年十一月壬戌。

第十二章 清初的"察哈尔国"游牧所在

喇布喇克是阿鲁科尔沁和二白旗的北界,而孙岛是其南界。从阿鲁科尔沁旗的疆界考虑,其南端至西拉木伦河,因此认为孙岛在西拉木伦河方面应该没错。

如前所述,义州就是今日辽宁省的义县。义县地处大凌河流域,在北票市南、阜新蒙古族自治县西南。换句话说,在清代,它就在土默特旗南。这样一来,清代汉文文献中的义州和孙岛,其大体位置就是西拉木伦河和义州之间,这与雍正年间蒙古文文书的记载一致。

最后,再考察一下1675年清朝和察哈尔决战的古战场位置,这有助于我们的论证。如前所说,1675年布尔尼抗清,清朝派抚远大将军多罗信郡王鄂札(Oja)进行镇压。清朝和布尔尼在达禄山决战,布尔尼败北,退至扎鲁特旗境内被射死。① 据《蒙古游牧记》,喀尔喀左翼"旗(府)南四十里有达禄陀罗海山,……旗(府)南六十里有库昆河,源出五会山,东流入土默特界。又东流入养息牧河。三十里有达禄泉。"② "达禄山"在蒙古文《清圣祖实录》上写作 Dalu aγula(意为肩胛骨山),大概是因其形得名。据昭乌达盟喀尔喀多罗贝勒旗地图(1907年),在旗西南部绘出了标有"达鲁山"字样的大山,源出该山西麓的"Dalu-yin γool 达鲁河",流经旗中部,向东北流入养息牧河。③ 这座山今天仍被称作 da lu shan,汉语译字用"达录山",坐落在库伦旗平安乡东北部。④

那么,达禄山的位置能说明什么问题呢?必须指出的是,1675年布尔尼事件在当时内蒙古各盟旗中仅仅得到了奈曼旗和喀尔喀多罗贝勒旗二旗的响应,其他旗均拒绝了他的号召。因此,清军和布尔尼作战的地方只能在这三个旗的领土上。作为决战地,它应该就在察哈尔本土。这又一次证明,库伦旗是"察哈尔故地"的中心。

"察哈尔故地"在当时清朝首都盛京(今沈阳)西北不远,这片地

---

① 《清圣祖实录》,康熙十四年四月丁巳;康熙十四年五月辛酉。
② 张穆:《蒙古游牧记》卷三"喀尔喀左翼"。
③ W. Heissig und M. Haltod 1966, TAFEL VIII; TAFEL XVII.
④ 《内蒙古自治区地图册》,第83页。

方的北边是西拉木伦河,东南边是著名的都尔鼻(Dorbi),是清朝和外藩蒙古会盟之所。清朝把蒙古大汗的苗裔安置在这样一个地方,恐怕不仅仅是因为这里是无人空地,而更重要的,大概是为了使他们置于朝廷的严密控制之下吧。

第十三章　东土默特原游牧地之变迁

　　东土默特是形成于 16 世纪末漠南蒙古的一个游牧集团,由土默特万户首领俺答汗之孙赶兔兄弟为首,下辖土默特人的分支和与之有姻亲关系的兀良哈人。关于东土默特部的起源与发展,本书上编已有论述,这里考证清朝指定东土默特二旗钦定游牧地界以前的游牧地分布。

一

　　在明代汉语文献中,东土默特部又被称为"兀爱营"。它的最高统治阶层是由土默特部首领俺答汗之孙赶兔(或作安兔、噶尔图)胞兄弟及其后裔构成的。赶兔诸弟有朝兔(Čoɣtu)、土喇兔(Tulɣatu)、土力把兔(Čolmatu)和布尔噶图(Burɣatu)等四台吉。到了满洲爱新国时期,在蒙古文文书和满文文献中出现的都是赶兔和朝兔的后人,其他人的子孙则很少被提及。

　　那么,赶兔兄弟的封地具体在哪里呢?《宣大山西三镇图说》记载得非常清楚。该书第一卷的"宣府巡道下辖北路总图说"里说,下北路"逸东百五十里外即安、朝二酋巢穴,而白草、瓦房尤为群虏往来之冲"。接着,在各城堡图说中,作为赶兔、朝兔的住牧地指出了以下地方:龙门所边外白塔儿、滚水塘,牧马堡边外七峰磋,长伸地堡外乱泉寺一带,宁远堡边外一克哈气儿,滴水崖堡外大石墙、庆阳口等处。另外,又在"宣府怀隆道辖东路总图说"里说,该路"东北即安、朝二酋驻牧之处,而宝山寺、黑牛山、大安山、天屹力等处,层崖叠嶂,深林丛棘,虏尤易于潜逞"。接着,又在各城堡图说下指出赶兔兄弟的牧地:在四海冶堡边外芍药湾、宝山寺,周四沟堡边外的乱泉寺、孤山、碱场、虎喇岭等处,黑汉岭堡边外的白塔儿、牛心山等处,靖胡堡边外的黑牛山、乱泉寺、许家冲等处,刘斌堡边外的天克力(离边约 150 里)。① 以上提到的诸多城堡分布在今北京市延庆县中部从东南向西北,在河北省赤城县中部从南向北的一条 L 形线路上,即延庆县的四海镇、黑汉岭、周四沟、刘斌堡和赤城县的后城、龙门所、牧马堡。在这条线外边关系到赶兔兄弟牧地的地名大部分都很清楚:乱泉寺是赤城县东南部的万泉寺,宝山寺是怀柔县中部的宝山寺,天克力是宝山寺以北的天河附近。孤山、碱场、虎喇岭等处,均在周四沟边外。据明朝兵部档案,这些地方与白塔儿、宝山寺的距离不算很远。大致在今延庆县东、怀柔县北一带。

据此可知,赶兔兄弟的牧地在今天的北京怀柔县北、延庆县东,河北省赤城县东部黑河以东,丰宁县汤河流域地区。

二

赶兔有三个儿子,分别如下:

圪他汗,又作圪炭亥或圪他海,号七庆:Kitaqai(Sečen);

敖目,又作温布、完布或鄂木布,号楚琉尔:Ombu Čökür(Ombu Čökekür)

巴赖,或称毛乞炭,号莫尔根代青:Maγu kitad(Mergen dayičing)。

赶兔弟朝兔亦有子三人:

召儿必太台吉(卓尔毕泰台吉):jolbitai qong tayiji

瓦红台吉②(阿洪、阿浑台吉):Aqun tayiji

索那台吉(锁那、索诺木台吉):Sunum tayiji。

下面,我们考察一下赶兔、朝兔诸子之部的游牧地所在。

首先看《口北三厅志》转引《宣府图志》记载:

宣府东路"靖湖(胡)堡口外毛仡严台吉驻牧,约二千余骑,去边三百里。周四沟边外有满旦、七庆台吉驻牧,约三百余骑,黑汉岭堡外同。四海冶边外有河洪台吉、满旦比妓等驻牧,约二千余骑。大

---

① 杨时宁:《宣大山西三镇图说》卷一,玄览堂丛书本影印本。
② "瓦红大台吉"的"大"是"台吉"的定语。

第十三章　东土默特原游牧地之变迁

边东北百五十里,即七庆、满旦、安朝二兔子侄等夹驻牧处,皆俺答苗裔也。又宝山寺、天屹力沟等地,尽皆夷酋驻巢。下北路,滴水崖堡口外一百里瓦房沟,七庆台吉驻牧,约五千余骑。宁远堡外一百余里瓦房搓,七庆台吉驻牧,约五千余骑。长伸地堡口外三十余里,次榆冲,七庆台吉下部落驻牧,约五千余骑。又庆阳口外去边四十余里,黄台吉娘子下部落驻牧,约千余骑。龙门所口外一百余里瓦房沟,温布台吉下部落驻牧,约千八百余骑。毛哈乞儿去边二百七十余里,锁那台吉下部落驻牧,约一千五百余骑。长安岭外有东西斗子营、施家冲等地,悉住有史车部落"。①

毛仡严、河洪,分别为毛乞炭和阿洪的误写,温布台吉即敖目,他们和提到的七庆、锁那,都是赶兔和朝兔的儿子们。除了朝兔长子卓尔毕泰台吉,土默特有实力的大台吉都登场了。满旦,或满旦比妓,就是赶兔的遗孀。史车部落,是被赶兔所征服的所谓"朵颜别部"。考察以上记载,很容易发现,敖目兄弟的牧地范围与他们父辈的牧地基本一致。他们按照蒙古传统的分份子原则,在土默特牧地上形成了大大小小的兀鲁思。

《宣府图志》的记载在《明朝兵部题行档》的兵部文书中得到了证实。1631年明朝兵部尚书的一份题行稿,引述了宣府总兵董继舒、协御总兵孙显祖和昌平总兵尤世威的塘报内容,对了解当时东土默特游牧地的范围很有益处:

该职等遵奉明旨,约会订期于本月(三月)十六日寅时从靖胡堡出口。职等申严将士,务要同心戮力,直捣爽集。分路搜山,尽歼残孽。去冬大捷,朝廷赏不遇时。尔等正当奋勇先登,以图报效。各官兵闻谕,无不人人鼓舞,思一当虏,共建奇功。睽是分道长驱直抵敖目旧巢。十六日晚驻兵白塔儿。十七日,搜剿宝山寺、天克力沟,并无一虏形迹。十八日,分兵穷搜汤河、卯镇沟、满套儿一带,直入三百五十余里。其住牧墓址虽在,其踪迹似皆惊遁之形。盖缘夷巢离边太远,越四日始抵其地。止于夹山沟内,搜斩一十八级,得获

---

① 《口北三厅志》,第118—119页。

311

夷马六匹、骡一头、牛一只,弓箭等器六十二件。职等复分发塘马于各山头瞭望,因见林木阴森,山原廖旷,知无夷人聚牧,无从搜剿,只得收兵合营。①

与敖目游牧地相关的还有一份兵部文书,是崇祯四年九月十九日兵部行稿:

> 总兵董继舒揭报,据东路永宁管参将事副总兵郑一亨案报,四海冶堡守备张登科票报,本年八月二十一日辰时,蒙本路差旗牌李福、把总周嘉宠带领属夷及各城堡丁夜一百名从四海口出境,哨至边外地名宝山寺、天克力、禅儿罢、黑河、滴拔兔等处,离边二百余里,俱系敖目各夷住牧巢穴。并无夷人踪迹。回至孤山、碱场、虎喇岭、白塔儿。于本月二十六日,从靖胡堡、东河口进境等情。又据各城堡丁夜曹江等回称,役等各与边外分布横哨,或三二十里一拔,或十四五一拔不等,俱系虏贼经行路口。各随炮火登高哨瞭,并无夷人动静等情。又据下北路参将贾案称,该卑职差亲丁李文升、通官谢天银等带领各城堡家丁、哨夜一百名,于本年八月二十一日从龙门所边塘子冲出口,哨至边外地名一克天克利东梁、把汉天克利西梁,离边二百余里,俱系敖部住牧巢穴。并无夷人踪迹。回睬石背儿、刀戴、庆阳口、乱泉寺一带,于本月二十六日从长坤地堡边四道树进境等情。……又据东路永宁管参将李副总兵郑一亨秉称,本月二十七日卯时,卑职遵蒙从靖胡堡东河口出境大哨,带领守备管坐事王宗禹……等,统领军丁二百名,各堡属夷、长哨一百名,共三百名,从靖胡堡东河口出境,本日至白塔儿住宿。二十八日至地名黑河住宿。二十九日至地名毛哈儿气、乌牛泥、汤河、宝山寺,至大安口住宿。三十日踩园杆湾、庙儿梁,申时丛四海冶口进境。东西约远三百余里,俱系敖目住牧巢穴。沿途哨探并无夷帐,亦无夷人踪迹。其汤河以东系蓟境,应听彼边哨探等情。又据下北路参将贾秉产察称,卑职……等带领兵马于八月二十六日从龙门所塘子冲出口

---

① 中国第一历史档案馆:《明档蒙古满洲史料》(缩微胶卷,明朝兵部题行档中有关蒙古、满洲史料集),"太子太保兵部尚书梁崇祯四年三月二十八日题行稿,宣府巡抚沈塘报"。

哨探。今于九月初一日申时分,据原差出口守备坐营千把总李怀新等进口案称,有千总谢天银、把总赵然带领各堡一百名分拨前行直哨。职等统领兵丁、属夷三百二十名随后大哨。而直哨籍大哨之威壮胆,得以深入,睒夷地塘子后沟、常哈康儿,哨至口力库,离边一百余里,日已将暮,职等就在东边扎营住宿。次日睒牟虎儿天克利,哨至一克天克利、碧波兔一带,离边约二百五十余里,俱系敖目旧牧巢穴。止有三五零夷脚踪,并无夷帐,亦无动往情形。回睒瘦士儿梁、卯镇沟、磨石门,于九月初一日申时分,从长伸地堡边四道树进口等情。又据……原差都司守备等官张贤、莫能强等进口报称,职等奉委带领马兵,于八月二十一日,从周四沟出边,经睒夷地白塔儿、黑河、天克力、毛哈屹儿、别力兔等处,离边三百余里,俱系敖目旧日住牧巢穴,并无夷人踪迹,理合据实回报等情。①

根据以上明朝军事情报,"敖目各夷住牧巢穴"分布在乱泉寺、白塔儿、宝山寺、天克力(牟虎儿天克利,＊Moqur tngri,"极天"之意;一克天克利,＊Yeke tngri,"大天"之意;把汉天克利,＊Baγ-a tngri,"小天"之意。均属于天克力岭和天河流域地区)、毛哈乞儿(毛哈儿气、毛哈圪儿,均为毛哈乞儿的倒误或误写,毛哈齐儿即汤河上游)、孤山、碱场、虎喇岭、黑河等处,以及卯镇沟、满套儿一带。除了满套儿以外,其余地方与敖目的父亲和叔父赶兔、朝兔的牧地基本一致,也就是分布在今天的北京市怀柔县北、延庆县东,河北省赤城县东部黑河以东,以及丰宁县西南部一带。

不同的是,敖目的牧地在东边延伸到了满套儿一带。满套儿在潮河上游,属于明朝蓟镇巡逻范围,在今天的丰宁满族自治县境内。米万春编《蓟门考》记载:"此满套儿乃犯石塘岭、古北口、曹家寨三路支总括也。""满套儿系属夷伯彦打赖等住牧之地。"②伯彦打赖就

---

① 中国第一历史档案馆:《明档蒙古满洲史料》(缩微胶卷,明朝兵部题行档中有关蒙古、满洲史料集),"兵部崇祯四年九月十九日行稿,宣府巡抚沈启题本"。
② 米万春:《蓟门考》,《四库禁毁书丛刊》,北京出版社,2000年,第504、503页。

是赶兔的舅父,他的儿子们很早以前被他们的表兄弟赶兔吞并。看来,敖目兄弟时期,东土默特台吉们已经迁入了满套儿一带,也就是说,他们夺取了伯彦打赖后裔兀鲁思的牧地。

三

接着再看东土默特属部兀良哈塔布囊们的根据地。

根据《卢龙塞略》,归附东土默特贵族的兀良哈人,包括以下几种部:首先是花当长子革兰台的几个儿子。《卢龙塞略》说,猛可的牧地在汤兔,猛古歹在会州、讨军兔,抹可赤在母鹿,斡抹秃在青城境界。《蓟镇边防》说,鹅毛兔(斡抹秃)、伯彦主喇(猛古歹妻)等夏营地在青城,春冬营地在会州、讨军兔一带。这里所说的会州,蒙古名插汗河套(*Čayan qota),在今河北省平泉县境。《热河志》称,会州城在平泉州治南50里,属于平泉州南境,①即今平泉县南。《蓟镇边防》记载,逃军兔有两处,一在会州以西,当时改称讨军兔;一处在都山之后。所以,讨军兔在会州的西面。讨军兔即清代的托津图,《热河志》说:"托津图河,即豹河之上流。在平泉州(即八沟厅)东北境西南流,会诸小水为豹河。"②豹河,又称瀑河,主流在今河北省宽城县境内。按今图,豹河上游在平泉县西境。因此,讨军兔无疑在平泉县西部。青城,蒙古名哈喇河套,即明初所建大宁新城,在今宁城县大明城西南50里,距会州120里。③ 汤兔,离冷口边较近,可能就是汤图河一带。"汤图河源出建平县(即塔子沟厅)西南境,东南流经迁安县边外,至石柱子会青龙河"。④ 母鹿这个地名,不见于明代其他汉籍。

据此,土默特所属革兰台几个儿子的牧地分布在今河北平泉县

---

① 和珅等:《钦定热河志》,沈云龙编:《中国边疆丛书》29,(台北)文海出版社影印,1966年,第2063页。
② 同上书,第2458页。
③ 张穆:《蒙古游牧记》,李毓澍主编:《中国边疆丛书》8,(台北)文海出版社影印,1965年,第75—76页。
④ 和珅等:《钦定热河志》,沈云龙编:《中国边疆丛书》29,第2460页。

第十三章　东土默特原游牧地之变迁

西部到东面的辽宁凌源县、建昌县一带。

其次,是花当第二子革李来及其子孙。据《卢龙塞略》,革李来及其子孙的牧地分布在里屈老、以孙、哈剌塔剌等地方。《四关三镇志》与《蓟门考》记载,伯彦帖忽思、伯斯哈儿、伯彦李罗和把秃李罗俱在古北口境外以逊、以马兔一带住牧。① 以逊、以马兔,《蓟门考》又作一逊、一马兔,称二地均属无碍地方,就是现在河北省围场县、隆化县境内的伊逊河、蚁蚂吐河。可知,革李来子孙的牧地当在这两条河流域。

最后,是花当四子的第三个儿子板卜子孙。板卜之子伯彦打来名气很大,是僧格的妻兄、赶兔四兄弟的舅父。《卢龙塞略》说他的牧地在毛哈气水、鸣急音境界。《蓟门考》称,他"在石塘岭境外地方满套儿等处住牧"。《四关三镇志》载,该部落在"石塘岭、慕田、四海冶境外满套儿住牧"。② 据《蓟门考》,满套儿是蒙古"犯石塘岭、古北口、曹家寨三路之总括也",③地在潮河上游(现在河北省丰宁满族自治县南部潮河流域地方)。毛哈气水,指汤河上游。《蓟门考》说,毛哈气儿即汤河上稍。④ 据《明档》记载,宣府总兵董继舒等报告,崇祯四年三月十七日,明军到白塔儿、天克力沟等地;次日,到汤河、满套儿等地,搜查敖目部蒙古(敖目为赶兔子)。⑤ 可见,汤河与满套儿很近。因此,伯彦打来的牧地毫无疑问就在潮河上游、汤河流域一带,即今丰宁县南部和西南部。

总之,今天的北京市怀柔县北、延庆县东,河北省赤城县东部黑河以东,以及丰宁县西南部,是当时东土默特诸诺颜的根据地。河北省丰宁县西部和南部,围场县、隆化县境内的伊逊河、蚁蚂吐河一带,以及从平泉县西部到辽宁凌源县、建昌县一带,是当时东土默特

---

① 刘效祖:《四镇三关志》,《四库禁毁书丛刊》,第 525 页;米万春:《蓟门考》,第 505 页。
② 米万春:《蓟门考》,第 505 页;《四关三镇志》,第 525 页。
③ 米万春:《蓟门考》,第 503 页。
④ 同上书,第 504 页。
⑤ 中国第一历史档案馆:《明档蒙古满洲史料》(缩微胶卷,明朝兵部题行档中有关蒙古、满洲史料集),"太子太保兵部尚书梁崇祯四年三月二十八日题行稿,宣府巡抚沈塘报"。

诸塔布囊的牧地所在。

1629年受到林丹汗侵袭后,东土默特部开始离开以上游牧地,逐渐向东移动。而归降清朝后,清廷为他们指授了今天辽宁省阜新县、北票县、朝阳县地方和内蒙古库伦旗东南部。这个问题已在上编《论东土默特蒙古》中述及,此不赘述。

第十四章　三世达赖喇嘛圆寂地之地望

一　巴·格日乐图"奈曼旗说"的提出

北元时期蒙古最大的历史事件莫过于1578年右翼三万户之主俺答汗（Altan qaγan，1507—1582）与西藏格鲁派领袖索南嘉措（bsod nam rgya mtso，1542—1588）在青海恰布察勒寺（čabčiyal keyid，明朝赐名仰华寺）的会晤。该事件标志着蒙古社会和文化的大转折，其历史影响极其深远，可以说是蒙古新纪元的一个开端。因此之故，与该事件相关的人和事件的细节显得都很重要。

本次事件的一个主人公是西藏格鲁派领袖索南嘉措，当时是卫藏地区格鲁派四大寺院之一哲蚌寺的法台。在恰布察勒寺会晤上，俺答汗献给他"圣识一切瓦齐尔达喇达赖喇嘛"尊号，使他成为西藏历史上的第一个达赖喇嘛。但按照藏传佛教转世制度，追认其前二世分别为第一、二世达赖喇嘛，索南嘉措成为三世达赖喇嘛。在这次会面以后，达赖喇嘛一直在安多地区弘扬佛法。到了1582年，俺答汗去世，其子辛爱黄台吉（Sengge dügüreng qong tayiji）邀请三世达赖喇嘛光临蒙古地方，为俺答汗做超度法事。达赖喇嘛于1584年从青海起身赴蒙古土默特地方，沿路在鄂尔多斯等地广作佛事。1586年到达呼和浩特，不仅为俺答汗举行了隆重的超度法会，而且在呼和浩特和蒙古右翼进行了大量的各种传教活动。1588年，三世达赖喇嘛因病在蒙古地方示寂。那么，三世达赖喇嘛圆寂的具体地点在哪里呢？

关于三世达赖喇嘛圆寂之地，前人没有做过专门考证，但相关论著均涉及此事。

1934年，释·妙舟法师撰《蒙藏佛教史》一书，这是中国第一部系统介绍蒙藏佛教历史的专书。该书提到，三世达赖喇嘛于戊子年

(1588)"在卡欧吐密地方圆寂",①但没有指出该地具体在哪里。根据其上下文,该地应在内蒙古。妙舟法师的书,没有注释,不记载史料出处,因此法师的说法源于何种史料不得而知。1984 年,牙含章写《达赖喇嘛传》,其中提到,三世达赖喇嘛在"内蒙卡欧吐密地方圆寂",②显然是引自妙舟的书。王辅仁、陈庆英《蒙藏民族关系史略》同样援引了妙舟的书。③ 1990 年,珠荣嘎译注蒙古文俺答汗传,其中对达赖喇嘛圆寂的地名 jiγasutai 做了如下注释:"吉噶苏台,蒙古语,有鱼之意。据《蒙古源流》(那顺巴勒珠尔校勘)第491 页载,三世达赖喇嘛卒于名为吉尔曼台之地。金峰《呼和浩特召庙》第 23 页,则谓卒于名为吉喇玛台之地。吉尔曼台、吉喇玛台,均为扎尔玛台(jarmatai,意为小鱼)的异写。吉噶苏台、扎尔玛台,当是同地译名。在喀喇沁万户牧地的中心地区今内蒙古正蓝旗,有两个吉噶苏台淖尔(鱼湖),一在吉噶苏台苏木,一在桑根达来苏木。不知孰是。"④2011 年,日本樱美林大学教授白嘎力和蒙古国学者 Sh·巴特尔合写的《三世达赖喇嘛圆寂地及其信仰》一文,肯定了三世达赖喇嘛在锡林郭勒盟正蓝旗桑根达来 Zagastai nuur(扎格斯台淖尔)圆寂的说法。⑤ 2012 年,《内蒙古通史》第四卷也认为,三世达赖喇嘛"在扎噶苏台地方圆寂"。⑥

根据以上学术研究史回顾可知,关于三世达赖喇嘛的圆寂地,历史学界的意见分为两种,一个是"卡欧吐密说",⑦来源不详;另一个是

---

① 释·妙舟法师:《蒙藏佛教史》,江苏广陵古籍刻印社,1993 年,第 55 页。
② 牙含章:《达赖喇嘛传》,人民出版社,1984 年,第 24 页。
③ 王辅仁、陈庆英:《蒙藏民族关系史略》,中国社会科学文献出版社,1985 年,第 97 页。
④ 珠荣嘎译注:《阿勒坦汗传》,内蒙古人民出版社,1990 年,第 159 页。
⑤ Baigali, Shirchin baatar, In Search of th Death Place of the 3th Dalai Lama and his Relies, in: *The International Conference on Erdene-Zuu Past, Present and Future*, Ulaanbaatar 2011, pp. 184 - 188.
⑥ 郝维民、齐木德道尔吉主编:《内蒙古通史》第四卷(乌云毕力格主编)《明朝时期的内蒙古地区》,人民出版社,2012 年,第 490 页。
⑦ "卡欧吐密"这个词,按照蒙藏语都无法复原。该词有可能是妙舟法师对某一藏文词的误读引起的。当时权威性的蒙藏文史料都不支持此说,因此笔者认为此说不可靠。

第十四章 三世达赖喇嘛圆寂地之地望

"jiγasutai(吉噶苏台,扎格斯台)说",主要根据的是蒙古文史书。

但是,2010年,内蒙古大学著名教授巴·格日勒图在《奈曼旗佛教寺庙及蒙古族自己设计建造的大沁庙——兼陈三世达赖圆寂的地方》一文中,① 提出了与以往学界意见截然不同的新说法。他认为,三世达赖喇嘛圆寂的地方应在今天的通辽市奈曼旗固日班花苏木(γurban quwa sumu)珠日干百兴嘎查(jirγuγan bayising γačaγ-a)乌力吉台自然村(öljeitei ayil)北部的叫做伊克托洛盖图草甸(yeke toloγaitu-yin tal-a)东侧的扎格斯台泡子(jiγasutai naγur)。

巴·格日勒图教授认为,三世达赖喇嘛圆寂在名叫jiγasutai(扎格斯台)的地方,而在奈曼旗境内有过同名的湖。清朝统治者出于政治需要,将西藏达赖喇嘛的jarliγ-un gegen(直译"语之转世",即报身活佛——笔者)请到三世达赖喇嘛圆寂的奈曼旗,为之建立寺庙,空前发展了该旗佛教。对此,巴·格日勒图教授列举了以下三个方面的理由。

第一,有关奈曼旗名寺大沁庙(dačin süm-e)的活佛(gegen)为什么具有jarliγ-un gegen("报身活佛")之称呼,什么人封赠了该号的问题,有人说这是康熙皇帝给的封号,有人说是乾隆皇帝封的。据1960年所做的调查《大沁庙史》(dačin süm-e-yin teüke),康熙四十九年(1710),西藏地方出现了俺答汗之顶饰(达赖)博格多的三个转世,时年六岁。这三位灵童长得一模一样,难以区分。章嘉活佛听说此事后,予以澄清,说他们的一位是"化身转世",一位是"报身转世",还有一位是"法身转世"。② 于是,皇帝决定,将"报身转世"

---

① 巴·格日勒图:《奈曼旗佛教寺庙及蒙古族自己设计建造的大沁庙——兼陈三世达赖圆寂的地方》(B·Gereltü, Naiman qosiγun-u süm-e keyid bolun mongγolčuud über-iyen jiruju tölöblen bütügejü bayiγuluγsan dačin süm-e —— γurbaduγar dalai lama taγalal boluγsan γajar-i daγaldulun yariquni),《内蒙古大学学报》(蒙古文版),第1—12页。

② 乌按:原文作bey-e-yin qubilγan, jarliγ-un qubilγan, sedkil-un qubilγan,如直译则译成为身之转世、语之转世和意之转世。佛教讲"三密",即身、语、意,身即化身佛,表示应众生之需求显现在世间的身;语又称口,是指报身佛,说无上妙法;意是法身佛,即佛所证的真如法性。据此,bey-e-yin qubilγan, jarliγ-un qubilγan, sedkil-un qubilγan应该译为"化身活佛"、"报身活佛"和"法身活佛"。

请到漠北库伦,将"法身转世"请到西藏色拉寺。奈曼旗扎萨克多罗郡王吹忠扎布向康熙皇帝请求,①将达赖喇嘛的"报身转世"请到本旗供养。康熙皇帝应允后,从西藏来了名叫土布丹(Tübden)的喇嘛,在伊克大沁建寺,弘扬佛法。"为判断历史真相缺少文献资料,但是,大沁庙之 jarliγ-un gegen(报身活佛)的来源和寺庙的历史显然和俺答汗之顶饰三世达赖喇嘛索南嘉措有关"。②

第二,大沁庙六世活佛于 20 世纪一二十年代重修寺庙时,首先建造 baldan baraibung suburγ-a(妙吉祥哲蚌塔),然后才建造殿堂。拉萨的哲蚌寺是达赖喇嘛的母寺,多位达赖喇嘛曾经在这里任法台。该寺大雄宝殿里珍藏着从二世到三世的达赖喇嘛舍利,还专门供奉着三世达赖喇嘛及其二位弟子。"大沁庙活佛仿哲蚌寺建造寺庙,并将其佛塔命名为 baldan baraibung(妙吉祥哲蚌)都是事出有因的"。③

第三,"尤其(重要的)是,三世达赖喇嘛索南嘉措于 1588 年 3 月 26 日,在自蒙古察哈尔部之地赴明朝觐见皇帝的途中在名叫 jiγasutai(扎格斯台)的地方病故。学者们认为,这个 jiγasutai 是现在锡林郭勒盟正蓝旗的扎格斯台。其实,这个扎格斯台应该是原哲里木盟(今通辽市)固日班花苏木伊克托洛盖图草甸的扎格斯台湖。我是生长在那里的本地人"。扎格斯台是一个祭祀的湖,每年春夏之交,来自临近的达阳自然村(dayang ayil)的 HE 氏克什克腾部人主持举行祭祀活动。这个村名 dayang 其实是 doying,doying 意为给(死人)"烧饭献供",这里可能居住过烧饭祭祀的人。湖西边三华里处有一个平地,名叫 šariltu-yin alaγ-a(意为"有舍利的小草地"),从这里向西南走七八华里,有一个较宽阔的平地,平地中央有一个塔,名呼 adis-un suburγ-a(行摸顶礼之塔,赐福塔)。这里有这么多奇特的地名不是偶然巧合,而是过去肯定有什么奥妙。地名"伊克托洛

---

① 乌按:据《蒙古回部王公表传》卷三奈曼部表,此人名吹忠,康熙四十六年(1707)袭扎萨克多罗达尔汉郡王,乾隆二十二年(1757)卒。
② 《奈曼旗佛教寺庙及蒙古族自己设计建造的大沁庙——兼陈三世达赖圆寂的地方》,《内蒙古大学学报》(蒙古文版),第 9 页。
③ 同上书,第 10 页。

第十四章 三世达赖喇嘛圆寂地之地望

盖图草甸(yeke toloγaitu)"(意为"大头"、"大脑袋"——笔者)的来历,有人说因为过去在此地发现过类似大将军的大头盖骨,因此得名。其实,也有因社会地位之高可以称其为 tomu(大),terigün(首)或 yeke toloγai(大头)的习惯。①

格日勒图教授最后还强调,三世达赖喇嘛是1588年应察哈尔万户首领之邀,来到内蒙古东部,然后为了觐见明朝皇帝出发赴北京。"那时,察哈尔人分布在南自义州、锦州,北到阿鲁科尔沁的广袤地域。奈曼在察哈尔管辖之内。学者们肯定,林丹汗的白城在今阿鲁科尔沁旗罕苏木苏木附近。所以,当时索南嘉措为了进京,从阿鲁科尔沁出发,途径奈曼旗,往长城喜峰口,是一个捷径。而且对离喀喇沁万户游牧地中心很近的奈曼人来讲,也是一个难得的机会"。他最后写道:"他(索南嘉措——笔者)圆寂的伊克托洛盖图草甸(的事情)逐渐变得如神话一样模糊,其纪念性遗迹只留下(地)名,唯独扎格斯台湖成为祭祀的湖泊,doying ayil 村落克什克腾人的祭祀习俗倒是依然保持了原样。达赖博格多安息的伊克托洛盖图草甸在人们的记忆中成为迷茫的往事而被历史所忘却了。但是,临时存放过他舍利的塔不是成为美化记载伟人功绩的赐福塔而流传下来了吗?我想,现代人不难理解这个猜想的真实性。"②

论者虽然用了"猜想"这样表示保留意见的词,但从整个论述过程中尤其是最后一句话里不难发现,他对自己的新说其实深信不疑。那么,事实果真如此吗?

二 关于三世达赖喇嘛圆寂地的相关记载

巴·格日勒图教授认为,达赖喇嘛从地处察哈尔的大汗都城,即今天赤峰市阿鲁科尔沁旗境内出发赴北京,途径今奈曼旗地面时,在他生长的地方——扎噶斯台示寂。但是,考诸史料,三世达赖

---

① 《奈曼旗佛教寺庙及蒙古族自己设计建造的大沁庙——兼陈三世达赖圆寂的地方》,《内蒙古大学学报》(蒙古文版),第10页。
② 同上书,第11页。

喇嘛不是在察哈尔奈曼部圆寂,而是在喀喇沁万户圆寂。

关于三世达赖喇嘛在1584—1588年赴蒙古以及在那里示寂的事件,在藏文和蒙古文文献中都有比较详细的记载。下面,我们关注一下三世达赖喇嘛生命最后三年(1586—1588)的记载吧。

五世达赖喇嘛于1643年撰写了《三世达赖喇嘛传·成就大海之舟》。这是五世达赖喇嘛利用哲蚌寺所藏三世达赖喇嘛相关文书和西藏其他文献撰写的藏文传记,对索南嘉措一生进行了详细记载。佚名《俺答汗传(Erdeni tunumal neretu sudur)》成书于1607—1611年间,该蒙古文传记体史籍记载了俺答汗一生事迹和其子孙(到17世纪初)的历史,其中一半的篇幅记载了俺答汗及其子孙与西藏格鲁派的关系。1662年成书的萨冈彻辰著《蒙古源流》也是研究蒙藏关系的一部重要的蒙古文编年体史书。三世达赖喇嘛在蒙古的活动主要在土默特和鄂尔多斯,而《俺答汗传》和《蒙古源流》都是在土默特和鄂尔多斯编写的,从时间上看,《俺答汗传》在三世达赖喇嘛圆寂后9年就开始编纂,而《蒙古源流》的成书时间也不过是54年后。《俺答汗传》作者佚名,但根据传记内容,作者必定参加过当时发生的许多历史事件。至于萨冈彻辰,毋庸多言,学界已十分清楚,他作为1578年"恰布察勒会晤"的主导者之一切尽黄台吉的后人,他笔下的三世达赖喇嘛和右翼蒙古之间的许多事件,除了带有佛教色彩浓厚的鬼神故事外,应该具有很高的可信度。接下来,把以上三部文献中三世达赖喇嘛最后两三年的主要活动做一个简单的介绍。

《三世达赖喇嘛传·成就大海之舟》载:

火狗年(1586)新年,在鄂尔多斯举行了盛大的神变供养大法会。俺答汗子都凌汗(即原辛爱黄台吉)来请,踏上赴土默特的旅程。到达呼和浩特,在土默特做了许许多多的法事。阿木岱洪台吉从察哈尔来,会见了达赖喇嘛。此时达赖喇嘛身体略感不适,但坚持继续做利益众生之事。

火猪年(1587),举行了隆重的新年法会,然后前往土默特右翼弘法。都凌汗去世,为之做法事。喀尔喀多尔济王(阿巴泰汗)前来

第十四章 三世达赖喇嘛圆寂地之地望

拜见,满足了他的愿望。喀喇沁部长派来使者,达赖喇嘛应允并前往其地。在元上都遗址附近,为喀喇沁汗等做法事,并为这里的寺庙开光。

土鼠年(1588),举行盛大的新年祈愿大法会。明朝使臣到达,邀请达赖喇嘛前往北京,达赖喇嘛接受了邀请。春三月开始病情恶化。三月二十六日黎明时分,达赖喇嘛示寂。①

《俺答汗传》(Erdeni tunumal neretu sudur orosiba)载:

猪年(1587)三月二十六日,三世达赖喇嘛举行火化俺答汗遗骨仪式。十二土默特贵族们分别延请并布施。喀喇沁万户的昆都仑汗(这时的昆都仑汗为巴雅思哈勒的嫡长孙白洪大)和岱青(巴雅思哈勒次子青把都儿)邀达赖喇嘛到喀喇沁万户,献给大量布施,并宴请。鼠年(1588)在喀喇沁的 jiγasutai 地方圆寂。②

《蒙古源流》载:

丁亥年(1587),察哈尔万那木大黄台吉的使者来邀请达赖喇嘛到察哈尔。达赖喇嘛告诉使者们,如明年之前来请,他尚可成行,过了此期限,就没有时间了。不久,达赖喇嘛生病。明朝使者到,送来明朝皇帝的封号。察哈尔土蛮汗的使者一千人也前来邀请。达赖喇嘛说,为时已晚,他将要"离开"了。三月二十六日在 Jirmantai 地方圆寂。③

据此,蒙藏文史料记载一致,都说三世达赖喇嘛在喀喇沁万户之地圆寂。他在喀喇沁万户时,接受了明朝皇帝的邀请,准备进京。但未能成行,就在喀喇沁因病圆寂。

那么,想要找到三世达赖喇嘛圆寂地在今天的位置,关键在于考证 16 世纪后半叶喀喇沁万户游牧地的具体所在。

---

① 五世达赖喇嘛著,陈庆英、马连龙译:《三世达赖喇嘛传·成就大海之舟》,载于《一世—四世达赖喇嘛传》,中国藏学出版社,2006 年,第 249—250 页。
② 珠荣嘎译注:《阿勒坦汗传》附蒙古文文本,第 302—305 页。
③ 库伦本,84r,见乌兰《〈蒙古源流〉研究》,辽宁民族出版社,2000 年,第 701 页音写;汉译见其书第 438 页。

三 喀喇沁万户游牧地中心在今正蓝旗、多伦县一带

喀喇沁部历史悠久,源远流长。[①] 根据蒙古文史书中的记载,在答言汗诸子时期,答言汗第三子巴儿速孛罗(Barsbolod)将鄂尔多斯部封给其长子衮必力克吉囊,将土默特封给次子俺答汗,而将喀喇沁部封给第四子巴雅斯哈勒(Bayasqal,1510—1572)。这位巴雅斯哈勒,在明代汉籍中以"老把都"著称。他在喀喇沁称汗后,自取尊号"昆都伦汗"(Köndülün qaɣan,意为"尊贵的汗"),所以明人又称之为"昆都力哈"("哈即王子也",即汗之音译)。昆都伦汗经常与其兄吉囊和俺答汗一起活动。据《兵略》记载,巴雅斯哈勒汗有五子二十九孙。五子中的长子为黄把都儿,次子青把都儿,三子哈不慎,四子满五素,五子马五大(满五大)。

关于16世纪喀喇沁部的牧地,16世纪末17世纪初成书的明代史书和边政书留下了很多珍贵的史料记载。

《蓟镇边防》,作者是抗倭名将戚继光。1567年以后,戚继光在蓟镇任职16年,抗击蒙古侵扰。该书详细记载朵颜兀良哈的道路、地名、首领、驻牧地等情况。《宣大山西三镇图说》,杨时宁著,1601年成书。杨时宁历任宁夏宣抚,宣大、山西总督,官至兵部尚书。这部著作是他任宣大山西总督时,遵朝廷旨意,组织三镇文武官员编写的。全书三卷,宣府、大同、山西三镇各成一卷。该书图文并茂,比较确切地反映了三镇边外的蒙古土默特、喀喇沁各集团的驻牧地、首领名称以及其他情况。《武备志》,茅元仪著,1621年成书。该书的《镇戍》一卷,引用现已亡佚的《兵略》、《职方考》两书的资料,详细叙述了明朝九边外蒙古各部驻牧的分布、兵丁的多寡和首领的世系。此外,16世纪末佚名《北虏时代》和1612年瞿九思编著的史书《万历武功录》,对研究喀喇沁历史地理都很有帮助。

[①] 关于喀喇沁部的起源、蒙元时期和北元初期的发展,请参考拙著《喀喇沁万户研究》,内蒙古人民出版社,2005年,第二、三章。

第十四章 三世达赖喇嘛圆寂地之地望

茅元仪《武备志》所引《兵略》对喀喇沁部记载较为具体："宣府边外驻牧夷人。哈喇慎是营名。与独石相对,离独石边三百余里,在旧开平住牧,张家口互市。"①

《北虏世代》载,巴雅斯哈勒汗的长子住"宣府塞",二子"居宣府塞旧开平地方",三子"居开平地",四子与五子也都"居开平塞"。② 杨时宁的《宣大山西三镇图说》(1603 年刊),对 16 世纪末喀喇沁牧地的记载最为具体。在宣镇上西路总图说条下"张家口图说"里说："边外狮子屯一带,酋首青把都、合罗赤等部落驻牧。"在"新开口堡图说"里说："边外榆林庄一带,俱青把都、毛明暗台吉驻牧。"宣府上北路总图说条下"独石城图说"里说："边外旧开平、明（原文脱落）白洪大等部落驻牧。""清泉堡图"说里说,边外"大松林、双水海子为青把都部首白洪大等驻牧"；"松树堡图说里"说,堡"北驻青把都等部落"。宣府中路总图说条下"葛峪堡图说"里说："边外东北有兴和、靖边等城,西北有东胜卫所等城,皆中国故地,见今青把都等酋驻牧。""常峪口堡图说"里说："霸口外偺靖边城、晾马台、兔鹘崖,皆故城郭丘墟,青把都等部落驻牧。""小白杨堡图说"里说："边外近地若东西古道、韭菜冲等,皆青把都部落驻巢。""赵川堡图说"说："边外西古道一带青把都部落驻牧。""金家庄堡图说"称："本堡在龙门卫山后,……边外青把都部落驻牧。"③

该书所说的青把都,是喀喇沁首领巴雅斯哈勒(老把都)次子。白洪大,是巴雅斯哈勒的嫡长孙。张家口、独石口不必多言,今天仍用其名。常峪口、葛峪堡、小白杨(今小白阳)、赵川等地今均在今河北省宣化县北境近长城之处。狮子冲,即今崇礼县东北的狮子沟。

《宣大山西三镇图说》说,白洪大的儿子打利台吉所率喀喇沁十万之众,"俱在独石口边外地名旧开平等处驻牧,离边二三百里不等。其马营赤城边外,地名补喇素泰,为汪阿儿海驻牧",也指出在多伦方面。关于其马营补喇素泰(意为有柳树的地方),从喀喇沁牧

---

① 茅元仪：《武备志》卷二〇五,天启刻本。
② 《北虏世代》,北平图书馆善本丛书第一辑影印本,第 493 页。
③ 杨时宁：《宣大山西三镇图说》卷一,玄览堂丛书本影印本。

地分布和马营在赤城边外的史料记载来看,该地应该是今正蓝旗东南部的乌兰宝日嘎苏台(意为有红柳的地方)一带,地处慧温高勒、乃仁高勒流域,在闪电河与大滦河汇合处以北,位于喀喇沁部牧地的中心。

《万历武功录》对此的记载也比较具体,指出巴雅斯哈勒汗"逐插汉根脑及大沙窝、三间房水草,旁近三卫"。① 插汉根脑,是插汉脑儿之误,②即元代察罕脑儿行宫所在地。三间房,在今多伦县。据戚继光《蓟镇边防》:"插汉根儿,在宣镇独石边外东北,有小山一座,三个山头,每山头盖庙一间,呼为白庙儿,宣镇呼为三间房,夷人呼为插汉根儿,蓟边遂因名之。"③大沙窝,就是《明英宗实录》中所记的"以克列苏"(＊Yeke elesü,意即大沙窝),今地即浑善达克沙漠。此外,《万历武功录》对巴雅斯哈勒汗几个儿子的牧地,也有明确记载:二子"所居在大沙窝、三间房,旁近赤城",四子"所居在小白阳堡边外",五子"所居在大沙窝、三间房也",④其方位相当清楚。

根据以上史料记载,可以得出如下结论:喀喇沁部牧地分布在今河北省崇礼县东北部、沽源县及内蒙古正蓝旗和多伦县境内,即小滦河流域和闪电河流域之间,北起浑善达克沙漠,南到崇礼县狮子沟一带。⑤

三世达赖喇嘛是在喀喇沁万户圆寂的,那么他示寂的地方只能在以上提到的范围内去找。

---

① 瞿九思:《万历武功录》,中华书局影印本,1962年,第846页。
② 插汉根脑,也有可能是插汉根儿之误。但是,插汉根儿就是三间房。因此,与三间房并列的插汉根脑,只能是插汉脑儿之误了。
③ 戚继光:《蓟镇边防》,《四库禁毁书丛刊·史部》,北京出版社,2000年,第5册第515页。
④ 瞿九思:《万历武功录》,第848、864—865页。
⑤ 今天内蒙古赤峰市的喀喇沁旗、宁城县和辽宁省境内的喀喇沁左旗以及附近地方的喀喇沁人不是16世纪那时的那些喀喇沁人,而是成为喀喇沁万户的一个成员后袭用该万户名称的兀良哈人为主体的蒙古部。如果按照今天的喀喇沁的蒙古人成分和行政地理去理解16世纪俺答汗、三世达赖喇嘛时期的喀喇沁本部,那就会大错特错。

第十四章 三世达赖喇嘛圆寂地之地望

四 达赖喇嘛圆寂地在桑根达来扎格斯台淖尔一带

浑善达克沙漠以南,小滦河流域和闪电河流域之间,有两个名叫 jiɣasutai 的湖(naɣur),今译扎格斯台淖尔,一个在今天地处正蓝旗西北部的扎格斯台苏木境内,另一个在该旗中部桑根达来苏木东部。根据前引蒙藏文记载,正如珠荣嘎指出,三世达赖喇嘛圆寂的地方必在此两湖之一附近。

为了进一步明确到底哪一个扎格斯台淖尔是达赖喇嘛圆寂地,我们再把《达赖喇嘛传》的相关记载细细阅读分析一下。该传记讲到喀喇沁部长(实为喀喇沁汗)邀请一事后,接着记载:"于是,达赖喇嘛拔帐启程。行至元朝时期的上都宫殿遗址时,为王臣若干人传授了世尊呼金刚灌顶法,对大部分人传授八关斋戒,使之努力行善。……喀喇沁王(藏文为 rgyal po,可译为汗——笔者)奉献了金银、缎匹、鞍马等大量礼物。"不久到了土鼠年(1588)正月,达赖喇嘛病情恶化,他在最后写的亲笔信中写道:"……在辽阔的蒙古大地上,有各种利乐受用聚集,在这喀喇沁部落之地,有根器之施主及门徒,每天都与我相聚。……"三月二十六日圆寂。[①] 这里虽然未提及具体地点,但从这段文字中可以看得出,该地应在元上都附近。《蒙古源流》记载,三月二十六日示寂的地方叫做 Jirmantai。珠荣嘎早已指出,Jirmantai 和 jiɣasutai 是同义词,都指"有鱼"的湖泊。今元上都所在地内蒙古自治区锡林郭勒盟正蓝旗桑根达来苏木的扎嘎苏台淖尔,地处元上都遗址东北30公里,多伦县之北,慧温高勒和乃仁高勒二河发源地附近,历史上属于旧开平地。这里的地貌以草原为主,自古以来是内蒙古东西交通的要道,现在的包头—通辽铁路线和内蒙古省际大通道交界处在该扎格斯台淖尔之西北不远。从16世纪喀喇沁万户各部分布来讲,这里也是万户的心脏地带。前引明

---

① 五世达赖喇嘛著,陈庆英、马连龙译:《三世达赖喇嘛传·成就大海之舟》,载于《一世—四世达赖喇嘛传》,第249—250页。

人史料记载,边外的旧开平为喀喇沁万户首领白洪大的驻牧地,而三世达赖喇嘛到达喀喇沁万户时,正是这位白洪大作万户首领之时。因此,我们比较有把握地讲,今天的桑根达来苏木的扎格斯台淖尔一带就是三世达赖喇嘛圆寂之地。

至于另外一个扎格斯台淖尔,在正蓝旗扎格斯台苏木,即该旗西北部沙漠中,是内蒙古著名诗人纳·赛音朝克图出生地,诗人曾经写过关于他家乡的著名诗篇《沙漠故乡》。该苏木地貌以沙漠为主,地方偏僻,交通不便。16世纪时,在人口稀少、草场充足的条件下,这里有没有过牧户都是疑问。

最后,关于"奈曼旗说"再谈几句。

巴·格日勒图教授"奈曼旗说"的前提是,他认为,三世达赖喇嘛到察哈尔传教,之后从察哈尔接受明朝的邀请,并在从察哈尔赴北京的路上圆寂的。但是,蒙藏文史料一致回答说,三世达赖喇嘛根本就没有到过察哈尔万户游牧地,而且史料明确记载,三世达赖喇嘛对第一批察哈尔使者明言,如等到1588年,他将没有时间赴察哈尔;当察哈尔第二批使团到达时,他已病倒,不久就圆寂了。因此,三世达赖喇嘛从今天的赤峰市阿鲁科尔沁旗出发,路经通辽的奈曼旗时在途中圆寂的说法,毫无历史根据。

巴·格日勒图教授认为,奈曼旗大沁庙的活佛具有"报身活佛"之称呼与"俺答汗之顶饰三世达赖喇嘛索南嘉措有关"。根据该作者提供的资料,大沁庙活佛称呼来历的传说,显然与历史上著名的"真假六世达赖喇嘛之争"有关,而不是和三世达赖喇嘛有关。1682年五世达赖喇嘛圆寂后,当时西藏实权派第巴桑结嘉措"秘不发丧"达15年之久。期间,秘密确认了五世的转世灵童并于1698年公开迎进布达拉宫,这就是六世达赖喇嘛仓央嘉措。但是,1705年,第巴桑结嘉措被西藏蒙古汗拉藏所杀,六世达赖喇嘛仓央嘉措被废黜,在送往北京的路上于1706年示寂。拉藏汗乘机另立六世达赖喇嘛益喜嘉措。1707年,西藏和青海方面在康区秘密认定仓央嘉措的转世,他就是后来的七世达赖喇嘛格桑嘉措。清朝因不承认仓央嘉措为六世达赖喇嘛,所以,称格桑嘉措为六世达赖喇嘛,一直到乾隆年间。巴·格日勒图文中提到的故事,虽然仅仅是传说故事,但传说

第十四章 三世达赖喇嘛圆寂地之地望

关系到康熙四十九年（1710）的人和事，显然与这三位"六世达赖喇嘛"有关。所以，没有理由将大沁庙活佛名称的来历和三世达赖喇嘛挂钩。因此之故，将大沁庙活佛的名号作为论证三世达赖喇嘛在奈曼旗圆寂的理由不成立。

巴·格日勒图教授把大沁庙活佛仿哲蚌寺建造寺庙，将其佛塔命名为 baldan baraibung（妙吉祥哲蚌）等，都视为与三世达赖喇嘛有关的事情，并将那一带和佛教有关的地名都认为与三世达赖喇嘛有关联，这未免过于牵强了。在蒙古地方寺庙林立、活佛辈出的年代里，出现一些与寺庙、活佛有关的地名简直太正常不过了。这种现象不仅奈曼一地有之，在蒙古其他地方随处可见。此外，把 dayang ayil 这个村名的 dayang 解释成 doying（"烧饭献供"），将 yeke toloγaitu 说成"地位高的大人物"（作者显然以为是指三世达赖喇嘛），恐怕走得太远了一些。因为 dayang 在蒙古语中确有其词（意为"全"），无法证明是 doying 的音变；至于 yeke toloγai，只有"大头、大脑袋"之意，不像 tomu（大）、terigün（首）一样表示"大人物"、"大首领"，一个受尊敬的大人物怎么可能被称作"大头"呢！

第十五章 17世纪卫拉特各部游牧地之分布

前　言

本文主要分析17世纪30—70年代准噶尔地区卫拉特四部的牧地。

目前为止,学术界尚未发现17世纪以前的早期卫拉特文献。蒙元以降,关于卫拉特人的最早报道见于佚名《俺答汗传》(成书于1607年)。此后,佚名《黄金史》(成书于17世纪30年代)、佚名《大黄史》(成书于17世纪中叶)、萨冈彻辰《蒙古源流》(成书于1662年)、善巴《阿萨喇克其史》(成书于1677年)和罗藏丹津《黄金史》(成书于17世纪末、18世纪初)等17世纪蒙古编年史对卫拉特历史或多或少均有记述。但是,大部分蒙古编年史不涉及卫拉特游牧地的分布,只有《俺答汗传》和《蒙古源流》在记载南蒙古贵族的武功时,无意识地透露了16世纪末一些卫拉特游牧集团的地域分布情况。但是,蒙古编年史的这些记载仅限于这个时段,而且不够全面。

17世纪俄文档案,为研究当时卫拉特个别游牧集团的牧地分布提供了可靠的资料。俄文档案的特点是,它记载了与俄国沙皇政府和地方当局有过接触的个别集团和贵族以及他们游牧地点的方位,但对很多卫拉特游牧集团缺少记载。

明朝的历代《实录》中保存了关于卫拉特人的大量记载,但这些资料基本上仅仅涉及战争与贸易,至于卫拉特人的内部情况,包括他们的游牧地分布,记载少之又少。清朝留下了关于卫拉特蒙古地方的大量的满汉档案与史书文献,其中有不少直接涉及准噶尔各鄂托克游牧地的记述,这与前朝截然不同。但在时间上,这些档案与文献的形成大体上都是清康熙中期以后,比较具体的历史地理资料则出现在清雍正、乾隆年间,基本上反映18世纪以后的情况。

第十五章　17世纪卫拉特各部游牧地之分布

研究 17 世纪卫拉特历史地理的较详细和较全面的资料，非《咱雅班第达传》莫属。《咱雅班第达传》的全称为《拉布占巴·咱雅班第达传：月光》。咱雅班第达，本名纳木海扎木素（1599—1662），四卫拉特之一的和硕特部果罗沁鄂托克的商噶斯氏人，是时任卫拉特联盟之首的拜巴噶斯之养子。[①] 1616 年，卫拉特诸诺颜各令一子出家到西藏学佛，纳木海扎木素作为拜巴噶斯的儿子赴西藏，在那里前后学习了 22 年。纳木海扎木素在西藏受到达赖喇嘛和班禅额尔德尼的特别眷顾，后来听从他们的派遣返回卫拉特本土准噶尔地方传教。他曾到喀尔喀蒙古和伏尔加河土尔扈特传教，被喀尔喀扎萨克图汗授予"拉布占巴·咱雅班第达"称号。

《咱雅班第达传》的作者是咱雅班第达弟子剌德纳巴达喇。剌德纳巴达喇在 17 世纪末以卫拉特书面语用托忒文撰写了他上师的传记。因为咱雅班第达总是带领少数弟子游历卫拉特各地，在各部诺颜领地进行佛事，所以咱雅班第达本人行程方面的记载为研究卫拉特各部游牧地的分布提供了重要的资料依据。《咱雅班第达传》的作者多年师从咱雅班第达，一直跟随其师左右，走遍了卫拉特各地，详细地记载了当时卫拉特社会重大历事件发生和发展的具体地点。下文将利用《咱雅班第达传》的记载，对 17 世纪卫拉特各部游牧领地做一概述。

作为补充资料，本文还要利用以下文献。

1.《雷纳特 1 号地图》的解释图。约翰·古斯塔夫·雷纳特（Johan Gustav Renat）是一位瑞典炮兵，他在波尔塔瓦被俄国俘虏后流放到西伯利亚，又在该地为准噶尔人掳走，直到 1734 年才回到了瑞典。雷纳特从准噶尔带回了两幅地图，其中被称作《雷纳特 1 号地图》的是一幅用托忒文标写的准噶尔地图。雷纳特将此图翻译成了瑞典文。1891 年，该托忒文图本和瑞典文图本均在瑞典被发现。据雷纳特说，该地图是由准噶尔首领噶尔丹策凌亲自绘制的。很可能的情况是，地图是由噶尔丹策凌亲自参与，并令他手下的俄罗斯、

---

① Г. Н. Румянцева и А. Г. Сазыкина, *Раднабадра: ЛУННЫЙ СВЕТ, История рабджам Зая-пандиты*, Санкт-Петербург, 1999, pp. 2a – 2b.

瑞典等国家和清朝的战俘中掌握当时地理学知识和测绘技术的人完成的。英国人约·弗·巴得利(John F. Baddeley)在他的《俄国·蒙古·中国》中将此图完全按照原样复制,然后将它缩小,附上了一幅根据它描绘的解释图,还把托忒文地名译成了英文。这是一幅完整的准噶尔地图,据巴得利的研究,它具有很高的准确性。[1] 因此,雷纳特地图是研究卫拉特历史地理不可多得的重要资料,也是考释《咱雅班第达传》记载的重要工具。

2. 清朝官修方志——《钦定皇舆西域图志》(简称《西域图志》)。清乾隆二十年(1755),清廷征服准噶尔,天山南北尽入清朝版图。次年,清高宗下令编纂《西域图志》,派都御史何国宗等率西洋人分别由西、北两路深入吐鲁番、焉耆、开都河等地及天山以北进行测绘。这样,该书的编纂工作利用西洋近代地理知识和测绘技术,1755—1760年完成了资料收集工作,后在军机处方略馆进行编纂,1762年完稿。到乾隆四十二年(1777),清高宗下令增纂《西域图志》,历时四年,于四十七年(1782)告成,共52卷。该书对清代西域疆域、山河的记载比较全面,也比较准确。这部书虽然不记载17世纪卫拉特游牧地范围,但它是考订《咱雅班第达传》所载地名、山河名的重要参考资料。

3. 《钦定西域同文志》(简称《同文志》)。清傅恒等奉敕纂修,乾隆二十八年(1673)刊行。该书是对天山南北、青海、西藏等地地名、山水名和僧俗上层人名、世系(袭次)、官名的满、汉、蒙、藏、维五种语言六种文字(蒙古语包括蒙古文和托忒文)的对照辞书。该书对确定《咱雅班第达传》中人物的部属、家族关系大有帮助,它是确认某一游牧地区属于哪一个游牧集团的不可或缺的一部工具书。

4. 《大清一统舆图》。18世纪50年代,清朝征服天山南北地区。此后,先后两次派遣大批官员带领来华西洋人和西藏喇嘛,前往准噶尔地区和回部测绘舆图。测绘工作完成后,即由钦天监官员和在京供职的德国耶稣会士合作,重新绘制康雍时期的大清舆图,

---

[1] [俄]约·弗·巴得利著,吴持哲、吴有刚译:《俄国·蒙古·中国》上卷,商务印书馆,1981年,第311—329页及附图。

第十五章 17世纪卫拉特各部游牧地之分布

最后于1761年(乾隆二十六年)由法国人蒋友仁(Michel Benois)指导中国工匠制作了铜板。成图俗称《乾隆十三排图》,即《大清一统舆图》。2003年,全国图书馆文献缩微复制中心曾缩微复制印行。这幅地图是利用西方近代测绘技术绘制的,准确度很高。

5. 徐松《西域水道记》。徐松(1781—1848)在任湖南学政期间获罪,清嘉庆十七年(1812)遣戍伊犁。他在西域八年,对天山南北地区进行大量的实地考察,结合乾隆《大清一统舆图》,又吸收西学地理知识,编纂了《西域水道记》一书。全书五卷,清道光三年(1823)刻行。该书某些内容也是解读蒙古文传记人文地理记载的重要参考书。

6. 托忒文文献。托忒文是1648年咱雅班第达创制的卫拉特文字。托忒文文献涉及17世纪卫拉特历史地理的内容微乎其微。但是,在确认《咱雅班第达传》中登场的人物方面,托忒文文献与《同文志》可以相互补充和佐证。所以,这些文献也是很重要的工具书。

此外,上文提及的蒙古编年史和俄文档案的零星记载,也将成为补充和佐证《咱雅班第达传》记载的重要资料。

下文将利用该《咱雅班第达传》的记载,结合清代西北史地资料,对17世纪卫拉特格部游牧领地做一考述。

17世纪30—70年代准噶尔地区的卫拉特四部分别为小和硕特、准噶尔、杜尔伯特和辉特。

一 鄂齐尔图台吉(汗)游牧地所在

和硕特部形成于15世纪,他们的统治家族是蒙元时期东道诸王之一的合撒儿后裔。因为史料原因,目前尚不清楚和硕特部在卫拉特地区发展壮大的历史过程。但是,从16世纪直到17世纪70年代噶尔丹崛起,和硕特位冠卫拉特诸部之首,其统治者成为"四卫拉特"的盟主。

1636年秋,和硕特顾实汗和准噶尔的巴图尔珲台吉率领卫拉特联军南征青海,征服了盘踞在青海的反格鲁派蒙古首领绰克图台吉部。顾实汗率部留居青海,1639年占领喀木,1642年征服西藏,建立

333

了和硕特汗廷。在此期间,顾实汗将和硕特部的大部分从准噶尔地方迁到了青海,他们被称为"大和硕特"或"青海和硕特"(汉文史料还称"西海和硕特")。顾实汗几位弟兄及其子孙留居准噶尔地方,被称作"小和硕特"。

咱雅班第达本人于1639年从西藏回到准噶尔地方,以小和硕特部为主要根据地从事传教活动,所以,《咱雅班第达传》对小和硕特部游牧地的记载十分翔实。

小和硕特部的首领为鄂齐尔图台吉(？—1680),是顾实汗长兄拜巴噶斯的长子。顾实汗率领大和硕特部南迁青海后,鄂齐尔图台吉作为原卫拉特联盟盟主的长子和顾实汗的大侄子,他和准噶尔部首领巴图尔珲台吉一起成为准噶尔地区新卫拉特联盟的盟主,两人被称为"和约尔台吉(二台吉)"。① 1666年,五世达赖喇嘛赐给鄂齐尔图台吉以"鄂齐尔车臣汗"称号,此后被尊为车臣汗。

咱雅班第达作为和硕特部出身的高僧,到准噶尔地区以后首先立足于他的义兄弟鄂齐尔图台吉营地上,开始从事传教和建立卫拉特佛教中心的工作。因此,《咱雅班第达传》中对鄂齐尔图台吉营地的记载非常丰富。下面,根据该传记载,一一考述鄂齐尔图台吉营地所在地的位置(1639—1680年)。

1639年秋,咱雅班第达到达准噶尔地区后的第一站就是鄂齐尔图台吉在"塔尔巴哈台的哈尔巴噶"地方的营地,②他在那里过了冬。

《西域图志》载:"哈尔巴噶郭勒(郭勒为蒙古语 γool,意为河),在烘和图淖尔(指斋桑泊——笔者)西,东流五十里,汇入淖尔。"③

徐松《西域水道记》记该水名为哈尔巴哈:"有水发自哈尔巴哈卡伦西,东流经卡伦北,德布色格尔河自南经卡伦东来汇,是为哈尔巴哈河。哈尔巴哈河西五十余里有巴雅尔河(即哈喇巴扎尔河——引者),又西北四十余里有布古什河二源并发,……"徐松还援引松筠等奏折:"塔尔巴哈台西北一带,卡伦绵亘千百里,夏展冬撤。其

---

① Г. Н. Румянцева и А. Г. Сазыкина, Раднабадра ЛУННЫЙ СВЕТ, История рабджам Зая-пандиты, Санкт-Петербург 1999, p. 4a.
② Ibid, p. 3a.
③ 《钦定皇域西域图志》卷二五《水二》,《四库全书》本。

内第三、四、五卡伦,一曰哈尔巴哈,一曰布古什,一曰阿布达尔摩多,近临大河,河名布昆。"①

根据这些记载可知,哈尔巴噶河在塔尔巴哈台山北、斋桑泊西南。照此方向查阅乾隆《大清一统舆图》,在塔尔巴哈台山北麓即可发现标有"哈尔巴哈喀伦"的位置,卡伦左侧标有带左支流的一条河,当为哈尔巴噶河(其左支流应为德布色格尔河)。该河今属于哈萨克斯坦,河名叫 Каргоба。该河源于塔尔巴哈台山北麓,北流到斋桑泊西南一带而止,不入泊。

1642 年,咱雅班第达从喀尔喀返回准噶尔地方,在布噶什冬营地与鄂齐尔图台吉一起过冬。②

布噶什河,即徐松《西域水道记》所记布古什河。该书记载,布古什河又名布古图河,为从南流入斋桑泊的一条河。③ 巴得利援引谢苗诺夫的说法,说该河名布噶兹(Bugaz),又名巴扎尔(Bazar)河。④ 实际上,布噶兹河与巴扎尔(又称喀喇巴扎尔)河是不同的两条河,前者的今名为 Бугаз,后者则称 Базар,一东一西,均在斋桑泊西南方向而不流入湖中。《咱雅班第达传》中的 Buγas 河是指今天哈萨克斯坦的 Бугаз 河而言。2009 年 8 月,笔者一行对该地进行实地考察,在斋桑湖西南一带渡过 Базар 河,并沿着 Бугаз 河进入塔尔巴哈台山。Бугаз 河仍为一条水量充足的河流。

1644 年,咱雅班第达在鄂齐尔图台吉夏营地过夏。应达尔汗绰尔济的邀请,从库克瑟里巴哈纳斯地方出发,经由勒布什、哈喇塔勒一带的鄂齐尔图台吉的努图克,赴额尔齐斯庙。是年冬天,鄂齐尔图台吉的夫人在太什必济去世。翌年正月,和硕特各努图克在哈尔

---

① 徐松:《西域水道记》卷四"巴勒喀什淖尔所受水"。本文利用的是《中外交通史籍丛刊》所收朱玉麒整理《西域水道记(外二种)》,中华书局,2005 年。下同,恕不再注出。
② Г. Н. Румянцева и А. Г. Сазыкина, Раднабадра *ЛУННЫЙ СВЕТ, Историа рабджам Зая-пандиты*, Санкт-Петербург 1999, p. 4b.
③ 徐松:《西域水道记》卷五"宰桑淖尔所受水"。
④ [俄]约·弗·巴得利著,吴持哲、吴有刚译:《俄国·蒙古·中国》下卷,第 1149 页。

巴噶等地,鄂齐尔图台吉赴必济。①

勒布什在《雷纳特1号地图》上的标号为175。据徐松《西域水道记》载,勒布什"河出萨尔巴克图河北岸、库克托木岭之阴,其阳即库克托木水之发也。勒布什河西北流百三十余里,有巴什罕河由南来会。勒布什河西六十里,有莫霍图水北流而止,不与河通。莫霍图西六十里,为巴什罕河。又西六十里,为萨尔罕河。又西三十里,为博木察罕乌苏河。又西四十里,为察罕乌苏河。皆北流入于勒布什河。……勒布什西北流,既会诸水,又西北流二百五十余里,迳阿尔噶凌图岭境西、察陈喀喇经东,入淖尔(即巴尔喀什湖——笔者)"。② 在乾隆朝《大清一统舆图》上标为"勒布什必拉"。③ 该河即今天哈萨克斯坦阿拉木图州境内流入巴尔喀什湖的列普瑟(Лепсы)河。2009年8月,笔者等曾对该地进行过实地考察。

哈喇塔勒也是一条河名。《西域图志》载:"哈喇塔勒郭勒,在察罕布呼图鄂拉(鄂拉,蒙古语 auγula,意为山)东北。西北流三十里,入察林郭勒。""察林郭勒,源出汗哈尔察海鄂拉西麓。西北流百里,南会哈喇塔勒郭勒,又西北流八十里,入库克乌苏郭勒,汇入巴勒喀什淖尔。""库克乌苏郭勒,源出库陇奎(旧音库陇癸——原注)鄂拉北麓。北流三百余里,东会哈喇塔勒郭勒、察林郭勒入于巴勒喀什淖尔。"④在乾隆朝《大清一统舆图》上标为"哈拉塔尔必拉"。⑤ 此河即今天哈萨克斯坦阿拉木图州境内的卡拉塔尔(Каратал)河,源于准噶尔阿拉套山(即蒙古人所言汗哈尔察海鄂拉——笔者)西南部西侧,汇入巴尔喀什湖。2009年8月,我们对该地进行实地考察发现,卡拉塔尔河之源为两条小河,右支流为喀喇河,左支流为沙扎

---

① Г. Н. Румянцева и А. Г. Сазыкина, Раднабадра *ЛУННЫЙ СВЕТ*, *История рабджам Зая-пандиты*, Санкт-Петербург 1999, pp. 4b - 5a.
② 徐松:《西域水道记》卷四"巴勒喀什淖尔所受水"。
③ "科布多和屯、塔尔巴哈台和屯",乾隆《大清一统舆图》,乾隆二十五年铜板,全国图书馆文献缩微复制中心,2003年,第90页。
④ 傅恒等纂:《钦定西域图志》卷二六《水三》,《四库全书》本。
⑤ "科布多和屯、塔尔巴哈台和屯",乾隆《大清一统舆图》,第90页。

第十五章　17世纪卫拉特各部游牧地之分布

河,在塔尔迪库尔干以东的铁克利地方汇流成为卡拉塔尔河。

鄂齐尔图台吉夫人去世的太什必济肯定在鄂齐尔图台吉领地之内。据该传记,太什必济也可简称必济。必济是哈喇塔勒河的支流,在《雷纳特1号地图》解释图上的标号为128,源于博罗塔拉的罕哈尔察盖山北麓,与哈喇塔勒河会合后注入巴尔喀什湖。据《西域同文志》载,必济为蒙古语,"山石大小攒聚之谓"。① 2009年8月笔者曾到此地。当地有必济河与小必济河两条小河,必济河床宽约5米,水清且流动,必济河流域是水草丰美的地方。

1646年,昆都仑乌巴什和杜尔伯特联军来到了哈喇塔勒河、库克乌苏一带。鄂齐尔图与巴图尔从伊犁率军出发,越过博罗呼济尔岭,在库克乌苏一带交战。从那里,鄂齐尔图与巴图尔二台吉折回伊犁,但因为昆都仑乌巴什尾追,二台吉在乌哈尔里克等待,并在那里打败了敌人。昆都仑乌巴什越过塔勒奇山溃走。二台吉回到了伊犁谷地,鄂齐尔图台吉在塔拉噶尔过冬。②

根据1646年战争经过,昆都仑乌巴什与杜尔伯特联军向伊犁河谷进军,首先到达库克乌苏、哈喇塔勒一带,这已经在鄂齐尔图台吉领地之内。如前所说,库克乌苏河为哈喇塔河上游。库克苏河在塔尔迪库尔干南几公里处,今天哈萨克人称之为库克苏,"苏"即蒙古语的"乌苏"(水)。该河河床宽敞,水势激荡。

博罗呼济尔是库陇奎山的一个山岭,库克乌苏河即发源于此。清朝在此设卡伦,名称就叫博罗呼济尔卡伦。从卡伦北边一水流入库克乌苏,此为博罗呼济尔河。③ 博罗呼济尔岭在乾隆朝《大清一统舆图》上标为"博罗哈及尔达巴汉",卡伦则被记载为"博罗胡集尔喀伦"。④

乌哈尔里克既是河名也是地名。乌哈尔里克河由清绥定城东"复南流八里,经将军桥下,东西流二十余里,于惠远城西里许,汇伊

---

① 《钦定西域同文志》卷一"天山北路地名"。
② Г. Н. Румянцева и А. Г. Сазыкина, Раднабадра ЛУННЫЙ СВЕТ, Историа рабджам Зая-пандиты, Санкт-Петербург 1999, pp. 5b – 6b.
③ 徐松:《西域水道记》卷四"巴勒喀什淖尔所受水"。
④ 乾隆《大清一统舆图》,"库车、迪化城、宁远城",第110页。

犁河"。绥定城的原地名就叫乌哈尔里克。"绥定城者,乾隆二十七年(1762),①参赞阿公桂所建,地曰乌哈尔里克。准语乌哈尔,鹭鸶也,东南距惠远城三十里"。② 该河在乾隆朝《大清一统舆图》上标为"乌哈尔里克必拉"。③

塔勒奇山,《西域图志》作塔勒奇鄂拉。鄂拉"在博罗布尔噶苏鄂拉西北,山形迤逦,西南相属。库色木苏克郭勒发源西麓,塔勒奇郭勒发源南麓。其东口在察罕拜牲城西七十里,托里西一百二十里。南谷口离东谷口一百八十里。由南谷口外一百里,至伊犁郭勒北岸之阿里玛图,为博罗塔拉之南山。逾山而南,即哈什、空格斯地"。④ 据徐松记载,"入伊犁者,驿程经此(指塔勒奇山谷——笔者),塞沙眯目,顿觉清凉。适乎初冬,雨雪填谷,行踪断绝,又以是为险隘也"。⑤ 可见,塔勒奇山为伊犁北部屏障。乾隆《大清一统舆图》标塔勒奇河为"塔尔奇必拉",并标出了塔勒奇山上的"塔尔奇喀伦"。⑥ 平定伊犁后,清朝在塔勒奇山南建塔勒奇城,东距绥定城十里。⑦

海喇图霍来之名,不见于清代各图志。诺尔布注:"海喇图河是和伊犁谷地北部塔勒奇山之塔勒奇河并行的一条小河,发源于赛里木湖南山,与塔勒奇河并流,到下游二河汇流成塔勒奇河,从伊犁谷地乌哈尔里克河西部汇入伊犁河。汉人称之为磨石沟(北纬44.3°,东经80.9°)。"⑧可惜,诺尔布没有说明此说根据何种资料。但是根据鄂齐尔图台吉的行军路线,海喇图霍来(霍来,蒙古语 qoγolai,本意为"喉咙",延伸意为小河,或专指连接两个湖泊或两条河的小河)

---

① 乾隆《大清一统舆图》所收"库车、迪化城、宁远城"图上标有绥远城,故该城见于1762年说法有误。
② 徐松:《西域水道记》卷四"巴勒喀什淖尔所受水"。
③ 乾隆《大清一统舆图》,"库车、迪化城、宁远城",第110页。
④ 《西域图志》卷二二《山三》。
⑤ 徐松:《西域水道记》卷四"巴勒喀什淖尔所受水"。
⑥ 乾隆《大清一统舆图》,"库车、迪化城、宁远城",第110页。
⑦ 徐松记载该城建于乾隆二十六年(1761),恐误。乾隆二十五年铜板舆图上已见有"塔尔奇城"。
⑧ 西·诺尔布校注:《咱雅班第达传》,第109页。

应该就是海喇图河。如这样,这条河还有另外一个名叫做乌里雅苏图水,汉语名为磨河。① 笔者认为,今天新疆汉人所说的磨石沟一名就是来自于清朝时期的磨河之名,蒙古人所说海喇图河就是过去的海喇图霍来,它大概是乌里雅苏图水某一段的名称。

塔拉噶尔是伊犁南部的一个地方,塔拉噶尔河流经其地。《雷纳特1号地图》解释图上的编号为120。《西域图志》载:"塔拉噶尔在伊犁郭勒南,阿里玛图东四十里。逾一支河至其地。地有三泉。""塔拉噶尔郭勒在图尔根布拉克西北二十里,伊犁郭勒下流南。东北流八十里入伊犁郭勒。"②阿里玛图即今哈萨克斯坦的阿拉木图(原首都),塔拉噶尔即阿拉木图东边的塔耳加尔。2009年8月4日笔者一行赴该地考察过。塔拉加耳离阿拉木图的实际距离为30公里,该地为伊犁河南岸肥沃土地,南靠山,山以一双被当地哈萨克人称作"乳头山"的驼峰山为标志,塔拉加耳河自南向北流经其地。这里有一座古城遗址,据称为8—10世纪古城遗址。可见,塔拉噶尔地方自古以来就是伊犁河南岸的重要据点。

根据以上考证,战争发生在哈喇塔勒河上游和伊犁谷地的鄂齐尔图台吉领地上。

1649年,鄂齐尔图台吉的母亲衮济哈屯自西藏返回,到塔尔巴噶台的乌兰布拉。鄂齐尔图台吉的大努图克在伊犁,他从伊犁到乌兰布拉见母亲。③

鄂齐尔图台吉的母亲从西藏回准噶尔,当然要回自己的营地。所以,乌兰布拉在鄂齐尔图台吉领地上毫无疑问。根据咱雅班第达传记的记载,这个地方在塔尔巴哈台地区。查乾隆《大清一统舆图》,清朝在塔尔巴哈台山东北设有乌兰布拉卡伦,此地应该就是蒙古文史料中的乌兰布拉。乌兰布拉卡伦在玛尼图噶都尔噶卡伦与

---

① 徐松:《西域水道记》卷四"巴勒喀什淖尔所受水"。
② 《西域图志》卷一三《疆域六》、卷二六《水三》。
③ Г. Н. Румянцева и А. Г. Сазыкина, Раднабадра *ЛУННЫЙ СВЕТ, История рабджам Зая-пандиты*, Санкт-Петербург 1999, p. 7b.

乌里雅苏台卡伦之间,①也就是在俄依河与额尔齐斯河之间。

1650 年,鄂齐尔图台吉在古尔班呼苏图过夏,秋天在古尔格霍来游牧。②

古尔班呼苏图见于徐松《西域水道记》,该书记载:巴勒喀什湖的一源为库克乌苏河,源自博罗呼济尔岭,其一支流为硕津乌苏:"硕津乌苏发源伊犁河北山,北流经阿勒坦额墨勒都图山西,东汇古尔班呼苏图水。又北流,经塔兰胡图克境东,与库克乌苏河汇。"③可见,古尔班呼苏图为硕津乌苏的左支流,是库克乌苏上游的一条小河。这与鄂齐尔图台吉游牧地范围相吻合。《西域图志》记载了一处古尔班呼苏台地方,在伊犁河南。伊犁河南 200 里有塔拉锡克地方,其南再 60 里为沙图,沙图西 30 里为库尔墨图,库尔墨图西再 30 里即古尔班呼苏台。④ 诺尔布把《咱雅班第达传》的古尔班呼苏图与此古尔班呼苏台比对,认为在特穆尔图湖(今吉尔基斯坦境内的伊塞克湖)北岸,⑤误。

古尔格霍来指古尔格淖尔(湖)与爱呼斯淖尔之间的河。据《西域同文志》载,古尔格淖尔的"古尔格"(kögerge)意为"桥"。古尔格霍来意思是"连接两个湖的小河"。在阿拉套山和塔尔巴哈台山之间,在哈萨克斯坦的东哈萨克斯坦州境内,有三个大湖泊,其今名从东向西依次为阿拉湖(Алаколь)、科什喀湖(Кошкарколь)和萨瑟克湖(Сасыкколь)。这三湖,在清代汉文文献中有时总称为阿拉克图古勒池(简称图古勒池),有时总称为爱呼斯湖,有时还总称为古尔格淖尔,然而对三湖各自名称的记载十分模糊。其实,这三个不同的总称是三湖各自的名称:阿拉湖的蒙古名为 Aiɣus naɣur(爱呼斯淖尔),科什喀湖为 Kögerge naɣur(古尔格淖尔),而萨瑟克湖为 Alaɣ tuɣul-un naɣur(阿拉克图古勒池)。关于这个问题笔者曾撰文

---

① 乾隆《大清一统舆图》,"库车、迪化城、宁远城",第 89 页。
② Г. Н. Румянцева и А. Г. Сазыкина, Раднабадра *ЛУННЫЙ СВЕТ, Историа рабджам Зая-пандиты*, Санкт-Петербург 1999, p. 8b.
③ 徐松:《西域水道记》卷四"巴勒喀什淖尔所受水"。
④ 《西域图志》卷一三《疆域六》。
⑤ 西·诺尔布校注:《咱雅班第达传》,第 125 页。

第十五章　17 世纪卫拉特各部游牧地之分布

论及，①此不赘述。

1652 年，咱雅班第达到哈喇塔勒，在鄂齐尔图台吉的营地过冬。1658 到阿苏拜访了鄂齐尔图台吉，1660 年在吹又拜会了鄂齐尔图台吉。②

哈喇塔勒见前文。阿苏，是阿克苏的别称。诺尔布认为是今伊犁地区霍城县西北部的阿苏。③ 在霍城县境内，除西北山区中的阿克苏外，在中北部的切得克苏河、大西沟、小西沟三条河流域还有阿克苏、下阿克苏、切特阿克苏等地，阿苏可能指这些河流域。

吹，《西域图志》："吹在吹郭勒南。自图斯库勒（即特穆尔图淖尔，今吉尔吉斯斯坦的伊塞克湖——笔者）西北二百里之萨勒奇图，又西北行五百余里，统曰吹。其地水草丰饶，最宜游牧。其东北境为伊尔该图鄂拉，又北逾山接左哈萨克。""吹郭勒在图斯库勒西北二百里。逾浑都赖鄂拉，又西北二百里分支东行百余里，为诺浑淖尔。又西北经流千里，其自南来会之水，咸发源呼巴海鄂拉西境迤属诸山，经流各一二百里，汇入吹郭勒，西北入于和什库勒。"④吹郭勒在乾隆《大清一统舆图》上称作吹必拉，萨勒奇图作萨尔奇图，在特穆尔图淖尔西北岸。⑤ 吹河即今天吉尔吉斯斯坦和哈萨克斯坦境内的楚河。2009 年 8 月，笔者曾到哈萨克斯坦境内的楚河流域考察。楚河是一条大河，所见之处的河床有 15—20 米左右，水流量大，水势激湍。楚河流域是天然的好牧场。

1661 年，鄂齐尔图台吉与其弟阿巴赖在额敏河流域牧地作战。双方议和，阿巴赖和鄂齐尔图台吉在阿巴赖寺会面。鄂齐尔图台吉的努图克从察罕呼济尔，路经哈尔巴噶向爱古斯河上游移动，到塔

---

① 乌云毕力格：《卫拉特大库伦的冬夏营地与库伦商游牧地考》（日文），载洼田顺平、承志、井上充幸编《伊犁河流域历史地理研究》，松香堂，2009 年，第 78 页。
② Г. Н. Румянцева и А. Г. Сазыкина, Раднабадра ЛУННЫЙ СВЕТ, История рабджам Зая-пандиты, Санкт-Петербург 1999, pp. 13b, 17a, 17b.
③ 西·诺尔布校注：《咱雅班第达传》，第 184 页。
④ 《西域图志》卷一二《疆域六》；卷二六《水三》。
⑤ 乾隆《大清一统舆图》，"阿克苏、安集彦"，第 111 页。

拉噶尔过冬。1663年，鄂齐尔图台吉在伊犁的沙喇托海过冬，1665年从库克乌苏去了西藏，次年被达赖喇嘛授予"鄂齐尔车臣汗"尊号。①

察罕呼济尔，是额敏河中游的一个地名。据《西域图志》记载："察罕呼济尔在鄂尔和楚克鄂拉北，绰尔郭西。""绰尔郭，在乌兰呼济尔西，额尔和楚克鄂拉（鄂拉，蒙古语，意为山——笔者）北，地饶水草。""乌兰呼济尔，在雅尔东南，北倚朱尔库朱鄂拉。"②"额尔和楚克鄂拉，在巴尔鲁克鄂拉东北四百里，绰尔郭南，纳林和博克北。……按：自此东北行一百五十余里，与朱尔库朱山相接。""朱尔库朱鄂拉，在烘和图淖尔西南八十里。"③额尔和楚克鄂拉，在今新疆额敏县东境，今作乌尔喀什尔山，或写成乌日可下亦山。朱尔库朱鄂拉，今译写为珠尔呼珠山，在新疆额敏县东北境。巴尔鲁克山在裕民县东南境，今作巴尔勒克山。据此，乌兰呼济尔、绰尔郭、察罕呼济尔等地应在额敏县境内。

确定乌兰呼济尔的地望，对确定察罕呼济尔的位置很重要。据《宣统政纪》记载："伊犁将军长庚奏，遵查旧土尔扈特蒙地情形。谨拟阿尔泰山与塔尔巴哈台分界办法三条，缮单呈览。一，恰勒奇菱济木乃两处防境，应归阿尔泰派兵驻扎；一，阿勒依哈萨克，应准仍在萨里山阴度冬；一，霍博克萨里境内驿站，应由塔城饬令该盟三旗管理。又奏，塔城东北四百余里之乌兰呼济尔地方，山径险峻，为塔城东面门户。距察罕鄂博俄卡仅十余里，扼俄人由齐桑斯克西入塔城之路。"④察罕鄂博在与中国新疆和布克赛尔蒙古自治县接壤的哈萨克斯坦境内，今地名 Чоган-обо（察罕鄂博的转音），有察罕鄂博河流经其地。距该鄂博仅十余里的乌兰呼济尔当然就位于额敏县东北角一带了。奏折中说，该地系旧土尔扈特蒙古之地，是。据《清高

---

① Г. Н. Румянцева и А. Г. Сазыкина, Раднабадра *ЛУННЫЙ СВЕТ, Историа рабджам Зая-пандиты*, Санкт-Петербург 1999, pp. 18a/6, 19b, 20a, 26a, 27a.
② 《西域图志》卷一一《疆域四》。
③ 《西域图志》卷二二《山三》。
④ 《宣统政纪》卷二一，宣统元年九月戊午。

宗实录》嘉庆元年九月记载:"塔尔巴哈台有原分给厄鲁特之乌兰呼济尔地方,向有土尔扈特策凌乌巴什奴仆多户居住。今厄鲁特欲迁往彼处,牧放牲畜。策凌乌巴什图得此地,馈送伍弥乌逊银两马匹。伍弥乌逊收马一匹,将察罕鄂博以北地方借与策凌乌巴什过夏。仍详请明岁即将此地赏给土尔扈特。"①此即证明。

绰尔果和察罕呼济尔依次在乌兰呼济尔以西,察罕呼济尔在今天额敏县中部额玛勒郭楞(额敏河之意)蒙古族乡一带。

哈尔巴噶即上文的哈尔巴噶河,在塔尔巴哈台山北麓。鄂齐尔图台吉的努图克不从察罕呼济尔向南朝伊犁方向迁移,而绕到塔尔巴哈台山后,大概是因为鄂齐尔图台吉时在额尔齐斯河流域阿巴赖寺,而和硕特军队在爱古斯河上游,努图克北上是为了与他们会合。

伊犁的沙喇托海,据诺尔布说,该地在伊犁霍城县境内伊犁河北岸。②

1671年,大库伦的喇嘛们从额敏地方路经巴克图越过楚里岭,到达了在哈珲之察罕淖尔的鄂齐尔车臣汗宫帐。③

巴克图在爱呼斯湖北,属于塔尔巴哈台山脉。徐松记载:"额敏河又西南流百三十里,经马尼图卡伦南,巴克图水自北来入之。巴克图水二支,东支发自巴克图山,西支发自乌兰岭,南流数十里,右汇哈屯河。"④乾隆《大清一统舆图》的标示与徐松的记载吻合。在塔尔巴哈台和屯西标着"巴克尔("尔"为"图"之误)卡伦",在喀屯必拉发源处标着巴克图阿林(山)。⑤ 据哈萨克斯坦今图,巴克图山今名用俄文作 Бокты(海拔1273米),巴克图河(今名 Бахты)流经其右(不是源自该山,汉文文献有误),与喀喇布塔河汇合后流入额敏河(哈屯河,或作喀屯河,在其西边流入爱呼斯湖,不与额敏河汇合,清代汉文文献有误)。这是巴克图山与巴克图河。叫做巴克图

---

① 《清高宗实录》卷一四九五,嘉庆元年九月戊午。
② 西·诺尔布校注:《咱雅班第达传》,第110页。
③ Г. Н. Румянцева и А. Г. Сазыкина, Раднабадра *ЛУННЫЙ СВЕТ*, *Историа рабджам Зая-пандиты*, Санкт-Петербург 1999, pp. 29a/b.
④ 徐松:《西域水道记》卷四"阿拉克图古勒淖尔所受水"。
⑤ 乾隆《大清一统舆图》,"科布多和屯、塔尔巴哈台和屯",第90页。

的地方则在巴克图河东岸,就是今天塔城市西南中哈两国边境上的巴克特口岸所在地。

巴克图以北的楚里岭,想必在巴克图河源以北阿克乔克河上游一带,但在古今资料上均未寻见。那么,越过楚里岭到达的鄂齐尔车臣汗宫帐所在的哈珲之察罕淖尔,必定在塔尔巴哈台山北的哈尔巴噶河东面一带。这一点诺尔布早已指出过。①

1675年,鄂齐尔车臣汗在额敏河哈喇布格里克过冬。1676年,受到噶尔丹的攻击,逃到了巴钗河。他的军队在巴钗、金济里克一带,他本人则带着大努图克迁到伊犁。1676年底,噶尔丹在沙喇伯勒俘虏了鄂齐尔车臣汗。1680年,鄂齐尔车臣汗在博罗塔拉去世。②

哈喇布格里克,不见于清代汉文文献与舆图。据《咱雅班第达传》,哈喇布格里克被称作"额敏之哈喇布格里克"。额敏河流域虽然非常宽广,但额敏地方确指额敏河下游的今额敏县城一带。所以,哈喇布格里克也应在附近。巴钗、金济里克二河在图古勒池南,前文已涉及。

鄂齐尔车臣汗被噶尔丹所俘的沙喇伯勒,在今天伊犁霍城西、哈萨克斯坦扎尔肯特北。

据乾隆年间伊犁办事副都统伊勒图奏:"臣往特穆尔图诺尔等处巡查哈萨克游牧,并查询楚穆讷尔地名在何境。询之前在特穆尔图诺尔等处游牧之厄鲁特,据称:哈萨克游牧之前地名西喇乌苏,哈萨克呼为西喇苏,其楚穆讷尔系一泉名,源在吹之左近索和罗克、哈喇巴勒塔地方。又闻此处常有哈萨克,称间游牧来去无定。顷明瑞等业已遵旨往查,嗣后应出其不意,两路前往巡查。南路自特穆尔图诺尔之南,由巴勒珲岭至塔拉斯、吹地方;北路沿伊犁河由古尔班阿里玛图至沙喇伯勒地方,方能周遍。"③伊犁将军明瑞等奏折中也指出:"前因伊犁以北、塔尔巴哈台等处,有越界游牧之哈萨克等,旋

---

① 西·诺尔布校注:《咱雅班第达》,第256页。
② Г. Н. Румянцева и А. Г. Сазыкина, Раднабадра *ЛУННЫЙ СВЕТ*, *История рабджам Зая-пандиты*, Санкт-Петербург 1999, pp. 30a, 31a, 33a/b.
③ 《清世宗实录》,乾隆二十八年十月乙酉。

第十五章　17世纪卫拉特各部游牧地之分布

经该头目阿布勒比斩，约束迁移。臣等又派员查逐，虽寒冬雪盛，不能无潜来度岁之人。但来年正月，乌噜木齐大臣移驻雅尔，自可沿途巡查至伊犁西南沙喇伯勒、吹、塔拉斯、特穆尔图诺尔等处。"云云。①《西域水道记》记载得比较清楚："车里克河西三十里，有塔拉图布拉克水；又西四十余里，有古尔班沙扎海水，皆北流数十里而止。又西十余里，为古尔班奇布达尔水，源当阿苏岭之北，凡北流百七十里，入伊犁河。伊犁河自车里克河口，经沙喇伯勒境北，凡西流百一十里，与古尔班奇布达尔水会。沙喇伯勒者，旧杜尔伯特地。"②乾隆《大清一统舆图》记沙喇伯勒为"沙尔博尔"，位于伊犁河西南，古尔班阿里玛图东北。③按：《西域水道记》和《大清一统舆图》记载，沙喇伯勒在伊犁河南，有误。据《清世宗实录》，伊犁办事副都统伊勒图和伊犁将军明瑞等在他们的奏折中分别指出，沙喇伯勒在阿拉玛图东北、伊犁西南。他们是具体处理过军务的将领，他们的话不会错。2009年8月，笔者一行到该地查访沙喇伯勒。沙喇伯勒位于伊犁河北岸，哈萨克斯坦扎尔肯特县城以北30公里，新疆霍尔果斯西，汗哈尔察海山西南段雪山南麓。该地北靠雪山，山腰呈黄色，策集河（今哈萨克语名为 Шыжын）与车里克河（今哈萨克语名为 Тышкан）流经其地，是一片优良的高地草原。该地今名为萨里伯勒，哈萨克语的"萨里"就是蒙古语的"沙喇"（均为"黄色"之谓，沙喇伯勒即黄色山腰）。

关于鄂齐尔车臣汗去世的博罗塔拉，《西域图志》载："博罗塔拉，在伊犁东北三百里。塔勒奇鄂拉拱其南，博罗和洛鄂拉、罕哈尔察海鄂拉环其西，阿拉坦特布什鄂拉屏其北。博罗塔拉郭勒自西北来，东南流；鄂托克赛里郭勒自西南来东北流，至博罗塔拉而合，又分流绕其南北，又合而东流，达布勒哈齐淖尔。水甘土肥，形势殊胜。"④据此，博罗塔拉在博罗塔拉河与鄂托克赛里河交界处一带，就是今天新疆博尔塔拉蒙古自治州境内的博尔塔拉河与沃托格塞尔

---

① 《清高宗实录》卷七二一，乾隆二十九年十月甲午。
② 徐松：《西域水道记》卷四"巴勒喀什淖尔所受水"。
③ 乾隆《大清一统舆图》，"阿克苏、安集彦"，第111页。
④ 《西域图志》卷一二《疆域五》。

河汇合处一带。

必须指出，鄂齐尔图台吉在塔尔吧哈台山以北的领地在17世纪40年代中期后已经被阿巴赖台吉所占据。可能在1646年战争以后，他退到塔尔巴哈台山以南，因为此后不再见到鄂齐尔图台吉到塔尔吧哈台山以北游牧的任何记载。但是，在此之前，他在山后曾经拥有过很大领地。哈萨克斯坦考古发现证明，鄂齐尔图台吉在绰尔噶河流域曾经建造过寺庙，其遗址今天尚存。①

二 鄂齐尔汗二子的游牧地分布

鄂齐尔汗有子三人，长子额尔得尼浑台吉，次子噶勒丹巴（又作噶勒达玛，？—1667），三子诺延胡图克图。鄂齐尔汗长子和次子游牧在和硕特故地，幼子则出家为僧，入藏学佛。

额尔得尼浑台吉、噶勒丹巴兄弟的游牧地，在《咱雅班第达传》中有所记载。首先看看噶勒丹巴相关的记载。

1652年夏，噶勒丹巴和索诺木苏岱二人从库克乌苏、哈喇塔勒来到阿巴赖处，拜见了土尔扈特岱青。噶勒丹巴因其努图克无人看守，立刻返回。②

库克乌苏、哈喇塔勒是巴勒喀什湖东南方面的地方。库克乌苏前文已提及，哈喇塔勒河就是今天哈萨克斯坦的卡拉塔尔河上游。自哈喇塔勒河到勒布什河地方是鄂齐尔图台吉的大本营所在地，可见噶勒丹巴的努图克与其父大本营紧连。

1658年正月，噶勒丹巴在塔拉斯守边时，布哈拉汗国的阿卜杜书库尔率三万军队来侵犯卫拉特，被噶勒丹巴打败。③ 塔拉斯是17世纪卫拉特游牧地西南境。据《西域图志》载："塔拉斯，即塔拉斯郭

---

① 伊·维·伊洛费耶娃：《哈萨克斯坦十七世纪中期至十八世纪上半叶的藏传佛教遗址：新的研究和发现》，载《哈萨克斯坦国文化与情报部文化委员会学术报告》（俄文），阿拉木图，2009年，第27页。
② Г. Н. Румянцева и А. Г. Сазыкина, Раднабадра *ЛУННЫЙ СВЕТ, История рабджам Зая-пандиты*, Санкт-Петербург 1999, p. 15a.
③ Ibid, p. 17a.

勒下游左右滨河之地。……西境有巴噶布鲁勒鄂拉、伊克布鲁勒鄂拉,有阿尔沙郭勒、阿克库勒淖尔、必库勒淖尔。""塔拉斯郭勒,在吹郭勒西南三百余里。源出天山北额得墨克达巴,初分四水,北行三十余里,合流北注。东西岸汇入之河,凡十余道。东西支河交汇之处,经流二百余里,为塔拉斯郭勒上游,又名乌鲁穆玛拉尔郭勒。支河交汇后,西行三百余里之间,又名察拉哈雅郭勒,由是折而西行二百里,为小海,周回三百里,总名塔拉斯郭勒。"[1] 乾隆《大清一统舆图》也标出了该河及其支流,其名称为"塔拉斯必拉"。[2] 塔拉斯地区相当于以今天塔拉兹市为中心的吉尔吉斯斯坦和哈萨克斯坦境内的塔拉斯河下游。2009 年 8 月,我们在塔拉兹市一带考察了该河流域的地貌。塔拉斯河是一条大河,水流量很大,河床宽而深。该河流域曾经是很好的牧场。

1667 年秋,噶勒丹巴在必济病逝。[3]

如前所说,必济是哈喇塔勒河的支流。在《雷纳特 1 号地图》解释图上的标号为 128,源于博罗塔拉的罕哈尔察盖山北麓,与哈喇塔勒河会合后注入巴尔喀什湖。1644 年冬,鄂齐尔车臣汗的夫人也在这个地方去世,可见这里是鄂齐尔车臣汗的一个重要基地。

接着,再看看额尔得尼浑台吉有关的记载。最能说明额尔得尼浑台吉游牧地方位的记载,是关于1676 年他大努图克的所在地。是年,噶尔丹从斋尔的特门库珠进攻鄂齐尔车臣汗,车臣汗逃到必济。此时,车臣汗长子额尔得尼浑台吉的大努图克在哈喇塔勒。噶尔丹属下到哈喇塔勒、库克乌苏劫掠和硕特人。[4] 如前所考,哈喇塔勒河即今天哈萨克斯坦的卡拉塔尔河,源于阿拉套山西南部西侧,汇入巴尔喀什湖。和哈喇塔勒河一样,库克乌苏河也是卡拉塔尔河上游的一条支流,这里曾经是噶勒丹巴的居地。

1676 年和硕特与准噶尔的战争中,额尔得尼浑台吉守其努图克

---

[1] 《西域图志》卷一三《疆域六》;卷二六《水三》。
[2] 乾隆《大清一统舆图》,"阿克苏、安集彦",第 111 页。
[3] Г. Н. Румянцева и А. Г. Сазыкина, Раднабадра *ЛУННЫЙ СВЕТ*, *История рабджам Зая-пандиты*, Санкт-Петербург 1999, p. 27b.
[4] Ibid, p. 30a.

之边境,越过库舍图、乌兰和屯、乌可克等地,入图斯库勒湖地方,在塔勒奇山口待了一段时间。① 如诺尔布指出,以上记载中的库舍图、乌兰和屯两地具体位置尚不清楚,但是,乌可克、图斯库勒池和塔勒奇山等山水都很知名。乌可克是山名,位于今天吉尔吉斯斯坦的伊塞克湖以西。据《西域图志》载,乌可克岭是图斯库勒湖西面诸河流的发源地,在额得墨克岭东 100 里,而额得墨克岭就是塔拉斯河源。② 图斯库勒湖,又名特穆尔图淖尔,就是现在的伊塞克湖。塔勒奇山,前文已指出,是伊犁河谷的大山。那么,额尔得尼浑台吉先在今天卡拉塔尔河上游一带抗击噶尔丹军队,后来渡过伊犁河南下,越过乌可克岭到伊塞克湖边,不久再度北上到伊犁河流域的塔勒奇山口防御。这说明,伊犁河以南到伊塞克湖、乌可克岭一带地方一直到噶尔丹兴起,均属和硕特人。

三 阿巴赖台吉的游牧地

阿巴赖台吉(？—1671)是鄂齐尔车臣汗的异母弟,小和硕特部的第二号人物。他与兄长鄂齐尔图继承了父亲拜巴噶斯的兀鲁思,以及叔父顾实汗的游牧地。根据 17 世纪蒙古文文献和俄罗斯档案记载,阿巴赖台吉的游牧地分布在和硕特北部,也是卫拉特北境。

先看看《咱雅班第达传》的记载。

1648 年冬,阿巴赖台吉在吹河过冬。③ 吹河即今天吉尔吉斯斯坦和哈萨克斯坦境内的楚河。但是,这里没有阿巴赖台吉的领地。1647 年,卫拉特联军进军喀喇卡尔巴克。会师后,阿巴赖临时在其兄鄂齐尔图台吉领地上过冬。

---

① Г. Н. Румянцева и А. Г. Сазыкина, Раднабадра *ЛУННЫЙ СВЕТ*, *Историа рабджам Зая-пандиты*, Санкт-Петербург 1999, p. 31a.
② 《西域图志》卷二二《山三》。
③ Г. Н. Румянцева и А. Г. Сазыкина, Раднабадра *ЛУННЫЙ СВЕТ*, *Историа рабджам Зая-пандиты*, Санкт-Петербург 1999, p. 7b.

第十五章　17世纪卫拉特各部游牧地之分布

1652夏,阿巴赖台吉在博罗鼐之乌孙呼济尔图过夏。① 博罗鼐,见于徐松《西域水道记》。该书记载:"额尔齐斯河西北流七十余里,西会布昆河,河在阿布达尔摩多河之北百余里。源发自喀拉玛山,东南流经博罗鼐山南,凡百余里,为布昆河。"②此处的"东南流经博罗鼐山南",意为从东南方向流过来,经博罗鼐山南。据此,博罗鼐位于布昆河北、喀拉玛山西北,③也即斋桑湖西北。在乾隆《大清一统舆图》将该河标为"布坤必拉"。④ 乌孙呼济尔图应该是属于博罗鼐地方的某地。

1657年冬十月,咱雅班第达到贝什喀河旁阿巴赖寺,为新建的阿巴赖寺开光。咱雅班第达"在那里"于布昆河过冬。⑤据俄国人费奥多尔·伊萨科维奇·巴伊科夫(Theodor Isakovich Baikoff)1655年5月目击称,阿巴赖寺在额尔齐斯河与贝什喀河汇合处,当时尚未竣工。⑥ 该寺1657年秋末落成,冬初十月请咱雅班第达等高僧为之开光。该寺是阿巴赖的政治、文化中心,今地在哈萨克斯坦乌斯季卡缅诺戈尔斯克(Усть-Каменогорск)以南70公里。2009年8月15日,笔者一行对阿巴赖寺遗址进行实地考察。当地哈萨克人称该遗址为"卡尔梅克库尔干",意即"卫拉特人的城堡"。遗址在名叫阿巴赖吉特卡(Аблакетка,意即阿巴赖寺)的小河上游支流畔。该河上游有两条小河,一名西伯(据说是意为"寺庙"的蒙古语 süme 的音

---

① Г. Н. Румянцева и А. Г. Сазыкина, Раднабадра ЛУННЫЙ СВЕТ, История рабджам Зая-пандиты, Санкт-Петербург 1999, p. 15a.
② 徐松:《西域水道记》卷五"宰桑淖尔所受水"。
③ 西·诺尔布曾认为,博罗鼐在今天新疆阿勒泰地区布尔津县境内的同名地方,地处额尔齐斯河北岸(《咱雅班第达传》,第72页)。笔者也曾支持此说[《卫拉特大库伦的冬夏营地与库伦商游牧地考》(日文),载洼田顺平、承志、井上充幸编《伊犁河流域历史地理研究》,松香堂,2009年,第76页],这里予以纠正。
④ 乾隆《大清一统舆图》,"科布多和屯、塔尔巴哈台和屯",第90页。
⑤ Г. Н. Румянцева и А. Г. Сазыкина, Раднабадра ЛУННЫЙ СВЕТ, История рабджам Зая-пандиты, Санкт-Петербург 1999, p. 16b.
⑥ 前苏联科学院远东研究所等编,厦门大学外文系汉译:《十七世纪俄中关系(1608—1683年)》第一卷第二册,商务印书馆,1978年,原文第74号文件,第248页。

变)河,一名乌梁海河。阿巴赖寺遗址就在西伯河北岸。寺西边、西北边和北边有大山做自然屏障,东边、东南边和南边垒墙做围栏。整个寺庙呈南北向长方形。该寺在额尔齐斯河南群山之间,山中高地草原,水草丰美。

1657年,咱雅班第达完成该寺的开光仪式后,到布昆河过冬。布昆河,在斋桑湖西北。关于布昆河名称,徐松引用松筠和爱星阿的奏折解释道:"哈萨克、回语,布昆为蚊蠓总名。每年五六月间,山雪消融,众水流入河,沿岸冲刷,水势散漫,荡漾满滩,遍生芦草,聚育蚊蠓。"①

1660年冬,阿巴赖在爱古斯察罕托海。为了和兄鄂齐尔图台吉作战,阿巴赖在阿拉癸结集,然后又在阿拉癸的噶顺之图莱鄂勒浑集会。1661年四月,阿巴赖在额敏河流域吃败仗,从那里越过哈玛尔达巴,退向额尔齐斯河的阿巴赖寺。②

爱古斯察罕托海,在爱古斯河下游,爱古斯河即今哈萨克斯坦境内阿亚古兹河。察罕托海,蒙古语,意为"白色的河湾",这个地方现在的地名为"Актогай(阿克托盖)"(在哈萨克语里仍为"白色的河湾"之意,显然是对原蒙古语地名的翻译)。③

阿巴赖台吉结集军队的阿拉癸地方,在《雷纳特1号地图》解释图上的编号为204,在塔尔巴噶台山西北,今哈萨克斯坦的阿亚古兹河发源地西北。《西域图志》记载了一座"阿拉癸鄂拉",在迪化州南,为裕勒都斯山的关隘,④不能与此处的阿拉癸相混。但是,据《西域同文志》记载,那座阿拉癸山的名字,托忒文写作 Alaɣui uula,为"危险之意,山石高峻,难于行旅,故名"。⑤《西域同文志》所载该山名的含义倒是与我们的阿拉癸的意思一致。

噶顺之图赖鄂勒浑,地望不详,但据"阿拉癸的噶顺之图赖鄂勒

---

① 《西域水道记》卷五"宰桑淖尔所受水"。
② Г. Н. Румянцева и А. Г. Сазыкина, Раднабадра *ЛУННЫЙ СВЕТ*, *Историа рабджам Зая-пандиты*, Санкт-Петербург 1999, pp. 18ab,19a.
③ Восточно-Казахстанская Область, Астана 2000.
④ 傅恒等纂:《钦定西域图志》卷二一《山二》,《四库全书》本。
⑤ 《钦定西域同文志》卷四,天山南北路山名。

第十五章 17世纪卫拉特各部游牧地之分布

浑"这样说法,必定是阿拉癸的某一处。诺尔布认为,今哈萨克斯坦境内谢米普拉京斯克(今作塞梅伊)以南的小河阿什苏(与蒙古语的噶顺河同义,即苦水)即这里的噶顺。① 塞梅伊位于东哈萨克斯坦州北部额尔齐斯河流域,与阿拉癸相距甚远,所以这个推测不可能成立。

哈玛尔达巴,是位于塔尔巴哈台城东北方向的塔尔巴哈台山一个岭。在乾隆《大清一统舆图》将该山岭标为"哈玛尔达巴汉"。②

阿巴赖南下入额敏地区,失败之后仍退向额尔齐斯河流域的大本营。

1661年冬,阿巴赖台吉在哈尔巴盖。1662年正月,在布昆河过新年。③

哈尔巴盖,汉文又作哈尔巴哈、哈尔巴噶等。该河为今哈萨克斯坦的 Каргоба 河,源于塔尔巴哈台山北麓,北流到斋桑泊西南一带。详见前注。

布昆河,见前注。

《咱雅班第达传》记载说明,阿巴赖台吉的领地分布在塔尔巴哈台山以北、斋桑湖以西以及斋桑湖以北额尔齐斯河流域。

蒙古文史料记载得到了17世纪50年代俄罗斯档案文书的有力证明。

1654年6月25日,受沙皇米哈伊洛维奇派遣,费奥多尔·伊萨科维奇·巴伊科夫从托博尔斯克前往中国,路经阿巴赖台吉兀鲁思。④ 巴伊科夫一行从托博尔斯克城出发,逆额尔齐斯河而上。他们到达叫做白水河的河流和与之不远的著名的亚梅什盐湖(Ямыш)一带后,开始进入卫拉特人的势力范围,这一带已经被说成是阿巴赖台吉的兀鲁思。他们首先到了名叫卡班加松(Кабан-

---

① 西·诺尔布校注:《咱雅班第达传》,第191页。
② 乾隆《大清一统舆图》,"科布多和屯、塔尔巴哈台和屯",第90页。
③ Г. Н. Румянцева и А. Г. Сазыкина, Раднабадра *ЛУННЫЙ СВЕТ*, *Историа рабджам Зая-пандиты*, Санкт-Петербург 1999, pp. 18ab, 20a.
④ 该俄文档案的汉译文将阿巴赖台吉名字译成了"阿勃莱台吉"。见《十七世纪俄中关系(1608—1683年)》第一卷第二册。

гусан)的卡尔梅克(即卫拉特,下同)寺庙。从那里走了两天,到达多隆卡拉盖(Долон-карагай,蒙古语,意为七棵松)。从那里走一天到达延库利河(Ен-куль),又行三日,到达一座喇嘛庙。喇嘛庙有庄稼地,由布哈拉人(此处指维吾尔人)耕种。从喇嘛庙走七天,到额尔齐斯河右岸山区。山区有阿巴赖台吉的许多游牧民。来到草原上,见到阿巴赖的游牧民。再走一周时间,来到阿巴赖的布哈拉农民那里。从那里赶一天路到了阿巴赖台吉处。巴伊科夫一行随阿巴赖台吉在额尔齐斯河流域的宗穆顿河(Дцзом-дун,蒙古语,意为百棵树)、乔古利亚克河(Чогуляк)、恰拉河(Чара)沿岸游牧,然后到了贝什喀河(Бешка)。巴伊科夫目击,在贝什喀河汇入额尔齐斯河之地,阿巴赖正在建造一座城,工匠是来自中国的。实际上,所谓的"城",指的就是阿巴赖寺。工匠是阿巴赖台吉从清朝请来的,这在理藩院满文题本资料中有明文记载。从贝什喀河出发经10天行程,又到阿巴赖台吉的布哈拉农民那里。从这里到达Темир-чурга河,即特穆尔绰尔郭河。从此河以南,就变成了准噶尔部的牧地。①

据此,阿巴赖台吉的兀鲁思分布在额尔齐斯河右岸的亚梅什湖以南,经额尔齐斯河两岸的诸多河流流域,南到特穆尔绰尔郭河一带。据巴伊科夫说,特穆尔绰尔郭河是阿巴赖过冬的地方,该河流入额尔齐斯河。从特穆尔绰尔郭河到哈剌呼济尔河(Кара-Кучир)需要一天的路程,哈剌呼济尔河也流入额尔齐斯河。② 哈剌呼济尔河在《雷纳特号地图》解释图上的编号为181,其右支流应为特穆尔绰尔郭河。据《乾隆内府舆图》,特穆尔绰尔和必拉(即特穆尔绰尔郭——笔者)发自珠鲁呼珠(即珠尔呼珠山——笔者)北入斋桑泊。③ 考之今地,该河应为今哈萨克斯坦的硕尔噶河(Шорга,其今名显然是原蒙古语名Corγo的变音),发源于中国境内的塔尔巴噶台山,往北流入斋桑泊。

根据蒙古文和俄文档案记载,阿巴赖台吉的游牧地分布在塔尔

---

① 《十七世纪俄中关系(1608—1683年)》第一卷第二册,原文第74号文件,第243—248页。
② 同上书,第248页。哈剌呼济尔河该书译成了卡拉-库奇尔河。
③ 乾隆《大清一统舆图》,"科布多和屯、塔尔巴哈台和屯",第89页。

第十五章　17世纪卫拉特各部游牧地之分布

巴哈台山以北、斋桑湖以西以及斋桑湖以北额尔齐斯河流域,北边直到亚梅什湖(位于哈萨克斯坦的巴甫洛达尔市以南额尔齐斯河岸边,今称亚梅舍沃)。

四　昆都仑乌巴什及其诸子游牧地

昆都仑乌巴什是哈奈诺颜烘郭尔次子、拜巴噶斯之弟、顾实汗之兄。昆都仑乌巴什有子十六人,即长子玛迈达赖乌巴什、次子乌巴什浑台吉、三子多尔济、四子额尔克代青鄂克绰特布、五子氏巴卓里克图、六子诺颜嘎布楚、七子孟克、八子青巴图尔、九子伊那克巴图尔、十子伊勒察克、十一子赛巴克、十二子哈喇库济、十三子罗布藏达什、十四子塔尔巴、十五子色楞和幼子朋素克。① 《咱雅班第达传》对昆都仑乌巴什及其若干个儿子留下了直接记载。

1643年,咱雅班第达在哈苏鲁克的昆都仑乌巴什营地过冬。②

哈苏鲁克,又作哈萨拉克。在汉文文献中,首先见于《清高宗实录》。乾隆二十一年(1756),清军进剿阿睦尔撒纳,进兵到哈萨克境内。北路军以哈达哈为将军,西路军以达勒当阿为将军。西路军与阿睦尔撒纳相距一二里,但因误信哈萨克阿布赉将阿擒献阿睦尔撒纳而错过军机。在第二年处分二将军时,乾隆皇帝谕旨中讲到:"据达勒当阿、哈达哈奏称,我兵所抵之伊什勒椿集,距逆贼阿睦尔撒纳逃窜所至之地,速行亦需月余。贼去既远,时亦寒冷,是以九月初间自伊什勒椿集撤兵,行走五十余日,至巴颜乌拉以南之哈萨拉克地方等语。今据拏获之达什车凌及宰桑乌巴什供称:阿睦尔撒纳闻大兵撤回,由伊逃窜所至之地,于九月尽间起身前来,经过伊什勒椿集,行走二十余日,至巴颜鄂拉,又行走十五日,抵哈萨拉克迤东之额布根塔尔珲地方。共计行走五十日等语。使逆贼逃窜所至之地,

---

① 《钦定西域同文志》卷一〇"天山北路准噶尔部人名四:和硕特卫拉特属"。
② Г. Н. Румянцева и А. Г. Сазыкина, Раднабадра ЛУННЫЙ СВЕТ, История раджам Зая-пандиты, Санкт-Петербург 1999, p. 4b.

距我兵所到伊什勒椿集地方,果如达勒当阿、哈达哈所奏,有月余程途,则阿睦尔撒纳由伊败窜所至之地,过哈萨拉克,返至额布根塔尔珲地方,即尽力速行,亦必需两三月余方可能到。……逆贼阿睦尔撒纳即自伊所逃窜相隔月余之地,九月尽间起身而来,既经哈萨拉克,复至额布根塔尔珲,亦只行走五十余日。何以如此之速?岂能飞来耶!"①据此,哈萨拉克地方在哈萨克东部的巴颜乌拉之东、18世纪准噶尔境内的额布根塔尔珲之西。

《西域图志》记载左部哈萨克游牧地时也提到过哈萨拉克:"自喀拉巴克喀尔海鄂拉西北行,折而东为厄勒伊们鄂拉,叶什勒河源出焉。又北为尼雅克图鄂拉,又东为尼满哈济兰鄂拉,又东北为喀尔玛奇尔哈鄂拉,又东为阿克奇拉鄂拉,又东为巴颜鄂拉,又东为蒿哈萨拉克鄂拉,即将军哈达哈败阿布赉处。又东南为阿巴拉尔鄂拉,又东至塔尔巴噶台而止。"②可见,哈苏鲁克东距塔尔巴哈台山不远。乾隆《大清一统舆图》称此山为"古尔班哈苏鲁克阿林(意为三哈苏鲁克山——笔者)"。③

在17世纪著名的蒙古文史书、萨冈彻辰著《蒙古源流》中三次提到此地,分别作 boγdadu qasuluγ、ničügün qasuluγ 和 qasuluγ,均谓托克马克的某地名。④ 萨冈彻辰所记 qasuluγ 显然是汉文史料中的哈苏鲁克(哈萨拉克)。

综上所述,虽然还不能指明哈萨拉克的今地为何,但是,巴颜乌拉即今哈萨克斯坦的巴甫洛达尔州南境的巴彦阿乌尔,其东南面的哈苏鲁克(哈萨拉克)应该在东哈萨克斯坦州,即巴卡纳斯河西北一带。巴卡纳斯河、巴颜乌拉山一带本来都是卫拉特牧地,在《咱雅班第达传》中均有记载。这些地方变成左部哈萨克领地,时在18世纪。

---

① 《清高宗实录》,乾隆二十二年八月丁亥。
② 《西域图志》卷二四《藩属一·左部哈萨克》。
③ 乾隆《大清一统舆图》,"北哈萨克、鄂伦楚克哈萨克",第91页。
④ 萨冈彻辰:《蒙古源流》(蒙古文),库伦抄本,pp. 36a,71b,72a. 清代汉译本作"尼出衮哈萨拉克",沈曾植注:"哈萨拉克即哈萨克也。"(《蒙古源流笺注》卷六,第二十四叶上)误。

第十五章　17世纪卫拉特各部游牧地之分布

1646年,昆都仑乌巴什与杜尔伯特向鄂齐尔图台吉和巴图尔浑台吉发起进攻,来到库克乌苏、哈勒塔拉,在乌哈尔里克战败后,越过塔勒奇山逃回自己的营地。①

1646年战事表明,昆都仑乌巴什等经今天哈萨克斯坦巴勒喀什湖东卡拉塔尔河上游南下,在伊犁河谷吃败仗后,越过塔勒奇山北撤。这证明,昆都仑乌巴什的营地在巴勒喀什湖以北不成问题。

1657年,当咱雅班第达离开卡拉库姆,到斋河以东土尔扈特部众传教,从那里赶往额尔奇斯河岸的阿巴赖庙。从斋河到额尔齐斯河的途中,乌巴什浑台吉、多尔济台吉、额尔克代青、孟克以及什喇布僧格、罗布藏等给咱雅班第达奉献了大量布施。②

此处被提到的人物均为昆都仑乌巴什的子孙,即其次子乌巴什浑台吉、三子多尔济台吉、四子额尔克代青、七子孟克,以及长子玛迈达赖乌巴什的次子什喇布僧格、三子罗布藏。③

卡拉库姆远在里海东北岸一带。④ 斋河即乌拉尔河。⑤ 可见,昆都仑乌巴什的子孙在额尔齐斯河以西。但根据下面要提到的丹津浑台吉的游牧地范围,笔者不认为乌巴什浑台吉诸兄弟远在乌拉尔方面,而是在靠近上述哈苏鲁克一带,即清代哈萨克东境。

丹津浑台吉是昆都仑乌巴什的嫡长孙,玛迈达赖乌巴什的长子,是17世纪卫拉特历史上的重要人物,他经常出现在《咱雅班第达传》记载里:1661年冬,丹津浑台吉在哈勒塔拉的特斯格图营地;1677、1678年,在额尔奇斯过冬;1679年在额尔齐斯的东哈尔盖过冬;1680年在博罗鼐过夏、车济阿拉癸过冬;1681在阿拉癸过冬;

---

① Г. Н. Румянцева и А. Г. Сазыкина, Раднабадра *ЛУННЫЙ СВЕТ*, *Историа рабджам Зая-пандиты*, Санкт-Петербург 1999, pp. 5b, 6a.
② Ibid, pp. 16a/b.
③ 《钦定西域同文志》卷十"天山北路准噶尔部人名四:和硕特卫拉特属"。
④ 在巴尔喀什湖东北角有一条小河,名叫卡拉库姆。西·诺尔布认为此处的卡拉库姆即此小河(《咱雅班第达传》,第177页),误。详见本文杜尔伯特部牧地考一节。
⑤ 据西·诺尔布解释,操突厥语族语言的诸民族称该河或"扎伊克"或"雅伊克"。卫拉特方言导入了扎伊克之称,但是词尾的"克"逐渐脱落,变成了"斋"(西·诺尔布校注:《咱雅班第达传》,第168页)。

1684在阿济穆过冬。①

特斯格图的具体地点不详,但据"哈勒塔拉的特斯格图"这个表述,必在卡勒塔尔河上游。根据鄂齐尔图汗大本营在卡勒塔尔河一带的事实,这里不会是丹津浑台吉的根据地,而是当时临时所在地。阿济穆地望不确定。阿拉癸、博罗鼐前文已做考证,分别在塔尔巴哈台山以北和斋桑泊以西。

据哈萨克斯坦考古发现,在今巴甫罗达尔州的巴彦阿乌尔附近有昆都仑乌巴什庙遗址。② 这有力地证明了,这一带就是昆都仑乌巴什的根据地中心。

综合以上考证,昆都仑乌巴什及其子孙的游牧地主要分布在斋桑泊以西阿巴赖兀鲁思之西,北面到额尔齐斯河。

五 扎萨克托音与布颜鄂特欢游牧地

扎萨克托音与布颜鄂特欢是哈奈诺颜烘郭尔的四子和五子,是顾实汗之弟。

扎萨克托音有子十人。③《咱雅班第达传》明确记载,扎萨克托音长子塔尔衮额尔得尼浑台吉于1661年冬在博克多额林哈毕尔噶。④ 据《西域图志》记载,额林哈毕尔噶山,"旧音额林哈毕尔罕。在古尔班多博克鄂拉西北六十里,和尔郭斯、安济哈雅两郭勒发源北麓,巴伦哈布齐垓郭勒出其南。山脉自额布图达巴东行二百二十

---

① Г. Н. Румянцева и А. Г. Сазыкина, Раднабадра *ЛУННЫЙ СВЕТ, Историа рабджам Зая-пандиты*, Санкт-Петербург 1999, pp. 20b, 34a, 35b, 36a.
② 伊·维·伊洛费耶娃,《哈萨克斯坦十七世纪中期至十八世纪上半叶的藏传佛教遗址:新的研究和发现》,载于《哈萨克斯坦国文化与情报部文化委员会学术报告》(俄文),阿拉木图,2009年,第27页。
③ 长子塔尔衮额尔得尼浑台吉、次子阿里鲁克三托音、三子额尔得尼托音、四子达尔玛、五子多扎乌巴什、六子玛赖、七子冒济喇克、八子库穆什库、九子毕尔噶达什和幼子乌珊。见《钦定西域同文志》卷一〇"天山北路准噶尔部人名四:和硕特卫拉特属"。
④ Г. Н. Румянцева и А. Г. Сазыкина, Раднабадра *ЛУННЫЙ СВЕТ, Историа рабджам Зая-пандиты*, Санкт-Петербург 1999, p. 20b.

第十五章　17 世纪卫拉特各部游牧地之分布

里,逾安济哈雅至此"。① 诺尔布认为,额林哈毕尔噶山指整个天山北麓,东自巴里坤西至博罗塔拉境内。② 实际上,17 世纪时,额林哈毕尔噶山所指范围并不如此之大,而仅指今天安集海河、奎屯河河源一带,也即现在沙湾县和乌苏市南部边境一带的山脉。

布颜鄂特欢生六子,③长子多郭朗策凌。据《咱雅班第达传》,1647 年夏,多郭朗策凌在空格斯的乌克尔博罗素克东面的察克察海阿拉勒筑寨子与巴图尔洪台吉抗衡。④ 据徐松记载,伊犁广仁城所在地之原名为乌克尔博罗素克。⑤ 据诺尔布的解释,察克察海阿拉勒是空格斯河中游的河中小岛,新疆蒙古人至今称之为察克察海阿拉勒,不过哈萨克人现在已将其改称为阿拉勒道布。⑥

可见,和硕特人的一小支还生活在伊犁河上游的空格斯河,甚至更东边的额林哈毕尔噶山麓。但需要指出的是,这里并不是和硕特的主力。

以上考证了小和硕特部在天山北路的游牧地的分布,现在归纳如下:根据可靠的历史记载,在 17 世纪 30—70 年代,和硕特游牧地北边从亚梅什湖一带沿额尔齐斯河流域往南到斋桑泊南岸,直到塔尔巴哈台山北麓;从塔尔巴哈台山南经额敏河下游、阿拉湖、伊犁河上游,南至伊塞克湖,西南塔拉斯河上中游,从这里北经楚河中游到巴尔喀什湖,包括巴尔喀什湖东边的广阔地域。这个地域包括了今天俄罗斯南部一小部分、哈萨克斯坦巴甫洛达尔州一部分、东哈萨克斯坦州(额尔齐斯河以西)、卡拉干达州东北部、阿拉木图州、江布尔州东部,以及吉尔吉斯斯坦北部的伊塞克州、楚河州和塔拉斯州。

在今天的人们看来,四卫拉特人中仅一个游牧集团居然就拥有

---

① 傅恒等纂:《钦定西域图志》卷二一《山二》,《四库全书》本。
② 诺尔布校注:《咱雅班第达传》,第 207 页。
③ 长子多郭朗策凌、次子诺颜哈喇、三子乌克勒、四子玛齐克浑台吉、五子伊斯坦济、六子车木贝多尔济。见《钦定西域同文志》卷一〇"天山北路准噶尔部人名四:和硕特卫拉特属"。
④ Г. Н. Румянцева и А. Г. Сазыкина, Раднабадра *ЛУННЫЙ СВЕТ, Историа рабджам Зая-пандиты*, Санкт-Петербург　1999, p. 20b.
⑤ 徐松:《西域水道记》卷四"巴勒喀什淖尔所受水"。
⑥ 西·诺尔布校注:《咱雅班第达传》,第 115 页。

如此广阔的游牧空间,几乎是超出了想象。但是,这的确是事实。当然,17世纪时的卫拉特人是游牧民,他们不像现在的定居民一样挤满了整个所属领域,而是自由自在地迁徙在这个广阔地区的大小江河流域、山间谷地和水草美好的草地。

六　杜尔伯特游牧地

在《咱雅班第达传》中,杜尔伯特部经常与和硕特的昆都仑乌巴什一起出现。比如,1646年,杜尔伯特与昆都仑乌巴什向鄂齐尔图台吉和巴图尔浑台吉挑起战争,经库克乌苏、哈勒塔拉到伊犁河谷地作战,失败后北撤,杜尔伯特与昆都仑乌巴什回到了自己的领地。① 这件事前文已经提及。

1653年,咱雅班第达从斋桑湖西南的布噶什河出发,准备到乌拉尔—伏尔加河一带土尔扈特传教。在湖畔,见到了莱尔旺诺门汗。杜尔伯特部的齐什奇布、察滚、车臣等请大库伦到鄂托克们楚克地方过冬,②临别时,为咱雅班第达奉献了大量布施。1654年春,杜尔伯特古木布③去世,库伦为他做了超度法事。咱雅班第达"继续前往",途中,有托音鄂木布(?)、阿玉锡诺颜④、阿勒达尔台什⑤等邀请并奉献了丰厚的布施。从那里到斋河之间,有土尔扈特的鄂克卓特巴、莫尔根台吉等不断邀请。1655年夏,咱雅班第达从斋河返回。这时,土尔扈特罗布藏从斋河源头一带渡河,与鄂克卓特巴、图固勒等会合。1656年,咱雅班第达在杜尔伯特托音那里在卡拉库姆过冬,鄂克卓特巴、图固勒等也邀请了咱雅班第达。从那里,咱雅班第达去往阿巴赖寺。途中,和硕特昆都仑乌巴什子孙乌巴什浑台吉、

---

① Г. Н. Румянцева и А. Г. Сазыкина, Раднабадра *ЛУННЫЙ СВЕТ*, *История рабджам Зая-пандиты*, Санкт-Петербург 1999, pp. 5b, 6a.
② 齐什奇布、察滚、车臣分别为达赖台什四子鄂木布代青和硕齐的长子、次子和三子。见《西域同文志》卷九"天山北路准噶尔部人名三"、"杜尔伯特卫拉特属"。
③ 达赖台什的第五子。
④ 昆都仑乌巴什第六子朋素克次子。
⑤ 达赖台什次子楚的儿子。

第十五章　17世纪卫拉特各部游牧地之分布

多尔济台吉、额尔克代青、孟克以及什喇布僧格、罗布藏等给咱雅班第达奉献了大量布施。①

这里大段摘录原文是为了说明其中杜尔伯特人的游牧地方位。咱雅班第达与莱尔旺诺门汗见面的"湖畔",应该是指巴尔喀什湖,而不是诺尔布所说的赛里木湖。因为,咱雅班第达是从塔尔巴哈台以北的布噶斯河出发,向乌拉尔进发的路上遇见了诺门汗。离开巴尔喀什湖以后,达赖台什四子鄂木布代青和硕齐的儿子们把咱雅班第达请到了自己的营地——鄂托克们楚克。该地具体位置虽不明,但是在巴尔喀什湖以北是十分肯定的。在那里时,达赖台什第五子古木布去世。咱雅班第达从那里继续前往乌拉尔河的途中,路经达赖台什次子和六子孩子们的游牧地。到了1656年,咱雅班第达离开乌拉尔河流域返回额尔齐斯河中游的阿巴赖寺时,却路过昆都仑乌巴什诸子诸孙的营地。这显示,杜尔伯特人的游牧地在昆都仑乌巴什领地之南和西、巴尔喀什湖以北地方。至于西边到什么地方,我们无法确定。

达赖台什的子孙是杜尔伯特的大本营。此外,达赖台什之兄的后裔似乎在较靠南的博罗塔拉一带游牧。

1650年正月,当咱雅班第达从博罗塔拉前往伊犁途中,得到拉拜寨桑和硕齐、杜尔伯特绰克托、喇嘛扎布的邀请。②

据《西域同文志》载,达赖台什之兄噶勒当,其子哈哈勒代诺言乌巴什,其长子苏都奎绰克托,次子喇嘛扎布。③ 绰克托、喇嘛扎布兄弟可能依附于和硕特的鄂齐尔图台吉。

此外,达赖台什三弟托音见于卡拉库姆地方。卡拉库姆在里海东北岸恩巴河右岸。诺尔布认为,此处的卡拉库姆是巴尔喀什湖北岸的小河,这是不正确的。因为咱雅班第达从阿玉锡诺颜、阿勒达尔台什等人的营地赶往乌拉尔河时,遇到了土尔扈特的鄂克卓特

---

① Г. Н. Румянцева и А. Г. Сазыкина, Раднабадра ЛУННЫЙ СВЕТ, Историа рабджам Зая-пандиты, Санкт-Петербург 1999, pp. 15a/b, 16a/b.
② Ibid, p.8a.
③ 《西域同文志》卷九"天山北路准噶尔部人名三"、"杜尔伯特卫拉特属"。

巴、莫尔根台吉等。1655年夏，咱雅班第达从乌拉尔河返回时，土尔扈特罗布藏渡过乌拉尔河，与鄂克卓特巴、图固勒等会合。这就是说，鄂克卓特巴一直在乌拉尔河东岸游牧。1656年，咱雅班第达在卡拉库姆过冬以后，鄂克卓特巴、图固勒等也邀请了咱雅班第达，可见这个卡拉库姆在离乌拉尔河不远的地方，而绝不会在巴勒喀什湖方面，这是毋庸置疑的。

托音一支属于随土尔扈特部西迁乌拉尔—伏尔加河的杜尔伯特人，他的游牧地与杜尔伯特在东方的游牧范围无涉。

七　辉特部游牧地

辉特本来附牧于杜尔伯特，在土尔扈特西迁和大和硕特部南迁后，辉特人自为一部，单独成为四卫拉特之一。因为阿睦尔撒纳是辉特台吉，在清朝镇压阿睦尔撒纳之乱时，辉特部受到严重打击，连其贵族世系都没有保全。根据《咱雅班第达传》记载，17世纪中后期辉特最著名的首领为苏勒坦台什。

1661年，辉特的苏勒坦台什在珠尔都斯。是年，咱雅班第达从伊犁一带出发，前往拉萨。他逆空古斯河而上，越过阿敦库乌尔，进入珠勒都斯境。为了远离回回人（即维吾尔人），经克烈哈达而行。在那里，苏米尔请咱雅班第达到他驻地。在三塔什海的中塔什海时，到了苏勒坦台什营帐。①

苏勒坦台什的大本营珠尔都斯地处天山山脉中部，据《西域图志》载："裕勒都斯，旧音珠尔都斯。在空格斯东南二百里，逾山而至。东西六百里，南北二百里。巴伦（西）裕勒都斯郭勒东流，准（东）裕勒都斯郭勒西南流合而东流经其地。四面皆山，地绕水草，宜畜牧，伊犁东南屏障也。"②突厥语族语系民族诸族语言中，对j辅音，有的发y音，有的则发j音，如前文提及的"扎伊克"和"雅伊克"

---

① Г. Н. Румянцева и А. Г. Сазыкина, Раднабадра *ЛУННЫЙ СВЕТ*, *История рабджам Зая-пандиты*, Санкт-Петербург 1999, pp. 20b, 21a.

② 傅恒等纂：《钦定西域图志》卷一二《疆域五》。

第十五章　17世纪卫拉特各部游牧地之分布

之别。裕勒都斯(yüldüs)和珠尔都斯(jüldüs)的差异也是如此产生。据《西域同文志》记载，裕勒都斯是维吾尔语，"星也，其地泉眼如星"，①故名。在珠尔都斯，最大的河流是巴伦(西)裕勒都斯河。"巴伦裕勒都斯河，源出裕勒都斯西南五百里额什克巴鄂拉西麓。其水东流一百二十里，南会特尔默哈达布拉克。又东七十里，南会布兰布拉克。又东一百二十里，南会哈尔噶纳图布拉克。又东二十里，北会准裕勒都斯河。东南流五十里，分南北二流，东行二百里而后合。其北流会什巴尔台布拉克，赛拉木布拉克、雅玛图哈布齐勒布拉克、古尔班努库尔布拉克、衮哈布齐勒布拉克、察罕乌苏，又合流三十里，又北会三哈布齐垓郭勒，折而东南流，为海都郭勒"。② 可见，犹如其地名所示，这里河流交错，泉眼星罗棋布，是天然的良好牧场。这个地方，就是现在巴音郭楞蒙古族自治州和静县境内大小尤路都斯。

三塔什海是河名，《西域图志》记载其为"塔什海郭勒"，③该河在今巴音郭楞蒙古族自治州和硕县北境。三塔什海河分别称作 Ničügün-ü γool（汉语作"努次根乃郭勒"）、Dumda tasiqai-yin γool（汉语作"冬都塔西哈恩郭勒"）、Jaq-a qasiγai-yin γool（汉语作"扎哈塔西哈恩郭勒"）。苏勒坦台什的营帐当时在中塔什海河，即今天的冬都塔西哈恩郭勒流域。

苏米尔，也是辉特贵族。关于此人的家系，托忒文文献记载不一。巴图尔乌巴什图门的《四卫拉特史》记载，苏米尔台什，辉特赛因恰之子；《辅佐圣成吉思汗之政史》记载，他是诺门达赖之子，赛因恰之孙。但无论如何，苏米尔是辉特人，他当时的营地在珠尔都斯，大致在今天巴音布鲁克境内。

如此看来，虽然辉特方面的记载不多，但是有限的资料可以充分证明，辉特部的游牧地在当时卫拉特四部的东南部，相当于现在的巴音郭楞蒙古族自治州北部，即孔雀河以北几个县市所占地方。

---

① 《西域同文志》卷一"天山北路地名"、"伊犁东南路"。
② 傅恒等纂：《钦定西域图志》卷二六《水三》。
③ 傅恒等纂：《钦定西域图志》卷二七《水四》。

八　准噶尔部游牧地

在噶尔丹崛起前,小和硕特部与准噶尔部关系密切。顾实汗率大和硕特南迁后,鄂齐尔图台吉与巴图尔浑台吉共同主持卫拉特联盟事务,被称为执政的"二台吉"。

1646年春,昆都仑乌巴什和杜尔伯特人联手进攻鄂齐尔图台吉与巴图尔浑台吉。两台吉在乌哈尔里克与之交战,将其打败后,共同到伊犁。1653年巴图尔浑台吉去世后,其子僧格继续与鄂齐尔图台吉保持友好关系。但是,巴图尔浑台吉进出伊犁河谷地是临时性质的,准噶尔兀鲁思牧地,远在四卫拉特东方。

关于16世纪30年代准噶尔牧地的最早报道,见于俄罗斯档案。早在1620年代,巴图尔浑台吉的父亲哈喇忽喇游牧地南边和东边到额尔齐斯河发源地一带直到以乌布萨湖为中心的蒙古阿勒坦汗领地,西边到额尔齐斯河东岸,北到鄂毕河支流楚穆什河流域。[1] 1635年左右,哈喇忽喇去世,巴图尔浑台吉继任准噶尔部长,他的统治中心在和布克河流域。1640年,托博尔斯克将军派到巴图尔浑台吉的使者缅希·列麦佐夫报道:"浑台吉在蒙古边境的和布克赛尔天然界区建造了一座石城,从事耕耘,并在这座小城里居住。"[2] 托博尔斯克军政长官彼·伊·普隆斯基致西伯利亚衙门的报告中称,浑台吉和他的部众卡尔梅克人在亚梅什湖的上方和布克萨里天然界建有一座小城,城里建有住房。城墙四面各长五十俄丈,高二俄丈。小城由中国人和蒙古人建造,城里有小型铁炮。[3] 巴伊科夫也记载,该城距哈剌呼济尔河有四日程远。小城据说是土城,城中有两座石头

---

[1] 详见若松宽《哈喇忽喇的一生》,《东洋史研究》22—4,1964年,第7—13页。
[2] 兹拉特金:《准噶尔汗国史》,莫斯科,1964年,第166—167页。
[3] 《十七世纪俄中关系(1608—1683年)》第一卷第三册,第74号文件(1)注释35,第832页。

第十五章 17世纪卫拉特各部游牧地之分布

建的佛寺,在这座小城里住的是喇嘛和种田的布哈拉人。① 可见,巴图尔浑台吉建造了寺庙、住房和堡垒为一体的石头城,这里当然就是他的统治中心。

俄文档案中的 Кобок-cape（或 Кобок-Джаир）,就是清朝汉文文献中的和博克、萨里二条河流域。据《西域图志》载,和博克河分纳林、克特两条河:"纳林和博克,在哲克得里克西北八十里,北倚鄂二和楚克鄂拉。山下有泉,南流会克特和博克之水合流,南注于哲克得里克(和布克赛尔蒙古自治县中北部加林塔然水库以南和夏大渠流域②——引者)。""克特和博克,在纳林和博克东南二十里,水南流,会纳林和博克郭勒,入哲克得里克,境西三里许有古庙,为准噶尔境内旧迹。建置之始,盖莫考焉。"萨里,"在乌尔图东北十六里,北有萨里鄂拉,其下出泉,东流入于沙碛"。③ 纳林和博克,就是今天新疆和布克赛尔蒙古自治县的和布克河,克特和博克为从北流经和布克赛尔镇东流入和布克河的小河。萨里在萨里山与乌尔图布拉克之间,而乌尔图布拉克就是现在位于和布克赛尔蒙古自治县与吉木乃县边界上的乌图布拉格河,故萨里河就是吉木乃县南部的萨尔布拉克。

在二和博克河之间有一地,名"格尔鄂尔格"。《西域同文志》载:"格尔鄂尔格,准语。格尔,谓屋;鄂尔格,谓其君长所居屋也。旧有台吉建廷于此,故名。"所附蒙古文为 ger örge,托忒文为 ger orge,④ 在今天的和布克赛尔东北郊。这个格尔鄂尔格可能就是巴图尔浑台吉的石头城。

此外,据《咱雅班第达传》,1661年,巴图尔浑台吉之弟楚库尔游牧在特穆尔绰尔郭河流域。⑤ 该河是当时准噶尔领地的西北边境。

---

① 《十七世纪俄中关系(1608—1683年)》第一卷第二册,原文第74号文件,第248页。
② "哲克得里克,在塔尔巴噶台南境,南至迪化州三百里。北境有河,合流南下。其东南境沙漠弥望"。纳林和布克、克特和布克均流入该河。傅恒等纂:《钦定西域图志》卷一一《疆域四·天山北路一》。
③ 傅恒等纂:《钦定西域图志》卷一一《疆域四·天山北路一》。
④ 《西域同文志》卷一"天山北路地名"、"雅尔路"。
⑤ Г. Н. Румянцева и А. Г. Сазыкина, Раднабадра *ЛУННЫЙ СВЕТ*, *Истории рабджам Зая-пандиты*, Санкт-Петербург 1999, p. 20a.

1654年6月,受沙皇派遣,费·伊·巴伊科夫从托博尔斯克前往中国,路经巴图尔浑台吉领地。当时,巴图尔浑台吉已去世,其子僧格为准噶尔首领。据费·伊·巴伊科夫出使报告中称,他溯额尔齐斯河而上,从北穿行整个阿巴赖兀鲁思,到斋桑泊南岸的特穆尔绰尔郭(Темир-чурга)河,进入了准噶尔部牧地范围。据报道,在特穆尔绰尔郭河畔,居住着为浑台吉儿子们种地的"布哈拉人"。从这里走了一天到达哈剌呼济尔河,那里是僧格的营地。如前所述,该河为今哈萨克斯坦的硕尔噶河(Шорга),发源于中国境内的塔尔巴噶台山,往北流入斋桑泊。

　　那么,准噶尔领地的东部边境到哪里呢?

　　17世纪20年代初,哈喇忽喇统治下的准噶尔部游牧地东境可能越过阿尔泰山,与和托辉特部的阿勒坦汗领地相邻。但是,在双方的较量中,哈喇忽喇败北,逃到额尔齐斯河中游,此后阿尔泰山成为卫拉特与喀尔喀的天然边界。在《咱雅班第达传》里有一处记载,刚好能够说明,准噶尔部进入噶尔丹时代前夜其游牧地东界:1675年,和硕特鄂齐尔图车臣汗向噶尔丹发动进攻,进军到特穆尔绰尔郭,从那里令楚库尔、阿勒德尔和硕其率领7 000人收服了在边境上的乌隆古、布拉干、青吉勒等地的阿勒达尔台什、岱青、土尔扈特衮布等,将他们带到和博克,并吞并。①

　　这里所说的"边境",当然是指准噶尔的边境。详细探讨这些河流及其支流,对搞清准噶尔东部边境大有益处。在这方面,徐松的《西域水道记》和乾隆舆图很有帮助。

　　布拉干河,其源出自布延图河南。"布延图河南岸为和通鄂博山,是为阿勒坦山(即阿尔泰山——引者)之尾。西南麓,其山之阳,布拉干河出焉。……布拉干河东南流百里,右会喀喇淖尔水。喀喇淖尔周围数里,在布拉干河源南十余里,亦东南流百里,入布拉干河。又东南流,索勒毕河注之。……又南岳罗图河注之。……又西南,托赖图河注之。……又东南,噶尔古岭水注之。……又东南,特

---

① Г. Н. Румянцева и А. Г. Сазыкина, Раднабадра *ЛУННЫЙ СВЕТ*, *История рабджам Зая-пандиты*, Санкт-Петербург 1999, pp. 29b, 30a.

第十五章　17世纪卫拉特各部游牧地之分布

穆尔图河注之。……又西南流,为布拉干河。……又西南流,察罕河注之。……(察罕河)在喀喇图淖尔水西南七十余里,源处为喀喇淖尔,南流数十里,左汇布拉青吉勒河。又南流近百里,左汇哈达青吉勒河,是为青吉勒河。……又西流,过瑚图斯拉境北。……又西流,为乌隆古河。……过哈喇莽奈山北,……又西北,注噶勒札尔巴什淖尔。淖尔二,小者曰巴噶淖尔,周围百余里,圆椭形,在东南。大者曰噶勒札尔巴什淖尔,周五百余里,形狭而长,在西北"。① 乾隆《大清一统舆图》的标示与徐松的记载一致。②

考之今地,布拉干河发源于蒙古国境内的阿尔泰山西麓,在新疆阿勒泰地区青县东部的塔克什肯口岸一带流入中国境内,今汉语名为布尔根河。青吉里河,今名青格里河,发源于青县北境的阿尔泰山西麓,从北南流,在该县中部的阿拉塔斯与布尔根河汇合,南流又右折,变成乌伦古河,进入富蕴县境内,从正中部穿过该县,西入福海县境内,汇入县西北境的吉力湖(徐松所谓巴噶淖尔),又西北流入乌伦古湖(即噶勒札尔巴什淖尔)。诺尔布认为乌伦古、青吉里、布拉干三河为额尔齐斯河上游,不正确。③

据以上考述,准噶尔的东境就是阿尔泰山西麓的布尔根、青格里、乌伦古河流域,也就是今天新疆阿勒泰地区东部和蒙古国布尔干一带。

至此,把准噶尔部的游牧地可以归纳如下:该部牧地分布在北自斋桑泊,南至准噶尔盆地北部,东与北至阿尔泰山,大体相当于今天哈萨克斯坦的斋桑泊东南地区,新疆的阿勒泰地区、塔城地区东部和克拉玛依市所处地域。

最后需要说明的是僧格在伊犁地区的领地。僧格与小和硕特关系格外密切,他与和硕特贵族联姻,娶鄂齐尔图台吉之女为妻。僧格笃信藏传佛教格鲁派,对咱雅班第达顶礼膜拜。1647年,僧格曾到吹河,在咱雅班第达面前实现了对教法的某种誓愿。1661年

---

① 徐松:《西域水道记》卷五"噶勒札尔巴什淖尔所受水"。
② 乾隆《大清一统舆图》,"科布多和屯、塔尔巴哈台和屯",第89页。
③ 西·诺尔布校注:《咱雅班第达传》,第261页。

冬、1662年春，僧格的营帐出现在额苏克、萨玛勒二河流域，①显然，他在那里拥有冬营地。

关于萨玛勒、额苏克二河，《西域图志》记载："萨玛勒郭勒，在伊犁郭勒北，东北距博罗和洛鄂拉尔百里。南流，东为额苏克郭勒，西为奎屯郭勒。"②徐松记萨玛勒河为"撒玛勒河"，在博罗呼济尔岭一带，奎屯河东十里。③ 该地今天在哈萨克斯坦阿拉木图州东南，伊犁察布查尔锡伯自治县与哈萨克斯坦的卡普恰盖水库之间伊犁河北岸之博罗胡齐尔一带。应该指出，这是僧格在和硕特兀鲁思内的领地，并不意味着准噶尔部在伊犁河中游拥有牧场。

僧格于1670年被异母兄弟们杀害。不久，其胞弟噶尔丹成为准噶尔首领，并于1678年统一四卫拉特，被五世达赖喇嘛授予"博硕克图汗"称号，建立准噶尔汗国。此后，原来卫拉特四部的格局发生了重大变化。经策妄阿喇布坦、噶尔丹策凌时期，卫拉特各个游牧集团的分布又有了新的局面。

令人兴奋的是，准噶尔汗国时期有大量的满文"遗留性史料"，可以用来研究18—19世纪卫拉特的历史地理。

---

① Г. Н. Румянцева и А. Г. Сазыкина, Раднабадра *ЛУННЫЙ СВЕТ, Историа рабджам Зая-пандиты*, Санкт-Петербург 1999, pp. 7a, 20b, 21a.
② 傅恒等纂：《钦定西域图志》卷二六《水三·天山北路二》。
③ 徐松：《西域水道记》卷五"巴尔喀什淖尔所受水"，第257—258页。

第十六章　日本天理图书馆所藏手绘蒙古游牧图及其价值

清朝康熙朝绘制的《皇舆全览图》和乾隆时期绘制的《内府舆图》,是利用当时较为先进的投影测绘技术绘制的比较精密的地图,范围均已覆盖蒙古地方,但是这些舆图比例尺小,标出的地名要素少,故而无法表现蒙古各旗的游牧所在范围及其详细情况。蒙古自己绘制的各旗游牧图,虽然由于测绘技术等方面的关系,其精确度不够高,更不能与今日科学测绘的地图相提并论,但其所包含的历史信息内容非常丰富,具有很高的文化学、历史地理学价值。它是研究蒙古文化史、科学发展史的宝贵资料,也是研究清代、民国时期蒙古历史地理及其相关文献的重要的参考资料。

需要说明的是,这里所说的蒙古各旗游牧图的"游牧",不是"逐水草而迁徙放牧"之意,而是指各旗所在地,即"游牧地"(蒙古语称 nutuγ "努图克")。清代将蒙古各旗所在地用汉语称作"游牧",故当时蒙古手绘各旗地图亦称作"旗游牧图"(qošiγun-u nutuγ-un jiruγ)。清朝西北舆地学专家张穆写过一本蒙古历史地理名著,书名叫《蒙古游牧记》,意即蒙古各旗所辖地域记载。本文是整理出版日本国天理图书馆所藏中国清朝末年至民国年间的蒙古地区手绘地图集的成果,而这些地图的绝大多数是绘制蒙古各盟(部)旗游牧地之图,故定名《蒙古游牧图》。

下面,就几个方面谈一谈本书所收地图相关的若干问题。

一　《蒙古游牧图》的形成及其收藏

清代蒙古游牧图的出现,与清朝在外藩蒙古的"盟旗制度"密切相关。清朝逐步征服、统一蒙古各部后,蒙古原有的鄂托克、爱马克等众多贵族领属集团,绝大部分被整编为由扎萨克世袭统治的旗,蒙古语称之为"和硕"（qošiɣu）。其中，漠南即内蒙古地区的称为"内扎萨克蒙古"，漠北、漠西等其他地区的称为"外扎萨克蒙古"，统称为"外藩蒙古"。每个旗的所辖地域，也按照山川地理走向基本固定下来，被称为某某扎萨克旗的"游牧"。若干扎萨克旗组成一个盟，形成会盟制度，并且以固定的会盟地点命名。这种扎萨克旗制，也称为"盟旗制度"。外藩蒙古的扎萨克旗，在地域和人口上占据了蒙古民族的绝大部分，所以盟旗制度即成为清代蒙古最基本的政治统治和社会制度。扎萨克旗与内属、八旗蒙古及内地省县制度的最大区别是，它拥有封建领主性"君国子民"之权，对本旗的山林、土地、矿产资源有传统所有权，并且不承担国家赋税，不由朝廷委派各级职官。

外藩蒙古盟旗的分布为：

（1）内蒙古六盟49旗，其中哲里木盟10个旗（科尔沁6旗，分左右翼各前、中、后3个旗；扎赉特旗、杜尔伯特旗、郭尔罗斯左右2旗），卓索图盟5个旗（喀喇沁左、中、右3旗，土默特左、右2旗），昭乌达盟11个旗（巴林左右2旗、扎鲁特左右2旗、翁牛特左右2旗，敖汉旗、奈曼旗、阿鲁科尔沁旗、克什克腾旗、喀尔喀左翼旗），锡林郭勒盟10个旗（乌珠穆沁左右2旗、浩齐特左右2旗、苏尼特左右2旗、阿巴嘎左右2旗、阿巴哈纳尔左右2旗），乌兰察布盟6个旗（四子部落旗、茂明安旗、喀尔喀右翼旗及乌拉特前、中、后3旗），伊克昭盟7个旗（鄂尔多斯左右翼各前、中、后6旗及右翼前末旗，又分别习称准噶尔旗、郡王旗、达拉特旗、乌审旗、鄂托克旗、杭锦旗、扎萨克旗）。

（2）外蒙古喀尔喀、杜尔伯特等部：喀尔喀4部各为一盟，即土谢图汗部汗阿林盟、赛音诺颜部齐齐尔里克盟、车臣汗部喀鲁伦巴尔和屯盟、扎萨克图汗部札克必拉色钦毕都哩雅诺尔盟，共有86个旗。外蒙古西部的杜尔伯特及土尔扈特等部15旗组成两个盟，新土尔扈特两个旗组成一个盟，由科布多参赞大臣统辖。

（3）新疆、青海及套西蒙古：新疆旧土尔扈特蒙古分为东、西、南、北四路10个旗，组成四个盟。青海额鲁特等部29个旗组成两个盟。套西蒙古即内蒙古河套以西，有阿拉善额鲁特旗和额济纳土尔

第十六章 日本天理图书馆所藏手绘蒙古游牧图及其价值

扈特旗,不设盟,由陕甘总督兼辖。

旗是清代蒙古最基本的社会组织单位。一个旗的建立,须具备三个条件,即编成苏木("苏木"蒙古语作 sumu,满语称"牛录"niru,原则上 150 户蒙古牧户编为一苏木)的旗民、钦定的游牧地和世袭统治的扎萨克。因此,一旦设立一个旗,其扎萨克人名、苏木数和丁数、游牧地四至八达必须在理藩院登记备案。最初,旗游牧地的范围还只是以江河山川为界,彼此之间未必有精确的界线,所以,当初的游牧地记载可能类似于后来的 nutuγ-un čese(或叫 nutuγ-un ögülel,旗游牧地解说册,简称"册子")的文字表述,尚无地图。在现有的清初理藩院题本、内三院档册和《清实录》中都没有发现理藩院勒令蒙古各旗绘制其游牧地图上交的记载,但是,到了清朝中期的乾嘉时期,各旗有了旗地图,以现存地图为证。

在二木博史公布和探讨的外蒙古"游牧地解说册"中,有些记载非常耐人寻味。它虽然是较晚的记载,但似乎可以说明清代蒙古手绘地图绘制的过程,因为这些制度虽说经历了形成、完善的过程,然而其主要做法毕竟是一贯的。其中,光绪十六年(1890),喀尔喀车臣汗部扎萨克多罗郡王多尔济帕拉木就造送本旗游牧图及册子事给该部盟长的一份报告十分珍贵。该报告写道:

呈文。所报事宜:今年九月贵盟长处下令,将详查本旗游牧地大小地名、江河支流与河套、各方向之里数及边境之地,造地图与册子各一幅,于本年十月十日报送,以备汇总上报。等因。同属一爱玛之贝子拉旺□□、公扎姆萨朗扎布、多尔济优勒济勒都克、扎萨克额林沁多尔济等旗将其与乌珠穆沁右翼扎萨克亲王(旗)、呼伦贝尔所属新巴尔虎各旗接壤之有名称之地之鄂博、木牌,自本旗南第一鄂博诺木汗波罗开始(详查),将其间各地,以三百六十度为一里地,以三十六度为一忽必,不到一忽必之地,以尺为量,将该旗全部游牧地之横竖长度、山之高矮、常年流水及断流河之源头、流域、支流、河套、广阔草原、戈壁之形状、通道、路牌、敕赐名号之大寺庙、本旗公署等分别记载其名,将游牧地全境以每二寸方格为五十里计算,又将游牧地之南、西、北、东四方及边界四周之方向,与历书轮二十四方向相配合而绘一图、书一册子,按照原命令,派专人携带,并令其使用驿站,奉送贵盟长处。此等事宜,特此呈报。(光绪)十六年冬十月初九日。①

从中可以看出以下几个要点:1. 各旗的游牧图是根据盟长的要求绘制的,而盟长则是为了上报给理藩院。因此,根本上讲,旗游牧图的绘制是应理藩院之要求。2. 各旗须将本旗游牧地的四至八达("游牧地之横竖长度")、与其他旗的接壤处、本旗山河及草地与戈壁等地貌、道路、寺庙、扎萨克公署驻地等一一标出。这是绘制旗游牧图的基本要求。3. 按一定的绘制方法绘图。在这里,第三点的绘图方法一项,每个历史时期前后有所不同,各地也有所差异,②但前两项,应该是各地、各旗、各个阶段都基本遵循的。最近,学者们出版了研究波兰学者、探险家科特威茨的一本书,其中公布了科特威茨收藏的几幅蒙古地图。其中,绘制于 1805 年(嘉庆十年)的一幅图是土谢图汗部各旗图。图左上方写有 sayišiyaltu irügeltü-yin arbaduγar on ayimaγ-un qošiγud-un nutuγ-un tobčiltu-a yeke jiruγ. jangjun amban küriyen-ü sayid tan-a ergügsen jiruγ-un eke("[土谢图汗]部各旗游牧综合大图原图")字样,其表述与前文提及的 1890 年多尔济帕拉木册子一致。不仅如此,从 1805 年的图上可以明显看出,该图是原来各旗图的合成,而且描绘的就是各旗游牧地上的扎萨克驻地、寺庙、江河、山川、道路、驿站、边境鄂博以及与其接壤的

---

① *Landscapes Reflected in Old Mongolian Maps*, Edited by FUTAKI Hiroshi & KAMIMURA Akira, the 21st Century Centre of Excellence Programme "the Centre for Documentation & Area-Transcultural Studies", Tokyo University of Foreign Studies, 2005, pp. 99-102.

② 关于各地不同时期的绘制方法等问题,请参考上村明前引文。详见 Kamimura Akira: A Preliminary Analysis of Old Mongolian Manuscropt Maps: Towards an Understanding of the Mongols' Perception of the Landscape, in *Landscapes Reflected in Old Mongolian Maps*, Edited by FUTAKI Hiroshi & KAMIMURA Akira, the 21st Century Centre of Excellence Programme "the Centre for Documentation & Area-Transcultural Studies", Tokyo University of Foreign Studies, 2005, pp. 16-19.

第十六章　日本天理图书馆所藏手绘蒙古游牧图及其价值

其他旗的信息等。[①] 从天理图书馆藏蒙古地图看,这个做法一直延续到清末民初。

蒙古手绘地图最早在什么时候出现,目前还不能确定。《大清一统志》的地理记载是根据《内府舆图》而来,而《大清会典》的地理记载却是依据了蒙古手绘游牧图。考察清代五部《会典》,成书于嘉庆二十三年(1818)的《大清会典》详细记载了外藩蒙古各旗牧地四至八到和各旗接界,而康熙、雍正、乾隆三朝《大清会典》则无此记载。目前所看到的蒙古手绘地图的内容与嘉庆朝《大清会典》记载基本一致。据那顺达来统计,嘉庆朝《大清会典》所载地名与蒙古游牧图上的地名对应率达到95%以上。而且,嘉庆朝《大清会典》直接接受了蒙古早期游牧图上表现的与经纬相差45°的蒙古区位方向。"可以说《蒙古游牧图》是嘉庆《大清会典》牧地记载最直接的资料来源,从某种意义上讲,嘉庆朝《大清会典》牧地记载就是《蒙古游牧图》四至八到的图说"。[②] 这说明,蒙古手绘地图的主要部分应该是在乾隆朝《大清会典》告成的1764年之后。根据乾隆朝《大清会典》的记载,乾隆皇帝下令为各旗"各视其山河之名而表以图,以定其游牧,无山河则树之鄂博。各游牧交界之所,无山河为志者,或平原,或沙碛,皆迭石为之鄂博,封禁牧厂,各于界场掘立封堆。禁其越境者,游牧分定地界"。[③] 然而,这一工作的结果却没有体现在乾隆《大清会典》中,足见大批蒙古游牧地图的出现确实在1764年后。此外,还有一个重要的事实是:目前可以得见的最早的蒙古游牧图都是乾隆年间的。比如,蒙古国现存的有确切年代的最早的游牧图是"车臣汗部卓农王旗山水图"(今藏于蒙古国立中央档案馆),即清代喀尔喀车臣汗部中后旗图。该图绘制于乾隆五十六年(1791),尺寸大小为

[①] Jerzy Tulisow, Osamu Inoue, Agata Bareja-Starzynska, Ewa Dziurzynska, *In the Heart of Mongolia — 100th Anniversary of W. Kotwicz's Expedition to Mongolia in 1912, Studies and Selected Source Materials*, Polsh Academy of Arts and Sciences, Cracow, 2012.
[②] 那顺达来:《喀尔喀历史地理研究——以〈蒙古游牧记〉与〈蒙古游牧图〉比堪为基础》,中国人民大学博士学位论文,2009年,北京,第53页。
[③] 《钦定大清会典》(乾隆朝)卷六四,《续修四库全书·史部·正史类》。

78 cm×68.5 cm。图中表现了河流、山峦和湖泊等及其名称,河流在流经山间或落差大的地方时,把它绘成波纹,而平地上的河流和湖泊则没有波纹;有些山上画有树木或石头,有的则是秃山,尽量表现了山峦的植被和特征。由此可知,"游牧图"最初名为"山水图",其画法类似粗略的山水画,是一种地理要素示意图。此后逐渐发展成为所谓的 qošiɣun-u nutuɣ-un jiruɣ(旗游牧图)。[①] 最近在阿拉善发现的清代阿拉善蒙古地图,最早的也是乾隆年间的。

上村明对现存蒙古国 340 幅地图进行研究后得出结论,现存地图绝大多数是在光绪十六年(1890)和三十三年(1907)绘制的。这与清朝对蒙政策的变化和随之而来的所谓的"新政"有关。清朝从对蒙古地方的封禁、保护政策转变为开发、利用,1890 年清政府公布绘制地图细则——"钦定画图格式附图说式",令各旗重绘新图。为了开发资源,1907 年清朝开始在蒙古地区的农、林、牧、矿、渔、盐各业及铁路、军事、学校、贸易等各行进行研究,并下令重绘地图。因此,有些地图还特意标出了蒙古自然资源的分布。1913 年外蒙古博格达汗政权也照此下令绘制了新地图。[②] 这应该是清末以来蒙古地区游牧图数量剧增的主要原因。

清代和民国时期所绘制的蒙古游牧图有不少流传至今,但因其分藏世界各地,一时难以得出今存地图的准确统计数字。据我所知,这些游牧图集中保存在蒙古国、德国、日本和中国。蒙古国和中国所藏游牧图是当时当地蒙古各旗扎萨克衙门或者清朝及民国政府有关部门庋藏而流传至今的,而德国和日本所藏蒙古游牧图则是从中国和蒙古国外流形成的。

---

① 关于"车臣汗部卓农王旗山水图"的描述请见那顺达来《喀尔喀历史地理研究——以〈蒙古游牧记〉与〈蒙古游牧图〉比堪为基础》,第 50 页。
② Kamimura Akira, A Preliminary Analysis of Old Mongolian Manuscropt Maps: Towards an Understanding of the Mongols' Perception of the Landscape, in *Landscapes Reflected in Old Mongolian Maps*, Edited by FUTAKI Hiroshi & KAMIMURA Akira, the 21st Century Centre of Excellence Programme "the Centre for Documentation & Area-Transcultural Studies", Tokyo University of Foreign Studies, 2005, pp. 14–15.

第十六章　日本天理图书馆所藏手绘蒙古游牧图及其价值

蒙古国家图书馆和蒙古国立中央档案馆所藏蒙古游牧图的情况目前并不十分清楚,但毫无疑问,那里所藏的蒙古地图书目非常可观。根据1937年编写的《国立图书馆亚洲部所藏蒙文部写本和刻本统计》一书,该图书馆藏有1850年至20世纪初年的335幅地图,内容涉及蒙古国境内的蒙古盟旗。[1] 据上村明的研究报告,蒙古国立中央档案馆登录的地图有115幅,而蒙古国立大学专有名词学中心则有260幅。[2] 据那顺达来2006年在蒙古国的实地调查,在蒙古国立中央档案馆现存地图117幅,除了十几幅卡伦、驿传、争议地区的分界图外,其余的都为各旗游牧图,绘制年代主要集中在道光二十三年(1843)至二十七年(1847)、同治三年(1864)至五年(1866)、光绪十六年(1890)、光绪三十三年(1907)、宣统元年(1909)。[3] 2008年,蒙古国学者拉布坦(E. Ravdan)出版了《蒙古地名学》,书中列出了清代各旗地图和1910年地图目录。[4] 蒙古国所藏蒙古历史地图数量庞大,希望能早日整理出版,提供给学界利用。

中国的蒙古游牧图所藏情况的调查目前几乎处于无人问津的状态。据悉,在故宫博物院、国家图书馆、内蒙古社会科学图书馆、赤峰档案馆、阿拉善左旗档案馆等地都有数量不等的收藏。

在德国,蒙古游牧图最早收藏在马堡州立图书馆,共有182幅图,是瓦尔特·海西希(Walther Heissig)和赫尔曼·康斯坦(Herrmann Consten)二人在中国收集到的。后来,这些地图被移交到柏林国家图书馆。1961年,海西希主编的《蒙古文手抄本、木刻版和地图》一书中,克劳斯·萨迦斯特(Klaus Sagaster)曾经对该182幅地图进行了详尽的描述。1966年,M·哈勒图德(Magadbürin Haltod)以《蒙古手绘地图之蒙古地名》(第一部)为书名,刊布了该

---

[1] Magadburin Haltod, *Mongolische Ortsnamen aus mongolischen Manuscript-Karten*, Teil I, Mit einen Einleitung von Walther Heissig, Franz Steiner Verlag GMBH Wiesbaden, 1966, S, VIII.

[2] Kamimura Akira, Ibid, p. 1.

[3] 那顺达来:《喀尔喀历史地理研究——以〈蒙古游牧记〉与〈蒙古游牧图〉比堪为基础》,中国人民大学博士学位论文,2009年,第50页。

[4] E. Rabdan, *Mongol orni gazar nutgiin nerzui*, Ulaanbaatar, 2008 on, H. 236-259.

182幅地图的地名,W·海西希撰写绪论,并附26幅地图(其中2幅为彩色)。1978年,海西希又以《蒙古手绘地图之蒙古地名》(第二部)为书名,公布了德国藏182幅蒙古游牧图中的118幅(其余64幅为重复内容,故未收)。1981年,拉西敦多克(Rašidondog)等出版了《蒙古手绘地图之蒙古地名》(第三部),是前两卷地名的索引。海西希公布的地图的年代都在19世纪末到20世纪初之间。近年,柏林国家图书馆已将这些地图公布在因特网上。1999年,衮特·克鲁瑟(Günter Külser)出版了《十九世纪晚期二十世纪初期的蒙古聚居区手绘旧地图的史料价值》一书,批判了海西希等人整理工作的思路和方法,从地图学和历史地理学角度重新探讨了德藏182幅图。①

在中国,利用蒙古游牧图进行蒙古历史地理研究的第一人是那顺达来(Nasundalai)博士。他的博士学位论文《喀尔喀历史地理研究——以〈蒙古游牧记〉与〈蒙古游牧图〉比堪为基础》,第一次以蒙古游牧图为基本资料,在探讨清代喀尔喀历史地理的同时,纠正了《蒙古游牧记》等汉籍中蒙古地理记载的各种错谬。

此外,还有部分《蒙古游牧图》流传到日本。一部分藏在东京外国语大学,共有16幅。这些地图内容涉及现在蒙古国境内的地方,地图绘制年代在清同治三年(1864)至蒙古人民共和国时期的1936年,显然,这批地图是从蒙古国流入日本的。2005年,东京外国语大学教授二木博史和上村明合作出版了题为 *Landscapes Reflected in Old Mongolian Maps* 的书。该书公布了这些地图照片的同时,还发表了研究篇和地图所载内容的索引,并附了信息数字化的电子光盘。同时,该书还探讨了外蒙古29份游牧地解说册,发表了研究导论和册子中蒙古文的拉丁转写。② 此外,还有一部分蒙古游牧图现

---

① Günter Klüser, *Zum Quellenwert von handgezeichneten Altkarten mongolischer Siedlungsgebiete des späten 19. Und frühen 20. Jahrhunderts-insbosondere im Hiblick auf deren historisch-geographische Bearbeitung*, Verlag Dr. Kovac, 1999, Hamburg.

② *Landscapes Reflected in Old Mongolian Maps*, Edited by FUTAKI Hiroshi & KAMIMURA Akira, the 21st Century Centre of Excellence Programme "the Centre for Documentation & Area-Transcultural Studies", Tokyo University of Foreign Studies, 2005, pp. 8, 1–216.

第十六章　日本天理图书馆所藏手绘蒙古游牧图及其价值

存日本天理图书馆,这就是本文要讨论和公布的内容。

二　天理图书馆所藏45幅蒙古手绘地图

(一) 前人相关成果

1955年,日本天理图书馆出版了《天理图书馆丛书》第十九辑《中文地志目录》。该目录是天理图书馆藏汉文地志文献和舆图资料总目,其实文种并不止于汉文,其中第一次公布了该图书馆所藏蒙古游牧图的目录。"舆图之属"目下"蒙古图"中记载了共24幅图,而"产业图"目下又记载了20幅图。这虽然是一个简单的目录,但通过它,学界了解了天理收藏地图的概貌。前文提及的海西希1961年主编的《蒙古文手抄本、木刻版和地图》一书,根据该《中文地志目录》,做成了天理图书馆所藏地图目录附于书后,于是天理珍藏蒙古地图的信息被介绍到了西方学术界。

但是,半个世纪以来,天理图书馆所藏蒙古游牧图一直没有得到研究。直到2008年,等等力政彦出版了研究该收藏中与现在俄罗斯联邦图瓦共和国相关的一幅地图——"唐努乌梁海舆地游牧详细总图"的成果,书名为 The Detailed Map of the Nomadic Grazing Patterns of Total Area of the Tangnu-Uriyangkhai。关于此书的得失,二木博史指出,等等力氏尽量再现地图中所有信息的努力和从图瓦语角度考察地名等工作值得肯定,但是他不吸收前人研究成果,对图中的蒙古语词汇进行抄写和基里尔文转写,而不做符合国际蒙古学惯例的拉丁转写,对地图绘制年代考证也有误。[①] 对天理所藏地图进行全面、认真的调查和介绍的是二木博史。据他本人的记载,他早在1984年就到天理图书馆阅览这些地图,并复制了其中的大部分。2009年,二木博史发表了题为《关于天理图书馆所藏蒙古地图

[①] 二木博史:《关于天理图书馆所藏蒙古地图集》,今西淳子、Ulziibaatar Demberel、Husel Borjigin编:《探索东北亚新秩序——"档案、历史、文学、媒体所见全球化中的世界秩序:以东北亚社会为中心"国际会议论文集》,日本,2009年3月,第27—43页。

集》的论文,在简短回顾国际学界围绕天理图书馆藏蒙古地图所做的工作后,逐一描述了该图书馆所藏44幅地图的题目、语种、绘制年代等,并将其同柏林国家图书馆藏蒙古地图相比较,确认天理藏品的半数以上不与柏林所藏蒙古地图重复的事实,更加肯定了天理收藏的价值。该文还根据蒙古游牧图的特点,将其分成三大类,即用蒙古语记写并加盖官印的正式图(X类)、在X类图上加帖纸条的图(Y类)和主要用汉语记写、个别必要的地方并用蒙古语的图(Z类)。二木氏还指出,汉语图是译自蒙古语的,蒙古语图的信息远比汉语图丰富。该文最后分析了清末民初蒙古地图大多数成为汉语地图的原因,他认为,清朝末年推行"新政"以后,清朝对蒙古地区的统治从间接转变为直接统治,出于官僚们业务管理的便利等需要,汉语地图多了起来。汉语地图的增多与以汉族为中心的"国民国家"的形成(民国)有密切关系。①

关于天理所藏地图何时以及怎样东渡的问题,天理图书馆没有记载。对此,二木博史做了如下推测:"从图书馆自身的记录来看,其来历似乎不明。到底是个人还是某特定的机关收集的,或者是整合了几个地图集,都无法判断。但是,总体考察该蒙古地图集,就很容易发现其几个特点。第一,内蒙古地图除了一幅外其他都是日俄战争后日本特别关心的内蒙古东部的卓索图和昭乌达二盟。第二,外蒙古喀尔喀地图大部分是汗、盟长、副将军等具有影响力的贵族的领地之图。第三,内蒙古锡林郭勒盟阿巴哈纳尔右翼旗、喀尔喀车臣汗部中右旗(伊尔登公旗)以及唐努乌梁海、阿尔泰乌梁海等国境地域的地图。从这些方面考虑,与其说该地图集是偶然的收集,还不如说是为推行日本政治政策服务而有意收集的。也就是说,这显示了蒙古地区地图的收集工作是在时代的要求下进行的。"②二木博史的观察非常敏锐和到位,笔者很赞同这一观点。在天理所藏地

---

① 二木博史:《关于天理图书馆所藏蒙古地图集》,今西淳子、Ulziibaatar Demberel、Husel Borjigin 编:《探索东北亚新秩序——"档案、历史、文学、媒体所见全球化中的世界秩序:以东北亚社会为中心"国际会议论文集》,第27—43页。
② 同上书,第41页。

第十六章 日本天理图书馆所藏手绘蒙古游牧图及其价值

图集中有一幅题名为"内蒙各盟部落图"的图,该图标题与内容不符,实为民国初年内蒙古西部通漠北喀尔喀蒙古的交通图;另外还有一副察哈尔省公文传递驿站图,绘制时间大致是1935年(详后),正是伪"满洲国"时期(1932.3—1945.8)。如果天理的地图集是一次性带到日本的话,在二木博史的考察基础上我们还可以进一步推测,这些图应该是在伪满初期带到日本的,从收集者的明显的兴趣和倾向性可以看出,其目的就是为日后的侵华战争和计划中的对苏战争(未实施)服务的。

(二) 45 幅地图概貌

海西希提到了天理图书馆的44幅地图,他是根据天理图书馆编《中文地志目录》说的。二木博史提到了该图书馆的45幅地图,但他所研究、介绍的还是44幅。实际上,天理所藏蒙古地图共计45幅,这些图可分为四部分:第一部分是内外蒙古混合图,1幅;第二部分为内扎萨克蒙古各旗图,包括卓索图盟5幅、昭乌达盟11幅、锡林郭勒盟1幅以及民国察哈尔省北部公文传递路线图1幅,共计18幅;第三部分是外扎萨克喀尔喀蒙古各旗地图,包括土谢图汗部图5幅、赛因诺颜部图8幅、车臣汗部图2幅、扎萨克图汗部图7幅,共计22幅;第四部分是唐努乌梁海与额鲁特相关的4幅。

下面,在二木博史所做工作的基础上,笔者将逐一介绍天理图书馆所藏45幅图,并对一些地图的绘制年代稍作考订。通过日本和德国地图目录的对照,还可以发现哪些图是天理图书馆所独有的,这对进一步了解天理所藏地图的价值有所裨益[按:《中文目录》=天理图书馆编《中文地志目录》,天理图书馆丛书第19辑,1955年;《蒙古文目录》= 海西希编《蒙古文手抄本、木刻版及地图》(Walther Heissig: *Mongolische Handschriften*, *Blochdrucke*, *Landkarten*, Wiesbaden, 1961)]。

第一部分:内外扎萨克蒙古交通图(1幅)
(1) 内蒙古中部和喀尔喀左翼交通图(钢笔绘)
原标题:《内蒙各盟旗部落全图》
《中文目录》: 292.2.3387

《蒙古文目录》：无

语种：汉

绘制时间：1914—1928 年

说明：根据该图上的"察哈尔特别区域"字样可以判断，该图应绘制于 1914—1928 年间。察哈尔特别区域是中华民国三年（1914）北洋政府建立的地方行政建制，[①]下辖锡林郭勒盟 10 旗、察哈尔左右翼 8 旗及境内各牧厂和兴和道。察哈尔特别区域地方行政长官为军政合一的察哈尔都统，都统署驻张北县。1928 年南京国民政府撤销察哈尔特别区域，改置察哈尔省。

该图题名为"内蒙各盟部落图"，不准确。这幅图实际上是内蒙古察哈尔特别区域、乌兰察布盟以及外蒙古车臣汗部和土谢图汗部混合图。地图右边为察哈尔特别区域，从下往上分别标出察哈尔特别区域、锡林郭勒盟，并记载了察哈尔左右翼、苏尼特左右翼、阿巴嘎和阿巴哈纳尔左翼二旗、阿巴嘎和阿巴哈纳尔右二旗以及乌兰察布盟及其四子部落旗。图中部和右上部位置上绘制了外蒙古土谢图汗、车臣汗二部各旗。绘制该图的目的显然不是标出所绘各盟旗的游牧地，而是要描绘从察哈尔特别区域到外蒙古的三条通道，通道沿线各地画得非常密集而清楚。从内外蒙各地分布的地理位置可以判断，该图上方是东方，而左边是北方。

第二部分：内扎萨克蒙古各旗图（18 幅）

1. 卓索图盟 5 幅：

（2）喀喇沁中旗（墨绘）

原标题：卓索图盟喀拉沁中旗图

语种：蒙、汉、满

绘制时间：光绪三十三年（1907）

《中文目录》：292.2.3389/1

《蒙古文目录》：795（Josotu-yin čiɣulɣan-u Qaračin-u jasaɣ, ulus-un tusalaɣči güng-ün jerge terigün jerge tabunang Qanrujab-un

---

[①] 关于察哈尔特别行政区域，参见周清澍主编《内蒙古历史地理》，内蒙古大学出版社，1994 年，第 269 页。

第十六章　日本天理图书馆所藏手绘蒙古游牧图及其价值

jakirqu qošiɣun-u aɣula, ɣool, jaqa, kijaɣčar-un jiruɣ, 1907）

（3）喀喇沁中旗（墨绘）

原标题：卓索图盟喀拉沁（中）旗图

《中文目录》：无

《蒙古文目录》：796（无题目）

语种：蒙、汉、满

绘制时间：光绪三十三年（1907）重绘

说明：《中文目录》记载卓索图盟的游牧图共计5幅，但具体罗列了4幅。这大概是因为有2幅图均附有"卓索图盟喀喇沁中旗"标题的缘故，因而漏记了其中的1幅。第二幅喀喇沁中旗图在天理图书馆的请求番号为292.2.3389/5。

该图记载，喀喇沁中旗"与喀拉沁扎萨克索特那木旺济勒旗连界"，而索特那木旺济勒是1885年袭喀喇沁左旗扎萨克一等台吉的，在他以后，还有巴特玛鄂特萨尔在1896年袭该爵位和扎萨克，直到1897年被革职。[①] 因此，该图实际上是1907年重绘索特那木旺济勒任扎萨克时期（1885—1896年）的旧图。

（4）喀喇沁左旗（墨绘）

原标题：卓索图盟喀勒沁东旗图

《中文目录》：292.2.3389/2

《蒙古文目录》：794（Josotu-yin čiɣulɣan-u Qaračin jegün qošiɣu, jegün baraɣun bey-e qoyar jaɣun nayan ɣajar, emün-e qoyitu beye qoyar jaɣun dalan ɣajar, egünü dotoraki aɣula usu, süm-e suburɣ-a siroi-yin qota qoroɣ-a ayil ɣačaɣ-a-u ner-e qandulɣ-a jüg jam jerge-yin büriddel-ün jiruɣ, 1907）

语种：蒙、汉、满

绘制年代：光绪三十三年（1907）

（5）土默特左旗

原标题：卓索图盟东土默特旗图（墨绘本）

《中文目录》：292.2.3389/3

---

① 包桂芹：《清代蒙古官吏传》，民族出版社，1995年，第385—386页。

《蒙古文目录》：793（badaruγultu törö-yiuinurbadar on, ebül-ün trigün saradur, bayičaγsan Josotu-yi čiγulγan-u jegün tümed-ün jasaγ jün vang-un jerge törö-yin darqan beyile Seringnamjilvangbu-yin qošiγun-u jiruγ, 1907）

语种：蒙、汉

绘制年代：光绪三十三年（1907）

（6）土默特右旗（墨绘）

原标题：卓索图盟西土默特旗图

《中文目录》：292.2.3389/4

《蒙古文目录》：无

语种：蒙、汉、满

绘制年代：光绪三十三年（1907）

2. 昭乌达盟 11 幅：

（7）敖汉旗（墨绘）

原标题：昭乌达盟敖汉旗全图

《中文目录》：292.2.3391.1

《蒙古文目录》：799（Juu Uda-yin čiγulγan-u Auqan-u jasaγ giyün vang-dur aγsan Lhajalnorcan-u qošiγun-u nutuγ-un jiruγ, 1908）

语种：蒙、汉

绘制年代：1911 年后

说明：德藏敖汉旗图的名称为"昭乌达盟敖汉原扎萨克郡王勒恩轸勒诺尔瓒旗游牧图"，绘制时间为 1908 年。但天理所藏敖汉旗图显然是 1911 年以后绘制的，因为在该图上的 örüšiyel-i delgeregülügči süm-e（兴仁寺）下面记写了"左右二旗分界处"字样。据《宣统政纪》记载，宣统三年（1911），敖汉多罗郡王色凌敦噜布"以便举办新政"为由，提出分旗治理，清廷便将敖汉旗分为左右二旗。[①] 该图还记载着原扎萨克勒恩轸勒诺尔瓒的府邸所在。可见，天理所藏这幅图是临摹 1908 年的敖汉旗游牧图的，时间当在 1911 年后。

---

① 《宣统政纪》卷五三，宣统三年四月丁酉。

第十六章　日本天理图书馆所藏手绘蒙古游牧图及其价值

（8）巴林左右二旗（墨绘）

原标题：昭乌达盟巴林旗图

《中文目录》：292.2.3391/2

《蒙古文目录》：803、804（Sidar-dur yabuqu Juu Uda-yin čiɣulɣan-u Baɣarin-u jasaɣ qosiɣun-u beyise Sedennamjilvangbuu-yin qosiɣun-u nutuɣ-un jiruɣ，1908）

语种：蒙、汉

绘制年代：光绪三十四年（1908）

说明：该图标题为"昭乌达盟巴林旗图"，其柏林藏本的蒙古文标题则作"御前行走昭乌达盟巴林扎萨克旗贝子色丹那木扎勒旺保旗游牧图"。贝子色丹那木扎勒旺保为巴林左旗扎萨克，但据其内容，该图包括巴林左右二旗。

（9）巴林左右二旗（墨绘）

原标题：baraɣun baɣarin qošiɣun-u jiruɣ 西巴林旗图

《中文目录》：292.2.3391/4（巴林旗图）

《蒙古文目录》：无

语种：蒙、汉

绘制年代：中华民国九年（1920）三月一日

说明：标题虽作西巴林旗图，但仍然包括左右二旗。

（10）巴林左右二旗（墨绘）

原标题：baraɣun baɣarin qošiɣun-u jiruɣ

《中文目录》：292.2.3391/4（目录作《巴林旗图》）

《蒙古文目录》：无

语种：蒙、汉

绘制年代：中华民国九年（1920）六月十日

说明：仍为巴林左右二旗图。

（11）巴林左右二旗边界图（墨绘）

原标题：baɣarin jegün qošiɣun-u jiɣaɣ qubiyaɣsan nutuɣ-un jiruɣ 巴林左旗边界图

《中文目录》：292.2.3391/6

《蒙古文目录》：无

381

语种：蒙、汉

绘制年代：中华民九年（1920）五月二十八日

（12）巴林左右二旗、阿鲁科尔沁旗分界图（墨绘）

原标题：左右巴林阿鲁科尔沁三旗划界形势图

《中文目录》：292.2.3391/3

《蒙古文目录》：无

语种：汉

绘制年代：1923年后

说明：该图记载了林西县知事兼三旗划界委员王士仁的名字。据《林西大事记》，1923年5月，热河特别区在林西县设立巴林左翼旗垦务分局，王士仁出任总办。据此，本图的绘制年代应在1923年后。

（13）阿鲁科尔沁旗（彩绘）

原标题：昭乌达盟阿鲁科尔沁旗全图

《中文目录》：292.2.3392/7

《蒙古文目录》：805（Sidar-tur yabuqu Juu Uda-yin čiɣulɣan-u daruɣ-a Aru Qorčin-u jasaɣ törö-yin jün vang-un jerge naiman jerge nemegsen čerig-ün ɣabiy-a dörben jerge temdeglegsen törö-yin beyile Bacargirdi-yin qošiɣun-u nutuɣ-un jiruɣ, 1908）

语种：蒙、汉

绘制年代：光绪三十四年（1908）

（14）翁牛特右旗（彩绘）

原标题：翁牛特旗全图

《中文目录》：292.2.3391/8

《蒙古文目录》：800（Sidar-tur yabuqu törö-yin dügüreng giyün vang Čambalnrbu-yin qosiɣun-u nutuɣ ɣajarun jiruɣ, 1907）

语种：蒙、汉

绘制年代：光绪三十三年（1907）

（15）翁牛特左旗（彩绘）

原标题：昭乌达盟东翁牛特旗图

《中文目录》：292.2.3391/9

第十六章 日本天理图书馆所藏手绘蒙古游牧图及其价值

《蒙古文目录》：801（Sidar-tur yabuqu Juu Uda-yin čiɣulɣan-u kereg-i tusalan sidgegči jegün Ongniɣud-un jasaɣ törö-yin darqan dayičing beyile Hualian-u qosiɣun-u nutuɣ-un jaraɣ, 1908）

语种：蒙、汉

绘制年代：光绪三十四年（1908）

（16）克什克腾旗（彩绘）

原标题：昭乌达盟克什克腾旗图

《中文目录》：292.2.3391/10

《蒙古文目录》：802（Juu Uda-yin čiɣulɣan-u qariyatu Kesigten-ü jasaɣ terigün jerge tayiji qoyar jerge temdeglegsen Bekejiy-a-yin qosiɣčun-u nutuɣ-un jaraɣ, 1908）

语种：蒙、汉

绘制年代：光绪三十四年（1908）

（17）喀尔喀旗（彩绘）

原标题：昭乌达盟喀尔喀旗全图

《中文目录》：292.2.3391/11

《蒙古文目录》：797（Juu Uda-yin čiɣčulɣan-u Qalq-a-yin jasaɣ törö-yin beyile Rolmasereng-yin qosiɣun-u nutuɣ-un jiruɣ, 1908）

语种：蒙、汉、满

绘制年代：光绪三十四年（1908）

3. 锡林郭勒盟（察哈尔省）2 幅：

（18）阿巴哈纳尔右旗（彩绘）

原标题：西阿巴哈那尔

《中文目录》：292.2.3393

《蒙古文目录》：818（1901 年）

语种：蒙、汉

绘制年代：光绪二十七年（1901）

（19）察哈尔省北部公文传递路线图（墨绘）

原标题：无

《中文目录》：292.2.3595

《蒙古文目录》：无

语种：汉

绘制年代：1934 年 12 月—1936 年 2 月之间

说明：《中文地志目录》称该图为《外蒙古车臣汗部落图》，误。二木博史根据目录，将其列入车臣汗部图，但似乎未能对上号，故标记"未调查"。实际上，该图为中华民国时期察哈尔省北部公文传递路线图，因其右上方标记了外蒙古车臣汗部位置，故《中文地志目录》的编者误以为车臣汗部图。

要确定该图的绘制年代应该注意以下几点：首先，本土覆盖范围是察哈尔省北部。① 1928 年，国民党南京政府在原察哈尔特别行政区的基础上建察哈尔省。该省下辖察哈尔 8 旗和商都牧群、牛羊群、太仆寺左翼牧群、太仆寺右翼牧群、锡林郭勒盟 10 旗，以及原直隶省口北道所辖宣化、怀来等 10 县。省会所在地在张家口。该图记载了察哈尔 8 旗、四牧群和锡林郭勒盟各旗等察哈尔省北部牧区外，还标记了从各牧群分析而建成的商都县（1918 年建立）、宝昌县（1925 年建立）、康保县（1925 年建立）、集宁县（1922 年建立）和多伦县（1913 年建立，1928 年隶察哈尔省）。其次，1936 年 2 月，日伪将察哈尔省改为察哈尔盟，在张北成立盟公署，并将宝昌和沽源二县合并为宝源县，将各牧群均改为旗。但本图不见沽源而见宝昌，各牧群仍称牧群而不称旗，可见绘制时间当在 1936 年前。最后，本图右上角见"江省字（索之误写——笔者）岳尔吉山"、"东省（南省之误）之哲里木盟"字样。"江省"应为伪满"龙江省"的简称，该省建于 1934 年 12 月 1 日，索岳尔吉山（又作索岳尔济山）即在其辖境内；而哲里木盟时归伪满兴安南省，这里作东省有误（或许是"东部省份"之意？）。据此，该图的绘制年代应在 1934 年 12 月—1936 年 2 月之间，大致是 1935 年所绘。

第三部分：外扎萨克喀尔喀蒙古各旗图（22 幅）

1. 土谢图汗（图什业图汗）部 5 幅：

（20）土谢图汗旗（彩绘）

---

① 关于察哈尔省及其下辖旗县演变，参见周清澍主编《内蒙古历史地理》，第 269—272 页。

第十六章　日本天理图书馆所藏手绘蒙古游牧图及其价值

原标题：图什业图汗达什呢玛旗游牧图

《中文目录》：292.2.3549/4

《蒙古文目录》：716（Qalq-a-yin Včirai batu Tüsiyetü qan nigen jerge nemegsen Dasinima-yin qosiɣun-u nutuɣ-un jiruɣ 图什业图汗达什呢玛游牧图，1907年）

语种：蒙、汉

绘制年代：光绪三十三年（1907）

（21）右翼左旗（彩绘）

原标题：图什业图汗部落（右翼左）副将军亲王旗游牧图

《中文目录》：292.2.3549/1

《蒙古文目录》：726（Tüsiyetü qan ayimaɣ-un tusalaɣči jangjunčin vang-un qosiɣun-u nutuɣ-un jiruɣ 图什业图汗部落副将军亲王旗游牧图，1907年）

语种：蒙、汉

绘制年代：光绪三十三年（1907）

（22）中右旗（彩绘）

原标题：图什业图汗部落（中右）扎萨克多罗郡王和硕额驸车林巴拜旗游牧图

《中文目录》：292.2.3549/2

《蒙古文目录》：715（Tüsiyetü qan ayimaɣ-un törö-yin jün vang qošoi efü čerinbabai-yin nutuɣ-un jiruɣ 图什业图汗部落扎萨克多罗郡王额驸车林巴拜旗游牧图，1907年）

语种：汉

绘制年代：光绪三十三年（1907）

（23）左翼左中末旗（彩绘）

原标题：喀尔喀图什业图汗左翼左中末旗扎萨克辅国公乌达尔都克齐布彦瓦齐尔旗游牧图0053

《中文目录》：292.2.3549/5

《蒙古文目录》：714（Qalq-a-yin Tüsiyetü qan ayimaɣ-un jasaɣ ulus-tur tusalaɣčši güng Uduriduɣčibuyangvačir-yin qosiɣun-u nutuɣ-un jiruɣ 喀拉喀图什业图汗部落扎萨克辅国公乌达尔都克齐布彦瓦

齐尔旗游牧图,1907年)

  语种：蒙、汉

  绘制年代：光绪三十三年(1907)

  (24)中旗(彩绘)

  原标题：图什业图汗部落库伦办事大臣扎萨克固山贝子绷楚克车林旗游牧图

  《中文目录》：292.2.3549/3

  《蒙古文目录》：720 (Tüsiyetü qan ayimaγ jarliγ-iyar jaruγsan Küriyen-dür saγuju kereg sidkegči sayid yisün jerge nemegsen jasaγ qosiγun-u beyise Pungčuγčerin-yin qosiγun-u nutuγ-un jiruγ 图什业图汗部落库伦办事大臣扎萨克固山贝子绷楚克车林旗游牧图,1907年)

  语种：汉

  绘制年代：光绪三十三年(1907)

  2. 赛因诺颜部8幅：

  (25)赛因诺颜部各旗总图(彩绘)

  原标题：额鲁特旗图0032—33

  《中文目录》：292.2.3403

  《蒙古文目录》：702

  语种：汉、蒙

  绘制年代：宣统元年(1909)

  说明：该图为赛因诺颜部各旗总图。《中文地志目录》误拟其标题为"额鲁特旗图"，不知原因何在。二木博史把这幅图推测为《中文地志目录》中的"喀尔喀车臣汗部落图"(292.2.3395)，亦误。

  (26)赛因诺颜旗(彩绘)

  原标题：三音诺彦盟长扎萨克亲王那木囊苏伦旗游牧图

  《中文目录》：292.2.3551

  《蒙古文目录》：无

  语种：蒙、汉

  时间：应绘制于那木囊苏伦任扎萨克期间(1906—1911)

  (27)左翼左末旗(彩绘)

  原标题：喀尔喀中路左翼左末旗扎萨克公衔头等台吉罗布桑海

第十六章　日本天理图书馆所藏手绘蒙古游牧图及其价值

都布旗游牧图

《中文目录》：292.2.3547/1，

《蒙古文目录》：无

语种：汉

时间：应绘制于罗布桑海都布任扎萨克期间（1888—？）

（28）中左翼末旗（彩绘）

原标题：喀尔喀中路中左末旗扎萨克亲王额驸那彦图旗游牧图

《中文目录》：292.2.3547/8

《蒙古文目录》：无

语种：汉

时间：应绘制于那彦图任扎萨克期间（1874—1921）

（29）中右翼旗（彩绘）

原标题：喀尔喀中路中右扎萨克副盟长郡王库噜固木扎布旗游牧图

《中文目录》：292.2.3547/10

《蒙古文目录》：无

语种：汉

时间：应绘制于库噜固木扎布任扎萨克期间（1892—1917）

（30）右翼中左旗（彩绘）

原标题：喀拉喀中路右翼中左旗扎萨克公达沁拉布丹旗游牧图

《中文目录》：292.2.3547/9

《蒙古文目录》：无

语种：汉

时间：应绘制于达沁拉布丹任扎萨克期间（1897—1911）

（31）中左旗（彩绘）

原标题：喀勒喀北路中左旗扎萨克参赞大臣郡王衔贝勒车登索诺木旗游牧图

《中文目录》：292.2.3547/12

《蒙古文目录》：无

语种：汉

时间：应绘制于车登索诺木任扎萨克期间（1902—？）

说明：原图标题作"喀勒喀北路"，误，应为中路，二木博史已指出。

（32）中后旗（彩绘）

原标题：喀尔喀北路中后扎萨克参赞贝子衔公杜噶尔扎布旗游牧图

《中文目录》：292.2.3547/11

《蒙古文目录》：无

语种：汉

时间：应绘制于杜噶尔扎布任扎萨克期间（1894—？）

说明：原图标题作"喀勒喀北路"，误，应为中路，二木博史已指出。

3. 车臣汗部 2 幅：

（33）中右旗

原标题：喀尔喀车臣汗部落（中右旗）盟长扎萨克多罗郡王多尔济帕拉木旗游牧图

《中文目录》：292.2.3547/13

《蒙古文目录》：775

语种：蒙、汉

绘制年代：光绪三十三年（1907）

（34）右翼前旗

原标题：qalq-a-yin sečen qan ayimaγ-un šidar-tur yabuqu ulus-tur tusalaγči güng-ün jerge jasaγ terigün tayiji čeringγombu-yin qošiγun-u nutuγ-un jiruγ 车盟辅国公衔扎萨克头等台吉车凌棍布旗

《中文目录》：无

《蒙古文目录》：无

语种：蒙、汉

绘制年代：宣统二年（1910）三月十九日

说明：此图二木博史未列。

4. 扎萨克图汗部 7 幅：

（35）扎萨克图汗部各旗总图（钢笔绘）

原标题：扎萨克图汗部落全图

《中文目录》：292.2.3399

《蒙古文目录》：688（1908 年）

第十六章　日本天理图书馆所藏手绘蒙古游牧图及其价值

语种：蒙、汉

绘制年代：光绪三十四年（1908）

（36）右翼左旗（彩绘）

原标题：喀尔喀西路右翼左扎萨克副盟长额尔德呢毕什呼勒图扎萨克图索特那木拉布坦旗游牧图0037

《中文目录》：292.2.3547/2

《蒙古文目录》：无

语种：蒙、汉

绘制年代：应在索特那木拉布坦任副盟长期间（？—1909）

（37）左翼中旗（彩绘）

原标题：喀尔喀西路左翼中旗扎萨克镇国公达木党苏伦旗游牧图

《中文目录》：292.2.3547/1

《蒙古文目录》：无

语种：蒙、汉

绘制年代：应在达木党苏伦任扎萨克期间（1886—1915）

（38）中左翼左旗（彩绘）

原标题：喀尔喀西路中左翼左旗盟长郡王衔扎萨克多罗尔勒阿尔达萨嘎喇旗游牧图

《中文目录》：292.2.3547/3

《蒙古文目录》：无

语种：蒙、汉

绘制年代：应在阿尔达萨嘎喇任盟长期间（1904—1908）

（39）右翼右旗（彩绘）

原标题：喀尔喀西路右翼右扎萨克公棍布苏伦旗游牧图

《中文目录》：292.2.3547/4

《蒙古文目录》：无

语种：蒙、汉

绘制年代：1889—

（40）右翼右旗（彩绘）

原标题：喀尔喀西路左翼右旗扎萨克镇国公苏克苏伦旗游牧图

《中文目录》：292.2.3547/5

《蒙古文目录》：无

语种：蒙、汉

绘制年代：应在苏克苏伦任扎萨克期间（1897—？）

（41）左翼后旗（彩绘）

原标题：喀尔喀西路（北边管）旗扎萨克离任贝子蕴端多尔济旗游牧图

《中文目录》：292.2.3547/6

《蒙古文目录》：无

语种：蒙、汉

绘制年代：应在蕴端多尔济任扎萨克期间（1889—1910）

第四部分：唐努乌梁海与额鲁特相关

1. 唐努乌梁海 1 幅：

（42）唐努乌梁海总图（彩绘）

原标题：唐努乌梁海舆地游牧详细总图

《中文目录》：292.2.チ51

《蒙古文目录》：685（Tangnu Uriyangqai-yin nutuγ-un γajar oron-u bayidal tölöb-ün jiruγ-i tušiyaγsan-i kičiyenggüilen daγaju qariyatu olan tüšimel-i abču dakin qamtu neilejü γajar oron-u qaγučin jiruγ dangsa-ača kinan üjejü büridken jiruγulju jiq-a toγurin-i γadaγadu orus, jiči olan qaraγul, Darqad, Dörbed, Qalq-a qušiγud-luγ-a kijaγar jiq-a neyilegsen kili-yin obuγ-a qayiči temdeg-i bürin-e bičijü γaγčakü jiruγ-un jüg čig kemjiy-e toγ-a eki adaγ-un egüülel-i egünü urid ergügsen quriyangγui jiruγ, jiči čese-dür nigengte todurqailan γarγaγsan tula, edüge ülü seyiregülün ergükü nutuγ-un jiruγ）

语种：蒙、汉

绘制年代：1907 年？

说明：关于绘制年代，二木博史有详细考证。①

---

① 二木博史：《关于天理图书馆所藏蒙古地图集》，今西淳子、Ulziibaatar Demberel、Husel Borjigin 编：《探索东北亚新秩序——"档案、历史、文学、媒体所见全球化中的世界秩序：以东北亚社会为中心"国际会议论文集》，第 39—40 页。

第十六章　日本天理图书馆所藏手绘蒙古游牧图及其价值

2. 额鲁特相关 3 幅：

（43）"额鲁特旧址图"（墨绘）

原标题：无 0030—31

《中文目录》：292.2.3401 标题作"厄鲁特前期旧址"

《蒙古文目录》：无

说明：据该图上的汉字，应该是唐努山以南、坤奎、扎布堪河流域之间的某图，图中央标出了"厄鲁特前旗旧址"字样。但图上类似蒙古文或满文的"文字"，正如二木指出的那样，明显是模仿满蒙文的伪文字。作者此举有何目的，目前尚不清楚。

（44）辉特、明阿特、额鲁特等旗图（彩绘）

原标题：科布多参赞大臣属辉特下等五旗图

《中文目录》：292.2.3405

《蒙古文目录》：无

语种：汉

绘制年代：不详

（45）额尔齐斯河流域图（彩绘）

原标题：无 0035

《中文目录》：292.2.3407 本目录作"阿尔泰图"，因为图中央偏右标出阿尔泰山的地方写有"altai alin 阿尔泰山"字样。

《蒙古文目录》：无

语种：满、汉

绘制年代：不详

说明：该图主要标出额尔齐斯河及其支流、附近湖泊以及卡伦。满文多有错字，辅音 r 和 l 不能区分，比如 ercis（额尔齐斯）作 elcis，gūrban（蒙古语"三"之满语转写）作 gūlban 等，作者显然是一位不会满语的人。二木博史称该图为"阿尔泰乌梁海的一部分"，似不甚确切。

（三）45 幅地图的特点和价值

天理图书馆所藏地图的特点和主要价值可以归纳为如下几点：

首先，该 45 幅地图中有 25 幅是天理所独有的，这些图与德国柏林图书馆所藏蒙古地图不重复,显示了它独一无二的珍贵价值。这是天理所藏蒙古地图的最大特点和最大价值所在。对此,日本学者二木博史已有所评论,此不赘述。

其次,天理所藏地图的大部分不是加盖扎萨克印章的正式图,而是它的副本,副本在保留原图满文、蒙古文的同时,并对其予以汉译。汉译工作显然是分两步完成的,先有初译,后又有修订和补充。第二步完成的内容往往用红、粉、橘黄等颜色的彩笔书写,偶尔也有用铅笔书写者。这些图的共同点在于,都是为汉译准备的。但无论是初译,还是补译(或者是审定),其翻译问题都很多,甚至可谓错误百出。举几个例子:先以内蒙古《昭乌达盟喀尔喀旗图》为例,举几个例子:örgün(= örgen) olom 是"宽渡口"之意,汉译者写成了"鄂尔古勒鄂洛木",混淆了-n 和-l 辅音;üneg-(= ünege-) tü-yin aγula 意为"有狐狸的山",汉译文误作"乌囊图山",失去了原蒙古语里的词义;qujirtu-yin ayil 意为"盐碱地村落",汉文误作"怀尔图村",意思变成为"有两个的村落";moγaitu-yin ayil 意为"有蛇地方的村落",汉文作"茂奈图村",无任何意思;quwa ajirγ-a-u ayil 意为"浅黄色种马村落",汉译作"华爱尔噶村",竟成了"浅黄色马奶子村落";aduγučin quwa 意为"牧马人的山丘",汉文作"阿托诺钦华",完全错误;dardang-un tal-a 意为"广阔的旷野",汉译文作"达济唐旷野","达济唐"是 dardang(达尔当)的误读,等等,不一而足。再看看漠北喀尔喀《图示业图汗部落副将军亲王旗游牧图》:bögereljid γool-un urda (= uridu) eteged qadatu kötöl-ün aman-u doburčuγ toloγai deger-e nigen oboγ-a,意为"博格勒勒济特河南岸哈达图库图勒山口小山丘上的一座鄂博",该图的汉译为"布格呼勒卓特河乌哩达额德格特哈达图库都伦阿玛托博绰克托罗海德格喇呢根鄂博",不知所云;čamčuγnamjil-yin γutaγar köbegün tusalaγči damdingjab-yin bomba kegüür 意为"察木楚克那木扎尔之三子协理[台吉]达木丁扎布之灵塔",原图汉译为"王察木绰噶木津库达噶尔固伯滚图萨拉克齐特木得克济布布木巴奇固尔",这简直不是汉译,而是错误连篇的音写!相比之下,činggisi čakiγur toloγai(青吉斯察奇古尔托罗盖)作"青吉思车格固尔托罗盖"、kökečegel nuur(库克车格尔海子)作

第十六章　日本天理图书馆所藏手绘蒙古游牧图及其价值

"库格车根海"等等,已不算是很严重的问题了。最后看看额尔齐斯河流域图,这幅图显然是先有汉文,再把它译成满文,把玛呢图噶土勒干卡伦一处译为 manitu katu ka karun,另一处译为 manitu gaturgan,将 gūrban 写成了 gūlban,把 ercis 译为 elcis,等等。最令人啼笑皆非的是,所谓的"额鲁特旧址图"的译者显然对满蒙文一窍不通,所以在抄写满蒙文时模仿蒙古文的笔画伪造了一连串稀奇古怪的"文字符号"。

这一特点说明了以下几个方面的问题:一,地图汉译者可能主要是清末理藩院(理藩部)及民国蒙藏委员会的不很熟悉蒙古语言文字的笔帖式们。这些人不管出身什么民族,他们的满蒙语言文字水平极其有限,经常误读地图上的蒙古文,其犯错的主要原因有三个方面:一是因为不能准确把握蒙古文多音字母的正确读音,比如经常混淆-d 和-t、-q 和-k、-a 和-n 等;二是因为不了解蒙古文严格的元音和谐律,比如上文提到的"乌囊图",如译者熟悉蒙古语,即便误读,也不至于读成阴阳交错的词(该词较规范的音写应该是"乌讷格图");三是因为缺少起码的蒙古历史地理知识,比如内蒙古的老哈河、漠北的扎布罕河等有名的河流之名,不应该在误读、误写的范围内。应该指出,天理图书馆所藏蒙古地图的汉译文没有太大的价值,这也是我们在本书汉文专名未作索引的原因所在。二,在《大清一统志》、《大清会典》和张穆《蒙古游牧记》等清代汉文官私历史地理记载中,普遍存在着蒙古地名汉译错误。必须强调,要研究蒙古地名,或者想要正确了解蒙古历史地名,仅靠汉文地志资料是很危险的。

再次,天理图书馆所藏蒙古地图的一个极其珍贵而且不可代替的价值就在于,它给我们留下了内外蒙古地方数以千计的蒙古语地名的原始资料。诚然,这些地图的绘制年代较晚,均在19—20世纪,但没有理由因此质疑其所载蒙古地名的权威性。众所周知,在史料学上,地名属于"遗留性史料"的"抽象遗留史料",千百年以来,它在民间一直以口传形式保存下来,独具可信的史料价值。利用天理所藏地图(当然还包括德藏、蒙古藏和中国藏其他诸多蒙古语地图)资料,研究者们可以做以下几项工作:

393

1. 完全可以用来准确复原汉籍中的蒙古地名。以敖汉旗地名为例,据张穆《蒙古游牧记》,该旗东至"哈喇鄂罗爱",南至"哈禄噶岭",东南至"古尔巴勒什那噶阿达尔"。① 其中,"鄂罗爱"、"哈禄噶"、"古尔巴勒什那噶阿达尔"等在没有蒙古文原文的情况下很难再准确复原。但是据敖汉蒙古文游牧图可知,"鄂罗爱"的原蒙古语为 oroi(山丘等之顶端),"哈禄噶岭"为 qaluq-a-yin dabaγ-a(qaluq-a 语意不明),所谓"古尔巴勒什那噶阿达尔"的"古尔巴勒什那噶"则是蒙语名的 γurbaljin šinaγ-a(三角洲)之谓,而因为游牧图上不见与"阿达尔"相应的蒙古文,故无法正确复原。

2. 完全可以用来纠正汉籍中误译的蒙古地名。以"喀尔喀图什业图汗左翼中末旗扎萨克辅国公乌达尔都克齐布彦瓦齐尔游牧图"为例,据张穆《蒙古游牧记》记载,牧地当喀鲁哈河源,东至哈勒占,南至哈坦乌苏,西至达干得额沁乌苏,北至布尔噶苏台鄂博尔商达,东北至乌苏图,西北至萨尔丹,东南至珠尔奇台,西南至达尔玛。② 据游牧图记载,其中的"哈勒占"是 jegün qalajan-yin oroi-yin oboγ-a(东哈勒占山头之鄂博)的简写,"哈坦乌苏"是 rašiyan-u qadan-u usun-u oboγ-a(阿尔山之哈丹乌苏鄂博)的简写、误写,"达干得额沁乌苏"是 daγangdel-ün ekin-ü qudduγ-un oboγ-a(达干得勒之第一井之鄂博)的简写、误写,"乌苏图"是 usutu öndör-yin oboγ-a(乌苏图温都尔之鄂博)的简写,"萨尔丹"是 serten-yin oboγ-a(色尔腾之鄂博)的误写、简写,"珠尔奇台"是 boroöndör-yin aru jülgetei-yin qudduγ-un oboγ-a(博罗温都尔山阴草坪井口之鄂博)的简写、误写。这里的所谓简写,严格说都是误写,因为以上专名都是鄂博的名称,而不是鄂博所在山或井口之名。

3. 完全可以用来恢复已经被改成其他民族语言文字的蒙古历史地名。比如,喀喇沁、敖汉、土默特等地的地名,现在大部分已成为汉语地名,这些汉语地名只能依靠这些历史地图得以复原其原名。

---

① 张穆:《蒙古游牧记》卷三,叶 3a、叶 4b。
② 张穆:《蒙古游牧记》卷七,叶 30b、叶 31a。

第十六章　日本天理图书馆所藏手绘蒙古游牧图及其价值

4. 完全可以用来考察《大清一统志》、《大清会典》、《蒙古游牧记》的地名和相关各旗四至八达记载的准确性。关于这一点，那顺达来在其博士论文第三至第六章中已提出了足够的例子，可以参考。

第四，蒙古地图记载了大量的寺庙和矿产、企业等文化与经济信息，所以它是了解蒙古文化史和经济史的一个重要史料。清代，藏传佛教寺院遍布蒙古地方，其中较大、较有影响者皆由朝廷赐予名称和匾额，而这些寺院在地图上均得到反映。19世纪末20世纪初的蒙古地图显示，很多大寺院直到那时都保存得相当完好，而且还在使用。近年，人们试图统计和记载内蒙古地区的寺庙，出版了诸如哲里木寺庙、昭乌达寺庙等书。其中，有些寺庙的名称不很确切，也有所遗漏。但蒙古地图的寺庙信息可以给我们提供十分可靠、确凿的证据。企业、矿山等的记载也不少，如用满文音写的土默特等地区的 šooguwe，就是汉语的"烧锅"，即指酿酒企业，而其他矿藏等则直接标出来。

第五，在内扎萨克蒙古旗游牧图中，卓索图盟和昭乌达盟的一些旗份的游牧图大量用满文，汉语地名几乎都用满文书写，甚至一个地名满蒙文参半，这一点与其他旗大有不同。这说明，卓、昭二盟的喀喇沁、土默特、巴林等旗的蒙古人很好地掌握好了满汉语，为了准确记写地名，借用了以写音准确为特色的满语，这也是东部内蒙古地图的一个明显特征。

第十七章　清代克什克腾旗的两幅游牧图

一

克什克腾是蒙古六大万户之一察哈尔万户的一个集团,属于蒙古大汗的直属部众。女真爱新国天聪八年(1634),蒙古大汗林丹汗病故,随即林丹汗所属纷纷率领属下归附了爱新国天聪汗皇太极。天聪九年(1635)六月,察哈尔之克什克腾部领主索诺木归附天聪汗,他就是清代克什克腾旗的第一任扎萨克。索诺木是答言汗第六子鄂齐尔博罗特后裔。

克什克腾归附以后不久,皇太极指西拉木伦河上游原察哈尔万户游牧地西境为其游牧地,这里便成为清代克什克腾扎萨克旗的游牧地。这里是克什克腾部原游牧地的中心,①该旗游牧地最初的四至八到,在清初文献中并无确切记载。但根据康熙年间的满文档案,内蒙古各旗游牧地至迟到康熙初年才得以确立,这与部分北喀尔喀人投附清朝和被安置有关,而东南部卓索图盟与昭乌达盟一些旗的游牧地范围则因为部分北喀尔喀人的南下和康熙十四年(1675)察哈尔扎萨克旗布尔尼叛清事件而发生一些变化,直至雍正年间才得以最后确定。② 康熙年间克什克腾旗游牧地变化方面的确切记载,见于康熙四年理藩院满文题本。

据理藩院康熙四年题,自喀尔喀来投4 100余丁,其中有喀喇车里克索诺木台吉等,乃翁牛特杜棱郡王旗下喀喇车里克奇塔特公之兄弟,属下1 000丁。理藩院议题,令喀尔喀贵族等附于内蒙古各

---

① 参见宝音德力根《十五至十七世纪的克什克腾》,*QUAESTIONES MONGOLORUM DISPUTATAE* X,Tokyo 2014,第87—99页。
② 关于该问题参见乌云毕力格《察哈尔扎萨克旗游牧地考补证》,《中央民族大学学报》2015年第1期。

第十七章　清代克什克腾旗的两幅游牧图

旗,其中喀喇车里克索诺木台吉往翁牛特杜稜郡王旗。但康熙皇帝有旨:"喀喇车里克索诺木台吉往翁牛特事暂止,令往克什克腾旗。"至于他们的牧地,也有所安排,其中规定:为附克什克腾之索诺木台吉之众,自二阿巴嘎(当时阿巴哈纳尔尚未归附清朝,牧地在车臣汗部,故当时克什克腾旗与阿巴嘎旗接壤)取地与之,而自乌珠穆沁至三乌拉特旗卡伦之内取地补偿阿巴嘎之损失。① 可见,在康熙四年时期,克什克腾旗的游牧向西延伸,大概到了今天锡林浩特一带。等到阿巴哈纳尔归附清朝后,克什克腾旗的游牧可能被占据一部分,对此目前尚缺具体史料记载。

二

目前,我们能见到的清代克什克腾旗的游牧图有两幅,都是手绘地图。第一图藏于德国柏林国家图书馆,图名用蒙汉两种语言,"juu uda-yin čiɣulɣan-u qariyatu kesigten-······bekijiy-a-yin qošiɣun-u nutuɣ-un jiruɣ 昭乌达盟属克什克腾扎萨克头等台吉······二次伯和济雅旗游牧",绘制时间为"badaraɣultu törö-yin ɣučin ɣurbaduɣar on ebülün segül sarayin arban-a 光绪三十三年十二月初十日",也即1907年初。该图的特征是:彩色,先用黑色笔绘出山水、树木、沙丘、寺庙和鄂博等的轮廓,再用绿色给山岭着色,用蓝色给江河与湖泊着色,沙地用黄色,寺庙以红色标门窗、蓝色标墙和顶,树木上偶尔着有绿色。山水、树木等自然物和王府、寺庙、塔、鄂博等建筑均用写实手法。图上的文字以蒙古文标出,其汉文译文则写在小白纸条上贴在原蒙古文旁边。图中央和左边三个地方该有满蒙合璧的扎萨克红印,右满文:kesigten-i gūsa-be kadalara jasak-i doron,左蒙古文:kesigten-ü qošiɣu-yi jakiruɣči jasaɣ-un tamaɣ-a,均为"克什克腾旗扎萨克印"之意。(见附图一)

---

① 乌云毕力格、吴元丰、宝音德力根主编:《清朝前期理藩院满蒙文题本》卷一,康熙四年五月十四日内大臣兼理藩院尚书喀兰图等所具题本,第277—278页。

第二图为藏于日本天理大学图书馆的墨绘图,图名只有汉语,叫做"昭乌达盟克什克腾旗图",没有绘制年代记载。① 该图的外观与柏林藏图不同:以单一黑色线条绘制,山用成环状的斜线组合表示,沙丘用土包形表示,河流和湖泊基本写实,寺庙用卍符号表示,鄂博则没有代表符号。图上的文字蒙汉合璧,后加的注解性的文字只有汉文。整个图显得简单而粗略。(见附图二)

柏林藏图是盖有旗扎萨克官印的正本,而天理藏图是没有官印的副本。从地图的外部特征和所记载内容看,二者是同一幅地图的不同两个版本。那么,这两幅地图哪个在先? 它们的关系如何呢?

为了解决两幅地图的关系问题,先对照一下柏林藏图和天理藏图所载的文字内容,详见下表:

柏林图 (注:符号……表示被贴签遮挡的看不到的内容)	天理图 (注:符号{ }内的文字是原图上用红色修改或添加的内容)
abdar aγula 阿布塔尔山	abdar aγula 阿布塔尔山
aγta törökü naγur 滋骗诺尔	aγta törökü naγur 滋骗诺尔{阿克塔都鲁库诺尔。阿克塔乌尔格呼。乌尔格呼似为都噜库之译讹}
bai γaγča modu 白独木	bai γaγča modu 白独木
baraγun boro qujar 盐碱地	baraγun boro qujar 西伯罗地{巴伦伯罗郭扎尔}
bayan čaγan oboγ-a 巴彦白鄂伯	bayan čaγan oboγ-a 巴彦白{查干}鄂博
bayan jirüke oboγ-a 巴彦中鄂伯	bayan jirüke oboγ-a 巴彦中{济鲁格}鄂博。{牛心山}巴彦朱尔克西北二百里
bayasqulang amaγulang süm-e	bayasqulang amaγulang süm-e 庆安寺

---

① 乌云毕力格等编著:《蒙古游牧图——日本天理图书馆藏手绘蒙古游牧图及研究》,《蒙古史与多语文献研究丛书》,北京大学出版社,2014年,第46—47页。

第十七章　清代克什克腾旗的两幅游牧图

续　表

柏林图 （注：符号……表示被贴签遮挡的看不到的内容）	天理图 （注：符号⎨　⎬内的文字是原图上用红色修改或添加的内容）
bayičai γool 白叉河	bayičai γool 白叉河⎨拜察河即高凉河，源出拜察泊⎬
bula narasu 布拉那尔素	bula narasu 布拉那尔素⎨平地松林⎬
čöngkög kemekü čindamuni jirüke aγula	čöngkög kemekü čindamuni jirüke aγula 冲古克沁达玛泥山
dala naγur 野海	dala naγur 野海⎨百七十里达尔诺尔，周数十里，疑即答儿海子，应昌府城当在此附近。捕鱼儿海。元史薛特婵传上都东北三百里有答儿海子⎬
daγan naγur 达噶诺尔	daγan naγur 达噶诺尔⎨达汉泊，百六十里⎬
dumdadu köndei 中空堆	dumdadu köndei 中空堆⎨陀墨达昆兑河⎬
egüride qamγalaγči süm-e 永佑寺	egüride qamγalaγči süm-e 永佑寺⎨额古里达哈噶拉克齐庙⎬
emün-e köndei 南空堆	emün-e köndei 南空堆⎨额木纳昆兑河⎬
engger-yin ger čilaγu 盎格尔房石	engger-yin ger čilaγu 盎格尔房石
γangγ-a naγur 岗噶诺尔	γangγ-a naγur 岗噶诺尔⎨西北百六十二里。刚噶诺尔即刚阿脑儿。噶尔丹败由此通。俗名汪牛泡子。⎬
jeger-e γool 济格勒河	jeger-e γool 济格勒河
joγdor-yin γool 珠克塔尔河	joγdor-yin γool 珠克塔尔河
kešigten ayimaγ-un nutuγlaγsan kirbis qada 原克什克腾部落贝子之山峰，齐东西相隔三百三十四里，南北相隔三百五十七里。	kešigten ayimaγ-un nutuγlaγsan kirbis qada⎨扎萨克驻吉拉巴斯峰⎬jegün baraγun qarilγčan aluslaγsan-anu γurban jaγun γučin γajar. emün-e umar-a qarilγčan aluslaγsan-anu γurban jaγun tabin doluγan γajar. 原克什克腾部落贝子之山峰，齐东西相隔三百三十四里，南北相隔三百五十七里。⎨在古北口东北五百七十里，至京八百十里。⎬

399

续　表

柏林图 （注：符号……表示被贴签遮挡的看不到的内容）	天理图 （注：符号｛｝内的文字是原图上用红色修改或添加的内容）
keltekei toqoi 格勒德格伊河港	keltekei toqoi 格勒德格伊河港（托灰）
克什克腾扎萨克头等台吉伯和吉雅之府邸	kešigten-ü jasaγ terigün tayiji bekijiy-a minu fü 克什克腾扎萨克头等台吉伯和吉雅之府邸
keüken qaraγul 古根噶拉郭勒	keüken qaraγul 古根噶拉郭勒
kögereg-yin γool 铜色河	kögereg-ün γool 铜色河｛空格喇克河｝｛疑即空格尔河｝
mangq-a 莽噶	mangq-a 莽噶
mayilasutu qačiγ-a 蔓勒素吐噶查噶	mayilasutu qačiγ-a 蔓勒素吐噶查噶｛迈拉索图哈达图哈起克｝
miseng süm-e 敏僧寺	miseng süm-e 敏僧寺
morin dabaγ-a 莫林塔巴噶	morin dabaγ-a 莫林塔巴噶
olan naγur 乌兰诺尔	olan naγur 乌兰诺尔｛俄伦诺尔｝
örgen olam	örgen olam 宽渊 乌尔根鄂拉木
qongqor oboγ-a 黄霍尔鄂伯	qongqor oboγ-a 黄霍尔鄂博｛巴彦洪果尔山百三十里｝
qotala belgetü süm-e 灵瑞寺	qotala belgetü süm-e 灵瑞寺
qoyitu köndei 北空堆	qoyitu köndei 北空堆｛灰图昆兑河｝
quraγan ulaγan aγula 霍拉干红山峰	quraγan ulaγan aγula 霍拉干红山峰
sangsutai 桑素台	sangsutai 桑素台
sayiqan aγula 赛堪山	sayiqan aγula 赛堪山｛疑即兴安山｝
šara müren	šira müren 黄木仑｛西喇木伦河｝
šira ülüngtei	šira ülüngtei 黄｛什喇｝乌隆台
suburγ-a qoγolai 塔岭	suburγ-a qoγolai 塔岭｛苏巴尔噶霍果里｝

第十七章　清代克什克腾旗的两幅游牧图

续　表

柏林图 (注：符号……表示被贴签 遮挡的看不到的内容)	天理图 (注：符号｛｝内的文字是原图上 用红色修改或添加的内容)
tanglustai 唐隆素台	tanglustai 唐陆素台
tuγtar öndör aγula 托克塔尔高山	tuγtar öndör aγula 托克塔尔高｛温都尔｝山
tügemel……普安寺	tügemel amuγulangtu süm-e 普安寺｛图格玛勒阿木古朗古寺｝
türgen γool 瀑河	türgen γool 瀑河｛疑即四道河｝
tüši aγula 土石山	tüši aγula 土石｛什｝山
usutu küriy-e γangγ-a naγur 岗噶诺尔	usutu küriy-e 乌苏图库里雅，水圈子
uu bulaγ-a 鳌泉	uu bulaγ 鳌泉
uu kötöl 鳌山坡	uu kötöl 鳌山波｛坤都勒｝
üyer γool 旱河	üyer γool 旱河｛乌雅尔河｝｛韦里河，源出兴安山东北流，旗东南二十里｝
yangtu qara qošiγu 烟土噶拉河哨	yangtu qara qošiγu 烟土噶拉河哨｛洋图喀喇和硕｝

　　从上表可以看出，德国藏彩图上的蒙古文是原文，也就是说，该图最初只有蒙古文，写有汉文译文的贴签是后来加上去的。德藏地图上的蒙汉文没有一处修改痕迹。天理藏地图则显示，该图是先临摹德藏地图原件，又将其蒙汉文原封不动地誊写出来，然后对汉译进行修改和注解。仔细观察天理图我们会发现，其对汉译文的修改至少进行过两次，一次是用红色笔改的，再一次是用铅笔改的。修改的目的也至少有两个。首先，为了准确音写蒙古地名。比如，yangtu qara qošiγu 原来的译文是"烟土噶拉河哨"，这里存在两个问题：一是读音不准确，yangtu 对音"烟土"不准确，qara 的读音是"喀喇"或"哈喇"而不是"噶拉"；二是音写的汉字不规范，比如 qošiγu 一词在清代的规范写法一直是"和硕"，而"河哨"就不伦不类了。其

401

次，为了统一音写和译写问题。比如，šira müren，原图上的译文为"黄木仑"，"黄"是蒙古语 šira 的意译，而"木仑"是蒙古语 müren 的音译，所以，修改者将其改译为"西喇木伦河"。此外，天理图上增加了大量的汉文注解，其主要内容有三个方面。一是对图上客体进行描写，比如其与某地的距离等等，如在"扎萨克驻吉拉巴斯峰"下增加了"在古北口东北五百七十里，至京八百十里"。二是进行历史地理考察、考订，比如在"野海"旁边加注"百七十里达尔诺尔，周数十里，疑即答儿海子，应昌府城当在此附近。捕鱼儿海。元史薛特婵传上都东北三百里有答儿海子"。三是对地名含义的解释，比如，在"滋骗诺尔"旁边增加"阿克塔都鲁库诺尔，阿克塔乌尔格呼，乌尔格呼似为都噜库之译讹"。

可见，德国藏加盖官印的彩图是克什克腾旗札萨克呈给清朝政府的原图，而天理大学图书馆藏黑白图是对柏林藏原图的临摹，是副本，非正式的图。天理藏副本图产生的目的还不清楚，但从以上所做的修改和注解来看，它很可能是为编写某种蒙古地志，或者是为了编著一部详细了解蒙古地方的较为准确而规范的地理书所准备的。副本出现的真正目的还很难说，但并非为蒙古旗本身而做，这是很清楚的。

三

在清代文献中，蒙古地名的译写错误百出。官修的《大清会典》和《清史稿》以及张穆所撰《蒙古游牧记》中，有很多蒙古地名是错误的。[1] 那么，这些错误是怎么产生的呢？克什克腾旗地图的蒙汉文对比研究，在一定程度上可以说明这个问题。

下面，我们先对"已经修改好的"天理藏克什克腾旗地图上的部分汉文地名和蒙古文原文进行对比，然后把我们的建议列在其后

---

[1] 关于这个问题，参见那顺达来《喀尔喀历史地理研究——以〈蒙古游牧记〉与〈蒙古游牧图〉比堪为基础》第三至第六章。此外，还参见乌云毕力格等编著《蒙古游牧图——日本天理图书馆藏手绘蒙古游牧图及研究》，《蒙古史与多语文献研究丛书》，第 13—14 页。

第十七章 清代克什克腾旗的两幅游牧图

（我们的建议指的是以清代用字习惯转写的蒙古文原文的正确读音），并指出问题。

天理所藏地图上的蒙古文原文	天理所藏地图上的汉文译文	作者的建议
abdar aγula	阿布塔尔山	阿布达尔山（1）
aγta törökü naγur	滋骟诺尔、阿克塔都鲁库诺尔	阿克塔图鲁库诺尔（2）
bai γayča modu	白独木	牌噶格查毛都（3）
baraγun boro qujar	巴伦伯罗郭扎尔	巴伦伯罗呼扎尔（4）
bayan jirüke oboγ-a	巴彦济鲁格鄂博	巴彦济鲁克鄂博（5）
dala naγur	野海	达拉诺尔（6）
dumdadu köndei	陀墨达昆兑河	敦达都昆兑（河）（7）
engger-yin ger čilaγu	盎格尔房石	恩格尔音格尔楚鲁（8）
jeger-e γool	济格勒河	哲格勒郭勒（河）（9）
keüken qaraγul	古根噶拉郭勒	扣肯哈喇古勒（10）
morin dabaγ-a	莫林塔巴噶	莫林达巴噶（11）
quraγan ulaγan aγula	霍拉干红山峰	呼喇干乌兰山（12）
türgen γool	瀑河	图尔根郭勒（河）（13）
uu kötöl	鳌坤都勒	鳌库图勒（14）
üyer γool 旱河	üyer γool 旱河、乌雅尔河	乌耶尔河（15）

以上列举了15个例子，下面我们再谈谈这些例子所反映出来的问题。

（1）"阿布塔尔山"中的"塔"是将 abdar-a 中的-d 误读为-t 造成的。

（2）aγta törökü naγur 的意思是"（岸边）多滋生骟马的湖"，此处意译。但作为地名，不宜意译。另外一个译法"阿克塔都鲁库诺尔"中的"都"是把蒙古文的-t 误读为-d 而产生的。

（3）bai γayča modu 意为"牌子一棵树"，"白独木"的译法有误。这种地名意译破坏了地名译写原则，使得很多民族语文的古老地名完全消失。

403

（4）"巴伦伯罗郭扎尔",应写成"巴伦伯罗呼扎尔"。"郭"是将蒙古语的-q 误读为-γ 的结果(qujar 是盐碱地之意)。

（5）"巴彦济鲁格鄂博"应作"巴彦济鲁克鄂博"。"格"是把蒙古语的-k 读成-g 的结果。

（6）dala naγur 应读作"达拉诺尔",指今天的达里湖。该图所译"野海"既不是音译,也不是意译,当地也没有这样的俗称,这属于误解后的误译。

（7）"陀墨达昆兑河"的"陀墨达"是蒙古语 dumdadu(敦达都,中间)的误读误译。

（8）"盎格尔房石"是半个音译半个意译,本来的意思是"山阳的毡房状石头"。作为音译,"盎格尔"是错的,因为这是一个阴性词,不应用"盎"音写；作为意译,"房石"同样是错的。

（9）"济格勒河"的"济格勒"是 jeger-e(黄羊)的误读。

（10）"古根噶拉郭勒"的"古根"是 keüken(孩子)的对译,显然混淆了-g 和 k。"噶拉郭勒"是 qaraγul 的音写,仍然弄混了-g 和-k。而且用"郭勒"很不严谨,因为"郭勒"习惯转写表示河流的蒙古语词 γool(qaraγul 的意思是"岗哨")。

（11）"莫林塔巴噶"的"塔巴噶"是 dabaγ-a(山岭)的误读误译。

（12）（13）"霍拉干红山峰"(quraγan ulaγan aγula)和"瀑河"(türgen γool)都是音意掺半的译法例子或完全意译地名的例子。

（14）"鳌坤都勒"的"坤都勒"是"库图勒"(kötöl,山坡)的误读误译。

（15）üyer γool,一译为"旱河",应该是意译,但意思刚好相反（üyer 意为"洪水",此河名为"发洪水的河"）；又译为"乌雅尔河",属于音译,但 üyer 是一个阴性词,不该用"雅"字音译。

纵观这些例子,地图译者不精通蒙古语,经常混淆-d 和-t、-g 和-k、-γ 和-k 等辅音,也不了解蒙古语严谨的元音和谐律,因而在一个词内阴阳掺杂,结果译出的地名与原来的地名相差甚远。更有甚者,译者在误读误解地名的基础上对地名进行意译,让人啼笑皆非,结果却是令原有蒙古语地名永远消失。

如果没有这些地图的蒙古文原文,人们很难再正确复原用汉语

第十七章　清代克什克腾旗的两幅游牧图

译出的地名。比如,我确信,没有一个人能够从汉语地名"古根噶拉郭勒"中正确复原 keüken qaraγul 这个蒙古语词！这不是清末和民国时期所绘地图独有的问题,而是汉语文献的通病,研究民族地区历史地理的人们应该充分认识到这个问题。

四

清代克什克腾旗游牧图及其研究,对清代内蒙古历史地理研究有不少有益的启发。

首先,清初康熙年间的满文档案资料和清代中后期汉文文献与蒙古手绘地图的比较研究显示,不能认为内蒙古各旗游牧自清初至清末一成不变,不能用《大清会典》和《蒙古游牧记》的记载简单总结有清一代蒙古扎萨克旗游牧的分布情况。蒙古各部在清太祖时期基本保持着北元时期的分布格局,而在太宗时期,尤其是天聪末年和崇德初年,因为政治动荡,其游牧地发生剧烈变化,到顺治、康熙年间,因为清廷对各部牧地的调整,以及因北喀尔喀内乱,大量喀尔喀贵族南迁漠南,内蒙古各旗的游牧地又发生了不少变化。就内蒙古东部地区而言,到雍正年间,最后把原察哈尔扎萨克旗瓜分完毕后,各旗游牧地才终于确定下来。

其次,克什克腾旗蒙古文游牧图显示,清代汉文文献对蒙古地名的记载很不精确,蒙古游牧图的蒙古文原文可以纠正这些错误。比如：克什克腾旗境内的 suburγ-a qoγolai,被译成"塔岭",实际上原意为"有塔地方的喉咙细的河",该名不是山岭的名字而是该山前面的小河的名字,即现在克旗的浩来河（浩来即 qoγolai,意为"喉咙",河面最窄之处不过几十公分宽,故名）。

再次,现在很多内蒙古历史地名的复原存在严重问题,主要问题在于今人缺乏相应的资料且又非常武断和随意。蒙古游牧图为解决此类问题提供了精确的参考资料。比如：清代克旗扎萨克驻地"吉拉巴斯峰",现在有人译为 jalbariγsan qada（状如合掌祈祷的山峰）,这是望文生义。根据游牧图,"吉拉巴斯峰"的原名实为 kirbis qada,Kirbis 显然是一个古老的词,或许还不是蒙古语。

附图一　德国柏林国家图书馆藏克什克腾旗游牧图

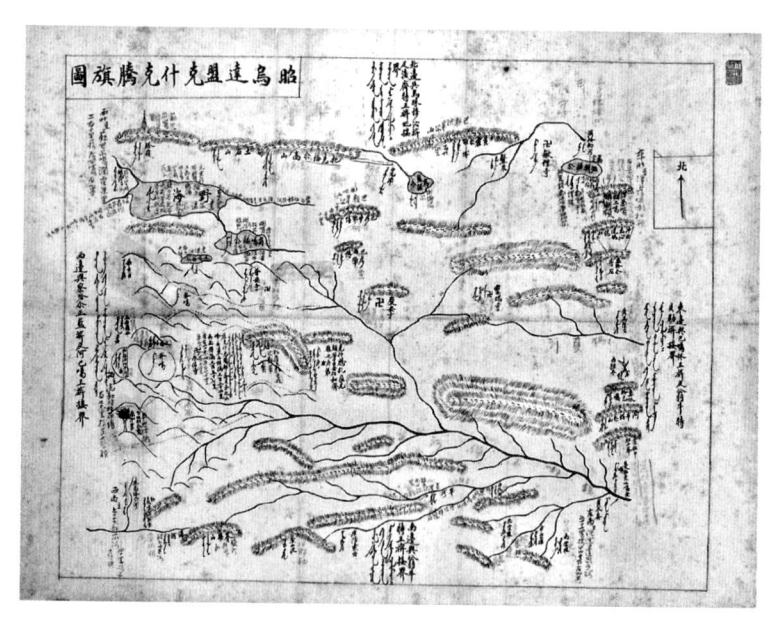

附图二　日本天理大学图书馆藏克什克腾旗游牧图

（本章与王曦合作完成）

图书在版编目(CIP)数据

五色四藩:多语文本中的内亚民族史地研究/乌云毕力格著.—上海:上海古籍出版社,2021.5
(蒙古文史语文学研究系列)
ISBN 978-7-5325-9979-0

Ⅰ.①五… Ⅱ.①乌… Ⅲ.①少数民族—民族历史—中国—明清时代—文集 Ⅳ.①K28-53

中国版本图书馆CIP数据核字(2021)第082652号

欧亚古典学研究丛书

五色四藩:多语文本中的内亚民族史地研究

乌云毕力格　著

上海古籍出版社出版发行

(上海瑞金二路272号　邮政编码200020)

(1)网址:www.guji.com.cn
(2)E-mail:guji1@guji.com.cn
(3)易文网网址:www.ewen.co

常熟市新骅印刷有限公司印刷

开本710×1000　1/16　印张25.75　插页5　字数179,000
2021年5月第1版　2021年5月第1次印刷
ISBN 978-7-5325-9979-0
K·3004　定价:108.00元
如有质量问题,请与承印公司联系